献给丽莎（Xu Ni）

卡尔·克劳传
一个老中国通的上海往事

[英]保罗·法兰奇(Paul French)/著　聂祖国/译

CARL CROW
A Tough Old China Hand
The Life, Times, and Adventures of an American
IN SHANGHAI

上海社会科学院出版社
SHANGHAI ACADEMY OF SOCIAL SCIENCES PRESS

Carl Crow — A Tough Old China Hand: The Life, Times, and Adventures of an American in Shanghai

© 2006 香港大学出版社

版权所有。未经香港大学出版社书面许可,不得以任何(电子或机械)方式,包括影印、录制或通过信息存储或检索系统,复制或转载本书任何部分。

本书简体中文版由香港大学出版社授权上海社会科学院出版社独家出版发行。

出版说明

19世纪中国开埠以来,来华外国人逐渐增多,他们之中那些熟悉、亲近中国语言文化风俗的人被称作"中国通"(China Hand)。而在1940年代的美国,"中国通"则用来指代那些因通晓中国事务,在"二战"前后对美国政策产生影响的美国人群体,包括外交官、记者和士兵等。

本书的传主卡尔·克劳就是这样一名典型的老中国通。从1911年第一次踏上中国的土地,到1937年因为上海沦陷而被迫返美,克劳在中国生活了四分之一个世纪,先后在新闻、广告行业工作,是《大陆报》(China Press)的初创成员,同时还是1930年代上海四大广告商之一克劳广告公司的创办人。离开中国后,克劳仍积极投身中国事务,利用自己的写作在国际上为中国抗日争取支持。

克劳饶有兴致地关注着有关中国的一切,视中国为第二故乡。离开中国后不久,他便出版了《四万万顾客》,生动风趣地讲述了他对中国风土人情的观察。这部作品的成功让克劳声名大噪,鼓舞他继续通过书写,帮助外国人理解中国,为中国发声。1939年,克劳还经由滇缅公路重返中国,在重庆采访了蒋介石、宋美龄、周恩来等政界要人,报道中国人民坚韧不屈的抗日斗争。直至1945年离世，克劳从未停止过对中国的关注和声援。他曾希望把苏州的行春桥作为自己的埋骨之地，这个愿望终究未能实现。但他的作品记录了他与中国的不解之缘，至今仍在中国读者间流传。

本书作者以克劳及其同时代人的著述为基础，参考大量档案文献以及上海史领域的研究成果，生动还原了克劳的人生故事，同时也透过克劳的私人视角，再现近代上海的新闻、商业、社会图景，回顾近代中国那段动荡不安的历史，展现个体命运与历史洪流的交织碰撞。另一方面，本书作者也提醒读者，书中所引克劳自述的某些经历或论述，是他基于其职业和立场而进行的有所保留或刻意夸张的表达，并非反映了事实的全貌。需要指出的是，作为一个老中国通，克劳对中国的事务以及历史发展有自己的洞察，但他的某些观点仍具有时代或个人的局限性乃至偏颇，相信读者能够在阅读中加以辨识。

上海社会科学院出版社

2022 年 9 月

视其所以,观其所由,察其所安。人焉廋哉?

——孔子

(老上海就像)生活本身。再没有比这更激烈的生活了。

——奥尔德斯·赫胥黎谈 1926 年的上海

永远不要让真相妨碍了一个好故事。

——无名氏

中文版序
为什么要读卡尔·克劳?

看到这本传记的中国读者们可能会问：为什么我要费时间去阅读一个世纪以前生活在上海的一个美国人的故事？他的故事与我现在所处的中国有何相干？这些疑问合情合理，对此我非常理解，觉得应该试着作答。

最开始调研写作这本书时，我的主要意图是把卡尔的故事讲给他的后来人——1990年代和21世纪初来中国的新一代西方商人，寻找新的市场和机会的企业家，我自己也是其中一员。我第一次到上海是在1990年代中期，当时的我感到新奇又激动，确信我也能在黄浦江边发家致富！就跟卡尔1911年第一次来中国时一样，中国给人的感觉是一个充满变化、迅速发展的地方。我来自伦敦——一个绝非慵懒迟缓的城市，但上海给人的感觉就像是打了兴奋剂，那儿的人们仿佛都不眠不休。

从我第一次看到上海再往前推80年，卡尔·克劳带着对中国漫长历史和政治时局的有限认知来到这座城市。他几乎是在不知不觉中亲历了1911年的辛亥革命。一个僵化陈旧、持续了267年的王朝正在让位给一个具备现代化潜力且充满活力的新生共和国。中国向前迈进了一大步，而年轻的记者卡尔漫步在上海、武汉和南京的街道上，意识到自己亲眼见证了这一切。

1990年代抵达上海的我所邂逅的中国，也同样处在一个变革和发展的关键时刻——邓小平1992年南方谈话后中国重启快速经济改革的进程。当时的上海确实迎来了新一轮的经济繁荣——浦东振兴，城市快速扩张，摩天大楼拔地而起，地铁日新月异，机场繁忙地吞吐航班。对我们这些刚从海外来的人而言，这座城市似乎正在以光速飞奔，夜以继日运转不停。每周都有新的事物和产品出现在货架上和广告中，汽车展厅出现了，五星级酒店、房地产中介出现了，还有连接全球无数个城市的新航线也开通了。简而言之，这就是从黑暗到光明的转变，就好像有人打开了某种巨型霓虹灯，一下子照亮了整座城市。而对于那些跟我一样被20世纪上半叶上海的独特历史所深深吸引的人来说，这座古老的城市正在掀开她蒙尘的面纱。

城市重建随之而来。住房的改善，社会服务的提升，更多的公共交通、道路和高速公路。但在某个瞬间，一闪而过的摇曳片段，那老城区无尽的弄堂、过去的欧式建筑、原汁原味的老街、慵懒的夏日午后，都幸存了下来。中国继续前进。施工队迅速进驻——浦东从一片农田成为国际商业中心，拥有磁悬浮列车、新机场、大桥、隧道，以及似乎数以百万的公寓楼。但是，尽管有这些外观上的变化，卡尔时代的老上海仍然在那里，值得探索，给人激励。卡尔常常是我在上海的向导，是我在中国各地旅行时的伙伴，这要归功于他写作《中国旅行指南》的创意（在当时这个点子确属原创)。即使在出版半个多世纪后,卡尔的书仍然帮助我在上海纷繁复杂的商业环境中摸索,教给我在异国文化中做广告营销的技巧。对于那些旅居中国的外国人来说,有时难免会有一些糟糕经历,当他们觉得一切都不对劲而只想回家的时候,卡尔的意义就体现了出来:他自己的经历充分说明,一个乐观积极的人总能在中国发现令人着迷的新事物。他从历史中给你加油鼓劲——让你振作精神、重新投入到探险中去。

但这是卡尔能为中国的访客(游客、商务人士和探险家)提供的帮助。而对于中国读者来说,卡尔又意味着什么呢?

为什么要了解这位老美国广告商的生平?我或许应该在卡尔传记的中文版序中从另一个角度回答这个问题。不是从像我一样来中国的外国人这个角度,把卡尔作为一个潜在的榜样、商业导师和激动人心的前辈,而是从中国人的视角来看。这个曾在中国旅居的美国人究竟有什么值得一写的特别之处?

我认为有多重原因。在这本书里,我希望向大家展示的是,回顾卡尔1911年到1937年在中国的生活,以及他写的关于那段历史的书,能让我们从一个独特的视角去了解这一时期中国的真实面貌。卡尔在回忆他的旅行时,对那个时代做了生动而精彩的描述。从他那里,我们可以捡拾到种种细节:入住1920年代的中国乡村旅店是怎样一种体验;坐蒸汽轮船穿越老三峡有多么刺激;他还生动地再现了旧上海外滩的景象:那里停满了轮船、渡船和小舟,旁边则是新建的欧式酒店、海关大楼和银行。他甚至描述了当时上海老城(南岛)的气味——"樟脑木和热花生油"的味道。对于历史学家和现代旅行者来说,这一切都是极为宝贵的,也带有无尽的迷人之处。我希望你们也能和卡尔一起来一场时间旅行。

然而,卡尔在中国的经历也在不断触及与今天有重大关联的主题,在我们所处的这个充满挑战和问题的时代应该被牢记和深思的主题。我把它们总结为友谊、理解和团结。我提到这三个概念,是希望你们会喜欢卡尔,并把他当作来华外国访客中的一个积极案例。

友谊 卡尔在中国的生活和经历首先提醒我们,中国人和外国人能够友好相处,我们的共同点超乎想象。也许这在今天是显而易见的,但我们仍然需要加强对彼此的认知。这些"认知"中最重要的是,我们这些身处中国以外的人应该承认中国取得的进步。卡尔就曾强烈感知到,如果他的美国同胞能更好地了解中国和中国的历史,他们就会更清楚地意识到这个国家面临的挑战。即使在中国最黑暗的日子里,卡尔也在赞美这个国家。1944 年,在太平洋战争和中国的抗战仍在激烈进行之时,卡尔为美国读者出版了一部简明扼要的现代中国史——《中国就位》。随着军阀混战和日本侵略的到来,卡尔没有(像许多西方观察家那样)只看到一个羸弱和摇摇欲坠的国家,而是选择去发现"保持信心和乐观"的多种理由。他宣称:"我只能通过她的成就,通过我目睹的她在 25 年多的时间里取得的进步来评价中国。这种进步是持续不断的,而当时中国所处的那种境况,要是换作其他不那么坚韧勇敢的民族,早就垮掉了。"

理解 当然,时代在变,中国变了,我们理解彼此的方式也变了。总的来说,我们大多数人现在对种族歧视性言论更敏感,并完全反对帝国主义。而卡尔对中国和中国人民的描绘，我认为总是既积极又亲切的。他是一个好奇的探险家，热衷于用他那蹩脚的中文与人交流（即使在中国生活了 25 年，他也只会说基本的上海话），尝遍中国的各种食物，结交所有他能结交的朋友，以便更多地了解他的第二故乡。他一直是一个爱国的美国人，但他认为自己的爱国热情体现在对新生的共和中国（美利坚合众国的伙伴！）的接纳，并从美国的共和经验中力所能及地向中国提供友好帮助和建议。他的抨击对象主要是日本的扩张主义，还有更加肆无忌惮的欧洲帝国主义行径。

当然，作为一个在中国的美国白人，卡尔受益于他的身份在 20 世纪早期给他带来的特权。他还受益于租界口岸的优待和治外法权政策（即他虽然身处上海，却不受中国法律的约束）。然而关键的是，他对自己的特权有非同寻常的清醒认知。他试着不去滥用或炫耀它，同时也意识到上海（以及中国其他通商口岸）的这种奇怪情况迟早会结束（美国在华治外法权确实在 1943 年就正式终结了）。

卡尔经常提及他在上海的许多外籍伙伴——外交官、传教士、商人、军人、家庭主妇，甚至是孩子——存在公然的种族歧视。他在 1911 年去中国时就声称，他对中国和中国人没有特别的了解，因此也没有特别的偏见（而且他也从不相信早期好莱坞电影中对残忍中国人的刻画）。在阅读他档案里多年的通信记录时，我惊喜地发现，卡尔曾在 1930 年代多次给《牛津英语词典》和美国《韦氏词典》的编辑们写信，说他认为当时普遍使用的"中国佬"（Chinaman）一词是贬义的，因此具有冒犯性。卡尔一直坚持奔走呼吁，鼓励英美的词典编纂者和报纸编辑停止使用种族歧视性的语言来描述中国人，直到他去世。不管是在美国还是在上海的俱乐部和沙龙里，要忽视在他身边日常发生的种族歧视都是轻而易举的。但是卡尔没有忽视，我想这很好地体现了他的为人。

团结　卡尔仍然与中国读者有关的另一个主要原因是，他坚决反对日本的军国主义及其对中国的侵略。卡尔觉得他对日本是有所了解的。第一次世界大战前后，他曾在日本生活和工作过几年。当时，日本和中国一样，是英国、法国和美国在欧洲对抗德国的盟友。但是，卡尔经常提醒西方读者，这并不意味着日本在这段时期对中国很友好。1938年，卡尔出版了一本题为《我为中国人发声》的小书。在过去的几十年里，这个标题有时会被学者和评论家误读。这个书名并不是说卡尔比中国人更愿意说话——像人们解读的那样，比中国人更有发言权，或者居高临下地为他们说话。而是说，到了1938年，卡尔——此时他已因为明确反对日本侵略而上了"头号通缉犯"名单，被迫逃离上海——意识到战火已经蔓延到华北，蔓延到北京和天津，上海遭到了轰炸，城市租界外的区域（主要是宝山和闸北）正在被摧毁，可怕的南京大屠杀已然发生，而这是人类近代历史上针对无辜平民最严重的战争暴行。然而当时许多美国人并不关心中国，还没有完全知晓中国的困境，没有意识到日本人发动了针对中国人民和中国文明的全面战争，他们不会在中国边境收手，而是意图控制整个亚洲和太平洋地区。因此，卡尔凭借一身久经考验的本领——擅长推销图书、能够在人满为患的各种会议或广播里谈论中国并赢得听众、能被报刊引用以及引起政客和决策者们的注意，利用他的平台为中国和中国人民发声，让美国（还有非法西斯统治的欧洲和拉美，因为这本书被翻译成了多国语言）对发生在中国的暴行"觉醒"过来。在中国待了四分之一个世纪后刚刚回到美国的卡尔，能够把中国的消息传达给公众。

同样值得一提的是，当时反对日本在华行径的声音在西方人当中并不普遍，甚至在那些 1930 年代末生活在中国的西人群体中也是如此。在组成卡尔现存档案的成千上万页信件、合同、回忆录、日记、新闻随笔以及著作中，可能最令人震惊的是一封来自上海美国商会（卡尔曾是该组织的最初创始人之一）的信，警告卡尔不要公然针对日本对华军国主义意图进行口诛笔伐。美国商会认为，卡尔应该明白日本是美国的盟友，而中国在许多方面还需要向这个看起来更加西方化的亚洲国家学习。卡尔回信说，如果美国商会认为日本侵华行动会止于满洲和华北，那就大错特错了。不幸的是，卡尔是对的。卡尔是在 1937 年初夏收到商会这封怒气冲冲的信件的。仅仅几个星期后，也就是 8 月，日本军队开始进攻上海。从全球范围来看，中国当时还不是一个强大的国家，东京军事侵略的严重程度还没有引起华盛顿和欧洲各国政府的注意。让政治领导人和新闻读者们注意到中国危机的重任，就落到了包括卡尔在内的许多亲中国人士的身上。卡尔不知疲倦地做着这项工作。

最后，我希望在看完这本传记之后，我的中国读者，特别是那些熟悉上海市中心的读者，能开始在他们的日常生活里看到卡尔留下的痕迹。走进上海静安区某个安静小巷里的咖啡店，你通常会看到墙上装饰着象征老上海的月份牌美女。要记得，在这一独特的上海日常大众艺术形式上，卡尔曾是先驱之一。在福州路的精致书店里，浏览众多历史书封面上的月份牌插画和艺术字，不要忘记卡尔的广告公司当年曾为这种艺术形式增添了许多内容。他的画师们大多毕业于上海法租界白尔路（现顺昌路）的上海美术专科学校，在画穿旗袍的女郎时，常常放肆地把两边的开衩抬高几厘米。在上海的餐馆里，你仍然可以看到有女服务员穿着这种高开衩的旗袍。卡尔让他的画师们画女人开车，虽然这个场景在当时还很少见——卡尔知道，在那个时代，虽然开车的是男人，但选车的通常是他们的妻子！

你依然可以看到卡尔的上海。他的第一间办公室仍然矗立在曾经被称为上海"报纸街"的地方，就在延安路附近，靠近外滩。在克劳广告公司前办公室附近紧邻外滩的滇池路，仍有一个繁华的办公楼街区。几条街之外就是他参与创立并长期担任副主席的前花旗总会，总会大楼位于福州路。不过现在很少有人记得，当年盖楼的所有砖块都是从美国运来的。在上海炎热的夏天，卡尔喜欢去远在城市西郊的哥伦比亚乡村俱乐部游泳。令人高兴的是，番禺路的总会建筑和游泳池已经得到修复，现在成了对外开放的景点。卡尔那幢带有大花园的优美故居仍然在康定路，现在是一所学校。

但上海已经变了。卡尔熟知的那个在 1930 年代拥有 350 万人口的上海（当时就已经是世界第五大城市），现在可能居住有 2 600 万人口！他曾生动描写过的拥有 4 亿顾客的中国，现在已有近 14 亿忙碌的消费者。那个因为遭到侵略、被迫卷入抗战而导致他不得不离开的国度，现在已成为一个有能力保卫自己的国家，并再次成为一个经济大国。在他关于上海的文章中，卡尔反复提及两个令他困扰的话题：城市里疯狂的汽车数量和交通，以及街上的乞丐。像我们许多人一样，卡尔喜欢自己开车（当然总是别克或其他美国车），尽管他会因为开车的人数众多，由此导致交通堵塞、影响他的车速而感到不爽！在儿童和动物方面，卡尔是一个相当多愁善感的人，他总是为上海街头的乞丐数量和他们的赤贫而苦恼，尤其是儿童乞丐。他曾公开表示，希望这种现象在未来会随着中国的强盛而消失。我想，如果卡尔今天在上海的街道上漫步，看到这么多凯迪拉克和别克车经过，一定会很高兴，或许还会改变他在1930年代建立的对交通拥堵这件事的概念！我觉得，他也会很高兴地看到现在乞丐们都不在了，每个人的生活都已得到改善，广告无所不在！

保罗·法兰奇

2021年4月于伦敦

致 谢

1990年代末,我曾与人合著了一本名为《10亿购物者》(*10 Billion Shoppers*)的亚洲消费者指南。这个标题主要是为了吸引图书浏览者的注意力,但同时也是对卡尔·克劳的致敬。他所写的《四万万顾客》尽管已有60年历史,仍然是我那本书的主要灵感来源。在这期间,中国经历了动荡的半个世纪,但克劳对中国的描述仍然鲜活。在写这本书的过程中,很多人告诉我,多年来他们读过克劳的书,受到了他的启发,想要更多地了解中国、了解上海,尤其是想要了解卡尔。他们是这本书的真正动因。

然而,有些人名必须提及。我在通亚(Access Asia)的搭档和偶尔的合著伙伴马修·克拉布(Matthew Crabbe)很支持我,奉献了很多时间。在上海,苔丝·约翰斯顿(Tess Johnston)和林恩·潘(Lynn Pan)这两位最全面的上海编年史作家显然是本书的第一站,从一开始,他们就给予我很多帮助和鼓励。同样,上海历史住宅协会的帕特里克·克兰利(Patrick Cranley)很早就采用了我的克劳传记稿件,他给了我一个平台,让我得以试着让现代的上海侨民重新认识克劳,米氏西餐厅的米歇尔·加诺特(Michelle Garnaut)和蒂娜·卡纳加拉特纳姆(Tina Kanagaratnam)也是如此；一并感谢上海侨民协会的塔尼亚·马修斯（Tania Matthews）和琳达·霍尼格（Linda Hoenig），安妮-塞西尔·诺伊克（Anne-Cecile Noique），还有上海外国记者俱乐部。

在罗宾·博迪（Robin Bordie）和安迪·罗斯曼（Andy Rothman）的热心帮助下，我得以克服时间和资源的限制，从远离上海的密苏里州获取克劳的档案资料。罗宾热心地说服她的父亲约翰·博迪（John Bordie）造访了档案馆，以帮助寻找作家尼古拉斯·莎士比亚（Nicholas Shakespeare）曾经描述的"从死者身上追寻他们生前没有揭示的东西"。约翰是擅长拼凑零碎信息的执着大师。卡尔的曾外甥丹尼斯·乔治·克劳（Dennis George Crow）也提供了直接的帮助，向我揭示了他这位德高望重的祖先的生活和时代的许多方面，并慷慨地提供了家族档案和他收集的精美的旧中国照片（www.dennisgeorgecrow.com）。如果没有约翰和丹尼斯的努力，这本书根本不可能完成。

克林顿·迪内斯（Clinton Dines）、彼得·戈登（Peter Gordon）、约翰·范·弗利特（John Van Fleet）、马克·奥尼尔（Mark O'Neill）、乔·斯塔威尔（Joe Studwell）和克里斯·托伦斯（Chris Torrens）是我的朋友，他们也鼓励我坚持下去，完成这本书，并在各方面帮助促成。华盛顿大学的塔尼·E. 巴洛（Tani E. Barlow）和密歇根大学的艾伦·约翰斯顿·莱恩（Ellen Johnston Laing）都对我了解卡尔·克劳在广告业的创业经历提供了极大帮助。同时也要感谢香港大学出版社的科林·戴伊（Colin Day）和他的团队，感谢他们全心全意地支持这个项目，并在此过程中提出了很多有益批评。

我后来才发现，密苏里大学的卡尔·克劳档案馆可算是一个宝库。在密苏里州，我必须感谢密苏里大学西部历史手稿收藏馆的威廉·斯托尔茨（William Stoltz）和密苏里州历史学会的劳雷尔·博克曼（Laurel Boeckman）。普林斯顿大学图书馆珍本与特藏部的迈克尔·海斯特（Michael Heist）也帮我填补了一些空白。美国司法部和联邦调查局根据《信息自由法》和《隐私法》提供了一系列有关克劳的文件，在此也一并致谢。

尽管有那么多难以避免的晚餐迟到、错失的周末和作者本人的强迫症行为，丽莎（Xu Ni）一直对整个写作计划抱有耐心，我要再次表示感谢。

目 录

货币说明　/ 1

引言　在中国的四分之一世纪　/ 1

一　从美国中西部到中国沿海　/ 9

二　《大陆报》人　/ 23

三　通讯线路的中国一端　/ 34

四　清王朝的崩溃和无处不在的机遇　/ 47

五　东京的密谋和世界大战　/ 75

六　从果园农场主到间谍　/ 93

七　孙中山和夭折的传记　/ 109

八　四万万中国顾客，将广告牌引进中国　/ 116

九　与军阀交好　/ 148

十　上海的风声　/ 174

十一　一位中国沿海居民的生活　/ 182

十二　上海的恐慌、蒋介石和臂章上的三道杠　/ 212

十三　重返报业　/ 223

十四　新共和国与宋氏王朝　/ 231

十五　冲突频仍和动荡的城市　/ 242

十六　鲸吞与蚕食　/ 252

十七　在死亡之城的最后几天　/ 264

十八　生意终结：逃离上海　/ 275

十九　秘密潜入中国　/ 292

二十　蒋夫人的茶，周恩来的威士忌　/ 312

二十一　战时工作和预言成真　/ 327

二十二　最后多产的几年　/ 344

尾声　斯人已逝但未被遗忘　/ 353

注释　/ 355

主要参考书目和延伸阅读　/ 385

索引·名词对照表　/ 389

图片来源　/ 410

货币说明

文中引用的所有数字都是当时提到的实际数字。

和当时上海的许多外国居民一样，卡尔·克劳使用墨西哥银圆，这种货币是外国人多年以来最常用的，有时也被称为"墨银"。据克劳记载，采用这些带有老鹰图案的墨西哥银圆，是"为了避免怀揣5到10磅重的银两到处跑，……而且在多数口岸它一直是标准货币……当地的外国银行发行与墨西哥银圆挂钩的纸币，而且酒店和商铺的标价也是以它为货币单位的"。一块墨银的价值从略高于一美元到一美元的一半不等。与此同时，中国的银两和其他货币也在流通，其中包括美元、英镑和印度卢比等。"银两"（Tael）一词最初源自马来混合语，意思是一盎司的中国银子。

引言　在中国的四分之一世纪

樟脑木和热花生油的奇异气味

当卡尔·克劳于1911年夏天踏上上海外滩时,他步入的是一个处于动荡和巨变前夕的中国。上海也即将成为亚洲最现代化和最西方化的城市。正如一本上海旅游指南所说:

> 高帽子和低领衫;燕尾服和灯笼裤;醉鬼和贫苦的清教徒。美酒,女人和歌谣。哈!!丛林手鼓的跳动;贪欲的交响曲;上百支管弦乐队的演奏;迷离的脚步;放纵的节奏;泛光灯下欲望的热气:一切都很有趣。[1]

1911年8月,上海还不是"东方的巴黎",不是"亚洲的娼妓"，也不是"大亨之都"。这一切都是后来才有的别称。克劳抵达时，上海还是一小块主要由英国人和他们的商贸公司控制的租界。它挤在黄浦江岸，受一种奇怪的治外法权体系管辖，这种制度使外国人逍遥于中国司法制度之外，只受制于他们自己的法庭和法官。上海公共租界工部局代表在上海有利益牵涉的14个国家管理这块租界。尽管工部局的宗旨是"合众为一"，但在1911年它实际上是被英国人掌控的。法国人单独管理他们的租借地。公共租界和法租界最多时曾占地12平方英里，而华界的城区则覆盖了另外8平方英里。当时上海正在崛起为一个现代化大都市和远东地区最重要的贸易城市，但是，爵士乐、装饰艺术风格的摩天大楼、著名的夜生活、蓬勃发展的经济，甚至还有1930年代闻名世界的宏伟外滩，这些在当时都还没有出现。

1913年的上海外滩。在克劳来上海时，外滩尚在形成中。上海滩标志性的宏伟大厦还没有出现。

卡尔·克劳来上海是为了在这座城市参与创办一家新报纸，结果却在这里生活了25年，直到1937年日本人进攻上海时才被迫离开。与当时大多数来到上海的外国人不同，他来上海不是为了创建商业帝国，也不是出于对中国的特殊兴趣；他来到这里，只是像任何一个年轻的美国人那样，渴望发财和成功。他坦承当他第一次来到中国时，他觉得那"庞大的人类群体"有点可怕，但又奇怪地令人着迷。他写道：

> 我永远不会忘记我在中国城市的第一次散步。这是我到达上海的第二天，我开始独自探索这个地方，漫无目的地在路上走着。很快，我发现自己置身于一条拥挤的街道上，没有英文标识，也没有白人面孔——没有一个人与我出生时就生活在一起的人们有丝毫相似之处。那是七月的一天，许多小商贩光着膀子坐在自家店门口，悠闲地用扇子扇着他们凸起的肚子。我看到的每一个地方都是人，人，人——奇怪的人——他们似乎都在向我靠拢。空气里充满了樟脑木和热花生油的奇异气味。[2]

30年后，当他已回到美国，克劳会说樟脑和花生油的气味使他想念上海，但在1911年，在他第一次接触中国的时候，奇怪的语言、气味和街头叫卖对他来说都太陌生了。在那个时候，克劳只是客居上海，还不是一个老中国通，那也不是他的目标；在那一刻他只是担心自己会迷路，再也找不到他的旅店。克劳还不得不承认，1911年初到中国的外国人对1900年凶残的义和团运动仍然记忆犹新,他对自己的探险活动也很紧张。

和在他之前以及之后到来的美国人一样,克劳带着这样的想法来到中国:这将是一个迷人的居住地,也是一个赚钱的地方。前往中国的航行并没有太大的波折。经太平洋到上海的西行航线通常被认为是相当令人沮丧的,因为大多数乘客刚刚结束探亲假期,回到他们不太喜欢的中国沿海工作。他记得船员们把离开美国的西行之旅叫作"回收空瓶",而从中国到美国的东行航程则要热闹得多,返乡休假的男男女女觉得很充实,船上会举办各种各样名为"酒会"的派对。[3]船员们更喜欢东行的航程,因为小费也多些。

尽管如此,克劳还是初步体验到了当年那些雄心勃勃、充满好奇和绝望的人们为什么会来到上海。在船上,他遇到了一位与他年龄相仿的加拿大人,他在卡尔加里成功地经营了一个面向穷人的连锁餐馆,他深信,在中国开一批廉价餐馆真的可以大赚一笔。后来克劳写道,许多人都带着不切实际的梦想而来。这名乘客似乎就是克劳第一次遇到这类人,由于高估了潜在市场,他的计划失败了,最后身无分文,只能靠贩卖鸦片为生。当船缓缓驶入浩瀚的长江,沿着浑浊的黄浦江朝外滩驶去时,克劳不禁怀疑自己是否也在做着这种在远东获得成功的不切实际的梦。

麻疹暴发

当香港和新加坡在某种程度上还处于单调而沉闷的落后状态

时，上海（它的字面意义相当朴实："在海边"）已是东方的主要港口。从英国被派往远东的年轻办事员害怕去香港，如果是被派到上海，他们就会松一口气。香港是一个海军基地，以气候恶劣著称；新加坡是一个热气蒸腾的港口，乏善可陈。上海则不一样。这座城市的名声已经开始远播全世界，它可能是"东方巴黎"，也可能是"东方娼妓"，这取决于你的看法和品味。1911年，上海还是一个成长中的年轻城市。直到19世纪早期，它还只是一个距离长江口17英里的小村庄。这块区域地势平坦，大部分土壤贫瘠，很容易发生水灾。然而，它的战略位置使它得以控制所有进入长江口的贸易活动，这些贸易活动可经由长江进入中国内地直达四川和西藏，使得中国广大内陆向国际贸易开放成为可能。

鸦片和外国人对上海成为世界城市起到了至关重要的作用——克劳把它们称为"麻疹暴发"。1839年的第一次鸦片战争永远地改变了上海这个村庄的命运。在装备精良的英国现代化皇家海军迅速干掉了清朝的古老战舰之后，作为战后协议的一部分，英国获得了许多通商口岸，其中就包括上海。乔治·巴富尔上尉（Captain George Balfour）带着一名翻译、一名外科医生和一名办事员就职首任英国驻上海领事。巴富尔为皇家海军的锚地选择了最好的位置，并将新获得的租界定在上海县城稍微偏北的区域。控制了上海，英国也就控制了长江三角洲、丝绸之都苏州以及连接华东和北京的大运河。上海将迅速成为中国商品输往欧美的主要港口，也是欧美商品和人员流入中国的主要通道。

不久以后，苏州河北岸设立了美国租界（这两个租界于1863

年合并成为公共租界），而法国也在江边建立了独立租界。很快美国人开始来到上海，起初来的是传教士而不是商人。江滨区域逐渐发展成型，最终形成了高抬的外滩，拥有了远东最壮观的宏伟建筑。很快，上海劫掠式的资本主义风格吸引了商界人士，以及众多的罪犯、流浪汉、骗子、难民，还有卡尔·克劳。

及至1911年，上海商业繁荣，人们日子过得不错，远远超出了清王朝统治下中国的主要光景。这座城市大约有100万居民，其中不到2万是外国人。鸦片战争暴露了中国军队的孱弱，而躁动不安、更崇尚自由主义的中国南方正在日渐摆脱他们的控制。慈禧太后控制的帝国政府顽固抵制任何日本明治式的改革，压制商人阶层，拒绝采用西方技术来强国。1851年，由洪秀全领导的太平天国起义爆发。洪秀全自称是一位神秘主义者，认为自己是耶稣的弟弟。尽管太平天国在很多方面都走在时代的前列，但他们信奉《旧约全书》中以眼还眼的暴力：起义共导致2 000万到3 000万中国人丧生，最后只是因为一支仓促纠集的守城雇佣军的阻挡，他们才没能占领上海。太平天国最终并没有建成，政权也在1864年覆灭，但它造成的不稳定影响继续困扰着清朝。在世纪之交，义和团的力量再次威胁到外国群体和清朝统治。

当克劳的邮轮在上海靠岸时，局势并不乐观。长江沿岸刚刚遭受了人们记忆中最严重的洪灾，造成了难民问题，长江三角洲地带当年的全部农作物也都危在旦夕。他承认，他觉得这座城市很脏，那时的上海还未掀起建设热潮，摩天大楼酒店、大厦和宏伟的外滩尚未拔地而起。情势会发展改变，但对当时新来的克劳来说，震惊是真实的。最终，他将看到新成立的民国政府所带来的变化，并转而思考一个民族如何在如此贫穷和拥挤的情况下保持那样高的清洁标准。

卡尔·克劳曾形容自己属于住在上海的"坚定的中国通"群体。这可能不太恰当。在两次世界大战之间，上海的中国通们（当时常被称为"东方主义者"）更有可能是坐实了的帝国主义者和殖民主义者，而不是中国或在孙中山领导下于1911年推翻清政府的中华民国新政府的朋友。他们远算不上坚定，通常很少去探索相对安全的上海公共租界之外的地方，并且受到治外法权的庇护。克劳屡次与老一代的中国通们发生龃龉，因为他们普遍认为，"中央王国"几个世纪前就已沦落，任何新政府的出现都不过是一种暂时的失常罢了。据他们所说，要做的事情只是：保持对国家领导人的旁观状态；保持贸易运转的同时维护大国在中国的权利和特权；最重要的是，要继续赚钱。在中国期间，克劳被指责过同情中国人、反对外国利益，并且过度反日——还犯有"被同化"的不可原谅的罪过。这些指责意在辱骂，但克劳通常都把它们作为赞美来接受。

不过这一切都是后来的事情。现在，克劳是一个"格里芬"*——中国沿海的新来者。他不知道接下来会发生什么：是发达赚大钱，还是破产回乡；是能生存下去并蓬勃发展，还是会因为难以忍受中国而匆匆回到美国的地方报社上班，安于一份稳定的薪

---

* 格里芬（Griffin），特指初到东方的人。（本书脚注均为译者注）

水。海阔凭鱼跃，而且克劳从一开始就决定这段经历无论长短，至少应该是有趣和有意义的。四分之一个世纪之后，他确信那一次旅行是他做过的最好的决定。他从未停止过对中国和中国人的迷恋，他在1937年宣称："我今天对他们（中国人）的兴趣，就像25年前一样强烈，那时我因为第一次坐黄包车而激动不已。"[4]在他的整个中国岁月里，克劳始终坚持着他早期的信条——乐在其中。距离初次踏上中国土地30多年后，他写道："希望厂家从他们的投资中获得了很多乐趣，因为他们并没有赚到多少钱。"[5]

克劳同20世纪上半叶来上海的那一类典型的外国人不太一样。他很快就爱上了中国，对中国人产生了同情，而大多数外国人则出于一种虚假的优越感，选择疏远和轻视这个国家和它的人民。然而，就像所有住在中国沿海的外国人一样，克劳也有他的来处。

一　从美国中西部到中国沿海

贫穷而勇敢

在克劳怀着紧张和不确定、不知道自己会变成什么样子的心情抵达上海之前，他已经从密苏里州的荒野一路进取，自力更生，直到他前往中国沿海。甚至在他离开美国之前，他讲故事的天赋，还有克劳家族亲吻了巧言石*般的语言能力，就已经深深扎根在他身上了。

赫伯特·卡尔·克劳于1883年9月26日出生于密苏里州的海兰德镇，是在刘易斯和克拉克首次绘制密苏里版图的79年以后。他是乔治·华盛顿·克劳和埃尔韦拉·简·沙罗克-克劳的儿子，

---

*　巧言石（Blarney Stone）是一块嵌在爱尔兰布拉尼堡城垛中的含碳石灰石。相传，亲吻石头会获得幽默睿智的语言能力。

前者生于 1857 年 7 月 4 日，后者在卡尔出生时只有 19 岁。卡尔的弟弟莱斯利·雷出生于 1886 年，他的妹妹萝拉出生于 1889 年，另一个妹妹罗玛紧随其后。他的父亲是一名乡村学校的教师，偶尔也做大学讲师，过着不错的生活。年轻的赫伯特·卡尔总是被简称为"卡尔"。他们的家在海兰德镇，属于基本是乡下的佩里县，而这个社区因为太小，连 1883 年的《密苏里州地名索引和商业名录》都没有收录。

克劳把自己的根追溯到英格兰和爱尔兰。1750 年，有个叫詹姆斯·沙罗克的人出生在英格兰，很可能是在兰卡郡。在那里，沙罗克斯（Sharrocks）是一个常见的名字，来源于肖罗克斯格林（Shorrock's Green），那是一个离布莱克本镇四英里远的小村庄，一度以当地特产奶酪而闻名。所以，最初的沙罗克住在肖罗克斯格林或者在那附近，在某个时候，"肖"变成了"沙"。这位詹姆斯想离开英国，到新大陆去碰运气，这在当时很寻常。从兰卡郡直到西海岸和利物浦之间的这片土地是英国工业革命的中心；虽然詹姆斯可能出生在一个小乡村，但他周围的地区却正在因为从农业经济转变成威廉·布莱克笔下"撒旦黑磨坊"的主要聚集地而惊恐不安。与詹姆斯同时代的许多人认为新工厂里的封闭苦役和工资奴隶的生活不适合他们，于是选择了另谋生路。

詹姆斯 76 岁时在美国去世，他有 7 个活下来的孩子，其中一个叫蒂莫西，父亲去世时他 51 岁。蒂莫西结婚生有 10 个孩子。他的第二个儿子，也叫蒂莫西，结婚后也生有 10 个孩子，其中一个就是卡尔的外祖父，他有 8 个孩子。詹姆斯·沙罗克在纽约登岸，和无数人一起逐渐向西迁移。沙罗克一家是常去教堂的虔诚的卫理公会教徒,他们大多从事农民和教师的工作,其中有不少是传教士。卫理公会派当时在密苏里州很盛行,是与路德宗和浸信会并列的主要的新教教派。

克劳家族来到美洲的过程则非比寻常,充满神秘和家族传说色彩。克劳认为他的家族来自爱尔兰,他的祖先威廉·克劳伊曾是在都柏林的克伦威尔政府官员,并于1650年3月见证了新模范军抵达基尔肯尼——当时天主教联盟的名义首都。在某个时候,克劳伊家族的一名成员做了出格的事,被迫离开爱尔兰前往美国,开始一段摆脱羞耻过往的新生活。从爱尔兰到美国的旅途中,克劳伊的"伊"字不知如何被去掉了。对克劳来说,他的爱尔兰血统中最重要的一点是,这一血脉给了他一头乌黑的头发和略暗的肤色,以及他一生的天赋、家族的基因——讲故事的能力。

克劳和沙罗克家族里显然都是特立独行的人,他们带着某种离群索居、开拓进取的气质去美国追寻更美好自由的生活。在评论美国历史上的这一代人时,克劳说:"……所有的美国人都很穷,但由于坚信自己注定会变得富有,他们变得勇敢起来。"[1]他谈到一个伯祖父从俄亥俄州西迁至密苏里州,后来又发现这个州太拥挤了(19世纪初的密苏里州人口很多),他决定再一次南迁,搬到相对荒凉的得州东部。然而,当另一个人买了附近的土地并在3英里外盖了一所房子时,他的伯祖父显然感觉受到了束缚,这位患有幽闭恐惧症的克劳祖先被迫搬到了西得克萨斯,在那里的10年时间,他家周围10英里以内都没有邻居。在他的远东之行中,卡尔显然

卡尔（左）和他的弟弟莱斯利·雷摄于密苏里一家照相馆，不久之后卡尔即前往中国。

卡尔的母亲埃尔韦拉·简·沙罗克-克劳，摄于约 1940 年。

卡尔的父亲乔治·华盛顿·克劳，摄于 1870 年。

继承了更多的开拓者基因,而不是孤绝者基因。他写道,在搬迁之前的每一站,他的伯祖父都会说那个地方"该死的太拥挤了"。[2]

在他们的伯祖父对宁静和隐私的渴望中表现得如此明显的这种特性,克劳家族从来没有失去过。在过去的几十年里,他们逐渐城市化,搬进了整洁划一的街道上的公寓大楼和房屋,适应了现代社会,但他们从未完全放弃那种遗世独立的渴望。到上海时,卡尔似乎也没有完全脱离孤立主义特征,后来他还回到美国过了一段短暂的果园农场主生活。在中国的时候,他总是说要租一幢乡间别墅,或者在上海附近的某个山野租个地方;甚至到了1937年夏天,也就是战前中国最后一个平静的夏天,他还考虑在人口不那么拥挤的中国旅游城市青岛买第二所房子。

卡尔出生时,美国中西部还有很强的拓荒者传统。密苏里原本是路易斯安那购地案的一部分,直到1821年8月才作为密苏里妥协案的一部分被承认为一个州,那时距离卡尔出生还有62年。密苏里当时被称为"通往西部的门户",是西进移民的出发点,包含了密西西比河和密苏里河的主要交通要道。在美国内战期间(1861—1865),密苏里被一分为二,有些部分加入联邦,另一些部分则随南方各州脱离出去。密苏里州曾是同胞反目的地方。

坚定的卫理公会教派在很大程度上定义了这个家族。克劳自己虽然小时候经常参加主日学校的活动,但后来并没有明显的宗教倾向;事实上,他渐渐认为有组织的宗教形式在很大程度上是愚蠢的。在他看来,美国早期的传教士和牧师只不过是在从事另一种形式的营销活动——他们推销的不是产品,而是思想和信仰。在他

1943年出版的美国商业体系的崛起史——《伟大的美国客户》一书中,他将巡回传教士的生活比作游历偏远田野的边境小贩,兜售琳琅满目的商品。然而,克劳评论道,小贩带来的是新鲜的商品和闲言闲语以及外面世界的新闻,肯定到处都受欢迎,而巡回传教士"……却只会在跟他同一教派的人家受欢迎"。[3]从很小的时候,卡尔就试图摆脱乡村和宗教的限制,在这个世界上走出自己的路。

他在不同的乡村学校接受了相对良好的基础教育,这些学校强调道德和宗教,而他众多的、普遍信教的家庭成员又进一步强化了这一点。有很多教学都是通过死记硬背诗歌和韵文来进行的。克劳讨厌所有这些背诵课文的活动,比如威廉·卡伦·布莱恩特的《死亡随想》,当时是美国小学生的固定课文,50年后他仍然记得。不用说,作为一个将来要靠文字谋生的人——无论是为报纸写作、出书或者撰写广告文案,文学和诗歌对他很有吸引力。他总是记得阅读远方发生的浪漫和冒险故事带给他的无限乐趣。

在19世纪的最后几十年里,密苏里州克劳一家并不像人们以为的那样穷得可怜,但他们仍然远离较为发达的东海岸的舒适生活。后来谈到在中国旅行期间寻找合适的浴室和厕所这一问题时,他评论道:"我自得于自己并不像其他人那么顽固死板,因为我出生的社区里,拥有私人厕所是身份的象征,而浴缸这东西则闻所未闻。"[4]他回忆说,这个家庭能够维持一定程度的体面,但任何需要额外劳力的事情都会遭到鄙夷。他记得他的母亲和朋友们谈论一个住在20英里外的县城里的男人,据说他的衬衫一天一换。女人们一致认为,这一定是一个非常"自私刻薄的男人,为了满足一个愚蠢的怪念头,竟然让他的妻子干那么多清洗熨烫的无谓活计"[5]。

克劳出生的美国也在变化之中。这个国家正在迅速工业化。1883年,也就是卡尔出生的那一年,托马斯·爱迪生在新泽西州罗塞勒安装了第一个使用架空电线的电力照明系统;同年5月,历时14年修建的布鲁克林大桥在纽约建成通车。1883年,亚拉巴马州成为第一个颁布反垄断法的州,反映了美国工商业的发展。文化意义上的美国也在发生改变,因为新的移民浪潮开始创造出一种独特的本土美国文化。1883年,第一家杂耍剧院在马萨诸塞州的波士顿开业,而马克·吐温,美国乡村田园诗人,则出版了他的经典作品《密西西比河上的生活》。

克劳的父亲在1899年去世,当时卡尔只有16岁,之后他被迫离开学校,成为一名印刷学徒。他作为一名熟练的印刷工在密苏里州干了好几年,包括1902年夏天在密苏里州福莱特河镇的《铅带新闻》当排字工。克劳是这家报纸唯一的雇员,报纸的编辑兼老板比尔·刘易斯负责撰写当天的内容,而卡尔则负责排字和印刷。卡尔每周工资50美分,可以在办公室里睡觉,偶尔为巡回传教士印制传单,赚些外快。为了保住这门生意,他还答应去参加一个传教士的布道。后来他回忆:"我去了,发现除了牧师和看门人,没有别人,而看门人没有等到布道就走了。在发现没有其他人会来以后,他对我讲了整篇布道,但是没收我的钱。"[6]

他在只有19岁时,借了一些钱,创办了自己的周报。这份报纸办得不错,他在1906年卖掉了报纸,然后用这笔钱去卡尔顿学院上学。这是一所位于明尼苏达州诺斯菲尔德的私立文科学院，成立于1866年，独立办学且招生严格。克劳后来决定在离家更近的密苏里大学继续他的学业。他能被卡尔顿录取，部分是由于他父亲曾在该校短暂任职。他在诺斯菲尔德的短暂时光，见证了他在这个坎农河畔的拓荒小镇的生活，这个小镇直到19世纪中叶才开始形成，居住着一个偏远的农业社区。

一个朋友骗取克劳的信任，带着他的积蓄跑路了，导致他最后来到密苏里大学时，身上只剩7美元。这一意外的资金短缺迫使克劳不得不通过打工挣钱读完大学。他利用自己的打字技能挣了点钱，还做过《哥伦比亚-密苏里先驱报》的记者和编辑，偶尔还为多家美国地方报纸当过线人，其中有《芝加哥论坛报》《圣路易斯邮报》和《堪萨斯城星报》。这些只是基本的入门级报道，而为《密苏里人》撰稿则基本上是在为他的本地报纸撰稿，因为这家报纸的总部设在哥伦比亚，在1908年才成立。

密苏里大学有把新闻视为一门正式学科的传统，1908年在沃尔特·威廉姆斯院长（Walter Williams）的领导下设立了第一个专门院系来培养新闻工作者。从创办之初，这个学院就备受争议，许多记者认为，为报纸撰稿的技能无法通过课程设计来传授，这一领域长期的学徒实践是比课堂更好的培养方式。事实上，反对的声音是如此之大，以至于密苏里州参议院在1895年成功否决了一项要求设立新闻学教席的法案，并拒绝允许该大学授予新闻学学位。正是沃尔特·威廉姆斯——《哥伦比亚-密苏里先驱报》的编辑，也是一位大学主管——在密苏里新闻协会的支持下，成功地改变了政客们的想法,最终建立了这个学院。威廉姆斯很快把学院建成了一个卓越的新闻行业培训中心,并凭借自己的能力成为国际公认的新闻学权威。1913年,他被任命为美国教师海外旅行卡恩基金会的讲师。1914年,他前往世界各地参观报社和工作室。1915年,他成为旧金山国际媒体大会的负责人,也是名号响当当的世界媒体大会的第一任会长。他还在1916年担任美国新闻院系协会的负责人,并写了几本关于新闻行业的书。当时仿效密苏里的成功经验,美国各地新闻学院如雨后春笋般涌现,其中大多数都把威廉姆斯的书用作标准教材。[7]

威廉姆斯还曾代表美国政府前往远东地区,在1918年底和1919年初访问了俄罗斯、中国和日本,之后他返回美国,开始在全国各地做巡回演讲,讲述亚洲报业的发展状况。[8]在这一切之前,他鼓励过年轻的卡尔到密苏里大学读书。

凶杀案报道员、被刺死的公牛和"擅长割喉的中国人"

经济窘迫的克劳在密苏里大学没待多久,不到一年就肄业离开了学校。在报社工作赚钱使他无暇于学业,以至于他辍学去当威廉姆斯在《哥伦比亚-密苏里先驱报》的合伙人。实际上,克劳在密苏里大学几乎一事无成;他的大学档案显示,他只上了12个小时的课,没有取得任何成绩,记录显示为"离校"。[9]

在密苏里之后,克劳1909年南下,为《沃思堡星报》工作。

在沃斯堡，他学会了玩扑克，喝烈酒，还参观了得克萨斯州的海湾。作为一名跑治安的记者，他报道了许多谋杀案的庭审，甚至目睹过一场致命的枪战。后来，克劳在上海担任《大陆报》（China Press）的驻地编辑，值夜班时，他会深情地回忆起在沃斯堡的日子。当他因为上海本地新闻缺少干货而为头版的内容发愁时，克劳会伤感地幻想，要是在得州就好了，那时他的报纸从来不缺吸引眼球的本地新闻，因为当地的凶杀抢劫事件给他提供了稳定的、源源不断的素材。

作为《星报》的治安记者，虽然挣得不多，但他积累了新闻从业经验。在坐等新的罪案发生或法官宣判的间隙，他还为一些商业期刊写了一系列自由撰稿的文章，赚了一些钱，然后去了一趟墨西哥，那是他第一次出国旅行。在寻找可以卖给商业期刊的故事时，克劳参观了特万特佩克地峡，在那里他注意到了传统的墨西哥土著女性头饰，那是一种带有丝带和花边装饰的白色面纱。

克劳从一位在特万特佩克工作的科罗拉多矿业工程师那里了解到，这种奇异头饰的起源可以追溯到一艘法国护卫舰在前往布宜诺斯艾利斯的途中遭遇海难的时候。当地人在喝掉船上所有的白兰地和葡萄酒后，发现还剩一批童装，这些童装原本是要运往阿根廷首都的一家百货商店的。这些衣服对他们毫无用处，直到一个土著妇女把小连衣裙戴在头上，裙摆从背后垂落下来。这开启了一种新的时尚，一直持续到幸运的打捞人用完海难货运箱中所有的裙子。后来，一个德国推销员偶然接到了一份来自特万特佩克的儿童裙装订单，因为当地人要拿来当作头饰。德国人指示他在汉堡的工厂立即开始生产，并将产品运往墨西哥海岸。克劳在为芝加哥一家杂志撰写的文章里复述了这个可疑的故事，该杂志报道了这门女帽生意，并对美国商界在自家后院错失良机表示遗憾。得梅因的一家报纸选用了这篇报道，并以社论的形式刊登出来，严厉地警告美国商人这种商业疏忽实在太糟糕。克劳休假回来后才发现，传统头饰的出现比墨西哥海岸的法国护卫舰和阿根廷的百货商店都要早。他在门垫上发现了一张芝加哥出版商寄来的35美元支票，用这笔钱买了一套新西装。

他显然很喜欢在墨西哥对外国生活的第一次体验，他注意到"特万特佩克那些装点了肮脏街道的皮肤金黄的少女"[10]，还参观了斗牛赛。尽管他对屠牛的残忍感到厌恶，宣称如果不是受墨西哥朋友的邀请，他肯定唯恐避之不及，但最终他还是坚持看到最后，并且有点难为情地承认，在当天到第六头牛被插死的时候，他已经跟周围的人群一起欢呼喝彩了。

1911年初，克劳已开始定期为《星期六晚邮报》撰稿，偶尔也为《皮尔逊杂志》（一份被普遍认为是相当保守和枯燥的读物），还有《系统和技术世界》《范诺登》和《汉普顿斯》写作。这些文章大多涉及城市化和农村经济的变化，以及铁路建设。他为《星期六晚邮报》写了一系列关于西南部和得克萨斯州的文章，报道西部大牧场的划分和南部佃农角色的变化。[11]《星期六晚邮报》在当时的美国阅读受众广泛。它是美国式报纸的早期范例，其前身可以追溯到1729年，当时22岁的本杰明·富兰克林创办了《宾夕法尼亚公报》，是美国殖民地仅有的五份常规出版物之一。富兰克林本人是在收购了一份勉力维持的报纸后创办的《公报》，这份报纸的名字相当冗长，叫作《艺术、科学全学科通用指南和宾夕法尼亚公报》。《星期六晚邮报》越办越好，不仅因为其对新闻和时事的报道，而且还因为后来倡导新出现的美式硬汉侦探小说，以及对成功商人的特写报道而出名。在20世纪的头20年，《星期六晚邮报》直接瞄准美国中产阶级，作为大众读物和商业期刊发行，比其他一些针对知识分子读者的期刊吸引了更多受众，后者如后来才出现的《纽约客》。

作为一份现代出版物，《邮报》应该感谢赛勒斯·H.柯蒂斯，他于1897年收购该刊物，带领它形成自己的风格，赢得"美国的杂志"这一美誉。当时为它供稿的是美国最优秀的作家、艺术家和插画家，包括鲜为人知的克劳和大名鼎鼎的杰克·伦敦；该报后来以诺曼·洛克威尔个性鲜明的封面插画而广为人知。这份报纸的使命是为美国诠释美国，每十个美国人中就有一个人是它的读者。

《皮尔逊杂志》在当时也被广泛认为是右翼刊物，尽管1916年后，在弗兰克·哈里斯的编辑努力下，它成了一份重要的激进反战报纸。然而，对克劳来说，作为一个相对年轻的作家（当时他还不到30岁）在这两份刊物发表文章，为他带来了荣誉和更大的读者群——《星期六晚邮报》的发行量在1913年已增加到大约200万份。这也给他带来了一些额外收入，尽管克劳被提升为出版社的助理，但他还是需要这笔钱来补充他在《星报》那份微薄的薪水。

虽然克劳开始成名，但他还是决定离开美国。1910年，一位名叫汤姆斯·密勒（Thomas Millard）的密苏里老乡在沃尔特·威廉姆斯的推荐下给他发电报,向克劳提供了在他新创的英文晨报的工作机会,这家报纸位于遥远的中国沿海的上海公共租界,就是后来的《大陆报》。克劳承认,在收到这一邀请时,他有点犹豫。中国是一个不为人知的国家,当时那些烂俗写手需要为一些残暴行为设置一个情境时,他们总是不由自主地拿中国来作社会背景,从而在美国大众的想象中给这个国家营造了邪恶名声。当他后来回顾出发前自己想象中的中国时,他写道:"结果是善良、无害的中国人背负了割喉恶棍的污名。当我收到这份去上海工作的电报时,我脑子里就是这幅画面,却连我去中国是要经过大西洋还是太平洋都不知道。"[12]

在得州待了五年并初出茅庐成为一名记者之后,1911年6月,克劳预订了去上海的船票,启程前往中国。从旧金山到中国的船票相对来说比较便宜——大约是从伦敦到上海票价的一半,所以克劳可以轻松负担这趟旅程,开始新的生活。当他启程前往中国时,《星报》还作了报道,称克劳"不仅是西南地区最聪明、最有名的记者之一,也是最受欢迎的记者之一"[13]。《休斯敦纪事报》在得克萨斯登文向他告别时,回顾了他在《星报》工作时发生的一件轶事:

当克劳还是一名新手记者时,他与一位名叫帕洛特(Parrot,又意为鹦鹉)的女士有过一段搞笑的交集。当年他"跑治安",年轻又容易轻信别人。他在有一次干活时查看记录册,就是那种登载逮捕记录的册子。

随着指头在字间移动,他看到一行简单的标注:"帕洛特,逮捕原因,言语亵渎。"

他嗅到了一条故事线索——"什么!逮捕了一只骂人的鹦鹉?"他问警官。这名警察是个天生爱开玩笑的人,他趁机给这位新手"牵了牵线"。他把情况详细地讲给他听。年轻的记者迅速回到办公室,写了一篇很长的报道,列出了事发的街道和门牌号。他在报道中说鹦鹉因为骂人而被捕,甚至还把脏话引用了出来。

那天晚上,一位非常生气的帕洛特太太打电话到报社。她想"和写这篇文章的记者谈谈"。他不得不忍受一个生气的女人用她所能想到的所有尖刻的话来骂他,足足有好几分钟。

结束时,她说:"我也想知道你的名字,先生!"她的声音在这当口尖锐刺耳。

"当然,"他用他最拿手的密苏里方言回答,"帕洛特太太,我是克劳(Crow,又意为乌鸦)。"

"你这个自作聪明的年轻人,"她吼道。而这个得罪了她的记者最后唯一听到的,就是她啪的一声挂断了电话。[14]

上海在招手,克劳订下行程。

二 《大陆报》人

上海最新的报纸

《大陆报》(*China Press*)的出刊始于1911年的夏天,汤姆斯·密勒任总编辑。克劳是城市版副主编,月工资300元,负责报道外交事务。尽管一开始他的职责范围很广,工作头衔也很能唬人,但实际上,他首先做的是夜班编辑,直接负责每天的头版内容——这份工作让他充满了忧惧,因为他担心没有足够像样的新闻,他的头版会因此开天窗,从而证明当地那些悲观的英国记者们的预言是对的,在上海办美式报纸注定会失败。

克劳的工作时间是反社交的:每天晚上10点到凌晨2点。他常常被迫躲在《大陆报》的私人员工酒吧,喝上一杯烈性饮料,考虑如何填补空白的头版。由于国外的相关消息内容通常很少,所以有

THE CHINA JOURNAL OF SCIENCE & ARTS　LXI

The China Press

Every year readers and advertisers alike are demonstrating their increasing confidence in the value of *The China Press*, as a recorder of the world's news and as an unrivalled publicity medium throughout China.

If you are not already a subscriber to

THE CHINA PRESS

you may not be aware of the many new features which contribute to make this the leading daily journal in China. Among these are improved editorials, color printing and an excellently produced pictorial supplement on Sundays.

Subscription rates: 6 months $15, 12 months $28; outport and foreign postage extra.

THE CHINA PRESS
14 Kiukiang Road, Shanghai.
Sample Copies Free upon Request

《大陆报》很快成为中国沿海举足轻重的一家英文报纸。

时确实需要通过添油加醋来证明那些放在头版的消息的价值。与他共同应对填补头版难题的是密勒的另一位上海新员工、前沃斯堡报人、现在的执行总编查尔斯·赫伯特·韦伯（Charles Herbert Webb）。两人在晚上会闲坐在敞开的窗户下乘凉，喝着清凉的绿茶，不停地抽烟。

克劳当时的驻地在四川路126弄11号一幢破败拥挤、没有空调的大楼里，距离外滩一个街区。除了一条反映柏林日益好战的世界观、没什么价值的免费德国新闻专线，以及路透社在伦敦编辑后发往东方、主要面向印度英国人群体的新闻外，他几乎没有其他可用的消息来源。就连路透社的报道到达克劳手上时也已经过缩减——这些新闻先是在孟买进行编辑，然后才传递到帝国影响所及更远的地方，如上海、香港和新加坡。除了编辑环节，克劳还面临着不良而乏味的报道选题。这些报道关注的是英属印度，特别是殖民地的商业中心加尔各答生活的细枝末节——盐税，各种英国军团的来来去去，克什米尔的部落骚乱。所有的外国新闻，包括来自美国的新闻，都从伦敦署名报道，强调英国首都作为世界中心的地位，也反映了美国在世界事务中的次要位置。直到1917年美国加入第一次世界大战后，来自美国的新闻才由华盛顿或纽约而不是伦敦署名报道。尽管克劳在当地媒体中搜寻到一些边角料，但他一开始运气不佳，后来不得不帮助成立一家翻译公司来做这项工作，并利用《大陆报》的一些中国记者作为消息来源。

当然，人们难免事后诸葛亮。帝国辐射边缘这个虽然慵懒却相对平静舒适、有利可图的世界，将随着1911年10月的武昌起义、清朝的崩溃以及 1911 年的民族主义革命而发生改变。然而，克劳虽然察觉到了一些风声，并相信中国国内事务日后会在国际上变得愈加重要，却无法预见一个王朝的灭亡。直到它真正崩溃时，他还被圈在一块小小的、几乎无足轻重的飞地上。尽管上海的国际化程度越来越高，但它实际上仍是大英帝国的一个前哨，处在印度的阴影之下，大多数读者——甚至是那些生活在上海的读者——都对它兴趣寥寥。

作为一个报业人士，克劳开始游走于英国人主导的社交圈，他的密苏里中西部口音常常遭人打趣。比如，克劳会把"华盛顿"（Washington）说成"华尔盛顿"（Warshington），"害怕"（afraid）说成"畏惧"（afeard），还有把"准备好"（getting ready）说成"安排上"（fixin）。他还发现，这个圈子里大部分英国报人都认为，中国人"即使活上一百年，也没有哪个人会做一件值得见报的事情"[1]。英国人已经对朝廷内的琐事和阴谋诡计感到无比厌烦，他们普遍认为清廷是一个僵化的机构，除了通过收税来维持宫廷的富足外，别无所长。此外，克劳的记者同行、苏格兰人理查德·伍德（Richard Wood）也告诉他："他们（宫廷成员）大多数住在北京，电报收费也很高。"[2]

克劳开始适应当地新闻圈的生活，学会了在城市里四处活动，完成出版日报所需的日常杂务。在伍德的帮助下，他设法与英国警察法庭建立了线报联系，他还沿着长江的部分线路前行，报道了 1911 年特大洪水的悲惨影响。在 1920 年代之前上海仍然相对有序，治安不错，而到了 1930 年代，这座城市里明目张胆的黑社会和血腥政治暴力已经跟芝加哥有的一拼。克劳不由再一次怀念起他在沃斯堡做记者时，"供应稳定的凶案素材"[3]所带来的那种确定性。在上海的第一个星期，有一天拂晓时他听到附近好像有机枪开火的声音，紧接着是步枪声。他觉得自己很幸运，预想到自己的中国事业将有一个辉煌的开始，想象着"血腥的帮会火拼，巷子里尸首横陈，受伤的人跟跟跄跄地穿过大街"[4]。他从床上跳起来，匆忙穿好衣服，抓起相机，跑出旅馆，朝着枪声赶过去。当到达外滩北端横跨苏州河的花园桥时，他意识到这就是"大屠杀"的现场。他小心翼翼地从桥上探出头，希望能捕捉到一张头版照片，而不是被子弹击中脑门。然而，克劳拍摄到的只是两艘小舢板的船长和船员们，他们正在放鞭炮，这是开工之前的传统仪式。克劳显然还有很多东西要学。

当时的法庭系统是由鸦片战争结束后实施的治外法权制度决定的，中国人称之为"不平等条约"。在上海享受治外法权的有14个国家，他们都与中国签署了"最惠国"协议。司法实践中，这意味着租界的美国公民只能由驻中国的美国法庭审判，被判刑的罪犯要么被送往马尼拉，要么被送回美国；而英国公民则受英国法庭审判，在中国内地或香港服刑。其余各国都有自己的法庭。法国人在法租界有自己的司法体系，而公共租界内与华人有关的诉讼案件则归会审公廨管辖，由中方会审官员"会同"外方陪审官审理。

尽管有这么多法庭，但真正有新闻价值的事件却少之又少，《大陆报》似乎注定要失败，并演变成一个跟英国人办的媒体如出一辙，不过更亲美国的报纸。克劳、密勒和《大陆报》面临的一个

21　主要问题是，他们认为在中国发生的事件具有重要意义，而这一观点在很大程度上是无法证实的。由于主要外国通商口岸之外的记者寥寥无几，有关军阀、宫廷阴谋、叛乱和地方争斗的传闻只是一些边边角角，尽管它们在当地语境中有轰动性，但从未真正得以成稿。消息在到达上海的时候，要么已过时效，要么经过添油加醋，要么就是难以核实。当然，报道也是以侨民为中心——发生在上海外国人家里的小劫案会被当作大新闻，而内陆土匪在整个村庄无休止的绑架劫掠这类消息，因为对上海的外国人群体几乎没什么影响，往往是寥寥几笔，大多数时候连登都不会登。对大多数在上海的外国人来说，中国人仍然是一个难以理解的群体，而中国的广大腹地是一个遥远而鲜为人知的地方，大多数外国人选择安于现状。有天晚上，克劳和韦伯商量着把工部局卫生部门的最新法令将就用作头版新闻——"不要食用任何未经煮沸、烹调或消毒的食物"，他觉得报纸简直快要完蛋了。这可不是克劳和他踌躇满志的《大陆报》编辑团队想要的大新闻。

在一个快速变化的中国，上海被隔绝在其日常事件之外，《大陆报》希望改变人们的这种看法。这是第一次世界大战之前英国掌握霸权的时期，当时的英国报纸还可以郑重其事地把"英吉利海峡大雾——被孤立的大陆"这样的消息用作头条新闻。《大陆报》的创始人汤姆斯·密勒是一名美国战地记者和汉学家，写过许多关于亚洲的书，后来在 1917 年创办了《密勒氏远东评论》（*Millard's Review of the Far East*）。1922 年，他开始为中国政府做顾问。《评论》后来被约翰·本杰明·鲍威尔（J. B. Powell，即多数人熟知的

"J. B.")买下并接管。博学温和的鲍威尔给了《评论》一个不那么以自我为中心的新名字"中国每周评论"*（尽管《评论》的控股公司一直是密勒出版公司），这份刊物继续出版，直到1941年底日本军队进入租界后才被关停，鲍威尔本人也被捕入狱。尽管鲍威尔后来成为上海最杰出的中国通之一，但他也像克劳一样，在收到密勒的工作邀请电报之前，对上海几乎一无所知。鲍威尔也来自密苏里州的乡下，在进入密苏里大学新闻学院之前，曾在商学院上过学，并先后在《昆西自由报》、密苏里州汉尼拔市的《信使邮报》工作，后来回到新闻学院担任讲师，然后才去上海。

密勒创办《大陆报》的部分初衷是希望这份报纸能够促进外国人群体和中国人之间的交流。他甚至在报纸的董事会安排了几位中国名流，并秉持"应该像纽约各大报纸报道美国新闻那样报道中国新闻"这一信条，积极将中国新闻推上头版。

克劳一到上海就迅速接受了亲中国的立场，这无疑是他与密勒密切接触的结果。在前往上海之前，克劳从未对中国、中国人或东方表现出任何强烈的看法。他之前的新闻从业实践当然倾向于支持弱者——反抗大地主的先驱或对抗跋扈的城市规划者的公民——是一种美国典型的支持小人物的立场。相比之下，密勒是一个成熟的中国通，他为中国发声以及深思熟虑的对华立场对克劳有明显的影响。温文尔雅、衣着精致的密勒，以及"长得像猫头鹰"、经常戴着眼镜、总是抽着玉米芯烟斗，并且深度参与了当地"路政委员

---

* 鲍威尔将刊物英文名改为"China Weekly Review"，但考虑到读者习惯，刊名下方的中文名仍沿用"密勒氏评论报"不变。

会"[5]的J. B. 鲍威尔都是当时在上海为中国发声的西方记者。密勒对中国的支持体现在他相当学院派的精确表述中，而克劳的写作风格倾注了更多的个人感情，J. B. 鲍威尔则更加政治化。乔纳森·米尔斯基（Jonathan Mirsky）在他的文章《了解中国》中引用了研究（外国人）报道中国的权威彼得·兰德评论密勒的话："他想影响美国的政策……"[6]——确切地说，是要使美国走向亲中国和反日本的立场。克劳和密勒的作品，以及后来鲍威尔的作品，代表了当时进步的外国观点，几乎都被翻译发表在上海的中文媒体上。

克劳参与的是活跃的新闻报道行业，但他被《大陆报》看中的业务能力在于规划版面，而非评论中国事务，那是后来才有的事。除了要审定《大陆报》的报样，克劳还得确保报纸顺利印刷。跟许多记者不一样，"乌鸦"不介意挽起袖子，同中国印刷工人一起把报纸印出来。那些排字工人虽然大多数不会英文，却能够保证准确，很少有拼写或标点符号错误，这常常使他大为惊叹。

他在密苏里州当印刷工的学徒经历，使他对印刷用的机械和小工具，以及敲敲打打摆弄机械产生了持久的兴趣。随着《大陆报》销量增加，日发行量达到3 500至4 500份，该报也开始盈利。为了应对不断增长的需求，克劳买了一台新的印刷机，它用的是大型卷纸而不是平版纸来印刷。当克劳来到上海的时候，报纸印刷业正在经历革命性的变化，随着更为先进的图像复制技术的引进，平版印刷发展为照相凹版印刷和珂罗版印刷，而老式的轮转印刷机正逐渐被平板印刷机取代。《大陆报》的新印刷机是最先进的，在上海能够与之媲美的只有《字林西报》和商务印书馆的印刷机，前者是上海的大报社，后者则业务范围广泛，从教科书到广告无所不包。新印刷机最快能每小时印出 5 000 张纸，对于两次世界大战期间的上海这样一个英文报纸市场来说，这是一个相当大的数字。出版报纸之余，《大陆报》还可以利用这些机器承接其他的印刷工作，进一步增加收入。

尽管如此，克劳想要成为一个现代印刷能手的愿望却因为一个问题而受阻——他担心如果机器以全速启动，就会扯断新闻纸卷，导致延误和纸张浪费。克劳认为显示美国人创造力的时刻到了，他设计了一个复杂的电机来控制印刷机的速度：印刷机会缓慢启动，然后逐渐加速至最大，这样才不会断纸和中断。他对自己的发明如此自豪，有一次专门带着一群朋友去印刷车间看它如何投入使用。随即他惊讶地看到，中国印刷工人仍然在以非常高的速度启动机器，而他的电机被拆下来弃置一旁。他很快发现，印刷工人把脚搭在传动轮上控制它的速度，简便又高效。当纸卷断开时，印刷工人可以比任何电机或开关更快地让机器停转，实际上更好地减少了浪费和延误。克劳后来在 1930 年代中期写道，那台印刷机仍在大量生产报纸，而他自己设计的电机却孤零零地躺在架子上，无人使用，落满了尘埃。

渴望行动

作为《大陆报》的编辑，克劳开始了他在中国各地的广泛旅行,并总是随身带着他的便携式打字机。在中国旅行需要保持耐心,住宿条件通常都很一般。有时,他不得不在中国旅馆不太舒服的房间里一连住上几个星期,与虱子和老鼠共处一室。像其他旅行者一样,他会把床放在房间中央,四条床腿浸在煤油罐子里,防止跳蚤、蜈蚣和其他昆虫爬上去。他一般自带折叠式行军床,还有毯子,这样就可以不用旅馆里那些通常都满是虱子的毯子了。他会在床尾点燃一根蜡烛,进一步驱赶害虫,但这仍然无法避免那些跑来跑去的老鼠吵得他许多晚上睡不好觉。有时候,唯一的解决办法就是付上几个铜板,找旅馆老板借一只家猫来赶老鼠。此外无法避免的体验就是使用公厕或"夜香桶"了,这种恭桶每天倒一次,有个盖子但无法做到密封。

他离开相对安全的上海公共租界的第一次重要旅行,是沿长江而上,去报道1911年发生的严重洪灾。这次洪灾共造成10万人死亡,约380万人流离失所或陷入赤贫。泛滥的江水淹没耕地和村落,形成了一个长80英里宽35英里的湖泊。

对这场灾难英国媒体只是简单报道了一下,但密勒认为还需要加大报道力度,尤其是需要传达亲历者的声音。克劳沿着长江往返了600英里,采访了饥饿的难民、清廷官员和当地的外国传教士。尽管英国媒体人对这些"本土新闻"不屑一顾,但克劳的纪实性报道在上海引起了广泛关注,并促成建立了一个救济灾民的慈善基金。然而,关心的人仍是少数,因为大多数上海的外国居民更关注伦敦或英属印度的事情,而不是发生在上海周边省份的灾害。对克劳来说,这次调研是他极为努力地向外国人群体报道内陆中国的一个开端——他为此费尽心力，但即便他在美国渐渐获得了"中国通事"的名声，上海的大多数读者还是并不领情。

其他因素也妨碍了本土新闻报道。就在清王朝覆灭前不久，克劳报道了一名老太监的离世，他曾服侍过著名的清皇太后、"龙后"慈禧（慈禧于1908年神秘地与她的儿子、当时在位的皇帝在同一天去世）。这位太监死后有人披露，他实际上从未受过宫刑，使得原本可以成为一个有趣的历史注脚的故事变成了丑闻。他在慈禧的信任之下住在紫禁城，那里一般不允许未经阉割的男人进入；身在宫廷的女人堆里几十年，保有着那个一旦使用就会污染皇室血脉的要命器官却没有被发现。克劳津津有味地报道了这件事，但英国媒体拒绝提到它，认为整个事件太不体面，对容易被吓到的英国读者们来说可能太低俗了。

《大陆报》继续发掘新闻，在尝试向上海提供一份全新报纸的过程中寻找自己的定位。然而，它也有竞争对手。

三　通讯线路的中国一端

本地事务小记

大多数去中国的外国人都带着某种做生意的打算，卡尔·克劳也有不固守成规的念头。他最初的梦想是在上海创办一份美式英文报纸。当时，克劳在美国学到的美式新闻就是用"重要新闻"填充版面，每条消息都有各自的标题。这对上海的英文媒体界来说是一个彻底的转变，当时的主流是英国人办的英式都市报，正如克劳所说，这些报纸的编辑理念是："伦敦是世界的中心，其次是大英帝国的其他部分。再次是在华外国人的利益；然后才是中国人的活动或在中国发生的事件，而这些活动事件只有在影响到外国人的生活或利益时才是重要的。"[1]

当时大多数被英国媒体视为重要的新闻都刊载在几个名为"公

司会议""邮递通知"和"本地事务小记"的每日专栏里。这种报纸主要面向侨居上海的英国人,反映了他们孤立生活圈中的贸易、业余戏剧表演、体育赛事以及对家乡新闻的渴望。1911年对英国人办的报纸来说可谓新闻大年,因为当年6月乔治五世在伦敦加冕,有太多的"本土"新闻可用。

英国的文化、思维方式和观点在上海占支配地位——尤其是上海公共租界工部局的9个席位中,有5个属于英国人。事实上,《伦敦时报》*的莫里循(G. E. Morrison)——著名的北京莫里循、地道的大英帝国子民,同时也是当时在中国最著名的外国记者——在1910年宣称:"在我看来,认为英国在中国的影响力正在减弱的说法是荒谬的。相反,我认为英国的声望从未像现在这样高。"[2]然而,到了1911年,上海的外国人口构成开始发生变化,英国人的数量明显下降,外国人群体更加丰富多样。新出现的法文《中法新汇报》等其他报纸开始为这些群体服务。美国人和其他国籍的人都在增加,他们要求他们的日报有一种更国际化、更少英国中心主义的风格。定居上海的欧洲侨民不断增加,报纸上关于最新的板球测试赛比分、英国名流在印度的来来去去、英国议会的阴谋诡计等内容也开始对越来越多的"上海客"(Shanghailanders)失去吸引力。

然而,在1911年,英式报纸仍然占主导地位,马立斯家族的《字林西报》和《上海泰晤士报》(Shanghai Times)占据了主要的英文报纸市场。[3]和此前在英国控制的通商口岸发行的其他报纸一

---

* 即《泰晤士报》(The Times),有时被英语使用者称作《伦敦时报》(London Times)。

样,这些报纸总在首页刊登广告,严格划分报道专栏,以给读者营造一种亲切感,而且绝大部分报道不管是来自纽约、科伦坡、拉合尔还是香港,都是用伦敦作署名地点。他们还大量刊登当地业余歌剧、体育赛事和社交集会的信息,以及本周抵达上海的人名。虽然抵达人员名单里总是包含很多并不出名的所谓"名人",这样的信息对关注伦敦社交圈的英国人来说还是很有用,对那些失意的上海单身汉也有帮助——他们希望能在其中物色到未来的妻子,这样的适龄女性被称为"帝国女人",她们在故国找不到对象,就来到殖民地以期在英国侨民圈子里找到一位伴侣,这一圈子对生育、婚姻和单身白人女性的需求都比较大,而对她们的期望值则相对较低。这种媒体手段使许多相貌平平但受人尊敬的英国女士摆脱了英格兰沉闷的老处女生活,为她们省去不少麻烦,也使许多在殖民地漂泊的英国人摆脱了单身生活,但这样的名单对其他人来说则未必是引人入胜的读物。

直到1911年动乱之前,英国人在上海的生活一直是舒适、富裕、与世隔绝的,这种情况直到1937年日本入侵才真正发生明显改变。正如汉学家、前中国海关税务司官员赖发洛(L. A. Lyall)所说:"上海的英国侨民是被帝国宠坏的孩子。他们除了向土地所有者支付很少的土地税外,既不向中国交税,也不向英国交税。他们有自己的法官和领事;他们有英国舰队的保护,几年来,他们还拥有一支专门的英国军队来保护他们;而所有这些开销用的都是英国纳税人的钱。"历史学家约翰·凯伊一针见血地指出,上海这个城市,是一个"不承担帝国责任的帝国"[4]。

作为在中国历史最悠久的外国报纸,《字林西报》是当时上海最大的英文报纸，拥有不容置疑的地位；事实上，它的影响已经超出上海，延伸到了英国控制下的众多远东地区。这份报纸是从周刊《北华捷报》发展而来，后来《北华捷报》仍然作为《字林西报》的副刊每周发行。在世界各地许多大城市，读者们都通过《字林西报》了解中国的消息。它关注英国在亚洲的利益，主要报道当地的事件，还有一个名为"外港"（Outports）的栏目，报道来自新加坡和香港的新闻，以及一些由传教士提供的、来自中国内地的消息，这些传教士作为线人也赚取一些外快。这家报纸的所有者是马立斯家族，他们是犹太裔的英国天主教徒。这家报纸成立于1850年，1881年才被马立斯（H. E. Morriss）买下。他的儿子们最终接管了家族广泛的报纸和出版业务，在他们位于外滩17号五楼"稳定而闷热"[5]的办公室里管理日常事务，这座楼在当地被称为"外滩老夫人"[6]。

马立斯于1918年去世，但他的三个儿子，亨利（哈利或小马立斯）、高登和海利继续经营他的企业。拉尔夫·肖（Ralph Shaw）曾经是一名英国大兵，1930年代在《字林西报》做记者，据他讲述，三兄弟中的老大哈利掌管报社，他的办公室就在报社的外滩大楼二楼；老二高登的股票经纪公司德和洋行就在隔壁的日本银行大楼，他对主管报纸也有强烈兴趣。老三却有点不同。还是根据肖的说法："唉，海利留在了英国，他在那里做出了一系列使家门蒙羞的风流韵事，他因此而上过法庭，进过监狱，最后在《世界新闻报》上声名远扬。"[7]马立斯家族从老马立斯的出版帝国和后来亨利的上亿股票经纪业务积累了巨大的财富，最终修建了马立斯花园。

这座占据一整个街区的花园别墅位于人口稠密的法租界，在1920年代被哈利·马立斯（Harry Morriss）买下，作为他们带有装饰艺术风格的家族大院。[8]兄弟们喜欢赛马和养狗（哈利的赛马"曼娜"是1925年英国德比大赛的冠军），这一习惯继承自他们的父亲。在开始用印第安名字来给自己的赛马取名后——比如"夏文达西"（南风）和"明妮哈哈"（欢笑的流水）——他们的父亲得到了"莫霍克"（Mohawk）这一昵称。家族的兴趣与马立斯花园相得益彰，因为花园恰好与法国人建造的、位于迈尔西爱路的逸园跑狗场[9]相毗邻，后者于1928年开放，可容纳5万名观众。兄弟们可以很方便地牵着他们的灵缇犬去那里参加比赛。

《字林西报》唯一的竞争对手是《上海泰晤士报》，它的老板诺丁汉姆（E. S. Nottingham）也是一个英国人。克劳非常不喜欢该报的社评路线，他评论说，这家报纸"实际已经被日本人控制"，尽管许多读者认为它"总的来说还算英国报纸"。数年后，该报成了日本暴行的直接辩护者。[10]

上海的英语新闻界也许是由英国人主导的——拉尔夫·肖把它描述为"搬来的舰队街*"[11]，但克劳有别的想法。美国人出资的《大陆报》[12]最初是由伍廷芳和唐元湛（两人都曾在上海的中国电报局工作）以及克劳在上海的第一个导师"汤米"汤姆斯·密勒创办的。它要成为一份真正意义上的国际性报纸，其头条将根据世界大事来确定，版面则与《纽约先驱论坛报》并无不同。《大陆

---

* 舰队街（fleet street）位于伦敦，以报馆集中著称，常用来指代英国新闻界。

报》团队的雄心立即遭到了英国新闻界许多反对者的蔑视，比如克劳在上海的早期"密友"、阿伯丁人理查德·伍德（Richard Wood）。这位口音浓重的苏格兰人在一家英国晚报工作，已经在上海待了整整一年，显然比新来中国的克劳更有经验。包括伍德在内的一些人是透过大英帝国严格的等级制度棱镜来看待上海的，他们认为在通商口岸乃至整个中国，不会有么多满足《大陆报》自身定位的大新闻，尽管当时中国正处在清王朝风雨飘摇、"共和国国父"孙中山的政府马上就要成立的当口。然而，这些都是未来的事情。据克劳所说，在华的英国新闻界预言了《大陆报》的早逝。克劳担心英国人可能是对的，但他的职业自豪感让他坚持认为美国式的报纸在上海能够并且将会取得成功。

这家报纸是在特拉华州以一家中美合资企业的名义注册的，目的是避免审查制度，并隐瞒中国政府部分参与，以及伍廷芳是董事会成员的事实。其他投资者包括柯兰（Charles Crane）和费莱煦（Benjamin Fleischer）。柯兰是一位富有的芝加哥商人、慈善家和阿拉伯语学者，克劳喜欢摆弄的那台印刷机就是他出资购买的。[13] 费莱煦也是密苏里人，他有报纸从业背景，常驻日本。

在1911年参与了上海报业的密勒、费莱煦和克劳三人都是密苏里人。这看上去可能是一个巧合，但随着时间的推移，密苏里人在上海新闻界的数量和势力不断增长。这并非完全出于偶然，因为密苏里大学新闻学院的毕业生之间建立起了牢固的联系，该学院多次为中国的新闻界提供输送人才（也包括一些女性）。克劳将从这一人际网络受益许多年。

密苏里大学的新闻学院,在中国沿海工作的美国记者中有许多佼佼者都出自这里。

"玉米老兄"和"牛仔通讯员"

和密勒一样,克劳也在中国知名的"密苏里新闻帮"里成了核心人物。当时上海的英国同行们不太客气地把他们称为"玉米老兄""牛仔通讯员"或"密苏里大南瓜"。密苏里新闻帮是公认的外国记者团体之一,与之并列的还有人数众多的英国记者团和一小群澳大利亚记者。克劳是新闻帮里有影响力的成员:他在《大陆报》工作,同时也是合众社的中国通讯员,他建立了合众社在中国的第一个分社,密苏里新闻帮的许多人后来都在这个分社工作过。[14]密勒是新闻帮的初创成员,也是土生土长的密苏里人,毕业于密苏里大学,也是费莱煦的好朋友。费莱煦也是密苏里人,曾是《纽约先驱论坛报》的远东记者,1909年在横滨创办了《日本广知报》。

密勒的书享誉国际,包括《我们的东方问题》(Our Eastern Question,1916)、《亚洲政策的冲突》(Conflict of Policies in Asia,1924)和《中国治外法权的终结》(The End of Exterrioriality in China,1931),所有这些著作都在当时的美国和关注中国的群体中产生了影响。他给来中国的许多密苏里年轻人和其他美国年轻人提供了第一份工作,其中就有克劳和J. B. 鲍威尔。《大陆报》一直是美国人的重要雇主。例如,它是纽约地产大亨的儿子伊罗生(Harold Issacs)的第一个落脚点,他后来被左翼的艾格尼丝·史沫特莱(Agnes Smedley)挖去中共出资的《中国论坛》(China Forum)杂志工作,后又因为写了《中国革命的悲剧》(Tragedy of the Chinese Revolution)一书歌颂民众起义,而被驻中国的美国法官称为"讨厌的小布尔什维克"。密勒在1911年的上海是有名的风流人物。他住在漂亮的礼查饭店,以精致的着装、高超的舞技以及老牌的自由主义观点而闻名。密勒曾在《纽约先驱报》担任剧评家,后来作为外国记者被派往中国报道义和团运动。1917年,当鲍威尔第一次见到密勒时，他这样描述他："……他又矮又瘦，大概有125磅重，穿着非常完美，我在想他落座的时候怎么才能不弄皱他那完美无瑕的西装。"[15]除了传统的外表，密勒还以极力捍卫新闻自由和出版他认为合适的东西的权利而闻名。后来，当鲍威尔问密勒，他们应该在《大陆报》上刊登什么内容时，密勒回答说："什么都行，只要我们乐意。"[16]

密勒认为上海存在着一股英国殖民主义舆论势力，他成立《大陆报》，从某种程度上是为了对抗这种势力。这种观点最初吸引了包括克劳在内的一些美国人，后来又赢得了包括伊罗生在内的左翼人士的好感。密勒的人脉极为广泛。除了义和团，他还报道过日俄战争（1905），认识孙中山和民族主义运动的其他领导人，还有上海第一位现代银行家 F. C. 唐。他在很久以前就开始与伍廷芳和其他参与创办《大陆报》的中国人建立了联系。

密勒、费莱熙和克劳都与密苏里大学新闻学院的院长沃尔特·威廉姆斯相识，该学院的早期校史因而写道："此后，当东方的美国报纸缺人手时，他们第一个要找的通常是沃尔特·威廉姆斯院长。"[17]克劳和鲍威尔收到的第一份越洋电报是威廉姆斯给他们的，两份电报都由密勒发出，都是要找密苏里大学的优秀毕业生去中国。

在1928年《纽约先驱论坛报》的一篇文章中，密勒将密苏里新闻帮描述为"一条输送链，在过去的15年里，它将大约25名密苏里大学新闻学院的学生送去了日本和中国"[18]。新闻帮最终将亚洲的新一代密苏里记者囊括进来，其中包括在重庆《大公报》工作的朱厄尔（H. S. Jewell）以及后来因在延安采访毛泽东和撰写《红星照耀中国》而出名的左翼作家埃德加·斯诺（Edgar Snow）。

新闻帮的影响力很广。在上海，克劳和密勒在《大陆报》，而鲍威尔则为《芝加哥论坛报》和《曼彻斯特卫报》供稿。密苏里人莫里斯·J.哈里斯（Morris J. Harris）曾为美联社工作，他在中国一直待到1940年代，最终设法乘坐美国海军的"格里普舒尔姆号"撤离舰离开了被日军占领的上海。另一位密苏里人，"弗兰克"亨利·弗朗西斯·米赛尔维茨（Henry Francis Misselwitz），是《纽约时报》驻上海的特派记者。比克劳略小的米赛尔维茨后来写了一本广受欢迎的关于中国的书，名为《龙的激荡：1927—1929年中国国民党革命概要》。[19]

密苏里新闻帮在北京也有成员，包括"格伦"约瑟夫·巴布（Joseph Babb），他是美联社在中国的首席记者，也是《印度时报》的固定供稿人。此外，新闻帮还包括一些中国和日本的学生，他们都曾在密苏里学习，然后返回家乡。这些年轻的中国人中有许多人是在晚清时期到密苏里留学的；戴雨果（Hugo de Burgh）在他的研究《中国记者：从历史中寻找灵感》[20]中提到过他们所属的这个群体。书里描述这些年轻的中国知识分子已经开始参与"一场理性审视儒家正统论的学术运动。大量中国人走出国门，到传统世界之外的国家去生活，把对外部世界的丰富感知带回国，他们越来越难以接受把中国以外的地方视为蛮夷之地的传统说法"[21]。这些年轻人中有许多人学习医学、工程学或军事战术，但也有一些人学习新闻，对于这一群体来说，密苏里大学新闻学院是一个主要的目的地。随着清朝的灭亡和共和主义的兴起,新闻工作日益成为新一代爱国者的理想职业。上海是他们毕业后的主要归国地。他们也有很多工作机会,1911年的中国估计有500多种报纸和几千种杂志在发行,此外还有各家外国报纸和通讯社。

密苏里大学新闻学院的中国毕业生中最突出的是董显光,他曾是J. B. 鲍威尔的学生,为多家美国和英国报纸报道天津事务,同时也是当地一家报纸的主管。董还为《密勒氏评论报》撰稿,并于1918年成为《北京日报》(*Peking Daily News*)的编辑。他曾在苏州的教会学校念书,后来在纽约的哥伦比亚大学和密苏里大学学习。1930年代,他继续自己的新闻事业,在为中华民国交通部工作一段时间后,他以总编辑和总经理的身份加入了当时已由中国控股的《大陆报》。

另一位来自密苏里大学新闻学院的校友,檀香山的黄新*(密苏里大学新闻学院的第一位华裔毕业生)在中国南方的广州也很出名。他主编一份当地报纸,偶尔通过美联社向美国媒体提供一些文章,他还为克劳的畅销书《中国旅行指南》的写作提供过帮助。新闻帮的其他成员还有李干,他在国民党政府中负责财政部的宣传工作;这一传统一直延续到1949年,当时另一位密苏里大学新闻学院毕业生卢祺新在中央通讯社工作,同时也是《圣路易斯邮报》的记者。[22] 另一位校友吴嘉棠于1940年成为《大陆报》的总编辑,他曾在1937年日本入侵上海后遭到逮捕和折磨,直至被"驱逐出境"。

---

* 即黄宪昭,主编《广州时报》(*The Canton Times*)。

密苏里大学新闻学院最出名的日本毕业生是"鲍勃"堀口吉典，他的父亲是日本人，母亲是比利时人。他曾担任日本同盟通信社的记者，1937年成为上海日本军队的翻译和新闻官，之后又在华盛顿待了一段时间，1941年珍珠港事件后，他成为同盟社驻维希法国的欧洲记者。6英尺高的鲍勃与另一位密苏里大学毕业生凯伦结了婚。据说他非常抵触日本在中国的行动，常常借酒浇愁，试图调和内心的冲突。

新闻帮的杰出成员中也有女性，其中包括中国毕业生伊娃张（Eva Chang），她编辑了一本中文女性杂志，并为在中国的基督教女青年会（YWCA）做宣传工作。玛格丽特·鲍威尔（Margaret Powell）曾为《密勒氏评论报》撰稿，并负责英美烟草公司影片部[23]在中国的宣传工作，而另一位密苏里大学新闻学院的毕业生路易丝·布莱肯尼-威尔逊（Louise Blakeney Wilson）则在外滩的字林西报办公大楼里负责报纸的女性版面。她后来在1920年代末加入了《马尼拉公报》的编辑部。

密苏里新闻帮在当时的上海乃至整个中国的新闻媒体中有着巨大的影响力。根据密勒的说法："所有从上海发出的重要新闻通讯，其线路的中国一端都有来自密苏里大学新闻学院的人。"[24] 1928年10月出版的那期颂扬国民政府成就的《密勒氏评论报》特刊，或许最能体现出新闻帮成员的内部联系。这一期由鲍威尔编辑，第一页就提到了密勒和克劳在《大陆报》的报道工作。然后则是一系列新闻帮成员写的文章，包括路易丝·威尔逊关于中国妇女、黄新关于中国南方局势、亨利·米赛尔维茨关于南京中山陵的报道，此外还包括不少提及新闻帮其他成员作品的内容。[25]

新闻帮的大部分成员是在克劳之后到达中国的。1911年,这个人际网络规模还很小——只有在上海的密勒和克劳,以及在日本的费莱煦。克劳是圈子里最新的成员,但他即将参与一场中国的新闻采集革命,因为全世界都将开始关注"中央王国"发生的事件,以及一个持续了两个半世纪的王朝的崩溃。《纽约时报》驻中国记者亚朋德(Hallett Abend)报道中国的年代和背景与克劳大致相同,他写道:"那些年的新闻工作意味着一系列激动人心的冒险、广泛的旅行,以及不断结识远东地区正在创造历史的人物。"[26] 属于克劳的激动人心的冒险和创造历史的时代即将开始。

四　清王朝的崩溃和无处不在的机遇

点燃的香烟、爆裂的炸弹和清王朝的覆灭

1911年10月，克劳得到消息，通商口岸汉口发生了反对清朝统治的起义。由于担心遭到报复，以及当时的清廷针对坏消息有"枪毙信使"的做法，当地电报运营商不敢把消息发往北京。然而，因为电报是预付费的，所以必须把消息发出去。就这样，在兜了一圈之后，电报最后送到了上海的《大陆报》副主编卡尔·克劳的办公桌上。在那个特别的夜晚，他陷入了周期性的困窘，不知该用什么来作头版新闻。尽管他乐于承认，自己还弄不清楚北京宫廷与共和对手之间的阴谋角力，但是他需要新闻。

在更有经验的密勒的帮助下，克劳决定采用这个消息，但谨慎地将事件表述为"小规模起义"，而不是"革命"，以防止它因为无人响应，变成另一场草率的起事，被北京方面迅速镇压，杀几个反叛的地方官员，最后不了了之。尽管清王朝已是奄奄一息，但局势甚至对于许多经验丰富的中国通比如密勒来说都不太明朗，更别说那些中国的"格里芬"，或者像克劳那样的生手了，他几个月前甚至都还不知道去上海是要横跨大西洋还是太平洋。对于大多数外国观察家，包括那些被认为是"老中国通"的人，他们的基本看法是，清朝已经存在了几个世纪，尽管其间不时发生起义，但这个王朝仍然维持住了。从长远来看，这次叛乱又能有什么不同？汉口事件被放到了报纸的内页，当天的头条是德国皇帝的一些早已被人遗忘的言论。

然而，50多年来，由于叛乱频仍，且越来越多的人意识到，外部世界正在逐渐冲击北京的自我孤立，清廷已陷入严重困境。对现代世界做出的些许让步也于事无补。当朝廷给予地方士绅更多权力时，它就削弱了中央；在传统的科举考试制度被废除后，它就失去了精英的支持。腐败和宫廷阴谋日益猖獗，国库日渐枯竭，尤其是在与太平天国的斗争之后。太平天国运动持续了14年，其间估计有2 000万到3 000万中国人死亡。在那之后，另一个改革的机会也被错过了，当时慈禧领导了一场政变，推翻了改革派皇帝，她的侄子。这场革新以皇帝的死亡告终，他很有可能是被慈禧下令毒死的。1900年的义和团运动和1909年3岁男孩溥仪的登基不过是给清王朝的棺材钉上了更多的钉子，另外还有两次鸦片战争的失败和一场灾难性的对日战争。由此产生的外国通商口岸、治外法权和被迫向外国列强赔款引起了对清廷治国不当的广泛厌恶。在这样的环境下,孙中山等人主张的排满的民族共和主义盛行起来。

10月9日,一名粗心大意的革命党人将点燃的香烟掉落在汉口俄租界一群起义密谋者的手工作坊,导致一枚炸弹意外爆炸,这是起义的最初催化剂。爆炸声吓坏了一位多疑的德国屠夫,他报了警,巡捕随后发现了这起革命策划。缴获的印信、图纸和文件都显示与武昌驻防的新军有关。由于警方已经查获了革命党人名册,革命党人决定立即采取行动保护自己,在被捕、酷刑和可能的杀头与起身反抗之间做出了选择。虽然他们行事草率,但起事的时机却刚刚好。在中国,起义往往发生在秋收之后,那时大多数农民都愿意参与一场小小的骚乱而又不损失他们的庄稼。确实,那些选择在夏天起义的反叛头领们已经发现,他们灾难性地失去了农民的支持,结果也失去了自己的头颅。

汉口这个城市的名字意思是"汉江之口",实际上是一个从1862年1月开始便由英国控制的通商口岸。汉口位于湖北省,是长江边上武汉城市群的三镇之一,此外还有武昌和汉阳(现在合并为武汉)。汉口本身离长江河口约600英里。这三个城市的总人口约为130万,其中只有大约2 000个外国人。虽然名义上由英国控制,但这座城市在其境内保留了一块中国城区,在其北岸则有日本、俄罗斯、德国和法国的租界,形成了当时公认的一个不错的江滩,沿江延伸两英里。自租界建立以后,汉口发展迅速。1906年,汉口至北京的铁路建成,使汉口成为长江三角洲与中国北方贸易的主要枢纽,进一步促进了汉口的发展。俄国人在汉口做了很长时间的砖茶生意。到了1911年,汉口已从汉阳郊区的一小块区域发展起来,有了独立地位，且与北京和上海建立了紧密的贸易联系，并开通了每日往返上海的客运服务；在夏季和秋季的丰水期，远洋轮船还可以直接从汉口开往欧洲。然而，在克劳1913年首次出版的著名旅游手册《中国旅行指南》中，他颇有微词地提到汉口："这儿对游客来说没什么吸引力。"[1]

这场起义引起了恐慌，因为在许多长期居住在中国的外国人群体中，认为这不过是一场寻常叛乱的自得情绪正在消退。他们将汉口视为上海在长江贸易上的主要竞争对手；他们还回想起十多年前义和团运动留下的阴影，当时清政府眼看着外国人被拳民杀害而不加干涉，最终导致八国联军攻占北京，并在此过程中洗劫了整个城市。上海的外国居民如此恐慌，许多外国妇女和儿童由轮船护送回国等待事态平息。与此同时，长江上游的满族军队投靠了革命党，倒戈的军队夺取了当地的军械库，一个有影响力的满族总督被自己的卫队斩首，砍下的头颅用床单裹着，送到邻省的总督那儿以示警告。还有更多倒戈的清军与那些仍然效忠北京的军队发生了激烈战斗。

缺乏晋升机会、微薄的薪水和长时间远离家乡的调任导致众多清兵的日益不满，此外，他们还需要在一些没有现代警察部队的地方兼任警察。当兵是光荣的，但降格到去干收税和禁止醉鬼上街之类的活计，坦率而言是有失身份的。10月10日[2]，也就是炸弹意外爆炸的第二天，武昌新军发生了兵变，这并非巧合。武汉新军是1911年辛亥革命的核心，它在一些外国观察家眼中是当时中国训练最有素、纪律最严整的驻防部队。起义似乎为时过早，但它得以持续蔓延。这时，克劳觉得他最好再跟密勒提一下汉口这一滚雪球一般的事件。当克劳问："你不觉得我们最好把这件事叫作革命吗？"密勒回答："我也觉得应该这样称呼了。"[3]

密勒比新来的克劳更加慎重。他在中国待的时间更长，知道这类起事一般会很快失败，然后那些轻易欢呼革命降临的新闻工作者们就会被看作傻瓜，而他们的报纸也会留下"喊狼来了"的名声。

除了需要新闻，克劳还注意到《纽约先驱报》驻中国记者端纳（Bill Donald）正在报道此事。当时，《纽约先驱报》是一家在中国保留全职记者而非线人的美国报纸，在国际报道方面很有名。《先驱报》成立于1835年，曾资助斯坦利远征非洲寻找利文斯通，以及G. W. 德·朗（G. W. De Long）1879年不幸的北极探险。《先驱报》当时已在巴黎设立了欧洲版，并因其位于纽约三十四街、百老汇和第六大道的交会处而闻名，这一交会处后来被称为"先驱广场"。

端纳是澳大利亚人，曾先后担任孙中山、几个军阀和蒋介石的私人顾问。他与香港、广州乃至华南地区的反满运动关系密切。他曾为《每日电讯报》（悉尼）和《泰晤士报》报道广州的各种抗议活动，与孙中山和他财力雄厚的支持者宋耀如关系密切。端纳实际上是当时在上海唯一一个详细了解这场运动的外国人；他在汉口有联络人，甚至担任过起义军的正式顾问，同时也是美国和英国驻上海领事馆在开发长江上游方面的顾问。1911年圣诞节前夕，当孙中山最终回到中国时，端纳也立即站在他身边，为他提供从民主进程到不禁娼等一系列建议。

汉口发生的事件最终演变到不容忽视的程度，密勒决定让克劳搭乘四天轮船沿长江逆流而上,再去做一次现场报道。克劳度过了几个不眠之夜,梦想着自己最终成为一名真正的战地记者。不过,他也遭受了一次严重的宁波漆毒,这是当时在中国沿海常见的痛疾,克劳描述说"就像是一千只极为凶猛的蚊子,在你刚刚从上一次叮咬的刺痛中缓过来时,又跑回来再咬你一遍"[4]。宁波漆毒是当时中国沿海地区威胁生命的主要疾患,首次在接触中国新造漆器的水手中被发现,这种疾病会导致疼痛的疱疹性皮炎,与被毒葛感染的后果相似。克劳被困在上海,沮丧而又心痒难耐,但随着战斗和叛乱开始沿着长江迅速向上海公共租界蔓延,他终于接近了新闻中心。

对于克劳来说,汉口的起义是难以理解的。起义军与孙中山的同盟会并没有直接联系(起义发生时孙本人在美国)。新军的兵变也有些混乱,但是他们做到了一件之前从未有人做到的事,即成功地发动起义,并保住了自己的脑袋。第二十一混成协的起义军建立了临时共和政府,由原协统黎元洪(1864—1928)领导,后来他成了唯一一个两次担任中华民国总统的人。黎的上位是因为他是当时起义军能找到的级别最高的官员,尽管他既不是革命者,也没有特别同情革命事业。事实上,黎是被强行拉入这个角色的,起初他决定躲起来,后又被起义军从床底下找到,威胁他加入革命成为他们的领袖,不然就是死。面对这样的抉择,他同意了。随着更多的省份加入武昌起义军并宣布从清朝统治下独立,中国各地开始出现雪球效应。至关重要的是,与上次对清政府造成重大威胁的义和团运动不同,以英国为首的列强这次决定不进行干预,并始终保持观望态度。

克劳试图把握事件的要害，但清宫廷政治对外国人来说仍然是一个模糊的话题。他咨询了法学博士、前中国驻华盛顿大臣、"养生人士"、素食主义者、上海餐饮界大佬以及《大陆报》社长伍廷芳。伍博士试图为他解读宫廷政治，并暗示北京的命令对镇压叛乱来说总是来得太迟，因为汉语不用字母拼读，这意味着在电报中直接使用摩斯电码是不可能的。为解决这一问题，中国人给每个汉字都分配了一个数字编码，整个过程需要北京的发报员将电报内容转换成数字发送，然后长江沿岸某地的收报员把收到的数字转成汉字——这是一个漫长、令人沮丧而又费时的过程，而且中文电报如果还需传到《大陆报》的编辑室翻译成英文，则耗时更甚。这不利于即时的新闻报道，也意味着翻译需要花费数小时，许多报道还没等那些冗长而华丽的电报被完整翻译出来就已经刊发了。

从此以后，克劳越来越依赖伍博士来解读时事。虽然伍对清朝宫廷了如指掌，但他却是一个性格复杂、职业生涯多变的人。他曾担任清朝驻西班牙、秘鲁、墨西哥和古巴公使，后来成为驻华盛顿的中国外交大臣。在华盛顿期间，他曾惹恼美国人，因为他把那些在美国传教士的争取之下皈依基督教的中国人称为"米饭基督徒"，只是为了免费吃上饭而信教。他的身份也有点模棱两可，身为香港的执业律师，持英国国籍，在担任中国政府外交官的同时，严格来说又不受中国法律管辖，因为治外法权规定上海的英国臣民只能在英国的法庭受审。

虽然这对北京来说从来都不是什么大问题，但它也确实意味着共和运动中有些人会不相信伍的动机,并猜测他可能在为英国人秘密工作。伍博士解决了这个问题,他不加掩饰地、高度公开地与美国人克劳商谈,并剪掉了他的辫子,这是反满运动的标志。在共和人士眼中,这种与美国人的公开交往,显然使伍免于串通英国人的指控。伍还因其著作《一个东方外交家眼中的美国》而闻名。在书中,他赞扬了美国妇女的独立,但也批评了美国生活的其他方面。后来,他在美国成为知名学者,并为道森(M. M. Dawson)的畅销书《孔子的道德观》作序,这本书在第一次世界大战期间非常畅销。[5]

这次偶然接触其实对克劳更有帮助,当伍博士正式率领同盟会代表团与清政府谈判达成和平协议、见证清王朝成为历史并宣布中国历史上第一个共和国诞生时,震惊了包括克劳在内的所有人。尽管克劳每天都从伍博士那儿得到深度情报,但伍从来没有告诉过克劳他自己也是同盟会成员,高级官员的事更是提都没提。事实上,克劳曾经问过伍,如果中华民国成功建立,孙中山是否会成为第一任总统,但伍说他并不认识这个叫孙中山的人。伍后来成为中华民国首任外交总长,之后接受黎元洪任命代理国务总理,而孙则在1911年12月29日成为中华民国的第一任总统。

汉口的起义爆发时,孙正在科罗拉多州的丹佛市做筹款旅行,他只能通过电报了解事态。他匆匆赶到纽约,搭船前往伦敦,试图争取英国人对他的共和运动的支持,但白厅(英国政府)对他不予理睬。孙接着去了巴黎,但他在法国首都得到的支持并不比在英国多多少。他最终在圣诞节回到上海,并像归来的英雄一样受到民众欢迎。在他缺席期间，同盟会的忠实支持者，包括富有的圣经书商宋耀如确保了孙的事业得以延续，并确保他被许多人视为起义背后真正的思想领袖。在宋耀如和他的女儿宋霭龄的陪同下，孙前往共和军在南京的新根据地，在那里，他被当作凯旋的胜利者受到拥戴，并被一致推举为中华民国的临时总统。

一年以后，孙中山将以临时总统的身份在南京接受克劳的采访。克劳把握住了好时机，因为孙的总统任期很短。克劳在南京的联络人将他直接介绍给《大陆报》的另一位原始投资者、清廷代表团的首领唐绍仪。唐绍仪同意克劳可以每天去他那儿，就谈判做现场采访。奇怪的是，唐绍仪既是广东人，又是满族官员，传统上对中外媒体都不太友好，但他愿意对克劳开诚布公。克劳不懂中文，使得他被允许参加会议，但这又是一个奇怪的决定，因为克劳对会议的议程一无所知。克劳认为他的出席有两个作用：第一，表明双方本着公开的精神允许外国媒体报道会议（至于他不会中文这一点也不能怪代表团）；第二，用他们流利的英语俏皮话从克劳那里赢得尊敬。克劳与唐的初次接触——尽管唐在谈判中代表的是清政府，他本人却与孙中山走得很近——是偶然的，但也持续了20多年，直到1938年唐在上海因涉嫌勾结日本人而被暗杀。多年以后，当克劳已成为上海外国人群体里受人尊敬的长期成员，同时也是上海花旗总会*会长时，他成功地将唐推荐进来，使他成为该俱乐部的第一个中国会员。

---

* 即美国侨民俱乐部。

最终，伍和唐一致同意解散清政府，在中国建立一个共和国。克劳相信唐的内心是同情共和人士的。他生在南方，是一个与满族人没有血缘关系的广东人，而且，作为一个宫廷内部人士，他目睹了太多紫禁城内的腐败和自私派系之间的内部斗争。唐也是一个生存高手，他把握住了中国的风向。虽然距清廷离开北京还要几个月，但清朝实际上已经成为历史。克劳见证了中国 5 000 年历史上最具里程碑意义的变化：统治中国 267 年的清王朝的结束；中国第一个（也是唯一一个）共和国的成立；对在中国从事新闻报道的克劳来说，最重要的是，中国从一个在新闻里无足轻重的国家变成了一个有着重要新闻价值的国家。在抵达上海后六个月的时间里，克劳一直担心自己被发配到了国际新闻的荒僻之地，但他很快就亲眼见证了旧中国遭受的致命一击，见证了世界上最年轻的共和国破土而出，还和它的新领导人们有了近距离接触，全世界都在好奇这些领导人，想要更多地了解他们。密勒和克劳做梦都想着要让《大陆报》报道真正的新闻，现在看来显然更加切实可行了。

共和国里的生活——蛇的肩膀与鳗鱼臀部的区别

克劳可能会同意另一位生活在中国的日益知名的外国人——耶鲁中国项目负责人爱德华·胡美（Edward Hume）——对 1911 年事件的反应。在孙成为这个羽翼未丰的共和国的总统后不久，胡美研究了那些事件，他评论道："这一天是机会之日。1911 年的革命为中国的改革和进步打开了大门。这意味着，从今往后受过现代教育的人将领导这个国家。"[6] 当然，克劳和《大陆报》立即表达了对共和国的支持。

然而，一开始，克劳似乎还在报道更多关于中国的离奇故事，比如剪辫子。当然，无论在纽约或伦敦的编辑看来，剪断传统的辫子有多么古怪和"充满难以理解的东方色彩"，这都是一个激动人心的迹象，它表明中国的这次革命是动真格的，民众正在参与进来。克劳意识到，对中国人来说，辫子已经成为一种民族的象征，不管它的起源多么带有压迫意味——满族人最初强迫汉族男子留辫子以示臣服。剪掉辫子是自我解放和政治变革的一个重要标志。对像伍博士这样在国际上经验丰富的很多中国男人来说，留辫子在国外可能会引起注意，也有些尴尬，但把它剪掉仍然是个人改变的重大举动，是一种政治宣言，也是一项郑重承诺。西方基督教传教士曾经为了在中国内地更容易被接受，还自己留辫子，或者扎假辫子戴在头上。

割辫子也是一种巩固叛乱的方法。不像徽章或制服，辫子一旦被剪掉，就不可能很快长回来。割掉辫子的人也割断了他们对清廷的传统忠诚。那些没有辫子的革命者一旦被清军俘虏，就会面临死刑，因为他们的罪行显而易见。因此，为革命而战就是为了活着而战。也许正是这种投奔新秩序的独特象征，以及它所拥护的政治思想，确保了革命军里的叛逃率少之又少。无论是否剪掉辫子，克劳都对他们的抉择保持敬重——他第一次去南京时，看到电线杆上斩首的人头，是用头上的辫子挂在上面的。

随着全国各地数百万条辫子被剪掉,到1911年10月,克劳在上海也目睹了剪辫子的场景。《大陆报》的中国编辑和印刷工人在确信这一行动不会有太大风险之后,在某一天仪式性地一起剪掉辫子。克劳自己也参与了一场讨论,讨论的主题是是否让他的男仆芝福(音)也一起剪。尽管与他更为传统而忧心的母亲的意愿相违背,但芝福非常想剪掉自己的辫子。和许多年长的中国人一样,他母亲仍然记得太平天国起义时期流传下来的家庭故事。尽管克劳称芝福为"仆童"(houseboy),但他实际上已经40多岁了,有自己的孩子,却仍然害怕家乡宁波的老母亲会发怒。当芝福最终剪掉辫子的时候,他向克劳吐露说这是他生平第一次忤逆母亲的意愿。

与此同时,中国各地逐渐改变效忠对象,公开表示支持共和,最后只剩紫禁城还是清王朝权力最后的堡垒。清廷承诺改革,为之前的不公道歉,并恳求宽恕以求自保。最终,六岁的皇帝溥仪发表了诏书(自然由亲王起草),表示要承担责任,宣誓效忠共和国。一切都太迟了。克劳注意到,当长江的洪水泛滥之时,统治者没有任何赈灾举措,极少表达同情,只是提供了一点"微薄的资金"[7]。克劳指出,到汉口起义的时候,清王朝在民间的政治基础已经耗尽。慈禧太后在去世前不久,还曾经承诺会有更多的善款捐助,最后却很少兑现。而现在已经没有时间了,政权结束了。

在清朝的覆灭和共和革命的成功这一过程中,克劳没有发现什么大的政治组织,而是看到了民间对紫禁城内的清宫廷积累已久的不信任和仇恨。他认为,起义的蔓延不应过多归功于革命者,对大多数人来说,这场革命并不是一次自觉的政治运动,而只是在发泄压抑已久的愤怒。克劳指出,反清势力的领导人,如孙中山,几乎一直是在海外运作社会上层的反叛,这与其说是民众起义,不如说是一场政变。在克劳看来,起义部分是偶然的,是由汉口的仓促事变引发的,本质上极为杂乱无章。起义为什么能战胜重重困难,他并不完全清楚。他思索着,为什么清朝的海军只对汉口进行了短暂的炮击,然后就陷入了彻底的沉默——是因为海军将领转而支持叛乱分子,还是因为多年的微薄军费导致弹药不足?当然,海军军械库中有许多炮弹是木制的,许多子弹后来被发现竟然是用纸浆制成的——这种假弹药主要是在日本制造。

最后,克劳得出结论,汉人对满人的厌恶是由以下事实所激发的:满族驻军作为占领军驻扎在汉族城镇多年、强制民众向驻军支付"贡粮",此外军队还拒绝参与日常生活。满人成了汉人的寄生虫,同时又看不起汉人,视他们为下等人。克劳评论道,对大多数普通中国人来说,革命回应的是他们每天所遭受的不公,而不是崇高的杰斐逊式的民主思想:

> 他(普通的中国农民)只需要看看那些肥头大耳的满族人,他们整个下午都在太阳底下睡大觉,而他自己则要耕地、播种,为满族人种植铁杆庄稼。[8]

克劳还看到,对朝廷的仇恨并没有扩展到有满族血统的每一个人身上。尽管满族人在中国社会中扮演着各种各样的角色,从黄包车车夫到商店老板,但针对普通满族人的大屠杀或报复并没有发生，他们中的许多人早已融入了更广泛的汉族社会。虽然在中国东北确实发生了零星杀戮，但在其他地区，政府建立了专项资金，为赤贫的满族人纾困。在共和人士和清廷达成的协议中，孙中山已经保证了皇室得到保护和继续住在紫禁城的权利，每年固定给皇室拨付四百万大洋的岁用，并允许他们保留以前的尊号。

克劳发现，中国人历来厌恶从军的现象因为长江洪灾导致的大规模失业和贫困而有所减弱，越来越多的人加入反满的军队——尽管他也注意到，即使是在食物并不短缺的上海，许多富裕的中国家庭的子弟也加入了革命事业，参加了革命军。共和人士成了英雄，民族主义和爱国主义在中国的内涵也正在发生改变。民族主义一度被定义为对中国过去文化遗产的尊崇或者对当前统治者的忠诚，如今它越来越被当代政治所定义。克劳看到了民族主义与传统的交织——共和英雄被比作中国经典著作里的神话英雄，被一些新的志愿团体化用。如上海的分队自己命名为"死亡与荣耀之子"，还有另一队只有女性成员，叫作"敢死队"，第三支队伍则出乎其上，叫作"誓死队"。不幸的是，这些队伍里许多人要么在战场上，要么在帝国的刑场上得偿所愿。这些志愿团体的来历五花八门。其中一支队伍曾一度由年轻的蒋介石领导，还有一些队伍则包含了上海主要的犯罪集团"青帮"的成员。

克劳为《大陆报》密集报道了中华民国的爱国主义新气象。他曾作为《大陆报》的特派记者在新都南京待过一段时间，并撰写了孙的第一份声明摘要，孙在其中概述了新政府雄心勃勃的施政计划。克劳在《大陆报》描写了早期的南京政府：

中华民国成立还不到一个星期,但在这段时间里,它已经开始整顿自己的政府办公大楼了。它装上了电灯,在那样一种公事公办的气氛中,如果出现一个老式的中国官员,那他看上去就会像是出现在纽约的轿子一样与此地格格不入。[9]

克劳还见到了陈其美,他是上海的革命党人,也是孙中山的结拜兄弟,1911 年后被任命为沪军都督。[10]陈答应了一些战争寡妇的要求,允许她们为了革命事业而战;120 名妇女参加了志愿军,其中一些人还裹着脚,她们拿着步枪,穿着猩红色的裤子,像是 1789 年法国无套裤式的制服。《大陆报》不仅报道了革命,而且密切参与了革命的进程。《大陆报》的总编辑、赫斯特报业集团驻中国记者查尔斯·韦伯与伍廷芳一起起草了新政府希望获得全球认可的呼吁,这份呼吁以不太真实的陈述作结:

中国历史上最辉煌的一页已经用一支不流血的笔书写下来。[11]

当然,当清军短暂地夺回汉口时,他们屠杀了所有没有辫子的人,就像南京的满族将军张勋一样。当来自广州的革命军北上对抗清军时,克劳赶到南京去报道一场预想中的决定性战斗。然而在广东士兵赶到之前,清军就已在夜幕的掩护下撤退了。一位当地记者告诉克劳,南京街道上的"血有一尺深了",他怀着报道一场战斗的希望飞奔到南京,结果却发现"……街道上没有血,只有一个记者在喝掺了白酒的杜松子酒……南京甚至连一头驴子都没剩下"。[12]克劳再一次错过了成为战地记者的机会。

克劳确实留下来目睹了广东的军队开进这个有100万人口的城市,但他对他们的薄制服和老式前膛装填步枪不以为然,因为这种制服更适合南方温带气候,而这种步枪在克劳看来则像是"我们开荒祖先使用的松鼠步枪"[13]。他还困惑地看到,部队带来了火盆,用来随时制造他们需要的子弹,而且许多士兵带的是雨伞而不是步枪。尽管广东军队增强了南京的革命力量,但两支军队之间几乎没有互动;广东军队只会说广东话,军营变成了克劳所说的"中国的巴别塔"[14],所有的沟通和军事会议都必须通过耗时的文字书写来进行。

克劳安顿下来,开始报道这个诞生于辛亥革命的新共和政府,并出席了在上海举行的第一次共和大会,据他描述——鉴于他的青年时代和他熟知的信教家庭——大会有一种类似于"老式卫理公会复兴会议"[15]的氛围。根据克劳的说法,当时的气氛当然是相当愉快,因为代表们觉得,他们已经推翻了清政府,解决了最糟糕的问题,他们现在可以取得任何成就。

会议上的讲话援引了杰斐逊、华盛顿和林肯,一位振奋的年轻共和人士甚至在他的演说结束时割破自己的指头,在墙上书写了"共和"两个大字(这个词多半是孙中山发明的,因为中国的语言之前从未有过需要它的时候)。克劳目睹了这个有点含混的过程,他注意到,尽管每次提到"共和"这个词时都会有掌声,但代议制政府究竟意味着什么,大多数代表对此似乎只有一个粗略的概念。

说句公道话，考虑到中国 5 000 年来经历的一个又一个专制王朝统治，没有人能责怪那些普遍年轻和理想主义的代表。克劳认为，如果中国真的有民主共和人士，那他们大部分一定在中国南方，在广州附近，那里至少在一个世纪之前就已出现地下政治团体，那里还发明了"山高皇帝远"这句古老谚语，显示了倾向独立的痕迹。与上海等其他地方的共和主义不同，中国南方基本上不受外国控制，某种中国式的共和主义得以温和发展。南方人可以读到外国书籍，在美国和其他地方的华人移民中也以南方人居多，他们带着新的思想观念回到自己的家乡，或者在家书中详述他们的新体验和新的思维方式。这里也是基督教传教工作传统上比较集中的地方，是信教民众最多的地方（包括孙中山和宋耀如）。简而言之，与其他地区相比，中国的南方明显不那么保守，对待新思想也明显更加开放。

  新政府从一开始就摇摇欲坠，许多外国观察家认为它不太可能维持下去，克劳也是其中之一。他们认为，新政府最终会蜕变成一个新朝廷，带着旧政权的所有特点。孙中山担任新共和国的总统，并在 1912 年 8 月同盟会改组国民党后继续担任领导人，但很快，权力被移交到经验丰富的军事将领袁世凯手中，他在 1911 年前是操练清朝新军[16]的主要指挥官。袁接替孙成为总统，一直持续到 1916 年。克劳确信，这标志着共和的结束，以及一个新的王朝，或者袁领导下的称帝运动的开始。袁世凯迅速成为一个实际上的军事独裁者，并最终试图称帝。他被克劳称为中国"唯一的强人"，在中国历史上是一个令人费解的人物，他被认为是中国的马基雅维利，以他的 16 个儿子、14 个女儿，以及十几个妻妾而闻名。孙中山并不完全信任他，认为他过于野心勃勃，无所顾忌。孙是对的。

袁世凯于1859年出生在河南省的一个官宦家庭，接受的是古典教育。然而，他没有通过科举考试，这在当时的中国是仕途晋升的主要通道。在一个权势军官的荫佑之下，袁做了职业军人。他在20多岁时就被派往朝鲜，1885年到1894年间，率领一支部队维持中国对朝鲜半岛的宗主权，最终却未能成功。1895年日本吞并朝鲜后，袁回到中国，定居北京，负责清朝军队的现代化编练。他在1898年支持慈禧反对年轻的光绪皇帝的维新运动。为此，慈禧太后擢升他为山东巡抚，在那里他成功地遏制了义和团，这使他在当地的外国人中很受欢迎，而这些人对他后来积累的庞大军事力量基本上熟视无睹。

袁世凯或许反对主张改革的光绪，但他也知道，当时中国的军队仍然主要由过时的弓箭手、骑兵和步兵组成，面对现代化的敌军，他们注定要失败。在几乎没有额外资金的情况下，他慢慢组建起"新军"，也被称为北洋军，配备改良的武器装备、野战医疗、战场后勤和更强大的指挥结构。

尽管取得了这些成就，皇帝的宝座还是遥不可及。袁世凯力图通过国内税收和国外贷款来解决中国混乱的财政问题并建立国库，此举为他赢得了一些追随者，但他倾向于大权独揽，对那些与他意见不同的人几乎没有宽容之心。袁还在北京恐吓亲孙的国会成员，导致孙最终呼吁讨袁。1913年7月，一些地方军阀和军事指挥官向袁世凯发起挑战，中国爆发了所谓的"二次革命"。这位中国的马基雅维利镇压了叛乱，并任命著名的强硬派人物段祺瑞为总理。段曾是新军的一名指挥官,在1900年镇压义和团时崭露头角。袁在1911年曾选派他去武昌,试图镇压那里的驻军兵变。后来,尽管支持溥仪退位,段还是代表皇帝参加了和平谈判。这使他赢得了足够的信任,被任命为袁世凯政府的军队统领,随后成为湖北总督。

段是一个复杂的人物:一个军事强硬派,一个政治保守派,同时也是一个虔诚的佛教徒。虽然当上了总理,但他把大部分工作委派给别人,更愿意把自己的精力集中在军事训练上,并保留了陆军总长的职位。一般认为,留着小胡子、表情严峻的段倾向于内阁政体和公开议政,但他基本上保持沉默,并与袁保持着一种儒家的师生关系。更冷酷的解读是,段可能是看到了袁的健康状况越来越差,知道他的老师反正也活不了多久了。[17]

袁对自己的地位很有信心,于是修改了1912年的《临时约法》,进一步巩固权力,甚至在1913年要求解散国民党,下令逮捕和处决孙,并谋求与日本结盟,以确保日本为他的政府提供资金支持。这后来使得日本人得寸进尺地在1915年提出了对中国的"二十一条"要求。所有这些导致了经济衰退和军阀割据的兴起,而袁最终得偿所愿,当上了皇帝。他喜欢上了奢华的皇家仪式,为了北京天坛的各种典礼,他换下军装(即便是这身装束也比同时代的军人有多得多的穗带和勋章),穿上了更为繁复的皇袍。

袁称帝后引起全国各地的强烈抗议,博纳维亚的中国军阀史研究中提出的"军事离心主义"[18]也迅速滋长,形势开始发生变化。云南省督都蔡锷公然反叛,宣布云南独立,江西和广东紧随其后。袁世凯有如日薄西山,不过,无论如何他在1916年6月6日就病死了。当时,矮胖的袁越来越依赖军事命令来统治中国,在中国民众中早已不得人心,尤其是在南方。尽管如此,他在北京的葬礼仍然是国家大事,有数千人沉默着参加。

在民众对袁世凯的不满、南方据点的支持以及"护国运动"兴起的背景下,孙重新掌权。然而,孙已不再是管理中国的理想人选。最不好战的孙博士发现,袁世凯遗留下来的军事离心主义已无法控制。后来,当1911年扫荡南京的前清遗老张勋试图借助私人军队篡夺政权时,孙不得不又一次与那些满怀宏大愿景的潜在领导人较量。张勋在用一架飞机轰炸了皇宫之后,甚至一度帮助溥仪在北京实现了短暂复辟,但是在公众的抗议和民间传说整场政变是德国皇帝意图侵占中国的阴谋指控之下,张勋逃离了北京,溥仪再次退位。

克劳观察着共和国的权力转移:全国逐渐形成军阀割据的局面,袁的上位与倒台,孙和宋氏家族在日本继续抗争。在克劳看来,详细记录这些变化从长远看可能毫无意义。他和中国沿海的大多数外国人一样,认为只要战争远离上海就好;即使战事会给上海的外国居民带来不便,他们也总能想办法克服。在上海附近的虹桥,一名军阀在英国人的高尔夫球场上挖了一些战壕,搭了一些机枪掩体,这让克劳有一个周末不能打高尔夫。显然,高尔夫俱乐部的主席向军阀提出了抗议,军阀随后弥补了损失,把他的部队转移到争议较少的地方,还道了歉。克劳把这些与军阀之间的早期冲突描述为"像过家家"[19]。离公共租界很近的徐家汇郊区曾发生一场战斗,在美国传教士过去拯救几只拴着的惊恐山羊时,战斗停止了。当山羊被护送到安全的地方之后，混乱的枪击又开始了。

克劳对军阀的认识是多面的。他赞同外国人群体中流行的观点，即他们中的大多数人是彻头彻尾的剥削者，一心要在他们控制的地区征税，以便积累财富，然后存入在美国的银行账户。然而，他也相信其中有一些人是真正的爱国者，他们真诚地相信恢复清朝和帝制是最有利于中国及其未来稳定的事情。他们可能有时会抽象地谈论议会和宪法，但就像克劳回忆他的一位朋友当时所评论的那样，普通军阀弄不清宪制政府和绝对君主制的区别，这对他们来说就好像"蛇的肩膀与鳗鱼臀部的区别"[20]。此后，随着军阀时代的到来，克劳也有机会近距离接触了几个军阀。

1911年的这些经历和袁的起落让克劳坚信，在中国建立独裁统治的企图是注定会失败的。在1940年代出版的《中国就位》一书中，他回顾了民国早期的时事，并评论道："任何推行纳粹式敬礼或'希特勒万岁'式问候的企图，都会遭到四亿民众的刺耳讥讽，他们从不放过任何嘲笑荒谬和不合时宜的事物的机会。这种事在中国是干不成的。"[21]之后回想起来，克劳觉得自己当时太过草率地否定了那些组建议会和制定宪法的艰难尝试。它们至少是改革运动得以发展的起点，是人们得以推进改革议程和要求的基点。

低调的媒体业大亨和朴实的总统

克劳在他的新闻报道中支持新生的共和国，在实际行动上也帮助了一些中国报纸挫败军阀的干涉,他的这一态度因为与孙中山的个人接触而得到强化。1912年1月,克劳前往南京与两周前刚就任的民国总统孙中山会面。南京实际上也是一个通商口岸,从1899年5月开始开埠。1908年,一条通往上海的铁路已经完工,再加上以往的汽船交通,涌入这座城市的传教士人数进一步增多。虽然南京现在正式成为中华民国的首都,但很少有国家把大使馆迁到这个城市。他们更愿意留在北京,大概是不想经历正式搬迁的麻烦,以免像许多大使猜测的那样,整个共和实验失败,事情恢复如往常。

孙住在以前的衙门里,这里曾是两江总督的官邸,他代表清廷负责管理长江下游和江苏地区。克劳与孙的会面被安排在上午6点,这个时间安排吓到了习惯晚起的克劳,但这是中国过去的王朝统治者们的典型做法,他们习惯于早早开始工作,这样的安排实际上也是对这位美国作家的一种恭维和礼貌。然而,孙住的衙门离克劳的旅馆有8英里,克劳不得不早上3点就起床,然后坐着马车在满是车辙的路上一路颠簸过去。

南京是明朝的旧都,孙决定在南京成立民国政府,表明与清廷的彻底决裂,也使南京这座皇城以国家首都的形式得以延续。孙也加入了一些个人元素。作为一个儒雅的中国基督徒,以及一个在海外生活期间率先融合了中西方医疗实践的合格医生,孙比他推翻的清朝统治者更习惯于享用现代化的舒适条件。克劳到了衙门,看见外面停着一辆锃亮的新车(虽然它无法驶过南京周边的许多劣质道路),民国政府的五色旗在衙门上空飘扬。

孙中山穿着一套朴素的制服,省去了穗带和褶边,准时迎接了克劳。克劳着重记述了孙将南京重建为与共和中国相适宜的首都的构想。他已经从他的熟人、孙的私人秘书马素那里得知,孙正在为南京的转型制定宏伟计划。新总统正在规划一系列宽阔的林荫大道、公园、游泳池和体育设施。孙和马素在那天向克劳展示的大部分计划最终都付诸实施了,这些措施使南京改头换面,同时还保留了这座城市里许多更为传统的中式建筑景观。与孙的这次会面是《大陆报》早期的重大独家报道之一,也是克劳作为记者在中国的第一次独家报道。1912年1月4日,《大陆报》打出了胜过上海其他英语报纸的王牌,用头版头条报道了孙中山政府的第一个文件《就职宣言书》的摘要,临时大总统在这份宣言中阐述了他的政府计划,并向友好支持中国共和运动的国际社会表达了感谢。两天后的1月6日,克劳和《大陆报》再次独家报道了由孙中山和伍廷芳共同签署的又一份共和政府文件。这证明了克劳和《大陆报》同伍博士的关系仍然是有用的,当时伍已是共和政府的外交总长。

1912年春节期间,克劳还去了杭州。这个浙江省会城市离上海只有125英里,有大约40万人口。他把杭州形容为"一座美丽的湖城"[22],还在后来出版的《中国旅行指南》中对这座城市赞美有加,并注意到,在年轻的蒋介石相对快速平稳地接手这座城市后,大规模的重建正在进行。清廷的军营已经被拆除,一平方英里左右的新空地上正在修建为汽车交通设计的大马路。克劳当时注意到,为了修建能够通行汽车的林荫大道,孙下令拆除了许多老建筑,尽管还要等至少20年,第一个林荫大道才会真正出现。

在1911年抵达中国以后,克劳见证了中国从清廷代表的古代王朝向着新的共和国迅速过渡。他喜欢这种变化，支持这种变化，并在大多数外国人倾向于保持冷漠、专注于生意和维护列强特权之时迅速采取了亲中国的立场。尽管受过密勒的影响，但克劳也有自己的学习经历，从中得出的结论并不总是受人欢迎。

　　克劳对中国历史的阅读使他在中国被迫签订"不平等条约"与英国对待殖民地美国的方式之间找到了相似点：前者是在英国炮舰的威胁下签订的，后者则是英国用炮舰外交来扼制人们对独立的追求。克劳还觉得，辛亥革命是中国人民摆脱清朝统治，实现自治的一次机会。他认为，长期以来，腐败、外国的干涉和"不正当行为"使中国深受其害。作为一个自豪的美国人，他也渴望看到中国这样一个国家能够摆脱独裁统治和外国干涉的桎梏，相信在新形势下，中国将会像美国一样蓬勃发展，同时与别的国家保持紧密联系，就像美国保持了与英国的良好关系一样。同样，克劳还看到一些偶发的问题，如持续不断的排外情绪仍会周期性地演变成暴力，这是一个新兴国家自然的成长烦恼，就像美国国内仍然时不时出现仇外的孤立主义倾向一样。的确，克劳总是喜欢拿中国和美国进行比较，以说明一些激怒或迷惑外国人的事情——比如农民向到达中国的第一批火车扔石头——都曾（在美国）发生过。

　　尽管克劳对新生的共和国充满热情，而孙也有满腹的治国计划，但克劳最终得出的结论是，孙作为民国的总统在很大程度上是失败的。尽管孙强烈爱国，能力显著，但在面对日常的政治经济决策时，他还不够务实，使自己陷于各种潜在的妥协境地。几个月之后，袁世凯几乎不费什么力气就让孙让了位，证明了克劳是对的。

克劳继续尽其所能地在上海报道事态的发展。当军阀们基本上不再与中国的媒体对话，试图对他们进行审查或强迫他们关闭，并只与外资报纸交流时，克劳介入帮助了两家出版物。他成了两家中国经营的日报名义上的所有人和董事会主席，一家在天津，另一家在济南。克劳的美国公民身份，使得两份报纸在理论上成了外国出版物。克劳从未给这两家报纸写过一篇社论，甚至从未去过它们的编辑部，他宣称自己"……与这两份报纸的运营，就如同与伦敦的《泰晤士报》的运营一样，没有任何关系"[23]。他甚至都没有领过薪水，他唯一的贡献就是享用了两家报纸的编辑答谢他的丰盛宴席。这种规避审查的方式在当时很常见。例如《新闻报》，据克劳估计，它的日发行量有1万份，有时甚至达到3.5万份，严格来讲，它是由美国人福开森博士（Dr. John C. Ferguson）创办和拥有的，他在该报的运营管理和编辑方针上也发挥了重要作用。福开森的《新闻报》是在美国驻上海领事馆注册的，其他一些报纸则受意大利或葡萄牙的保护，也有一些受到日本的控制。克劳注意到，包括他帮助的那两家报社，总共有六家报社曾向他寻求帮助。

克劳在天津和济南的行动在一定程度上受到了福开森的鼓舞。克劳与福开森是在上海的饥荒与水灾救济运动中一起工作时认识的。福开森博士实际上是一个加拿大人，后来加入了美国国籍，他曾担任过记者，是公认的中国通。他做过中华民国政府的顾问，还曾担任南京大学校长*和南洋公学监院。他还曾为清朝商务大臣盛

---

* 福开森于1888年在南京创办汇文书院并担任院长，汇文书院后与宏育书院合并为金陵大学，于1952年并入南京大学。

宣怀和中国铁路总公司做过秘书。1912年，他作为中国政府代表团成员参加了在华盛顿举行的第九届国际红十字大会，1921年又作为中国代表出席了关于限制军备和远东问题的华盛顿会议。后来，福开森写了两本关于中国的书——《中国艺术讲演录》和《中国神话》，并一直留在中国，直到日本占领后，他才被遣返至美国，并在战争的剩余时间里为支持中国人民抗日运动奔走游说。他还有幸在上海的法租界有一条以他名字命名的马路——福开森路[*]。

1918年，英国情报部门调查了上海的九家中国报纸，尽管它们的股东大多是中国人，但其中七家是在日本领事馆注册的，其余则是在法国官方机构注册的。[24]尽管克劳、福开森等人帮助中国媒体注册以避开审查，但这一行动并没有让他们在公共租界中赢得多数传统主义者的好感。许多有影响力的媒体，包括右翼的《远东评论》，都认为他们的行为可能会侵蚀治外法权，并将外国报纸拱手让给中国人控制。

《远东评论》对克劳的攻击并不令人意外，这也不是第一次或最后一次。这份月刊由美国记者乔治·布朗森-雷亚（George Bronson Rea）于1904年在马尼拉创办，他以报道1898年美西战争而闻名。1912年，他移居上海。这是一份反美和亲日的刊物（它部分得到东京资助），因此必然会与克劳他们发生冲突。布朗森-雷亚也因为搞亲日宣传不断地惹恼克劳，尤其是他还在1935年出版的著作《满洲国的案例》[25]中主张日本拥有吞并满洲的领土权利。

---

[*] 今徐汇区武康路。

《远东评论》最终易手,由查理·拉瓦尔(Charlie Laval)管理,他虽然是一位老中国通,但也持有同样的右翼观点。

然而,仅仅是外国持有并不能保证完全自由的发行。克劳仍然是《大陆报》的员工,这家报纸虽然主要由美国人持有和管理,但它仍然惹怒了上海本地的一个小军阀,就因为登载了一篇关于他的负面文章。这个军阀命令上海邮局停止发行《大陆报》,这样并不合法,但邮局因为担心受惩罚,还是照做了。所以有一段时间,报纸是通过特快列车运到邻近的苏州,然后从那里邮寄给订阅的用户,这种做法得到了当地另一位军阀的积极支持,因为他极为讨厌前一位军阀。

克劳估计,在任何一个时期,军阀势力范围的总和不会超过中国土地面积的百分之一,征税的人口也不会超过全国总人口的十分之一。克劳先是做记者,后来又是广告经理,他不断地在全国各地旅行,做自己的事情,基本上不受军阀活动的干扰。然而,他也不得不写许多信给美国的亲朋好友和生意上的熟人,这些人看到了中国各地军阀导致混乱局面的新闻报道,担心他的安全。

克劳来到上海,收到的是一份充满忙碌和考验的入门礼:在一个陌生的国度开始新的生活;创办报纸,为合众社建分社;解读清王朝的覆灭和民族主义的兴起;还目睹了一个新政府从诞生到因为军阀激增而夭折。当然也并非全部都是工作。1912年12月27日,他利用工作间隙在上海与米尔德丽德·鲍尔斯小姐(Mildred S. Powers)成婚。米尔德丽德也曾是《大陆报》的一名员工,后来她在天祥洋行的安德伍德打字机部做了经理,负责公司在中国和日本的业务。克劳一定是在刚到上海的时候就认识了米尔德丽德——两人年纪相仿，1911年《大陆报》举行的圣诞夜员工晚会上，他俩还被拍到同框。

结了婚，有一份工作，还报道着世界上最重大的新闻事件之一，克劳显然已经在远东站稳脚跟——他正在成为一个坚定的中国通。然而，在他与《大陆报》的第一份合同到期后，他决定换个环境。

五　东京的密谋和世界大战

婚姻、马尼拉和环游世界

1912年圣诞节，新婚的克劳夫妇离开上海去度蜜月，经由马尼拉坐邮轮前往纽约。克劳已经完成了自己的第一本书《中国旅行指南》*（*The Travelers' Handbook for China*），这是一本多年来多次重印的中国手册。它在两次世界大战期间成为主要的中国旅游指南，经过一系列再版，被认为是"外国人前往该国的标准参考书"[1]。1913年至1933年间这本书共出版了四版，第一版由上海华美书局出版，后来的版本则由著名的上海图书出版商别发书局出版。每一次再版都略微扩展了前一版的内容，以反映中国各地设施

---

*　英文原版封面上的中文标题是《游历中国闻见撷要录》。

的增加,以及现代酒店、铁路和飞机客运服务的出现。克劳的这本手册是在朋友和同事的帮助下完成的。后来去克劳在上海的广告公司工作的 K. C. 周和 Y. 奥比,以及在广州工作的密苏里大学校友黄新都为这本书出了力。上海的外国侨民雷金纳德·斯威特兰(Reginald Sweetland,《芝加哥每日新闻》驻上海记者)和 T. O. 萨克雷(T. O. Thackery)帮他做了校对。萨克雷后来为《纽约邮报》工作过,他还与克劳合作,一起将克劳 1937 年出版的《四万万顾客》改编成电影剧本。《中国科学美术杂志》的编辑、植物学家和探险家苏柯仁(Arthur de Carle Sowerby)[2]撰写了书中关于中国动植物的内容。在后来增加的内容中,《纽约时报》记者亚朋德也有贡献。

在香港稍作停留后,卡尔和米尔德丽德于 1913 年 1 月初抵达菲律宾,并在马尼拉逗留了数月,为卡尔正在筹划的一本有关菲律宾的书搜集素材。这本书最终在 1914 年出版,书名叫《美国与菲律宾》。在马尼拉,克劳花时间参观了这座城市,并考察了美国对这个群岛的占领现状。他似乎觉得这是一个相当糟糕的地方(他到访时恰逢马尼拉周期性的霍乱疫情),对美国治理这个国家的方式或宗教对这个国家的控制都没有太多好感。关于后者,他宣称:"牧师通常会利用任何一次流行病,指出它是人们犯下罪孽的直接结果,是控制霍乱、天花和瘟疫的圣罗克在迁怒于他们。当这些疾病出现时,人们会举行盛大的宗教游行,抬着圣像穿过疫区。"[3]

克劳在菲律宾的短暂停留,始于一场灾难性的开头。他们的一个行李箱在从"圣奥尔本斯号"游轮上卸下时,不小心掉到了海里。箱子里装着一些中国古董，克劳无奈地承认，这些古董因为海水浸泡都被毁掉了。[4]

在完成了他的研究之后（不知道米尔德丽德是否欣赏他在蜜月期间对政治文本的研究），夫妇二人从马尼拉航行到旧金山。他们穿越整个国家到达纽约，在曼哈顿待了几个星期。然后，他们前往欧洲，开始了一趟悠闲的环球之旅，访问了几个欧洲国家，航行穿越红海（克劳尤其喜欢这段航程），然后去了埃及和卡拉奇。[5] 他们在1913年11月结束了环球蜜月旅行，匆忙赶回美国。

克劳在1913年末赶回密苏里州是有原因的。他的弟弟雷在弗雷德里克镇经营一家本地报纸。一天早晨出发去上班后，雷再也没有回来。家人都快疯了。他的母亲埃尔韦拉束手无策，雷的妻子梅布尔心烦意乱，只有三岁的儿子乔治陪着她。克劳利用他在密苏里州的许多关系，让警察、联邦调查局和其他一些人参与寻找雷，但都无济于事。雷再也没有出现过。尽管当地的谣言指出了许多可能性，但六个月后，人们注意到雷以前的秘书，弗雷德里克镇一个有名的美女，离开了小镇去圣路易斯找工作，然后也消失得无影无踪。小镇上的规矩不允许公开的风言风语，但在这件事情上，零零散散的话加在一起就差不多能猜到真相是什么了。[6]

克劳也成了密苏里州的本地名人，并向当地媒体讲述了他在中国和菲律宾的经历。他告诉《圣路易斯时报》："美国占领菲律宾的一个可悲之处是，美国人对该国知之甚少。"[7] 卡尔终究没有找到雷，只好离开。克劳夫妇离开了圣路易斯，克劳继续谈论着菲律宾的政治，尽管密苏里当地媒体似乎对他的冒险生活更感兴趣。报纸充分报道说,卡尔离开密苏里州,前往旧金山坐船去日本东京接受一份新工作,而米尔德丽德则走陆路到纽约,乘船前往欧洲,然后坐火车经西伯利亚铁路到达日本——这在当时对一个单身女性来说可是了不得的大事。1913年的圣诞节,他们顺利抵达了东京的新地址——赤坂区三川町17号。他们的新家位于东京市中心,离千代田区的皇宫和靖国神社只有一箭之遥。[8]

日本的阴谋

克劳到东京才几个月,就目睹了日本的举国盛典。1914年4月19日,皇太后美子去世。昭宪皇太后殿下是明治天皇的皇后,出生于1849年,是左大臣一条忠香的三女儿。她最初的名字是胜子,但在1867年嫁给天皇后,改名美子。从那以后,她也开始定期穿西式服装,而当时绝大多数日本上层社会的女性仍然穿和服。她在日本是一个备受尊敬的人物,是几百年来第一位获得"皇后"头衔的皇室配偶。她是日本第一位公开参政的皇后,但没有子嗣(尽管天皇与5位皇妃生有15个孩子)。她承担了帮助穷人、促进国家福利和妇女教育的角色;她还在甲午战争(1894—1995)期间建立了日本红十字会,这一举动为她赢得了"国母"的称号。她的葬礼是一场重大的国家仪式,也是克劳第一次体验日本社会著名的纪律和微观管理。他加入了拥挤在街道上参加葬礼的人群,随后自己的注意力从送葬队伍转移到了他周围的人身上:

我是葬礼上的一名观众,发现警察的做法缓解了葬礼的乏味,他们以家长般的关怀照顾着人群。"现在停止说话,"他们会指挥人群,"现在脱帽""现在不许动,不许说话",等等。外显的极尽尊重、悬挂的旗子、最简陋房屋上都有的葬礼装饰、每个民众佩戴的绉布带——所有这些给外国游客留下如此深刻印象的东西,可能都要归功于东京警察的高效率。[9]

1914年夏天,第一次世界大战正在欧洲进行时,克劳在东京开始了他的新工作,担任《日本广知报》[10]的业务经理。《日本广知报》当时是一家美国人办的著名英文日报。他的月薪是500日元,负责管理75名员工,其中大部分是日本人。密苏里大学新闻学院毕业的费莱煦创办了《日本广知报》,当时负责它的运营。在东京,克劳又一次跻身于密苏里新闻帮的成员中间,除费莱煦外还包括弗兰克·赫奇斯(Frank Hedges,《基督教科学箴言报》驻东京记者)、沃恩·布莱恩特(Vaughn Bryant)和杜克·帕里(Duke Parry),他们都是不同报纸驻东京记者;密苏里大学新闻学院副教授弗兰克·马丁(Frank L. Martin)还在1915年至1916年期间担任《广知报》执行总编。赫奇斯是这群人中最出名的,而且对日本非常了解。他定期为《箴言报》《泰晤士报》和《华盛顿邮报》撰写关于日本生活的小品文,在他抒情诗般的简短作品中,包含了大量对神社、山丘、传统太鼓、烟雨和神道教音乐的鸣泣的描述。

除了负责《广知报》的大部分营销业务,克劳还是一名活跃的记者,像他在上海时一样,还兼职担任合众社的通讯记者。然而,在1914年，克劳的记者工作十分轻松。他是一个在日本的美国人，而奉行孤立主义的美国并没有直接卷入欧洲的冲突。虽然从严格意义上讲，日本是英国的盟友，但它在战争中的作用微乎其微，除了在1914年9月参与攻占当时还是德国通商口岸的山东青岛。中国在当年8月宣布中立，但在美国和英国的敦促下，在1917年夏天站在了协约国一边，对德国宣战。在日本吞并青岛之后的几个月里，美国报纸的头版上全是关于欧洲战场上日益增多的屠杀，再也没有空间留给日本或中国发生的任何事情。克劳并没有打算在日本待太久，只是从1913年圣诞节待到1915年春天，而且他也并没有试图深入报道日本的阴谋——但这些阴谋还是找上了他。

当美国的报纸编辑们专注于欧洲而忽视远东地区时，克劳戏剧性地卷入了当地的事件。他在1937年出版的《我为中国人发声》一书中，讲述了1915年日本对华最后通牒事件（即所谓的"二十一条"）以及自己在其中扮演的小角色。这本书是他在上海的最后几个月写的，意在提醒美国读者警惕日本军国主义的危险及其对中国的威胁。

克劳很早就相信，日本对中国的觊觎会是个问题。通过对日本历史的研究，克劳认为丰臣秀吉（1537—1598）早在16世纪就埋下了日本对中国扩张主义念头的种子，克劳后来称他为"当时的希特勒"[11]。在克劳看来，丰臣秀吉掌权之后，随即向中国、朝鲜和印度东部扩展日本的影响力。尽管朝鲜半岛上发生了持续多年的残酷战争，但丰臣秀吉的计划从未实现，他的军队从未越过中国边境。随着他在1598年去世，以及战国时代结束，日本的领土野心有所减弱,但克劳认为,丰臣秀吉的统治巩固了日本军事思想中对日本帝国命运的信念,每个人都被灌输了他的计划。在他生前,丰臣秀吉已经成功地统一了各个封建大名,并开始积极谋划征服中国。1592年和1597年,他入侵朝鲜,占领了大片领土,准备借半岛为跳板入侵中国。

在结束闭关锁国并于1854年与美国海军将领佩里签订亲善条约以后,日本开放下田与函馆这两个在当时平淡无奇的贫穷港口与美国通商,并且开始快速进行现代化建设,以实现与西方列强在某种程度上的平起平坐。这一点在20世纪初俄罗斯的战败(尽管最终更多是外交上的失败,而不是军事上的失败)中得到了印证,并导致朝鲜半岛脱离中国的控制,最终在1910年正式被日本吞并,也为日本后来强占东北铺平了道路。

日本人密切关注中国的事态发展,与下台的清廷势力保持协商,并错综复杂地卷入了清廷和军阀的阴谋诡计和尔虞我诈之中,有时还跟革命党纠缠不清。虽然这并不一定是它宏伟计划的一部分,但日本人确实为清朝的灭亡出过一份力,他们为孙中山这样的革命者提供了庇护,也帮助训练了蒋介石等未来的军事领导人。然而,正如克劳后来在他的著作《中国就位》中指出:"当时的日本情报部门和现在一样高效,他们一定知道革命党人孙中山的计划。"[12]克劳认为日本人已经做好准备,可以从中国可能发生的任何一种情况中获益。如果清廷继续统治,那么他们可以操纵清廷;而如果革命党成功了,中国的动荡和分裂将为他们提供另一种机会;东京方面也正确地看到,欧洲大战在即,他们可以趁列强把注意力集中在其他地方时，推行在中国的扩张计划。克劳最终认为，日本的投机战略将迟早引发与列强和美国的冲突。他在1916年出版的《日本和美国》一书中写道：

> 当今一代发生的一系列事件，以一种惊人而又不容置疑的方式，使捍卫各自目标和利益的日美两国，彼此处于对立冲突的位置。两国的利益冲突不是一种未来的可能，而是迫在眉睫摆在眼前的事实，任何主张和平的逻辑分析都无法消除这一事实。[13]

克劳之所以有这一层深刻认识，原因比较戏剧化，也是源自他在日本逗留期间亲历的一场不小的密谋事件。

东京独家新闻

1915年初，克劳在他东京的办公室接到一个电话，通知他俄罗斯帝国驻日本大使想亲自见他，商讨有关大使馆订阅《日本广知报》的事宜，并指示他要在当天下午3点出现在俄罗斯大使馆。克劳自然想知道，为什么沙皇在东京的代表人物会如此迫切地召见一家美国报纸的业务经理。当时，俄罗斯仍由罗曼诺夫王朝统治，东京的俄国使馆展现了当时俄国统治者的辉煌成就，他们站在盟军一边作战。

克劳在约定的时间抵达，大使的秘书迎接了他，并要求他在大厅外的一间小书房里等候。这是一个空阔的大房间，四壁有几把椅子，房间中央孤零零地放着一张桌子和一把椅子。桌上放着一张纸，正面朝上。在《我为中国人发声》一书中，他讲述了这个故事：

> 那是一页很大的白纸，上面是一条打印出来的信息，在我看到那张纸的时候前几行内容就已一览无余了。首句用大写字母写着：**日本政府昨天向中国政府提出了以下 21 条要求。**[14]

克劳立即意识到，这封信的存在并不是一个疏忽，俄罗斯大使也不是那种会把国家重要文件到处乱放、好让来访的美国记者浏览的人。克劳领会了这种暗示，把信对折起来，塞进口袋。过了一会儿，大使进了房间，快速而敷衍地说要更改他的订阅地址，但一次也没有提到那张纸，直至最后把克劳送到门厅。会面结束了。在离开使馆之前，大使的秘书意有所指地告诉他，他是大使当天接待的唯一访客。

克劳本能地奔回办公室，把信从头到尾读了一遍，马上意识到这是一个大新闻。日本的要求实际上是对中国虚弱的民国政府发出的最后通牒，如果得到同意，那将意味着中国实际上会变成日本的保护国。当盟国的目光转移到欧洲愈演愈烈的大屠杀时，日本企图吞并中国。

克劳认为，日本的"二十一条"将重新绘制亚洲版图，且其影响之深远将远远超过 1914 年德国向塞尔维亚发出的最后通牒，后者在当时被视为第一次世界大战的起因。克劳拿到了独家消息，这是报人的终极梦想——他也相信他们是当时唯一知道这个消息的媒体。

直到 1937 年，克劳才向外界透露了这份文件的来源，彼时沙皇政府早已下台，苏联正处于斯大林的牢固控制之下。他从来也不清楚为什么选中他去接受俄罗斯情报部门的独家消息。披露消息来源是日后要考虑的问题。当时更为紧迫的是，如何将消息从日本传给美国，因为日本的情报机构会严格审查所有发出去的电报。克劳把一份复印件寄给了在上海的一个朋友，并让他把文件从中国电汇到纽约。与此同时，他又把五份复印件分别寄给了合众社美国编辑部的朋友。克劳希望这条消息能登上上海的报纸，尤其是《大陆报》。他对《字林西报》不太抱希望，因为这家报纸是《大陆报》的竞争对手，他更希望由美国人经营的报纸来刊登这条独家新闻。此外，《字林西报》通常被认为对日本较"温和"，基本上对明治维新以来日本现代化的成功钦佩有加。《字林西报》还希望保持公共租界的和平状态（租界里有一个比较大的日本人群体，在主要由英国人控制的公共租界工部局和纳税人协会均有代表），而且《字林西报》为英国人所有，承认日本和英国在一战之前和一战期间存在正式的盟友关系。[15] 这封信终究未能到达上海，而发往美国的另外五份复印件只有一份被收到。但一份就足够了，合众社是第一家完整发布这份文件的新闻媒体。

然而，克劳的独家在一定程度上被北京政府搅黄了，后者向媒体泄露了一份不完整的文件，尽管日本人已经明确告诉中国人，如果最后通牒被公之于世，他们将受到严厉惩罚。世界仍然把注意力集中在欧洲。1915年5月，华盛顿正式禁止美国公民前往欧洲旅行，奥德军队正在挺进加利西亚，而俄罗斯军队正在从匈牙利撤退。尽管美国仍然保持中立和孤立主义状态，但随着德国在比利时和法国使用芥子气对付英国远征军的消息被公开，美国也越来越警惕起来。在"二十一条"被正式提交给中国当天，美国报纸上通篇是第一次世界大战的重大新闻之一——皇家邮轮"卢西塔尼亚号"的沉没。德国人在爱尔兰海岸用鱼雷击沉了这艘邮轮，造成1 000多人丧生。死者名单里包括114名美国人，使得沉船事件占据了美国各大报纸的头版。

"二十一条"——"卑劣和残忍"

克劳在《我为中国人发声》一书中详细阐述了"二十一条"的实质。当时大多数评论员都聚焦在日本的领土野心上，但克劳认为这些要求远远不止关于领土，而是"……显示了日本外交政策的卑劣和残忍，以及日本承诺的一文不值，哪怕做出这些承诺的是日本最高级别和最著名的官员"[16]。

"二十一条"共分五号，前两号是领土性质的，要求中国承认日本在山东、"南满"和内蒙古的"权利"。关于山东的要求是日本吞并青岛的延伸，尽管这一延伸远远超出了德国此前控制的领土范围,扩展到了整个山东省。克劳指出,中国人觉得这一条尤其令人感到耻辱,因为该地区包含了中国最有影响力的哲学家——孔子和孟子的出生地,被许多人视为中国的哲学"圣地"。日本对"南满"的领土要求,与1905年日俄战争结束时的租借安排有关,最初是由俄国人强加给中国的。租约即将到期,但日本要求将其扩大并展期九十九年。这侵犯了当时的大国盟友——俄罗斯议定的条约权利,也势必会惹恼忠诚的俄罗斯官员,比如俄国驻日本大使。

第三号要求是专门针对汉冶萍公司提出的,认为由于日本投资与汉冶萍公司之间存在着密切关系,应该将其改组为中日合办的公司,并严厉削弱中国控制,不允许建立可与汉冶萍公司竞争的其他公司。汉冶萍公司是一家煤铁冶炼公司,最初由中国著名的政治家、军事将领李鸿章(1823—1901)创办,中日均有投资。作为《马关条约》(1895)的全权代表,李长期以来都是日本的眼中钉。《马关条约》结束了第一次中日战争,其后俄罗斯借此牟取了修建横贯满洲北部的西伯利亚铁路*的权利。李鸿章任两广总督时,在义和团运动期间保护了中国南方的外国人,后来又设法降低了外国列强的赔款要求,这也显示了他的能力。作为一个对抗过日本、最小化他们在汉冶萍的利益,并部分地领导了中国军队和铁路现代化的人,东京一直对李感到恼火。

日本在汉冶萍有直接的商业利益,它是当时中国主要的钢铁生产商,同时也通过长江沿线的大冶铁矿成为日本的主要供应商。另

---

* 即中东铁路,亦作"东清铁路"。

外，该公司的萍乡煤矿也是资源贫乏的日本的主要供应来源。汉冶萍公司在1908年成立时，部分依靠的是横滨正金银行（该银行在满洲也有各种投资）的贷款，日本人因此要求在该公司有更多发言权。1880年，明治政府授予横滨正金在外汇和贸易融资方面的垄断权，而东京则为其提供了三分之一的资本，并使它与日本中央银行建立了特殊关系。[17]横滨正金银行提供的各项贷款总额达4 000万美元，不过这家日本银行除了在监督开支方面发挥某种作用外，在业务管理方面没有发言权。汉冶萍公司对中国人来说很重要，因为随着中国缓慢实现现代化，它产的钢铁将被用于全国各地铁路和其他基础设施的修建，而且该公司还控制着中国最大的军火库。日本企图完全控制汉冶萍，显然威胁到中国的军事自主权和经济增长。

与军事自主相关的还有日本的第四号要求，即中国沿海港湾及岛屿，概不让与或租与他国。其中，特别是福建沿海对日本具有重要的战略意义，因为它正对着日本在甲午战争中占领的台湾。沿着福建沿海设立一连串日本海军基地，再加上台湾的驻军，将使日本海军得以主导整个中国东南部、长三角以及上海的公共租界，并控制从中国北部直达香港的海运必经的各个海峡。

显然，接受上述四号要求中的任何一号，都等同于中国放弃相当大一部分主权，而且除非与日本开战，这一局面将很难逆转。然而，第五号要求则是企图实现对中国的殖民。他们要求中国将所有军事和海军训练的控制权交给日本军官，并利用日本官员来重组中国的金融体系。这将使中国降格成日本的附庸国，就像韩国那样。

克劳指出，接受第五号要求将使中国成为"日本的奴隶"[18]。

日本的要求并未止步于此。他们还主张允许日本开办学校，而且多半是由中国出资，学校要教授日语，因为他们设想日语最终将成为主要的教学语言，而整个中国教育的课程设计将以日本为蓝本。最后，也许是最奇怪的，日本要求向中国派遣传教士。这很奇怪，因为日本的佛教还是从中国传入的。从现实考量，克劳认为日本人企图将中国人效忠的对象从北京的"天子"转变为东京的日本"天皇"。最终的结果将是中国在领土、军事、经济、教育和宗教方面完全从属于日本。

当时的中国政府是如此软弱，以至于政府内部的一个小集团口头上接受了这些要求，这个小集团里有的惊慌失措，有的焦灼内疚，有的不敢吭声，还有些人则接受了贿赂，支持这些要求。最终，外国列强介入，中国只答应了二十一条要求中的一部分。设计用来实际殖民中国、特别有害的第五号要求被完全抛弃；在福建，中国同意不允许外国在沿岸地方设造船所、军用贮煤所及海军根据地，也不借外资自办，但是也没有授予日本这些权利。克劳指出，其他大多数要求都被稀释或拒绝，但很少是为了真正维护中国的利益，而是为了维护列强的地位和它们在中国的权利。

迫在眉睫的危机最终过去，但日本人从未正式撤回这二十一条要求中的任何一条，它成了日本对华的基本政策，直到第二次世界大战。正如克劳所说："条约很省事地被归档到不会引起公众注意的地方——仅此而已；等到时机合适时，它们可以随时被拿出来。"[19]日本继续在中国煽动不稳定局面，向许多军阀输送"顾问"，发放"软贷款"让他们购买日本武器军火，鼓动蒙古各部建立独立政府，甚至向乡下的盗匪团伙提供资金和建议，以加剧当地的混乱形势。在中国，公众对"二十一条"的愤怒导致了日货遭到广泛抵制，这一抵制得到了严格执行，表达了人民的愤慨。

在天皇的子民中间

克劳认为日本在很多方面比中国更现代，但也更传统。他发现京都是一个"美丽"的城市[20]，却又宣称"东京外国居民的生活异常乏味"[21]。他还表达了对日本反美主义的担忧，指出日本报纸漫画中的山姆大叔似乎总是反派角色。然而，他似乎也喜欢过普通的"天皇子民"和美丽的乡村——尽管那时男女混合蹲厕仍然很常见，这是克劳从未习惯的事物，他坚称，尽管时常使用，但在"不得不使用公共蹲厕而两边又蹲着日本女人"时，他仍然很不自在。[22]克劳发现，在日本的生活条件大体上要比中国沿海艰苦。正如他在1930年代末所写的那样："当下，搬到日本居住的外国人会发现，让自己舒舒服服安顿下来的过程既漫长又艰难，因为那些外国家庭视为必需品的家具和物件，日本人都不使用。"[23]

在东京期间，克劳去周边的一些小村庄游览了几次，进一步加深了他对日本历史文化的兴趣，那里的街道边上还有露天的排水沟和茅草屋顶的房子。按照自己的习惯，他开始在业余时间研究自己感兴趣的课题，并积攒大量心得笔记，希望最终能写出几本关于日本的书。然而，他在《日本广知报》的工作安排以及战争的干扰，使他无法完成任何写作计划。直到1937年离开中国之后，他才有时间重新把这些笔记整理成书。除了几本关于中国的书，克劳还在1939年出版了《他打开了日本的大门——汤森德·哈里斯和他建立美国与远东关系的神奇冒险》。克劳觉得首任美国驻日本大使哈里斯已被美国人彻底遗忘，比如东京美国使馆的访客通常会看到一副哈里斯的画像，但那其实不是哈里斯，而是他的上司美国国务卿刘易斯·卡斯。克劳同样发现，纽约公共图书馆档案中哈里斯的画像也不是哈里斯本人，而是另一位美国人威廉·E.柯蒂斯，他和哈里斯一样，曾在纽约教育委员会担任过主席。然而在日本期间，克劳到哪儿都能看到关于哈里斯的标识和纪念物。当时，哈里斯在日本的两处住所——曾经的小渔村下田的美国人聚居地和东京的美国公使馆——都被标记和保存为纪念他的圣地。

克劳在东京结识了几个朋友，并在其帮助下撰写了哈里斯的传记，他们中有1917—1920年的美国驻日本大使罗兰·莫里斯（Roland S. Morris），还有纳尔逊·杜斯勒－詹森（Nelson Trusler Johnson），他后来做了美国驻上海总领事和对华特命全权大使，然后去了澳大利亚，1942年在那儿给麦克阿瑟将军授予西点军校荣誉勋章。在东京期间，他还跟两个前记者同事重新取得了联系：迈尔斯·沃恩（Miles Vaughn），他像克劳一样花了许多时间研究日本的宣传手段；格伦·巴布，也是密苏里新闻帮的成员，曾在东京和北京为美联社工作。

克劳在 1915 年离开东京，乘坐横贯西伯利亚的火车前往处于政治变革当口的彼得格勒（圣彼得堡）和莫斯科，进行为期两周的俄罗斯之旅。一路上他都抽俄罗斯香烟，同行的还有他的朋友、《星期六晚邮报》的记者山姆·布莱斯[24]。克劳清楚地记得，从中国哈尔滨穿越俄罗斯抵达柏林后，他才洗了这趟旅途中的第一个澡。他一路遭罪，但也没有抱怨什么，除了对北极圈的日出很失望以外。他满怀期待，但最后只是看到"一个看起来病恹恹的圆球在午夜时分沉降到地平线以下，大约一小时后又羞答答地爬了上来"[25]。他一路去了瑞典、挪威，然后是英国，在那里他登上了一艘开往纽约的船，在 1915 年 7 月回到美国。克劳用一种不寻常的平淡口吻描述了自己从日本出发穿越西伯利亚，再从伦敦到纽约的旅程，称其"平淡无奇"[26]，尽管他当时身处世界大事的漩涡包围之中。然而，战争还是短暂地干扰了他的旅行计划，他乘坐的船在瑞典的克里斯蒂亚娜起航后，被一艘英国巡洋舰拦截，带到了位于苏格兰西部群岛的斯托诺韦港，一名疑似间谍的德国乘客在那里被带上岸拘留。最后，克劳和他乘坐的船还是到达了英国。

克劳在东京的经历还有一点补充。萧伯纳曾经打趣说："所有的传记都是谎言。"奥斯卡·王尔德也曾提到："我们对历史的一项责任便是重写历史。"克劳经常夸大其词，喜欢把自己置身于离历史事件很近的地方，可能与实际情况出现偏差。有时，我们很难知道克劳是在夸张还是在杜撰，或者只是因为关于事实真相的几个不同版本都有可能是真的。克劳声称日本"二十一条"是他和合众社的独家报道。然而，《纽约时报》记者弗雷德里克·摩尔（Frederick Moore）和端纳等人也声称这条新闻是他们的独家。克劳对这两个人都很熟悉。摩尔是一位经验丰富的中国通，他在北京建立了美联社的中国业务，大概同一时期，克劳也在上海建立了合众社的业务。在1927年摩尔回国以后，亚朋德接任《纽约时报》驻中国记者，他写道，摩尔拿到了"二十一条"的独家消息，但因为日本驻华盛顿大使的否认[27]，纽约的美联社并未采用这份稿件并将其封存。在另一个故事版本中，厄尔·塞莱（Earl Selle）[28]——端纳的传记作家和前驻上海外国记者——也写道，端纳提前从资深中国通孙明甫（Roy Anderson）还有时任美国驻华公使芮恩施（Paul Reinsch）那里知道了日本的这些要求，后两者都是克劳多年的好友和同事。根据塞莱的说法，端纳把"二十一条"的稿子电传给了伦敦的《泰晤士报》，但该报同样没有采用。塞莱还声称，由于《泰晤士报》没有用端纳的稿子，他又将其交给了摩尔，并要他承诺不会透露端纳是消息来源。更曲折的是，塞莱说美联社也没用端纳的稿子，他随后把稿子给了《芝加哥日报》的驻华记者威廉·贾尔斯（William Giles），后者确实发表了这个稿子，并说这条独家是他自己的。所以，六个彼此熟知已久的人物在这个事情上都有了自己不同的版本。

孙明甫从未在出版物上讲述过自己的版本；摩尔的版本交给了亚朋德去讲述；端纳的版本是由讨好他的传记作者讲述的；芮恩施本人和他的传记作者都没有向媒体透露关于消息来源的任何细节。无论这条独家新闻真正属于谁，卡尔·克劳关于沙皇大使、奇怪的会面和东京审查的故事都是迄今为止最有趣的。

六　从果园农场主到间谍

从日本回到美国之后,克劳决定不回上海,而是在加利福尼亚的圣克拉拉谷买了一个果园。对于一个曾在得克萨斯州生活,去过墨西哥、菲律宾、上海和东京,在中国与一个加拿大人结婚并环游了世界的密苏里人来说,在加州种水果的决定可能不太容易被人理解。然而,他当时显然对这个选择感到心安从容。这一决定背后最重要的原因,可能是米尔德丽德怀孕——女儿贝蒂在1916年12月4日出生了。[1] 1915年7月,当他从欧洲回国时,发现纽约已经变成了一个"充满狂热和恼人活力"[2]的地方,他似乎需要远离那些繁忙喧闹、拥挤不堪的城市。

在去加利福尼亚之前,他去了沃斯堡看望老朋友,还在曼哈顿待了一段时间,很快就"熟悉了情况"[3],并写了一系列文章,主要是关于他在中国和远东的经历。他成了记者圈子里的名人，还短暂地参加了在曼哈顿华盛顿广场的贾德森酒店[4]举行的环球记者和作家圆桌会议。事实上克劳和其他许多作家、记者和艺术家一样，暂住在贾德森。在《纽约世界报》刊登的一篇关于圆桌会议的简讯中，克劳被夸张地描述为主要人物之一：

> 那个戴眼镜、爱笑的小个子男人是卡尔·克劳。他的中文名字叫克劳。他在中国、墨西哥和印度从事新闻工作多年，这为他提供了许多带有奇特经历的故事，尤其是在中国，那里的情况有点不同。他楼上的房间里堆满了刀剑和带有雕刻纹饰的樟木箱子，这些箱子里又塞满了丝绸和各种各样的挂件。他最珍爱的藏品之一，是一位天朝皇后穿过的华丽貂皮长袍和皮手筒，那时距离基督教纪元还有几个世纪。[5]

很明显，克劳去中国后学会了自我推销的技能。从很多方面来看，他仍然是中国沿海的"格里芬"，只在墨西哥待过很短的一段时间，而访问印度则只是他环球蜜月旅行的一个站点。至于"天朝皇后穿过的华丽貂皮长袍和皮手筒"，克劳显然是在学习中国通们的首要技巧——先自诩自己就是一个中国通，很快就没人会质疑你的地位了。然而，贾德森圆桌会议是足够重量级的，成员包括：A. 特拉弗斯·尤厄尔（A. Travers Ewell），他一生的大部分时间都在拉丁美洲度过，并因在大坝决堤时救了很多人，被玻利维亚政府授予了一枚金质勋章；走遍古巴的 T. H. 马苏纳（T. H. Marsoner）；

还有人类学家和北极探险家维尔哈穆尔·斯特凡森（Vilhjalmur Steffanson），他曾参与过欧内斯特·沙克尔顿爵士（Sir Ernest Shackleton）的多次科考探险。[6]参与圆桌会议的还有杂志作家、探险家和人类学家格雷戈里·梅森（Gregory Mason）[7]，他在加勒比地区真的发现过海盗宝藏；罗伯特·麦埃尔拉维（Robert C. McElravey），年仅14岁的时候在密苏里州抓住过一伙银行劫匪；还有密苏里大学毕业生霍默·克罗伊（Homer Croy），曾在《哈瓦那邮报》工作。[8]这是一群背景混杂又极为有趣的人，克劳很容易就融入了这个圈子。

身为作家，他也开始有了一些恶名。1913年，他的《中国旅行指南》出版并广受好评，1915年，该书又得到重新修订并再版。一年后，他对美国占领菲律宾的研究成果《美国与菲律宾》发表，得到的评价褒贬不一，在华盛顿和马尼拉都引发了一些争议。这本关于菲律宾的书还加了一个副标题"官方指导手册"。他对这个国家以及美国在其历史和发展中所起的作用都颇不以为然。在他的描述之下，菲律宾群岛的政府是一个几乎不加掩饰的伪民主、官僚体制的政府——"实际上，即使每一个选举产生的职位……明天都被废除，政府运行也不会受到严重影响，甚至可以说，它将比现在运行得还要顺畅。"[9]克劳还断言，美国政府在菲律宾的管理是严重失败的，这导致当地大米短缺，因为种子储存的时间太长而无法发芽；而因为当地牛瘟肆虐，从中国进口水牛，又严重浪费了时间和纳税人的钱，大多数牛最后还是死了，政府白花了钱——这些论断都在当时引起了争议。

对许多美国人和菲律宾人来说，更具争议的是克劳断言，菲律宾的民族英雄何塞·黎刹（José Rizal）是美国出于自身利益塑造出来的，而美国最大的成功，

> ……就是为菲律宾人民生造了一位英雄。菲律宾成其为一个民族所缺乏的要素之一就是英雄——一位稳妥的英雄，当然，真正稳妥的英雄都是已经死去了的。阿奎纳多（Emilio Aguinaldo）被认为是"危险"的，因为他是最近起义的领导人。这样，另立一个英雄就有必要了，他的名声应该盖过阿奎纳多，从而削弱这个革命领袖在未来制造麻烦的能力。[10]

克劳最后得出的结论是，美国人并不太适合搞大英帝国式的殖民主义。他指出，美国早期在殖民统治上的"错误和失败"在英国人看来很可笑，尤其是那些跟英国殖民地公职机构有联系的英国人，他们会以一种典型的屈尊俯就的姿态给出建议，强调伦敦控制下的香港、新加坡、马来联邦还有邻近其他地方做事情是多么的专业。

最后，克劳西行前往旧金山。1916年，在他横跨美国的时候，他的第三本书《日本和美国》出版了。这本书是他在日本时写的，后来寄到了美国。在克劳从东京回到加利福尼亚的漫漫旅程中，这本书在美国得到编辑、印刷。

与间谍一起采摘水果

到 20 世纪初,圣克拉拉山谷已有将近 1.4 万英亩的果园和葡萄园。克劳的果园离旧金山大约 30 英里。他会时常开着自己的一辆小福特车,去旧金山媒体俱乐部跟朋友们喝点小酒。他和妻子、小女儿贝蒂一起住在农场的平房里。克劳实际上是在他时不时向往的这种"简单生活"中静静休养。在过去几年的忙乱之后,每天的水果采摘以及在农场里干些小活似乎让他很满足。当然,就像上海之行让他见证了一个王朝的覆灭、见到了孙中山和在东京拿到了重大独家新闻一样,阴谋和不平静也不可避免地跟着克劳来到了圣克拉拉山谷。

1917 年,平静的果农生活被美国最终参战的消息粗暴地打断了。克劳一直在等待这一时刻的到来,他一直主张美国应该加入英国、法国和其他盟国,一起对抗德国。他开上自己的福特车,去旧金山的征兵站报名参军。34 岁的他并不一定是特别好的战士人选,但主管的上尉对克劳在中国和日本的经历很感兴趣,并认为,鉴于他的报纸从业背景,他可能会是一名不错的军事情报宣传人员。克劳记得自己"……兴高采烈地开车回家,想着我年幼的女儿会不会喜欢我戴着肩章,还在想情报官员是否需要学习怎么使用武器"。克劳的浪漫情怀又一次占了上风,因为当时贝蒂还只是个襁褓中的婴儿,可能还不太熟悉军队的军衔和徽章。

然而,当克劳再一次去见征兵队长时,他被直截了当地告知,他不适合服役,无法参军。原来,克劳曾在他的农场里招待过"一位中国沿海最臭名昭著、最狡猾的德国间谍"。这使得克劳被归类为德国同情者。他大吃一惊。原来,他曾在农场招待过的一个持英国护照旅行的加拿大女孩就是那个间谍。直到战后,克劳在上海结识了英国情报部门负责人,才知道事情的来龙去脉。这位负责人向克劳透露了此事,而他本人也确实因为揪出了这个女间谍而获得了一枚奖章。[11]

克劳是在战前四五年在上海认识这个女孩的,她从他那里借了一些唱片。战争开始时,她在美国驻符拉迪沃斯托克领事馆当打字员,搜集对德国人有用的信息,并窃取了用于伪造官方文件的文头纸。回上海后,她用德国人付的工资过上奢侈生活,声称自己中了彩票。在上海,她主要干的是引诱年轻的海军军官和外交官,然后搞到一些伪造的英国和美国护照供德国间谍使用。她还参与了一起炸毁上海某处英国造船厂的阴谋,并在公共租界中煽动英印军队的骚乱,其背后的大阴谋最终演变为1915年驻新加坡的印度军团兵变。

她设法从上海逃到马尼拉,然后又去往旧金山。她一到美国就乘出租车去了克劳的农场,提出要在那里做一段时间的义务劳动,以换取享受乡村生活的机会。她告诉克劳,自己在马尼拉发烧了,医生让她在加利福尼亚休养。

直到后来,克劳和他在英国情报部门的熟人在上海总会*喝酒时听到了这个故事,才把她在加利福尼亚的奇怪行为拼凑起来。克

---

* 上海总会(Shanghai Club)即英侨民俱乐部,又称英国总会。

劳之前还很奇怪，为什么这个姑娘总是早上独自散步，他有一次还看到她和一个陌生男人说话，还有她似乎总是带着很多现金。她还和另一位住在克劳农场的客人有过一段露水恋情——克劳的这位朋友刚刚经由彼得格勒和斯德哥尔摩回美国，之前一直在拉丁美洲调查墨西哥的硝酸盐供应。克劳的英国情报朋友告诉他，一旦美国参战，所有这些都将是有价值的信息。这个女孩成功地把克劳的客人引诱到旧金山去幽会，然后她就消失了，经由巴拿马运河去了纽约。克劳在不知情的情况下帮助她逃脱，陪同她去旧金山与英国总领事会面，还为她的运河之行办理了护照验证手续。

更让克劳后怕的是，他自己的名字可能也曾出现在德国人的工资名单上，因为这个女间谍最擅长玩的一个伎俩就是，跟她的德国主管说自己招募了其他人，要给他们发工资，当然最后这些钱都进了她自己的腰包。显然，她后来不再搞这些谍报活动了，搬到了纽约，在那里她一直受到美国情报部门监视，她嫁给了一个商人，生了一个孩子。克劳最后知道的消息是，她已成了"……一个典型的中产阶级家庭主妇，住在布朗克斯区，整天做饭、洗洗刷刷，全身心地陪伴着丈夫和孩子"。

克劳在旧金山媒体俱乐部的同事们试图纾解他的困境，但军队的繁文缛节意味着克劳依然被坚决拒绝。在没有得到任何解释的情况下，克劳不得不放弃一切与德国人作战的梦想，回到果园继续种植他的西梅和杏子。

然而，随着一扇门的关闭，另一扇门打开了。克劳获得了公共信息委员会远东地区（不包括西伯利亚）代表与负责人的职位，月薪600大洋。他又一次被派到上海，为这个美国战时宣传机构设立办事处。他卖掉了农场，收拾好家当和行李，再次订好了去中国沿海的行程。

总算跟化身博士一样有用

克劳发现上海变了。这个城市正在迅速现代化。位于公共租界和法租界交界处气味难闻的洋泾浜已被填平，改名为爱德华七世大道（法文拼读为爱多亚路），这是本着英法《友好协约》（*L'entente Cordial*）的精神，清理该市最臭的一条城中河。[12]密勒已在1915年把《大陆报》卖给了中国出资方，当时克劳在东京；密勒后又创办《密勒氏远东评论》，编委会成员还有 J. B. 鲍威尔。克劳的新雇主——公共信息委员会，成立之初是一个致力于在美国国内搞战争宣传的组织，后来它的运作又扩展到任何与美国利益相关的国家。克劳说，他能够得到这份工作，是他的运气，因为自己"……曾帮助在中国建立第一家美国报纸，住在加州时又写了大量关于中国的杂志文章，使我有了一个相当夸大的名声，说我是中国方面的权威……"[13]——这是他为数不多的几次承认自己还只是个"格里芬"。

克劳在美国驻上海领事馆和驻北京公使馆之间奔波。他是一名宣传员，每天与公使馆和领事馆的官员们一起工作，赢得他们的信任，接触到许多国家机密。他承认，他的工作——在中国做战争宣

六 从果园农场主到间谍　101

1917—1918 年间美国在北京的公使馆。

传——是一个"相当重要的任务"[14]。克劳认为日本人并没有放弃他们的"二十一条",而是在等待一个合适的时机重新提出这些要求,这一看法得到了许多美国官员的认同;克劳注意到,美国驻华外交官们的大量工作都是为了遏制日本人的活动,防止他们伺机再次提出这些要求。在欧洲的最终目标是战胜德国皇帝的军队,而在远东,首要目标是防止有着巨大潜在市场的中国落入日本人手中,并确保盟国在欧洲的胜利果实不会因为在亚洲的损失而被抵消。这是一个棘手的立场,因为日本在对抗德国的战争中是美国的正式盟友,但在中国,它又正以一切可以想见的方式积极牵制美国人的行动。

克劳在上海通过美国海军无线电台接收伦敦和华盛顿发来的每

日新闻。这些欧洲时事的新闻摘要会被翻译成中文，以副本的形式提供给中国的各大报社。日本人也会从他们在济南的情报站截获这些消息，然后发出另一个版本的新闻，通常这些新闻会弱化、歪曲甚至根本不提美国在战争中的作用，以营造一种舆论氛围，即美国及盟国的军事力量和日本比起来实在不值一提。在这一时期，许多中国人将美国视为坚定的盟友，而打破这种对美国人的信任，并将美国描绘成在太平洋地区无力对抗日本的弱者，这一点对日本来说至关重要。日本人的这种舆论战无所不用其极，甚至还在东京的报纸上虚构了美国在欧洲战场多次失利的消息。克劳指出，尽管日本在理论上是盟友，但所有人都知道日本希望德国在欧洲取得胜利。对东京来说，比起面对一帮在中国各自有殖民和商业利益的战胜国，它更愿意只跟一个大国——德国——就亚洲的未来进行谈判。当时在日本拥有高度政治权力的军方根本不想支持协约国，但日本被迫要履行1902年与英国组成英日同盟时承诺的义务。尽管两国是同盟关系，但仍有一些支持德国的暴徒在东京撕毁和践踏英国国旗，而报纸则继续炒作同盟国战胜协约国的新闻。

日本的亲德态度不仅仅是政治上的投机；东京有许多人认为，德国会支持日本在亚洲拥有特殊地位。这种支持反映了两国之间业已发展的密切关系。日本军队在很大程度上是基于普鲁士模式编练的，甚至连制服和军衔的划分都是如此，而俾斯麦也是日本宪法的灵感来源。克劳还注意到，没有哪个地方的德国战俘会像在青岛被俘的德国人那样受到悉心照顾，他们在青岛和日本的住处和伙食都不错，而且据克劳说，还有当地妓女供他们享用。[15]

克劳着手建立一个有效的宣传团队，从热心的英国外部人士那里寻求帮助，他们已经设法在中国传播协约国军队在战场上的胜利和目标。在美国驻上海总领事纳尔逊·杜斯勒-詹森[16]的帮助下，克劳成立了一个由美国人组成的本地委员会，其中许多人都是他在中国当记者时的老朋友。法国人提供了他们的无线电通讯服务，这对克劳的美国海军无线电来说是一种补充。来自英国、美国和法国电台的报道被翻译成中文，并向当地媒体分发。克劳不得不建立一个傀儡公司来把这些报道卖给当地的报纸，因为它们把免费到手的新闻当作宣传，不接受免费的报道。克劳把报价压得很低，也不急于催他们付款。克劳既是美国公共信息委员会的专员，也是这家虚设的中美新闻社的负责人，他自称是过上了双重人格的"化身博士*生活"[17]。

1918年11月签署停战协议的时候，中国有理由相信，它可以名正言顺地要求列强修正强加给中国的不公待遇——日本人对青岛的占领以及与列强签署的、仍然激怒着中国的"不平等条约"。中国加入协约国的部分原因是美国的坚持和劝说，而当《凡尔赛条约》显然不会纠正什么错误时，克劳对中国人的沮丧和失望情绪也抱有些许愧疚。他继续根据华盛顿国务院的指示，协调出版来自美国的宣传材料，包括将伍德罗·威尔逊总统的所有演讲内容翻译成中文，分发给中国媒体，中国媒体及时刊登了这些演讲，获得了热

---

* 化身博士是19世纪英国作家罗伯特·路易斯·史蒂文森创作的同名小说中的人物，是文学史上的首个双重人格形象。

烈反响。

威尔逊关于民族自决和弱国有权利反对列强的阔论引起了公众的共鸣。当中国人问克劳，威尔逊是不是出自真心，中国会不会看到列强纠正过去的错误，他告诉他们，中国人的诉求是正当的，他认为这也是美国公使馆和威尔逊的立场。然而，结果并非如此，克劳和中国都对凡尔赛会议的结果感到十分失望。实际上，列强在会议上甚至都没有讨论过中国问题，尽管日本控制了此前德国在中国和太平洋的占领地，并最终在这些地区设防，作为在该地区的军事行动的一部分。早在会议开始之前，中国就遭到了背叛，因为英国、法国和意大利早就与日本达成协议，以德国的远东占领地换取日本对欧洲战争的支持。

克劳并不是唯一一个对中国在凡尔赛遭受冷遇而感到失望的人。1919 年中国各地爆发的"五四"大游行，动员起了数百万愤怒的中国人民。学生、教师、知识分子和商人都参加了示威活动，反对战胜国对中国的边缘化。"五四"成为中国民族主义历程上一个具有象征意义的日子，标志着一种新的现代爱国主义在中国出现，它发源于列强的欺凌、西方的顽固、日本的侵略和领土受到侵犯。

作为他在公共信息委员会工作的一部分，克劳不得不经常去北京出差，与北京的外交人群打交道——事实上，他的直属上司是美国大使。尽管克劳从未在北京生活过，但他喜欢这个地方。每当乘火车抵达古城的前门站（在这个丝绸之路的终点当时仍有骆驼聚集）时，他总是很激动，之后会穿过西直门进到内城，然后抵达公使馆区。但他发现北京的外交人群并不好相处。对官阶和身份的痴迷伤害了克劳的美国自由主义灵魂，他发现自己不得不履行各种各样的社交义务——"……不管喜不喜欢，我都得参加无数的宴会，听北京城里的那些流言蜚语——这和那些又胖又老的贵妇人口中捕风捉影的闲话没什么差别。"[18]克劳设法尽可能地躲到北京俱乐部去，那是北京的外国记者团聚集的地方，但北京对资历的执迷还是避无可避。一家英国通讯社的负责人是驻京时间最长的外国记者，自然也是圈子里的元老级人物，就因为克劳先去拜访了自己的老朋友之后才去拜访他而恼怒不止。克劳称，这位英国记者是那般耿耿于怀，"……他讨厌了我一辈子"[19]。

克劳在公共信息委员会的工作也使他再次与密苏里新闻帮发生交集。尽管全世界都知道了日本的"二十一条"要求，但日本驻华外交官仍然就此向北京步步紧逼。最终中国外交总长陆征祥决定敦促媒体报道日本对中国不断施加的压力。为此他打电话给《北京日报》主笔、新闻帮的成员董显光，董立即联系 J. B. 鲍威尔帮助安排了他自己和鲍威尔，还有当时在京的美国驻华公使、中国通芮恩施博士三人会面，组织了一场维护中国的公开辩护。在鲍威尔对芮恩施的采访中，后者强烈要求日本停止其恐吓活动。鲍威尔随后把这个采访稿寄给了公共信息委员会的克劳。克劳把稿子电传到华盛顿，此后所有在华外国记者都接到报社指令去调研此事。最终，日本做出了一定程度的让步，至少在表面上有所收敛。然而，他们的幕后操作仍在继续。

不可避免的是，芮恩施本人以及公共信息委员会都越来越多地受到华盛顿外交政策的掣肘。克劳和芮恩施一见如故，尽管有传言称芮恩施有德国血统，过于亲德。除了凡尔赛会议带来的失望之外，芮恩施的立场自 1917 年 11 月以来一直被人质疑，当时美国国务卿罗伯特·兰辛（Robert Lansing）与日本所谓的"善意大使"石井菊次郎签署了一项协议，承认日本在山东和满洲的"特殊地位"。华盛顿从未正式通知芮恩施，一项交易——所谓的《兰辛-石井协定》——即将达成。尽管大多数欧洲大国都已经与东京秘密达成了类似的协议，但这仍旧引起了一场风暴。[20]《兰辛-石井协定》和凡尔赛会议对中国的冷遇迫使芮恩施，一位中国议会民主的支持者，在 1919 年愤然离职，并在华盛顿做起了中国政府的顾问。

在公共信息委员会停止活动之前，克劳受命出版了威尔逊的中文演讲集。这本书由克劳悉心整理，组织翻译成中文，由当时中国最好的图书出版商——商务印书馆出版。书一问世就极为畅销，多次加印，因为许多中国人把凡尔赛的背叛归咎于列强，而不是威尔逊。书的前言是克劳写的，他还请求中国读者，如有任何评论，都可以直接寄到他在上海的办公室。当来自中国各地的数千封信函像洪水般涌进他的办公室时，他又开始后悔这一决定。一开始，所有的信件都被翻译出来给他看，以便回复，但很快，涓涓细流变成了洪水，克劳的员工顶多只能打开信封，看一看读者是不是在里面夹了现金，要求订购更多的书。传说中的"基督将军"、军阀冯玉祥[21]一个人就订购了 500 本，分发给他属下的每一名军官。克劳最终收到了一万多封信。他不可能把这些信全部都翻译出来，只好让他的办公室职员当废纸卖掉了。

这本书卖得太好了，克劳还给他的傀儡新闻社付了15%的版税。新闻社赚了一大笔钱，他不得不把所有的钱都用来为这本书投放更多广告，并在大多数主要的中文报纸上刊登整版广告。克劳还想出了另一个花掉这笔钱的办法——向地方政府送书，而且要确保中国真正的省一级领导人读到这本书。克劳首先必须承认，没有人知道他们都是谁，因为当时地方上没有重要人物名录。在这场可能算是中国第一次直接的市场营销活动中，克劳给中国各地的美国传教士寄去了明信片，向他们解释说，他想把这本书寄给所有当地大员。这些传教士对中国内地和地方显达都比较熟悉，他们在卡片上写下当地应该收到这本书的人的名字和地址，再把卡片寄回给克劳。传教士们被这个项目吸引住了，他们成立了一个临时委员会，以确保不漏掉任何人，还把英国的同行拉进来，帮助扩充送书名单。

明信片计划取得巨大成功，克劳最后得到了一份很棒的邮寄清单，并且还抓出了一两个支持德国的美国人，他们的回复里，倾向性表露无遗，且拒绝帮助克劳。克劳将这些复信转交给芮恩施，这些人随即被赶出了中国。克劳随后将该计划推广到美国的大型石油和烟草公司在中国的众多代表，同样取得了不错的成果。克劳总共收到了中国各地25 000名地方要人的姓名和地址，并给他们每个人都寄送了那本威尔逊的演讲集，并附信请他们推荐任何也应该收到这本书的朋友。他的名单越来越长。

克劳是1911年辛亥革命的支持者和孙中山的崇拜者，并且对凡尔赛会议背叛中国感到沮丧，到了1918年，他觉得自己已经与上海老一辈中国通的主流观点渐行渐远。上海公共租界大多数人认为，如果民国政府站稳脚跟，那么这种成功将加速中国的统一，并最终导致外国人在上海特权的终结。许多在上海的外国媒体都支持这一观点，并描绘了一幅外国人受中国法律约束，最终被关进中国监狱或者下场更糟糕的悲惨画面。民国政府在着手重建国家的过程中所取得的进步，大多被媒体忽略了。克劳十分反感这种淡化民国政府的进步的做法，特别是当他观察到，日本人在干涉中国事务上日益得寸进尺，显然是得到了外国的默许。慢慢地，外国人开始感知到这种困境。正如克劳在辛亥革命前所说的那样："我们习惯于在这个国家到处横冲直撞，仗恃着自己的肤色，连护照都不需要。"[22]而现在，正如克劳在1917年回到中国时所发现的那样，他必需带上护照和旅行许可——这是让许多外国人感到厌烦的限制。

无论环境发生了怎样的变化，克劳还是很高兴能回到上海，开始重访老友，探索新机会，因为这座城市的经济已经复苏，成了一个蓬勃发展的商业中心。他的妻子米尔德丽德也参与其中，创办了一家公司，往美国销售中国手工艺品。1921年，她以米尔德丽德·克劳公司的名义营业，为她的中国饰品开了一家名为"玉树"的批发展销厅，随后又开了一家同名零售商店，成为了一位在当时的上海极具企业家精神的外国太太。[23]卡尔也在寻找商机，但首先他和孙中山又有一次会面。

七　孙中山和夭折的传记

和孙医生的几个午后

战后,孙中山重新进入了克劳的生活。孙被袁世凯接替"隐退"后,克劳一直与他保持着联系。孙最终搬到了上海法租界莫里哀路24号[1]一所由海外华人支持者提供的住处,在那里他开始研究发展中国政府机构、铁路和工业基础的计划。克劳和密勒都认为孙受到了袁的不公平对待,尽管他有一些缺点,比如在卸任总统后疏远了许多潜在的盟友,还有他的风流史[2],但孙仍然是新生的中华民国取得长治久安的最大希望。

尽管孙已在政治上失势,但密勒决定,他将继续全面报道孙中山和他的理念。这个计划使得克劳和孙每周至少会面一次,持续了好几个月。克劳对孙的采访受到了《密勒氏远东评论》读者的普遍欢迎,稿子还被中国媒体翻译、重印,又收获了来自中文读者的好评。克劳发现孙在上海是一个寂寞和失落的人。他总是有点孤独地待在莫里哀路那所阴暗的房子里,这所房子稍微偏离主街道,带一个小院,挨着还算新的法国公园[3]。孙感觉以前的追随者基本上已经抛弃了他,心情不佳,但是在采访中又非常坦诚,在政治和哲学问题上也很灵活,常常有新的想法。

在革命时期的动乱之后,许多人认为孙仍然会有生命危险。当克劳和其他人来拜访他时,他们经常会在门口遇到嚼着雪茄的"双枪"科恩(Morris Cohen)。科恩是孙的私人保镖,他出身于伦敦东区的贫困家庭,去过纽约、芝加哥和加拿大,最后逃避赌债来到上海。科恩据说在好几次针对孙的暗杀行动中救过他。[4]

克劳和孙的前私人秘书马素一度受《麦克卢尔杂志》的麦克卢尔(S. S. McClure)委托,代写一本孙的传记,据克劳说"酬金很高"[5]。克劳喜欢为麦克卢尔写作的想法。麦克卢尔是一个来到美国的苏格兰-爱尔兰移民,他在印第安纳州一个农场的贫困家庭长大,曾为几家期刊撰稿,最后在1892年创办了《麦克卢尔杂志》。这份杂志主要刊登著名作家的作品,定价低廉,受众广泛。杂志社早期的工作人员包括艾达·塔贝尔(Ida Tarbell)和林肯·斯蒂芬斯(Lincoln Steffens)等美国新闻界的杰出人物,还是当时许多扒粪揭丑的写手聚集地。

克劳和马素当时还真的写了四个样章,都由孙和克劳共同草签。但后来孙突然收回了他对这个计划的支持,声称自己没有理解最初的协议,这让克劳很困惑。克劳和孙会在莫里哀路的书房里会面,喝茶聊天。这间小书房与二楼孙的卧室相邻,里面排列着深色的木头书架。房间的一端是孙的书桌,桌上摆满了他收藏的笔墨。桌子前面是一个长沙发,孙会坐在那里,然后是一张小桌子和几把供客人坐的深色木椅。偶尔两人会来到楼下阴凉的后门廊,坐在藤椅上,一边喝茶,一边看向孙家小院子里的草坪和灌木丛。克劳后来回忆,孙更喜欢说英语,在回答克劳的问题时,他的回答既流利又迅速,但在对过去的决策和事件的讨论中,他似乎逐渐把自己置身事外,最终取消了整个采访。[6]

随着俄国的布尔什维克革命战胜外国干预、巩固了权力并有望长期存在,克劳与孙的早期接触逐渐减少。和大多数在上海的外国人一样,克劳对俄国形势的急剧变化及其可能对中国产生的影响极为担忧。在孙中山内心逐渐接纳马克思主义并支持俄国革命的同时,克劳则在1920年代参加了上海由英国人牵头的护宪联盟,这是一个国际委员会,克劳在为公共信息委员会工作的同时,也在这个联盟的一个分支委员会负责宣传工作。克劳的大部分空闲时间都花在指导反共产主义的小册子和文告的制作上,以便在整个公共租界邮寄分发。他承认自己非常担心共产主义从俄国蔓延到中国,但也不太相信自己的宣传努力对遏制共产主义运动在中国的发展能有什么作用。不管怎样,护宪联盟并没有持续太久,因为最初对布尔什维克主义蔓延的担忧已经消退,这个组织在成立几个月后很快便耗尽了资金,而且因为吸纳了一些法西斯分子和墨索里尼的崇拜者,还引起了一些公众的声讨。[7]

虽然对中国也发生布尔什维克革命的最初担忧在上海平复了下

来，护宪联盟也散伙了，但克劳仍对激进的社会主义非常怀疑，不相信"那些莫斯科的顾问，他们幻想可以把中国变成共产主义国家"[8]。从这个意义上来说，克劳自有其根深蒂固的态度。他是一个极为独立的美国人，一有机会就会反思，为何美国能够赢得摆脱英国殖民统治的独立战争，发展成一个强国和独立的工业基地，并且早在"一战"之前，就有了一定实力和民族自觉意识，准备正式登上世界舞台。克劳不喜欢大英帝国，对欧洲在世界事务中扮演的角色持高度怀疑态度，但他也是一个理直气壮的资本主义者，尽管他与许多左翼同僚关系友好，却也远不是当时所谓的"温和派社会主义者"。

尽管在当时只是一种更为本能的反应，但克劳对共产主义的疑虑很大程度上也是受了莫里斯·威廉博士的《历史的社会学解读》（Dr. Maurice William, *The Social Interpretation of History*）一书的影响。威廉博士现在早已不为人知，他是一位措辞强烈的政论家，出生于乌克兰，曾在纽约做牙医。他的这本著作是克劳最喜欢的书之一。在1920年出版时，这本书同时在倾向社会主义者和反社会主义者的圈子里引起了小小的骚动。这位医生曾是美国社会党的活跃分子，但在第一次世界大战前后，他感到越来越幻灭，开始质疑马克思主义的基本原理，这些原理一直以来支撑着他在曼哈顿和布鲁克林鼓吹的口号。克劳对《历史的社会学解读》赞赏有加，因为书中包含的许多观点都能迅速引起他的共鸣，同时也因为威廉没有受过正规的教育，这本书是他在从零开始学习马克思主义经典之后所写。随着克劳从记者变成生意人，他开始对消费者行为、消费文化的发展及其对整个社会的影响越来越感兴趣。威廉在书中认为，马克思错误地把无产阶级简单地视为赚取工资的人，却忽视了他们作为消费者的日益重要的作用——这一观点与克劳自己的哲学观完全吻合。这种认为生产者也是消费者，以及工人在为资本家工作的同时又享受了生活水平的提高，并从资本主义中受益的观点，对克劳有着强烈的吸引力。

威廉出生在哈尔科夫，8岁时随家人移民美国。他受过基础教育，但后来辍学去卖报纸，之后在一家乳品店工作，每天工作12个小时。在参加社会主义运动期间，他决定换个工作，他的一位社会主义朋友建议他："同志，去当牙医吧。在最完善的社会制度下，还是会有烂牙。"他照做了，然后在纽约建立了第一家免费牙科诊所。威廉的理论在美国社会主义运动中并不受欢迎，最终与其分道扬镳，而克劳则把自己视为威廉的"亲密"朋友[9]。尽管除了美国社会党的圈子之外，《历史的社会学解读》这本书很少人会读，但有几本确实传到了中国。

到1924年春，孙的亲社会主义演讲变得越来越激进。孙发表了一系列关于他的政治哲学的演说，叫作"三民主义"。一周一次，就像发条一样，孙整整12周都在阐述他的哲学。但到了第13讲的时候，孙停了下来，一个多月都没有恢复讲演。夏天过后，他又重新开始，对当年早些时候他所信奉的理论进行了大幅修改。

据克劳所言，孙读过、欣赏并赞同威廉，书还是克劳给他的。孙因此重新思考了某些关键问题，并缓和了他先前对社会主义一时的兴趣。当孙恢复他的演讲时，他不再提马克思主义或共产主义的明显术语，而更多地强调"民生"，这个表述正是从威廉那里得来。尽管在美国被忽视，但威廉后来因为他的著作及其对孙的影响而获得了国民政府的赞赏和荣誉。1937年，威廉还成为美国医药援华会的组织者和筹款人，并与阿尔伯特·爱因斯坦、赫伯特·胡佛（Herbert Hoover）和《时代》周刊的创始人亨利·卢斯（Henry Luce）一样，担任过援华民间救济联合会筹款委员会主席。[10]

通过与孙的交谈，克劳开始相信，俄国革命在某种程度上被中国的民族主义者当作他们自己革命的一种升级。布尔什维克迅速平定了内乱，而在中国，长期的争斗和军阀割据仍在继续。俄国还驱逐了一切插手干预的外国势力，并建立了一个运作良好的政府，它看起来很有执行力，也统一了这个幅员辽阔的国家。共产主义者的宣传把苏联描绘成一个理想国，许多中国人，包括国民党的一些高级领导人，都相信这一点。蒋介石还曾被孙派到俄国去考察过布尔什维克主义的成功经验，如果说马克思列宁主义的政治学说没能触动他，那莫斯科政府和红军的效率至少也给他留下了深刻印象。

随着战争的结束和战后世界重建的开始，克劳的时代正在改变。他的报人事业还有他作为政府宣传人员的日子都结束了。现实原因是，上海报业的收入不高，远低于美国的水平，而为美国报纸做线人的额外收入也没有多少。政府的薪酬就更少了。如今，欧洲对重建的渴望推动了上海经济的繁荣，这是一个不断变化的城市，而克劳也感觉到了商业贸易和企业家精神为聪明人提供的机遇。在报纸行业多年的工作经验使他明白,广告业是推动报纸发展的动力,而他作为宣传员的经历则向他展示了传媒对人的影响。因此,在战后上海那种逐利的繁荣环境中,他把这个行业视为商机。也正是通过广告业,卡尔·克劳将扬名立万,创造财富。

八 四万万中国顾客,将广告牌引进中国

形成中的野蛮都会

1918年,卡尔的克劳广告公司(Carl Crow Inc.)开业,这是一家"广告和销售代理"公司。克劳形容战后几年的上海"欣欣向荣"——这一表述虽然恰当,却也未必形象。蒋介石的传记作者乔纳森·芬比的说法可能更为形象,他把当时的上海描述为一个"形成中的野蛮都会"[1]。随着战争的结束,欧洲大陆开始重建,上海的订单应接不暇,战时的出口萧条开始缓解——上海甚至有了对应版本的大富翁游戏,副标题是"上海百万富翁游戏"。许多新近涌入这座城市的外国人发现,他们很难找到现代化的西式住房,不得不长期住在酒店套间里,或者忍受匆匆修盖的简陋新居。

随着西方商人回到远东,本地和海外资本回流,工业繁荣起

来。欧洲几乎需要中国能生产的所有东西——橡胶、煤炭、大豆油、棉花和丝绸,以及香烟等其他商品。随着价格逐渐上涨,多数大宗商品的供应交易利润丰厚。银行业蓬勃发展,以满足所有新企业的融资需要和贸易协议的承保需要。而新富阶层在经历了一段相对节俭的时期后,也希望把钱花出去,展示自己的财富。恢复活力的外国人群体和上海的"暴发户"都重新回到了消费品市场,这一市场上的商品是克劳广告公司的主要生意来源。财富沿着长江而上流向杭州、苏州等城市,同时向南流至广州。外国品牌被低关税和看似无限的消费市场前景所吸引。随着外国企业和中国资本家蓬勃发展,上海成了他们的主要聚集地。然而,上海的外国侨民从未停止担心繁荣会结束;正如当时的美国记者文森特·希安(Vincent Sheean)所说:"上海有两样东西最为出众,一个是金钱,另一个是对失去金钱的恐惧。"[2] 1921年,新兴的中国共产党在法租界召开了第一次代表大会,为这个城市汇聚的各种意识形态注入了新元素。

除了贸易繁荣之外,上海还迎来了房地产的春天,外滩沿线及其周边街道规划了更多更宏伟的新建筑。正是在这一时期,许多在今天仍是外滩标志性建筑的大厦拔地而起,包括汇丰银行大楼、渣打银行大楼、维克多·沙逊的华懋饭店等等。很快,外滩的建筑就足以与大英帝国的最佳建筑相媲美。这是一个大众消费主义的时代,出现了惠罗百货公司,以及由中国人经营的三大百货公司——永安、先施和新新[3]——全都摆满了新产品和进口商品。此外,被称为"东方牛津街"的南京路成了一片灯火通明的海洋,城市街道上挤满了新出现的汽车，它们与黄包车竞争，使后者的处境更加危险，现在黄包车需要跟汽车和无轨电车争夺空间。南京路的前身是花园弄，即中国人最熟悉的"大马路"。在1920年，它已经是亚洲最为现代化的商业街。

当然，这种不寻常的增长也有灰暗的一面。工业的兴起导致工厂的出现，其中不乏工业革命所带来的最糟糕问题：童工、超长的工作时间、微薄的工资和危险的机器——这一现象推动了劳工、社会主义和共产主义运动的迅速发展。租界当局每天早晨在街上收集的死尸数量上升，乞丐的数量也在增加。不断升级的军阀冲突也造成了人员伤亡，冲突蔓延到上海郊区，不仅导致私人部队的成员遭到杀戮，还毁掉了宝贵的农田和庄稼。其结果是恐惧、饥荒、物资短缺、囤积居奇，以及不可避免的物价上涨和经济水平下降。

上海新兴的繁荣景象也并未展现在所有街道上。上海港也许算得上是世界上最大的港口之一，但大部分货物似乎仍然是由旧式帆船沿着黄浦江运送的。上海的人口已经增加到150万，但城市里仍然没有多少铺好的街道；当时的电力和电话系统都比较原始，在炎炎夏日，大多数坐办公室的工作人员都要依靠蒲扇来保持凉爽。当时，人们普遍束着羊毛宽腰带，认为这样可以预防着凉和胃病。除了使用煤油和蚊帐，人们对蚊子的肆虐无能为力，相当长一段时间过后，租界工部局才决定清理城市的河道和池塘。1918年的上海不是一个有益健康的地方，伤寒、霍乱和痢疾都很常见。市政服务仍然像是临时的：消防队完全由志愿者组成，他们依靠的是几十年前从英国进口的水泵和消防车。上海超过五层且带电梯的大楼只有区区几栋。对外国人来说，上海仍然很小；事实上，去外滩花园听音乐会的几乎已经是全部的外国人群体了，他们大多数都住在附近，因为西路的居民区当时还是一片田野。污水和垃圾几乎得不到处理，现代管道很少，冲水马桶不为人知，最常用的是夜壶。就是这样一个城市，在接下来的二十年里，它的形态将发生巨大变化，尤其是在现代广告技术的作用之下。

克劳广告公司——中国大型广告代理商

克劳广告公司严格来讲是从中美新闻社发展而来，中美新闻社是一家为"中国媒体提供社论和特稿等文章翻译"的专业机构。克劳帮助成立了中美新闻社，最初是为当地的中文报纸翻译密勒、克劳等人的文章。随着新闻社的发展，克劳和他的合作伙伴发现代理美国公司的广告有利可图，这些公司需要把他们的广告翻译成中文，并刊登在当地报纸上。这种配置服务的成功使克劳改变了业务重点，以便从日益增长的广告需求中获利，因此他把广告代理业务从新闻社分离了出来。克劳广告公司是一家私人有限公司，纸面上成立于特拉华州。在经历了几处较小的办公场地之后，他在仁记路81号一栋大楼的三楼设立了一个办公室，在许多年里一直是公司的主要办公场所。他的办公室坐落在一幢新古典主义风格的大楼里，正好在外滩以西和四川路以东，位于公共租界，也就是中国人所说的"十里洋场"（字面意思是"绵延十里的外国区域"）的中心。

仁记路在上海显得格格不入，跟从外滩向西延伸的大多数宏伟大道相比，它始终是一条较窄的街道。从外滩延伸出来的第一批街道最初是按字母顺序命名的，以方便记忆，包括东西向的广东路（Canton）、福州路、汉口路、九江路、南京路、北京路（Peking）和苏州路。然而，在后来，位于南京路和北京路之间的一条原本是英资贸易公司仁记洋行的私有车道被改造成了公共街道，仁记路就这样诞生了。[4]上海道路系统最初用来命名的字母顺序似乎被遗忘了，所以这个名字一直没变。从那以后，这条路成了几家大公司的办公楼所在地，其中包括上海最大的房地产公司之一恒业地产的总部大楼。

克劳广告公司开局不错，主要原因有二，一是战后经济的回暖；二是大量资本的涌入，这其中既包括初创企业的注资，它们力图发掘中国的市场潜力，又有老牌企业的持续性投资，如怡和洋行、英美烟草和标准石油。上海人口迅速增长，很快将达到300万的规模，一个相当大的消费市场正在形成；这座城市吸引了许多品牌和制造商，他们需要投放广告或组织营销推广活动。制造业欣欣向荣，尤其是在浦东和闸北，从新的造船厂到纺织厂，所有的行业都希望在中国拥有现在所谓的"企业形象"。百货公司也生意兴隆，在备货所有新款产品的同时，他们也需要自己打广告来吸引顾客。上海仍然是外国在中国的商业、投资和时尚的中心，而克劳通过在全国各地的报纸和广告牌上为外国公司做广告，很快就赚了大钱。

随着上海开始富起来，这座城市正在成为"夜生活之都"。战后新的繁荣景象超越了"帝国前哨"的心理定位，人们的心态也随

八 四万万中国顾客，将广告牌引进中国

之改变。带着点中国特色的、玩世不恭的全球热潮，以及许多外国人及时行乐、无所顾忌的生活方式，再加上宽松的税收政策和极其有利的国际汇率助推的宽裕资金——这些因素结合起来，使上海变成了一个有趣的地方。各种名流和写手们纷纷来到上海观光，回到欧美后把上海描述得和巴黎或纽约不相上下。上海的访客形形色色，既包括艰难谋生的沃利斯·辛普森（Wallis Simpson）*，也包括滴酒不沾的旅游业先驱托马斯·库克（Thomas Cook）。人人都在讲述上海狂欢夜的故事，尽管为人严苛的库克认为这不是什么正面的事情，但是"好，很好"将是未来的温莎公爵夫人对上海的评价，而作家项美丽（Emily Hahn）则描述了"……持续数日的盛大宴会……"（这对克劳在战后经常抱怨的、日益增加的腰围也起了点作用）。这一时期，都铎庄园式的生活风尚——网球、赛马、众多的俱乐部，还有爵士乐和舞蹈——在上海大受追捧。摩登女郎、《朝云暮雨》**、"光鲜的年轻子弟"***——第一次世界大战刚结束时，上海就拥有了这一切，而这一切共同塑造了这座城市的声誉，一个消费、时尚和现代的中心。

克劳很好地利用了中国的新富实业家和商人所提供的机会。这些人正逐渐开始在上海赚到钱，他们也需要广告商和营销商的服务。从一开始，克劳就接受任何国籍的客户。这反映了上海旧殖民主义的种族歧视略微解冻。总体而言，外国人群体和中国社会是相

---

* 即后来的温莎公爵夫人，英王爱德华八世为与她结婚，退位改称温莎公爵。
** 《朝云暮雨》（Fast Set），1924年派拉蒙影业发行的一部喜剧默片。
*** "Bright Young Things"，1920年代伦敦小报对一群放荡不羁的年轻贵族和社会名流的昵称。

互隔离的，但随着所谓的"上海大亨"和另一种新的海外华商阶层的出现，生意场和社交圈里的这种分割线变得越来越模糊。原来仅限白人参加的上海跑马总会在战后开始接纳中国会员。然而，这并不是多元文化自由的体现，更多的是反映了这个俱乐部赖以维持的赌博收入来自谁的口袋。

根据《上海一元行名录》的记载，克劳一直是公司总裁。然而，在不同的时期，他的中国经理是 K. C. 周，艺术总监是 Y. 奥比，后者还帮忙参与了《中国旅行指南》的设计工作。偶尔，克劳也会用老朋友，如俄罗斯漫画家和艺术家萨巴乔（Sapajou）。他的总会计师是乌尔夫（C. C. Wolfe），多年来一直由 B. L. 王协助。这家公司包括一个户外广告部门，也是由乌尔夫负责，专门在中国东部地区（主要是浙江省）投放海报和广告牌。

克劳公司常年保持有大约 12 名员工，他们从事各种各样的工作，包括在中国各地的报纸和杂志上购买版面，并组织直接邮寄活动。他们还处理"电铸版"、"广告铅版"（用熔化金属浇铸的印版，上面印着字模的复制品和各式插图）和"矩阵"字模（用连铸机浇铸）。这些广告来自不同的地方，包括伦敦、柏林、巴黎和纽约。如果客户需要，克劳也可以帮助设计插图和文本。由于需要在全国的报纸和杂志上刊登广告，他开始制作收录中国所有报刊的常规目录；而且，因为他的客户经常需要翻译小册子，他也最终重拾翻译业务。同时，外国客户也希望获得中国的市场前景或销售表现方面的详细信息，所以克劳自己也开始做市场研究，提供关于客户的竞争对手、消费者习惯和消费模式等方面的资料。克劳很喜欢这项业务，因为他可以借此尽情满足他业余人类学家的癖好，给客户写下冗长的报告。

他还发展了另一项副业，雇了6个工人当广告海报张贴员。这些工作人员从上海出发，沿着长江一直贴到湖北省的荆沙，行走了60个城市，其中一些城市位于长江上游1 000多英里以外。海报通常为30×40英寸，偷贴在空白的墙上，也就是现在所说的"牛皮癣广告"，或者是付费租贴在固定的地方。这些人经常遇到地方官员的刁难，以各种名目向他们索取贿赂和非正式"税费"，否则就不许他们张贴广告。克劳不得不在名片上印上美国驻上海总领事馆的照片和图章（领事并不知晓此事，但这一招却非常能唬住人），用来证明他们是在为一家外国公司干活，这样通常有助于结束争端且无需支付任何费用。最终偷贴小广告变得太难，克劳不得不更多地使用长江流域那些正式租用的广告位——他曾一度租下15 000个这样的广告位，每个位置年租金6元，而他则把广告版面按月卖给客户，赚取不错的差价。尽管启动成本很高，但克劳发展的广泛网络为他带来了丰厚利润，并且也广受客户欢迎，因为在广告张贴数量上他是唯一靠谱的服务商。其他的广告机构要么不得不从克劳那里租广告位——前提是他有出售，当然价格不菲，要么就只能去胡乱偷贴小广告。

克劳更喜欢他租下来的多广告位网络，而不是更大的广告牌站点，因为这些站点数量很少，而且由于不断波动且相当随意的当地价格和税费等因素，大广告牌也更贵（当时108×246英寸标准广告牌的价格比在美国还贵）。一些城市征收的税费极高，克

劳拒绝在这些地方做户外广告,其中包括天津等主要市场。然而,在克劳看来,城市广告牌的主要问题在于中国人活动范围有限:

> 他(中国人)光顾的茶馆和商店都在邻里附近,他的活动很少超出几百码的范围。这意味着户外广告必须投放到每个独立的社区。应该使用大量的小广告牌,而不是那些数量稀少的大广告牌。[5]

出于同样的原因,克劳也不是很热衷于做街上的电子霓虹灯广告(1920年代末引进)或无轨电车广告,他认为除了上海几大城区和其他几个屈指可数的地方以外,在中国每个人都习惯早睡,夜生活基本上不存在。尽管霓虹灯广告可能使人印象深刻,但以克劳的经验来看,它未必有效。

克劳、他的设计师和上海性感摩登女郎

克劳最重要的资产或许是他的艺术设计部门,因为几乎从一开始,克劳对插图细节的关注就引人注目。在多年时间里,克劳与当时许多著名的漫画家、艺术家和插画家都有过合作,聘请他们为克劳广告公司和自己的书设计插图。在他长期的艺术部门总监 Y. 奥比的带领下,克劳紧随商务印书馆和英美烟草公司,创办了当时上

八 四万万中国顾客,将广告牌引进中国 125

"我们总是重新设计中国的广告画。"

海最大的商业艺术设计部门之一。商务印书馆是"东方最大的出版商",而英美烟草公司的艺术设计部大到要在浦东的一个仓库里运营。在公司经营期间,克劳聘请过许多艺术家,包括陈渐鸿(音)、D. 杜、徐咏青、K. T. 杨、特伟、胡忠彪、谢慕莲、叶浅予等,最重要的也许是谢之光。大多数人都是自由画师,克劳有各种各样的商业艺术家可供选择,这些画师则要从大量短命的杂志和出版物中竞争工作,生活朝不保夕。获得稳定薪水的途径,要么是在像英美烟草这类公司的自主设计中心谋得一个固定职位,要么就是从克劳广告公司这样的大型出版商或广告公司争得常规性的工作订单。正是这些艺术家践行了克劳的基本理念——在中国做广告,画面比广告词更重要:

说了这么多,做了这么多,不管是在报纸上还是在海报上，在准备文案的时候，只有一条准则，那就是必须配上产品图片，如果可能的话，还必须展示产品的用途。这么大一部分人口完全是文盲，理想的广告应该是一幅完整的图画，没有一个字。[6]

克劳广告公司几乎总是在自主设计的广告中使用插图——除了给自己公司打的广告以外，那是他"说一套，做一套"的一个很好例证——这推动了两次世界大战期间一种现象的兴起，即广告中的上海性感摩登女郎和这座城市独特的视觉商业艺术。性感的摩登女郎形象主要是针对中国受众的，但受到了所有消费者的追捧。许多广告中都包含有漂亮的中国现代女性形象，她们出现在居家或休闲场景中，广告商品从肥皂、护肤霜到香烟和汽车，无所不包；克劳广告作品中最早也最具代表性的性感摩登女郎形象之一，出现在1920年为旁氏雪花膏设计的广告中。对克劳来说，在报纸上用强烈而现代的视觉形象做广告是一个自然的发展方向，因为他的工作就是为外国客户组织大型促销活动，提高品牌的知名度。克劳专注于平面广告和海报，并没有涉足后来风靡一时、定义了上海独特广告风格的月份牌女郎业务，他评论道："考虑到月份牌的高成本，它们的发行是否能够达到相应的广告效果是值得怀疑的。"[7]然而，他毕竟是一个商人，由于有一些最好的月份牌艺术家以自由职业者的身份为他工作，他也打了广告，表示克劳广告公司可以为那些执意要求的客户以优惠价格生产和印刷这种迷人的月份牌。他有艺术家和印刷工，又何乐而不为呢？

八　四万万中国顾客，将广告牌引进中国

克劳广告公司为旁氏雪花膏设计的广告出现在 1920 年 3 月 7 日的中文报纸《申报》上，克劳认为这个广告在上海广告界开风气之先，率先使用摩登女郎形象，这种设计在 20 世纪二三十年代成为潮流。——图片由塔尼·E. 巴洛（Tani E. Barlow）提供，出自她对性感摩登女郎广告形象历史的研究。

克劳也需要高明的画家，因为他认为中国消费者天生不易轻信——他们倾向于认为广告言过其实、声称有奇效却虚假透顶。说句公道话，对于当时的广告而言，消费者有充分理由持怀疑态度。因此克劳要求，对香烟或肥皂包装的呈现要精准，内容要真实，颜色要鲜艳。到了 20 世纪二三十年代，市场上已充斥着各种各样的广告，其中许多来自克劳广告公司的艺术工作室，可以一眼从印刷物左下角他那标志性的帆船图标看出来。他的工作室里，最重要的艺术家也许要数前面提到的谢之光。

克劳广告公司的广告作品以精巧闻名，它包含了西方新艺术风格的理念，并针对中国受众进行了改造。克劳和上海的其他广告业人士经常在上海广告俱乐部举办的论坛上碰面，讨论欧美的最新广告趋势。谢之光的作品几乎始终坚持克劳的基本理念，突出产品特色，融合中西艺术风格。

谢出生于1900年，最初曾师从上海几位公认的月份牌大师，毕业于上海美术专科学校。他为克劳和其他客户（尤其是南洋兄弟烟草公司）绘制的作品充满活力，要么工笔，要么水彩，常常以西式室内环境中非常漂亮的摩登上海女郎为特色。他的水彩画以艺术品的形式独立出售，而他在1930年代的商业作品则突破界限，越来越多地呈现丰满又有曲线美的女性，她们穿着贴身旗袍，抽着香烟，体态放松，神情诱人。他是首批在广告中画裸体的艺术家之一，而他为年轻的电影明星陈云裳画的肖像可能是历史上被复制最多的上海月份牌女郎。

1910年左右，长相时髦的女郎图画开始流行起来，但她们通常都很端庄、克制，以符合中国传统价值观。到了1920年代早中期，随着裙子越来越贴身，突出曲线的旗袍取代之前时兴的半截袖大褂和宽松长裙，谢的作品里的性感因素越来越突出。他的模特们涂着宝石红的唇膏，半透的旗袍高高开衩到大腿，还有艺术家笔下标志性的带有穿透力的眼睛，吸引着消费者的注意力。

谢本人性格复杂，他被认为是一个英俊迷人的男人，曾经纵溺于一系列婚外情，原配夫人的愤怒也无人不知。谢开拓了艺术和大众品味的边界，同时也是一位强烈的爱国主义者，在1931年曾大声疾呼反对日本占领满洲。这些呼吁虽微不足道，却让克劳对他感到亲近，不断地请他作画；后来，克劳还聘请了谢的侄子、才华横溢的艺术家谢慕莲。[8]

克劳还与其他几位外国人合作过，包括埃斯特·布洛克-伯德（Esther Brock Bird），她为他的书《洋鬼子在中国》（最终于1940年出版）设计了插画。布洛克-伯德是一位美国艺术家，她以描绘美国的无烟煤矿山和其他工业建筑而闻名，后来还为赛珍珠的儿童读物《龙鱼》绘制过插画。[9]

然而，克劳最常合作的外国人是他的好朋友萨巴乔，他为他的书《四万万顾客》和后来的《中国人就是那样》绘制了插画。萨巴乔独特的线条绘画既反映了中国人的日常生活和习性，也反映了20世纪二三十年代上海外国侨民的颓废生活。萨巴乔是乔治·阿夫克森耶维奇·萨波日尼科夫的笔名。他毕业于莫斯科的亚历山德罗夫斯科耶军事学校，是俄罗斯帝国陆军中尉，还是沙皇的将军和罗曼诺夫家族的亲戚德米特里·列奥尼多维奇·霍瓦特（Dmitrii Leonidovich Horvat）的副官（当时霍瓦特正负责西伯利亚大铁路的竣工）。萨波日尼科夫也是一名一战老兵，在战场上受过伤。退伍后，他参加了莫斯科艺术学院的夜校，学习绘画。这位高瘦、戴眼镜的萨巴乔因战争负伤，总是一瘸一拐地挂着手杖走路，但他在流亡北京期间娶了一位沙皇将军的女儿，因此一直有着非常不错的社会地位。

随着列宁布尔什维克革命的胜利和随之而来的内战，一些俄罗斯人在1920年代初来到上海——许多人曾在哈尔滨或北京短暂经停——以逃避国内的革命。到1930年代，已有超过两万名俄侨居住在上海。作为一个开放的城市，上海几乎接纳了所有人，没有任何护照或签证要求。萨巴乔很快就喜欢上了上海的生活,在那里他一边继续涂鸦,描绘当地的风景,一边想办法重建自己的生活。和许多白俄*一样,他在1917年之前一直过着相对优越的生活,对工作谋生基本上没什么概念。

闲散的素描开启了萨巴乔的新职业生涯,包括为上海许多大报当漫画家,为一批公司当商业艺术家,还接受过特别委托,为克劳的书作画。1925年,在世界各地许多大报社都给他提供工作机会的情况下,他还是加入了薪水相对微薄的《字林西报》,并为他们创作漫画直到1940年。英国人拉尔夫·肖曾在《字林西报》做记者,在他的上海回忆录中,萨巴乔是"办公室的明星"[10]。十五年如一日,萨巴乔每天都在报纸上发表漫画,别发书局也出版过几本萨巴乔的上海生活素描画册。

萨巴乔是公共租界的常客,而且还成了排外的英国上海总会里不多见的白俄会员。他在俱乐部常常光顾著名的廊吧(Long Bar),这个场景也经常在他的漫画里出现。他也是迈尔西爱路上的法商球场总会,即法国总会的会员和常客。此外,在霞飞路一带的白俄心中他也是一位名人。霞飞路因为有许多俄罗斯人聚居,在当地被叫作"涅瓦大街",两次世界大战期间,这一带有许多斯拉夫文的招牌,很多商店出售俄国的皮草和书籍,还有黑面包、罗宋汤和小薄饼,这是回不去的故乡的味道。尽管萨巴乔是一个无国籍的难民,但他外表出众,是一位受女士欢迎的"迷人的俄罗斯绅士"。

---

* 白俄,指俄国革命和苏俄内战爆发后离开俄国的俄裔居民,通常对当时的苏维埃政权持反对态度。

萨巴乔不仅是漫画家,还是一位颇有成就的水彩画家和社交达人。在混迹于上海外国精英圈的同时,他还一直以上海俄文出版社和大众报纸《斯罗沃报》的董事和股东的身份,参与白俄社区事务。在不去上海总会或法国总会的时间里,萨巴乔会和其他白俄交往,其中包括作曲家和卡巴莱艺术家亚历山大·韦尔廷斯基(Alexander Vertinsky)。韦尔廷斯基在俄罗斯艺术界是一个受人崇拜的人物,20世纪三四十年代,他在上海拥有一家俱乐部,偶尔会有著名的伦德斯特拉姆爵士乐队登台演出,该乐队是由作曲家、钢琴家和小提琴家奥列格·伦德斯特拉姆(Oleg Lundstrem)于1934年在哈尔滨创立的,哈尔滨当时住有数千名俄罗斯难民。伦德斯特拉姆乐队从中俄东省铁路的员工中吸收了九名年轻的俄罗斯人。在艾灵顿公爵唱片公司的鼓励下,乐队在1936年移居上海,并迅速赢得了上海最佳舞蹈乐队的声誉,伦德斯特拉姆在那里一直待到1947年。

作为一个对中国人有着广泛同情心的难民,萨巴乔天然地支持弱者,这为他与克劳的友谊奠定了良好基础。他的漫画经常拿中国的风俗习惯来打趣,但那从来都是没有恶意的。除了为克劳和《字林西报》作画,他还为一本反映战时上海变化的讽刺图书《上海的清晨》(Shanghai's Morning After)绘制了插画,这本书的作者是臭名昭著的反共分子、君主制拥护者、记者、雇佣兵、飞行员和间谍希莱尔·杜贝里尔(Hilaire du Berrier)。萨巴乔还为一本名为《北京剪影》的城市记忆类图书绘制了插画,回忆了他在北京的日子。[11]

日本人入侵上海后,萨巴乔发现自己很难找到活干,因为他的主要雇主《字林西报》停业了。他避免了许多来自同盟国的上海外侨的命运，没有被拘留，因为他是一个没有国籍的人。然而，这种情况使他陷入贫困。1942 年，萨巴乔被迫为纳粹控制的一家德国报纸画漫画，以维持生计。战事结束后，《字林西报》因为萨巴乔战时为纳粹工作过，不愿再聘请他，这使他又一次陷入贫困，在虹口隔都和"小维也纳"*的街道上过着衣食无着的生活，基本上只能靠朋友施舍过活。联合国救济和工程处最终在 1949 年将萨巴乔、他的家人和许多其他白俄一起转移到了菲律宾图巴包岛，安顿在一个临时搭建的难民营地。图巴包岛上的居住条件令人震惊，有各种流行的热带疾病，还饱受季节性台风的影响。岛上一度有五千多名难民，重新安置的过程也极为缓慢。人们呼吁华盛顿加快白俄难民安置，尤其是颇具影响力的圣依望主教（John Maximovitch）也为此而奔走，他曾在上海的俄罗斯主教团中很有名气。萨巴乔最后设法在美国的赫斯特报业集团谋得了一份工作。然而，因为肺癌，他于 1949 年 10 月死在了马尼拉。

贸易贯穿我们在中国生活的始终

一位 19 世纪在上海居住的外国侨民这样总结这座城市里的生活："贸易贯穿我们在中国生活的始终。如果不是为了做生意，除

---

* 隔都（Ghetto）指"二战"期间日本占领下上海虹口的犹太人聚集区；犹太人集中生活的提篮桥一带，又被称作"小维也纳"。

了传教士，没有人会来这里。"[12]这种情况在20世纪进一步强化。克劳也完全投身在上海狂热的商业浪潮里。随着营业额的上升，他从仁记路81号楼的三楼搬到了四楼。到1930年代初，克劳已经拥有了大约25个主要外国品牌客户，其中包括几乎是在他创业之初就签下的旁氏。自1920年为旁氏做了开创性的广告之后，克劳一直在业界享有盛誉。他也毫不犹豫地以此居功，并乐于宣称，在他早期的旁氏广告设计中，性感摩登女郎形象结合相关文字，为中国的女性美容市场带来了一场革命。他在自我推销方面的能力已经得到了证明，这一定鼓励了一些人相信，克劳也能成功地帮他们推销自己的品牌。

克劳称，他的中国员工坚持要搬到仁记路富丽堂皇的四楼，因为他们认为那里的风水比三楼好。中国员工认为新办公室会带来好运，克劳则不避烦劳，在搬进去之前，还专门请当地的风水先生为办公室祈福。根据风水先生的说法，原来不仅办公室很吉利，整栋楼都很吉利。克劳说自己不相信风水，但他认为，通过摆出这样的姿态来安抚员工，将有助于营造一个令人心情舒畅的工作环境，让他们工作更高效。至于这栋楼是不是真的吉祥如意，克劳承认，多年时间里他好几次塞钱给风水师，以确保堪舆结果让每个人都满意，从而保持工作效率。

新办公室特意装饰成跟纽约的广告公司一样的风格，带黑檀木家具，地板上铺着油毡，墙上还挂着18世纪英国古典版画，大多是霍加斯的复制品。据克劳说，他的中国员工们一直很不喜欢这些家具，他最终不得不换掉了一些来安抚他们。办公室有着时髦的现代设备，包括打字机、电器、电传机和电话总机。日常的业务都在四段楼梯上面的办公室里进行，不同的送件员来来回回，而货物则由所谓的"行李升降机"运送。一名秘书在接待区（实际上是楼梯顶端平台上的一个柜台）接待客户。报表和发票要在每个月的开头做好，这段时间里每个人都很忙碌，即使是讨厌做账的克劳也不例外。

老板克劳乘坐大楼的电梯去办公室，电梯里有个服务员，这个人所有的空闲时间都在织袜子挣外快。克劳估计，这个手脚灵活的人从手工活中赚到的钱比他从事的本职工作还多。由于房东拒绝重新装修，克劳的大楼一度空空荡荡，租户很少，电梯服务员的针织品生产率因此直线上升。当大楼最终得到重新装修，衣着光鲜的租客挤满了空荡荡的办公室时，管理层决定，电梯服务员必须穿上专门的制服，在电梯里保持站立。克劳对这一表面上的晋升向他表示祝贺。然而，这名男子却伤心不已，因为新的工作节奏不允许他有时间织东西，他不得不从工资中提前支付制服的费用，而新租户的涌入意味着他要不停地随电梯上上下下，没有时间做其他事情。

员工们的午餐时间为两个小时，这种"简餐"传统在当时的上海很普遍，所有员工都在办公室吃午餐。一些员工从家里带饭，而另一些人则偶尔组团，从当地餐馆订购装在篮子里的便宜餐食。这些食物都是装在篮子里热气腾腾地送过来的，里面有米饭，还有各种各样的肉、鱼和蔬菜，可供六人享用。吃完以后，当地餐馆的小工会过来取回篮子和剩下的食物。收走的食物通常会给周边的乞丐，他们会在午餐结束时聚集在办公楼周围，讨得一点员工们的剩饭尽情享用。有时,职员们会去外面的流动厨房和餐车就餐,这些餐车通常在商业区出没,业主用竹竿敲打流动厨房的木头架子发出声音,很容易就能从楼上的办公室里听到。这种餐车在城市里昼夜穿行,克劳还曾回忆他们在经过他那条街时惯性敲打出的砰砰声,向任何想吃点夜宵的人发出召唤。

尽管"简餐"的时间有点长,但克劳认为他的员工们工作勤奋,并举例说明了他的观点:中国是一个"有着毫不松懈的产业精神的国家……所有人都在耐心勤奋地工作"[13]。克劳注意到他的办公室员工工作起来确实毫不松懈,但通常也并不是以美国人那种费劲的方式在努力——"如果魔鬼真的只能在游手好闲的人身上有可乘之机,那么中国给魔鬼的机会一定非常有限。"[14]

他承认,他的员工工作时间很长,但如果发生"狗打架或外国人来访"等有趣的事情,他们会集体停下手里的活。和他们的老板一样,员工们都会抽空休息,抽根烟或烟斗。虽然在民国政府的倡导下,工作时间有所减少,但克劳仍然认为上海的工作日"经常早起和半夜开会,是有害健康的节奏"。他评论说,在他看来,"说日出之前中国已经有十分之九的人起床工作了"[15]并不夸张。克劳喜欢晚起并享用悠长的早餐,然而不幸的是,大多数员工都希望老板能比他们工作更长时间。克劳认识很多经理人,早上六点以前就起床上班,一直工作到夜里十一点。克劳试图推行合理的作息制度,但他发现,他的许多中国客户坚持要开长时间的会议,一直开到凌晨;他必须绞尽脑汁想出新的策略,以避免在周日与客户会面,因为周日他更喜欢安安静静地待在家里。他唯有庆幸自己经营的不是美国工厂，对此感到心满意足。

在1930年代访问美国期间，克劳参观了底特律的几家汽车厂，然后回到上海，拜访了当地一家棉纺厂客户。他去美国是为了见他最大的客户之一别克。当时，底特律的别克工厂给工人开出的工资是世界上最高的，而上海的工资则是最低的。然而，克劳把他眼中上海工人的满足与美国工人普遍存在的抱怨情绪进行了对比。他承认，这并不是特别精确的社会学研究，也不确定这到底意味着什么，但他认为，工厂在中国是一个相对新鲜的事物，跟其他许多工作场所和可供选择的职业尤其是自给农业相比，工厂在许多工人看来俨然是文明教化的桥头堡。当然，这种分析也往往忘记了这些新兴工厂里的工人是多么迅速地接受了萌芽中的劳工运动和政治斗争。

不管风水如何，克劳的办公楼位置确实很好。办公楼的前门正对着宋子文新创的中国银行大楼，南边是一家美国银行，背后则是恒业地产的大楼，离外滩33号雄伟的英国领事馆大楼也不远：这是当时上海最有名的地段之一。从克劳的办公室可以看到黄浦江，对岸则是浦东，还有所谓的"大来船"（这些船从"太平洋大佬"罗伯特·大来和他的大来轮船公司的码头驶出）。克劳经常提及大来公司；他跟罗伯特·大来关系很好，而且大来航运也是克劳公司的客户。1930年代中期，大来帮助克劳的侄子乔治摆脱了密苏里州克劳家族由女性主导的沉闷环境，在大来公司给他安排了一个职位。乔治来到上海时是客运部的主管，办公室在外滩卡尔的办公室附近。卡尔午餐过后经常和乔治一起散步，从法租界与公共租界交会处纪念一战阵亡将士的纪念碑[16]出发，沿着发展中的上海外滩，一直走到花园桥和苏州河对岸。苏州河本身就是一道风景；河面上总是挤满了中国式帆船，成排的驳船、舢板和渡船，也许还有上海划船总会的双桨赛艇。

克劳认为，在一些自己看来非常嘈杂的环境中，他的员工也能够很好地集中精力思考问题，不出差错。他说自己想事情时需要一个安静的环境，但在一个由中国人占主流的上海办公室里，安静是不存在的。克劳总是被噪声弄得心烦意乱，但他意识到这就是中国人的习惯——他甚至在他的《中国人就是这样》一书中专门用了"鞭炮之乡"这样一个章节来讨论中国人和噪声的主题。他曾发牢骚说住在他隔壁的两个中国兄弟凌晨三点还在大声说话，吵得他睡不着觉；他还抱怨过，喧闹的送葬队伍从上海穿行而过时，演奏的是一些奇怪的西方经典老歌，比如 Ta-ra-ra, Boom-de-aye，还有《旧镇今夜无眠》(There'll Be A Hot Time in The Old Town Tonight)。他还因为噪声问题向警方投诉过。有一次，他要求警方采取措施，让一位邻居在半夜关掉他刺耳的收音机。孩子们放鞭炮也经常使他那对噪声敏感的神经紧张不已。

对于克劳来说，守时也很重要。他承认，他总是因为中国客户不能准时出席会议而感到愤怒，他永远无法摆脱西方人对守时的痴迷。他对准时有着强迫症，对中国人在火车时刻表、船期表或会议约定等事情上要随意得多的态度，曾公开表示钦佩，因为他自己可能会因为迟到五分钟或错过公交车而担心得要命。在中国生活了一段时间后，克劳发现，与他刚到中国时相比，中国人明显正在变得越来越守时。他将此归因于交通时间表的重要性不断凸显，以及人们对体育运动兴趣的增长（这或许不那么容易解释），比如在田径运动中，分分秒秒的差别突然变得重要起来。他还指出，1911年他刚到上海时，上海的建筑工地还是相当悠闲的地方，但在那以后的时间里，摩天大楼和公寓楼的蓬勃发展是现象级的，建筑物以创纪录的速度拔地而起。城市的繁荣结束了克劳在一战之前享受的悠闲生活节奏，那时的上海对他来说是一个更平和、更寂静，总体上更安宁的地方。

然而，对员工的个人抱负，克劳只有钦佩之情。有个木匠，属于临时工，他常常帮克劳修理东西，做一些促销用的招牌。有一次他就自己的一个创业念头向克劳咨询，说他想向到访上海港的水手们出租自行车，理由是英美水手们似乎都有一种奇怪的爱好，喜欢在闲暇时成天骑着马或自行车游荡。克劳认真琢磨了这个生意计划，跟木匠建议说操作起来可能会有风险——回报可能很低，因为租金不能定太高，而把外国水手作为目标市场则不太靠谱，考虑到他们随随便便就离港走人的习性，特别容易出现不给钱就跑路的情形。这个木匠同意克劳的看法，但表示他其实最终想涉足的是卡车运输行业，只是还没有资金购买卡车，所以他才想先从自行车开始，然后和其他家庭成员一起投资摩托车，最后才是卡车。克劳同意，如果是这样的话，计划也许可行。七年后，克劳很高兴地看到这个人来拜访他，开着一辆新卡车进到他的院子里，还送给他一只宠物猴，以感谢他曾经的鼓励。

这种勤于积累财富和关注细节的精神总是令克劳赞叹不已，对在传统中国新年支付"十三薪"造成的额外开销,他从来不持异议。他曾经接到一个印刷任务,需要为一个客户印 10 万本中文小册子,他把这个活交给当地的一家印刷公司去做。当最后成书送来时,大家才注意到有一个汉字的两个笔画被漏掉了,这完全改变了文本的意思。没人想要浪费所有的利润去重印整套小册子,也没人有时间这样做,因为客户要求发货,而如果他发现了这个疏忽,肯定是会要求全部重印的。克劳建议,也许应该每 100 本里修改一本,手动描上漏掉的笔画,这样就不会有人发现印刷错误了,而印刷商的解决办法则是让员工把每一本小册子都打开进行修正。跟以往一样,书商手下勤奋的工人们认为这种走捷径的办法是典型的外国疯狂思维,并坚持所有 10 万本小册子都必须翻出来修改。

锻造人的熔炉

上海曾被蒋介石称作锻造人的熔炉。随着克劳的广告事业蒸蒸日上,他成了一位著名的商业成功人士。保险业巨头史带(C. V. Starr)后来形容克劳广告公司是一家"极其赚钱"[17]的企业。他有着很好的商业模式,很快就开始获得可观的利润,这使他成为一个较为富有的人。

克劳广告公司发展迅速。他很快就扩展到了宁波,并聘请了一名全职经理负责浙江地区的业务,而他自己则经常乘坐下午 5

> VI THE CHINA JOURNAL OF SCIENCE & ARTS
>
> ## MERCHANDISING IN CHINA
>
> We maintain the largest organization in the Far East devoted exclusively to advertising and can offer the foreign manufacturer a service covering all branches of advertising and merchandising in all parts of China. Our staff of artists, copy writers and experts in the various lines, both foreign and Chinese, are able to handle in the most efficient manner, every detail of an advertising campaign.
>
> NEWSPAPERS. The volume of advertising we place in Chinese newspapers is twice that placed by any other concern, enabling us to secure the best possible rates and the highest agency discounts. The cost including our service fee would be less than if you dealt direct with the newspapers.
>
> OUTDOOR ADVERTISING. We maintain the only standardized outdoor advertising plant in China and offer the only guaranteed and protected poster and painted bulletin service. The largest and most successful advertisers in China are using this service.
>
> PRINTING. We write or translate, illustrate and supervise the printing of all kinds of advertising material, posters, circulars, booklets, calendars, etc., which can be produced cheaper in China than other countries.
>
> Our experience in helping dozens of manufacturers and importers to solve the problem of advertising in China enables us to give clients the benefit of this experience which is the experience of the most successful advertisers in the country.
>
> If you will write us fully about your advertising problem in China we will be glad to send you a suggested program.
>
> ## CARL CROW, INC.
> Advertising & Merchandising Agents
>
> Cable: "ONAPRESS" Shanghai　　　6B-Kiangse Road
> Bentley and Private Codes　　　SHANGHAI, CHINA

卡尔向客户传达的信息是要在他们的中国广告中突出图画，但这一原则显然并没有贯彻在他给自己打的广告中。

点从上海出发的汽船,花 12 个小时沿海岸南下去见客户。按照克劳的说法,当时外国制造商在中国市场高歌猛进,即使在 1923 年上海暴发霍乱疫情,导致许多外国人一度送家人回国并撤离城市的时候,广告业务仍然保持繁荣。南京路沿线的房地产价格暴跌;随着企业破产,空置的商店遍布全城;俱乐部会员没钱续费,股市失控——但每个人仍然都需要做广告,克劳广告公司继续兴旺发达。

克劳创办了上海第一家大型广告公司,为外国客户提供服务。凭借偶尔的国外旅行,他也成为一些大型机构和企业的本地消息来源,智威汤逊之类的广告公司也雇克劳去调研其客户在中国的需求。这些客户大多是美国人,但克劳也会花时间去欧洲旅行,拜访伦敦、巴黎和柏林的广告机构。其他人很快意识到这是一门不错的生意,于是纷纷效仿。1927 年,一个叫美灵登(F. C. Millington)的英国人创办了一家面向英国客户的广告公司,与克劳专注于美国客户的方式类似。(不过,克劳也并没有专门针对美国人,他曾自豪于拥有一位来自卢森堡的客户,而且他的客户名单中也包括中国客户,还有几位日本客户——考虑到他公开的政治立场,这可能有点奇怪。)到了 1930 年代,克劳和美灵登的广告公司,以及中国人经营的两家广告公司——华商广告公司和联合广告公司——被称为"四巨头"。

克劳的公司通过他的海报张贴点、广告牌和报纸广告中的现代艺术作品获得了认可。然而,他可观收入的主要来源,是为外国客户在中英文报刊上投放广告这一相对简单的业务。当然,在上海，克劳与媒体的人脉关系几乎无人能及。他曾直接参与《大陆报》的高层工作，后来又深度参与了《大美晚报》的创办，并与英文领域的其他许多大出版商保持着密切联系。克劳的广告经常出现在他的朋友苏柯仁的《中国科学美术杂志》或J. B. 鲍威尔的《密勒氏评论报》上，这并不奇怪。事实上，鲍威尔是克劳广告公司的一个小股东。通过他的中美新闻社业务，密苏里新闻帮里的熟人，以及多年来跟中国记者同行结下的友谊，还有他为了帮助几家报纸躲避审查而担任的影子负责人角色，克劳在几家主要的中文报刊都有人脉关系。购买版面，投放广告，然后从客户和出版商两头赚取佣金（克劳更喜欢用"服务费"这一听起来更专业的术语），对克劳来说，都不过是打个电话或在城里某个俱乐部吃顿午饭的事。他为外国客户做的广告篇幅可能会很大，常常是整版的，而且由于中国报纸的广告收费很低，广告会反复刊登。克劳在1926年估计，当时中国的广告费率不到美国平均水平的四分之一。由于大多数中文报纸都有某个政党或单个政客（在某些情况下是军阀）资助，因此，从广告中获利对报纸老板来说并不是那么重要。

除了从老朋友和同事那里得到优惠的价格，克劳还可以通过批量购买，从其他媒体那里争取优惠价格。他的主要卖点是，克劳广告公司在报纸上刊登的广告数量是其他广告公司的两倍。他能够拿到最好的价格和最高的公司折扣——甚至在算上他的服务费的情况下——因为通过克劳广告公司发布广告比自己亲力亲为要便宜。克劳拿到的折扣可以大大降低广告预算的成本，因为公开的报价只是

八 四万万中国顾客，将广告牌引进中国　143

一个参照，往往需要通过讨价还价来确定最终的实际价格。不论发行量多少，一个城市的所有报纸公布的报价都是一样的。所以克劳在全国各地旅行时，地方报纸的老板们总是请他参加豪华宴会，感谢他给他们带来的大量生意，而且很愿意商讨批量折扣，这一点也不奇怪。

户外广告生意也很红火。克劳将他在中国新兴公路上为抵达受众而竖起的大大小小的广告牌当作报纸广告的延伸。由于当时的中国文盲率很高，比起报纸广告，图画的作用在户外广告牌和海报中尤为明显。随着他的小广告团队在长江流域全力展开工作，克劳的广告牌和海报业务迅速发展。

克劳熟悉报纸和广告业务，并从他的人脉和关系网中获利，但他在其他生意上的尝试并不总是那么成功。例如，他曾与一个美国年轻人在上海做过一次短暂的手表销售生意。克劳当时受一家美国手表制造商委托，负责管理其在中国的库存。一个年轻的美国人找到他，向克劳保证，他可以在不干扰他客户的市场的前提下卖掉这些手表。克劳很好奇，但那人不愿吐露更多。克劳以批发价卖给他两块表。半小时后，年轻人回来了，又买了三块，然后再回来，又买了五块，如此持续下去，直到五十块手表被买走售光。克劳大为惊叹，并希望继续扩大业务，但这名男子解释说，他将从这个生意抽身，前往香港。克劳想知道为什么，因为生意看起来很景气。这个年轻人不得不解释说，他在上海的每家当铺都以不错的价格典当了一块手表，所以现在他的新市场和客户群已经失效，达到了饱和。短暂的冒险事业结束了。

克劳另一个失败的业务尝试，是他同意在名义上持有一位中国朋友的煤炭分销公司。这位朋友担心当地军阀和他们贪婪的课税要求，觉得如果由外国人来经营生意会更安全。克劳的参与确实结束了军阀们的骚扰，但当公司的中国客户开始不停打电话给克劳抱怨收到的煤质量不好时，克劳又感到非常头疼。他觉得这个分销业务不适合自己，最后下决心退出了公司。他还经常炒外汇，尽管很少能成功——他承认自己押注于卢布贬值和英镑升值的努力并不是经常能赚到钱。最终，他明智地决定坚持做广告业务，偶尔自由撰稿，写作出书。

介绍四万万顾客

克劳在广告行业的所有冒险经历最终都被浓缩到一本书里，这本书使他成为世界上最成功的畅销书作家之一。《四万万顾客——一个美国人在中国的苦乐经历以及中国人教会他的东西》这本书广为人知，反复再版，做广告、搞营销以及外国企业在中国的命运是它的主题。最初的出版商，纽约的哈珀兄弟出版社，将它描述为"一本引人入胜又令人捧腹的书，它向成千上万的读者展示了一幅有关我们东方邻居的率直而犀利的画面"。尽管最终是在多灾多难的1937年出版，但书稿却是在之前风调雨顺的年代写就，讲述了一系列在中国的广告营销故事，其中大部分直接来自克劳广告公司的运营经历。

八　四万万中国顾客，将广告牌引进中国　　145

"他们按得克萨斯州的玩法学扑克。"

这本特别委托萨巴乔帮忙绘制插画的书迅速流传开来，并以多种语言和版本再版，后来还被美国陆军印制了袖珍版，供驻沪美国士兵阅读。书一经出版，就受到英美新闻界的普遍赞誉，是每月之书俱乐部推荐图书，也入选了《哈泼斯》杂志的"发现"书单。普利策奖得主卡尔·范多伦[18]在《波士顿先驱报》撰文称这本书是"适合几乎所有读者的人性盛宴"；作家和欧·亨利奖得主多萝西·坎菲尔德（Dorothy Canfield）在《每月之书俱乐部新闻》中说，这本书是"迄今为止对中国人的生活最令人信服而又生动的描述之一"；《泰晤士报》则评价道："对那些想在中国做生意的人来说，没人可以完全无视它。"此外，《新闻周刊》说这本书讲述了"……一个诙谐而富有人情味的故事，表现了中国人的古怪和执拗"。

在《四万万顾客》一书中，克劳的笔触风趣翔实。他之所以致力于广告业务,也是由于这使他有时间去研究普通的中国男女:他们作为一个消费者、一个顾客和一个个体,在一个不断被日益丰富的商品和服务所诱惑的新社会如何做出抉择;同时他也看到了外国公司对中国抱有的错误认知。这本书获得了相当的知名度,意味着克劳直到去世都将源源不断地收到粉丝来信。美国的一位电台主持人认为,这本书对前往中国的游客来说是必读书,任何去上海的人都应该去拜访卡尔·克劳。有段时间,甚至在每一艘来自美国的客轮抵达时,他都会害怕,因为坐船来的热心读者和游客会跑到他办公室门口,要求他像国内电台承诺的那样带着他们参观这座城市。

这本书的风行既归功于克劳的写作风格和才思,也得益于他的观点:在难以把握的中国市场推销东西远比大多数人想象的要难。连他自己也承认,在1918年他曾经愚蠢地赞同过一位早期客户的说法:只要够便宜,中国人什么都愿意买。之后20年的广告行业经历使他不再抱有这种想法,他开始研究为什么中国这个看似无限的市场对如此多的外国企业来说更像是赔钱的无底洞,而不是金矿。他的结论粉碎了许多关于中国的幻想——"不管卖的是什么,只有潜在的中国顾客愿意出手,在中国的生意才能做大。"[19]

克劳还与《纽约邮报》的老同事萨克雷一起,花了一些时间将《四万万顾客》改编成电影剧本,由他的经纪人南希·帕克(Nancy Parker)提交给几家电影公司,但没有成功。克劳显然是希望好莱坞能把这本书拍成电影。毕竟美国上一本关于中国的畅销书,艾丽斯·提斯代尔-霍巴特的《中国灯之油》[20]——另一本以商业为导向的书,以小说的形式讲述了标准石油公司的雄心壮志——就在1935年被改编成同名电影，并获得了一些成功。

当然，几乎不可避免的是，克劳告诉别人的东西，他自己也并不总是相信。在过去的20年里，克劳广告公司在中国进行了一些最具原创性和新奇的产品推广活动，并出版了上海一些最现代、最具开创性的广告艺术作品。克劳从来不认为这些广告会带来多大的影响，中国人对广告基本上仍然是不信任的态度。

广告业非常适合克劳，让他可以发展自己的双重兴趣：研究中国和中国人。到目前为止，克劳已经是一位真正的中国通，但仍是一个不得志的业余人类学家和社会学家。然而，在他继续与上海一起繁荣发展的同时，政治阴谋和军阀统治仍然在中国广阔的内陆地区肆虐。克劳无法在风云变幻的中国独善其身、在公共租界里与世隔绝，他不知不觉地卷入到了当时的冲突之中。

九　与军阀交好

极为残忍的本性

　　克劳在中国期间遇到过不少军阀，有些是他喜欢的，有些在他看来则是彻头彻尾的强盗。他无法完全避开他们，自从来到上海，他就以记者和广告代理人的身份在跟他们打交道。克劳在中国的年代大致与军阀割据时期（1916—1939）重合，这一时期，各路军阀贪婪地填补袁世凯死后留下的权力真空。

　　在1924年的江浙战争中，克劳驱车前往上海郊区观看两路军阀打仗。1925年1月，他目睹了一群白俄雇佣兵和弗兰克·萨顿（Frank Sutton）抵达上海北站。萨顿是伊顿公学毕业生、只有一条胳膊的前英国陆军军官，后来成了军火走私贩子。他们都是满洲军阀张作霖领导的服饰讲究、胡须浓密、装备精良的奉军成员，张当时占据的领地有整个西欧那么大。[1]张设计的军服上的流苏和饰带比大多数欧洲将军的还要多;而萨顿,一位军备专家,最终做到张的私人顾问的位置。克劳在访问沈阳时见过"独臂萨顿"几次,他待在他的老板张作霖身边,后者被中国人叫作"红胡子土匪"(北方对战士的传统称呼,小个子张作霖并没有大胡子),外国人叫他"满洲虎",后来又叫"大帅"。

大多数外国人,包括克劳,都倾向于把军阀看作中国旧社会的一部分,并根据具体情况判断他们是友好还是敌对。然而,他注意到,在他的广告业务经历中,他从未遇到过一个不能与之理智地讨价还价的军阀,就算他们总是为自己领地上的广告牌开出过高的价码,生意通常都还是不知不觉做成了。克劳认为,军阀收取的费用是相当公道的,而且,在经过谈判以后,他支付的金额从来没有超过最初报价的十分之一。[2]

他还与控制过中国上海的各路军阀做过生意,其中包括原袁世凯部队的将军卢永祥,他把持过上海几年,并建立了暴利的鸦片批发生意。克劳还见过东部军阀孙传芳以及"基督将军"冯玉祥[3]。孙控制着长江下游的大部分地区,并一度控制过上海的华界。冯则购买过500本克劳在公共信息委员会供职时印制的威尔逊演讲集,尽管之前他曾在布尔什维克元老卡尔·拉狄克(Karl Radek)[4]的课堂上学习过革命技巧。

两次世界大战之间的众多军阀从许多意义上来说是一个矛盾的存在。他们大多数都是激烈的反共分子;几乎所有人都认为自己是爱国者;后来一些人还与日本人进行了艰苦的斗争,通常是通过把自己的军队并入国民党军队的方式。多数大军阀[5]都有过清朝军队背景和受训经历，有一部分曾在欧洲或日本的军事学院学习过，而另外一些则是地方上的土匪，他们的优势在于对本地地形的了解无人能及。还有的军阀有学术背景，是儒家学者，如人称"哲人将军"的吴佩孚，早年曾通过中国科举考试。军阀时期有大批军队合合分分：有实力的领导人和军队改变立场，态势也随之转变。还有一些人在农忙之后的闲暇时期兼职当雇佣兵，他们一般都是年轻人，把加入军阀部队看作抢劫和填饱肚子的捷径。

在20世纪二三十年代，全国各地的土匪激增。十年后，英国记者彼得·弗莱明游历了中国北方，在那里他发现了四种不同的土匪集团：

（一）为推动某一目标而组织起来的伪爱国政治力量；（二）狂热的宗教团体，如"红枪会"；（三）通过向控制地区征税并辅以少量的劫掠来维系的旧式土匪；（四）因贫困、走投无路而落草的人，大部分是农民。[6]

现实中的战争有许多是相当混乱的，比如克劳在上海附近目睹的冲突，但屠杀和极端暴行、酷刑、强奸和劫掠都很常见。砍头是军阀们最喜欢的处决方式，砍下来的头颅会被公开展示，这种景象克劳在中国各地旅行时看到过很多次。正如大卫·博纳维亚在他对这一时期的研究中所指出的那样，如果说军阀们有什么明显特征的话，那很可能就是他们有"一种极为残忍的本性"[7]。

做了军阀的大哥

在克劳遇到的所有军阀中，他真正建立过友谊的是 25 岁的"总司令"孙美瑶[8]。用克劳自己的话说，孙是"一个真正的割喉强盗，是那种在小说中甚至是好莱坞剧本里才有的人物"[9]。克劳和孙的友谊发展到了这样的程度：克劳送给他几箱香烟，而这位军阀则送给克劳好几瓶白兰地，不过克劳清楚，香烟是他花钱买的，而白兰地无疑是土匪打家劫舍的赃物。最后，孙称呼克劳为"大哥"——这确实是一种罕见的待遇。

克劳和强盗军阀成为好朋友的故事是当时上海的一大新闻。孙是 1930 年代中国最出名、最臭名昭著的土匪之一，甚至上过伦敦和纽约等地报纸的头版。克劳对他"割喉强盗"的描述并不能完全概括以下事实：孙会讲英文，他的人质认为他很有耐心，他的属下也说他有善心，是个不错的领导者——J. B. 鲍威尔称他是一个"年轻小伙……出身于旧时望族"[10]。他还曾在亲日军阀张敬尧的军队里接受过军事训练，张在 1920 年短暂控制过北京。

然而，在这段几十年的历史里，孙美瑶的名气在很大程度上被张作霖盖过了。张与国民政府结盟后，他的火车在 1928 年被日军炸毁，他本人也在这次暗杀事件中身亡。克劳不得不承认，孙很快就消失在历史的记忆里："然而，他不是一个特别成功的土匪，因为他年轻,野心脱离实际;但是,如果他在壮年之前没有被砍头,在他积累了更多经验之后,他可能会走得更远。"[11]

事实上,孙的故事在中国许多土匪中是相当典型的。他出身于一个富裕人家,这个家庭的进步政治思想不小心惹恼了一位县令。他的父亲在一次走过场式的审判中被安上莫须有的罪名,最后掉了脑袋。然后,县令让孙家所在的山东省的每一个警局都展示行刑的照片,孙机敏地意识到,这个如此不遗余力地想要摧毁自己家族的人,下一个就会找上他。于是,他明智地和其他几个身处险境的亲戚一起落草为寇,向县令寻仇。正如克劳所言:"中国人在几个世纪前就认识到,奸腐官僚是不可能被改造的,唯一可行的办法就是杀掉他们。"[12]至少这就是克劳所相信的孙的生平解读。另一种不那么浪漫的说法是,在无所事事、嗜赌成性的子弟们挥霍了家族财富后,孙家家道中落,孙家人因此沦落成了盐贩子和土匪。

不管哪种说法是真的,孙很快就有了700多名追随者,因为经过1920年和1921年的黄河泛滥,许多农民失去生计,孙的队伍得到扩充。孙最初用突袭和抢劫所得换来大量武器。然而,因为孙主要是突袭警察局或伏击在乡下巡逻的武装警察分队,所以当地百姓并不是特别在意。随着他们的战利品越来越多,许多不满的士兵受够了微薄的收入和少得可怜的口粮,加入了孙。贫穷的农民平时在田里劳作,收割完庄稼以后,他们会消失一小段时间,参加盗匪活动,等到农忙时又回到自己的地里干活。孙转而袭击富有地主,成为许多农民眼中的罗宾汉;他还将自己的团伙命名为"山东人民解放协会",打造了自己积极投身于财富再分配的神话。[13]一直以来,他都在试图暗杀原来处死他父亲的那个腐败县令,但是这个人有一群忠心的保镖,使得暗杀很难实现。随着时间推移,更多的土匪加入了孙的"事业",山东人民解放协会以一种松散的管理形式发展壮大。

最终,解放协会在抱犊崮的山坡上建立了一个半永久的营寨,从山下几乎是攻不破的。孙继续劫掠和绑架,名声越来越大,他甚至都不需要下山,当地的商人和富有地主就会主动给他纳贡、献礼金,作为免于土匪骚扰的保护费。县令和他的部队很少进入孙的领地。势力稳固的孙和戒备森严的县令之间形成了对峙。

这种局面有可能会无限期延续下去,对双方都有好处——如果孙没有决定在1923年5月6日袭击附近的津浦铁路,强制那列新的豪华火车脱轨的话。这列往返于上海—北京的"蓝钢皮"是当时亚洲第一列全钢材质的火车。当天凌晨,孙和他的1 000多名追随者在靠近江苏和山东交界的临城抢劫了火车,绑架了所有乘客,制造了被称为"临城暴行"的危机事件。他的人质包括300名中国人,更重要的是,还有25名外国人(外国人通常能换到更多赎金)。火车被洗劫一空,所有值钱的东西都被抢走了,强盗们甚至连车上的床垫和灯泡都没落下。

其中一名短期人质是一战老兵、《大陆报》记者劳尔德·莱尔巴什(Lloyd Lehrbas)[14],他设法逃了出来,随即着手报道这一事件。一名军阀突然从"蓝钢皮"上绑架了外国人,并要求赎金,这一消息让极度容易受刺激的上海外国人群体紧张不已,他们当中有

卡尔·克劳在临城事件期间登上红十字会救济会的火车。

许多人联想到了义和团式的报复和杀戮的回归。对于隔绝在公共租界的外国侨民来说，中国军阀恐吓和绑架中国公民是一回事，而恐吓和绑架西方人则是性质截然不同的另一回事。被绑架的人可能相对安全，因为死掉的人质毫无价值，但战俘被军阀大规模屠杀的事情也不是没有发生过。土匪成分混杂。这帮人中有贫穷的农民和来自"森林大学"[15]的失业青年；核心成员是在俄罗斯、朝鲜和中国上过战场的士兵，他们被中国军队除名后，对自己地位的丧失愤愤不平；还有一部分人参加过英法两国在一战期间招募的14万人的"中国劳工队"，他们曾经在欧洲战场上清理死者，负责战壕的后勤。不用说，这些人目睹过可以想象到的最为恶劣的暴行。他们在战场上经历过残酷磨炼，一旦失去了作用，就被扔上几块铜板打发回家。

就新闻价值而言，绑架中国人或外国人本身在当时并不一定具有轰动性。克劳说，绑架"在中国是一种有组织的活动，通常都能获得成功"[16]，不过它仍然是令人担心的事情。克劳知道，在两次世界大战之间，像他那种经常在中国内地旅行的人，无论采取什么预防措施，都会有被绑架的风险。令人稍感安慰的是，外国人质受到严重虐待的情况相对较少，克劳更担心人质遭遇食物匮乏和恶劣天气，而不是暴力对待。

他认识一些害怕被绑架的人，知道他们的担忧。他的许多中国朋友住在简陋房子里，只买二手车，以免成为绑匪的目标。克劳有一位富裕的中国朋友是上海一家银行的经理，帮他处理过一些金融业务。绑匪多次试图抓捕这个人，但都没有成功。这个人的问题是他打破了中国传统的不露富的行为处事原则。在那个时候，出于对绑架的恐惧，大多数上海富人都不会把自己放在电话名录上，他们乘坐防弹汽车出行，通常会雇用全副武装的白俄来保护他们。这种形式的保护非常严密，导致绑架者不得不寻找次一级的目标，对那些确实有钱，但有钱的程度还不至于雇一支私人武装力量的人下手。克劳的这位银行经理朋友就属于这一类人，后来他不得不改头换面，以穷人的形象示人。

这个被朋友们称为"胖子"的男人编造了一个故事，说他自己在股票市场遭灾，还因为打麻将欠了债。他辞去了银行的工作，穿起了破旧衣服，以强化自己穷困潦倒的形象，从而大大降低自己成为绑匪目标的概率。克劳在自己有关系的一家报社给"胖子"找了一份工作，这家报社利润微薄是出了名的，他认为这样可以进一步增强他不过是一个"悲惨的低薪奴隶"的形象。"胖子"被低薪聘用，工作是广告销售。整个计划进行得很顺利；"胖子"很喜欢这个职位，而且工作卖力，成功地把很多广告位卖给了他以前的客户。克劳开始觉得应该给他加薪，但"胖子"断然拒绝，尽管他卖出了更多的广告位。一直以来，"胖子"都会为报社员工举行低调而精美的宴会，甚至还送给克劳的妻子一块玉，据克劳估计，这块玉的价值相当于这个人好几个月的公开工资。最后，绑架者上了"胖子"的当，放过了他，使他能够在自己家的卧榻之上平静终老。

绑架问题也并没有就此消失。后来，克劳介入过当地一桩引人注目的案件，当事人是冯翊祥（音），他是一家餐饮公司的老板，上海花旗总会是他的主要客户之一。1929年5月，他在总会后面的一条小巷里遭到绑架，他本来在那里过着低调的生活。警方没能持续追查此案，《大美晚报》、J. B. 鲍威尔的《密勒氏评论报》和身为上海花旗总会副会长的克劳都对此提出了尖锐批评。涉事警察遭到谴责，而冯就被藏在公共租界外面一条小河的船上，最终获救。[17]

与土匪谈判

美国红十字会派上海商人卡尔·克劳去跟军阀交涉，乍一看似乎是一个奇怪的决定。然而，战后克劳一直在帮助红十字会筹款。此前，他曾从一些上海富商那里争取到大笔捐款，其中包括出生于巴格达的巨富、犹太房地产开发商哈同（Silas Hardoon），还曾通过募捐为布尔什维克革命后上海的白俄难民开办救济厨房。此外，绑架涉及外国人这一点使情况更加复杂，西方人在历史上也经常充当绑架和军阀争端的调解人。例如，前英国驻成都总领事梅里克·休利特爵士（Sir Meyrick Hewlett）过去曾设法调解云南和贵州的两支军队在四川的冲突。像休利特和克劳这样的中国通被认为是不错的潜在使者和调解员。

克劳应该已经知道山东是军阀的主要滋生地。长久以来，山东人以思想独立、体格强壮而闻名，一直是军队和警察争相招募的对象。中国最著名的经典绿林故事《水浒传》就是以山东为背景，可以看出山东百姓的硬汉形象历史悠久。事实上，孙的手下有时对人质很残忍，特别是对中国人，有几名人质被杀，其他人则被饿死或冻死。他们还殴打了几名西方人质，有一次 J. B. 鲍威尔不得不用拳头保护自己。人质们最紧张的时刻莫过于在土匪们洗劫"蓝钢皮"的当口，持有英国护照的罗马尼亚人约瑟夫·罗斯曼拒绝交出自己的贵重物品，还用茶壶砸了一个土匪的头，当场被枪打死。

孙的藏身之处位于圆锥形的抱犊崮山顶[18]，在那里，他最终决定搜刮完贵重物品之后放走所有的妇女和儿童，给这起事件的热度稍微降了降温。然而，当人们发现其中一名女人质不是别人，正是露西·奥尔德里奇（Lucy Aldrich）的时候，事件再一次成为新闻焦点。露西是小约翰·洛克菲勒的妻姐、美国罗得岛州前州长纳尔逊·奥尔德里奇（Nelson Aldrich）的女儿，当时跟她同行的是麦克费登小姐还有她的法国女仆勋伯格。剩下的人质中有各个国籍的人，包括美国人、英国人、法国人、意大利人和墨西哥人。

许多人质在上海都很有名，其中一个就是 J. B. 鲍威尔，他是克劳的老相识，也是他的老朋友。在鲍威尔的主编之下，《密勒氏评论报》因其亲华立场，还有对上海一些外国要人的直言批评，迅速成为许多有民族主义倾向的中国人和反殖民的外国人的热门读物。

鲍威尔当时是要去见美国驻华公使舒尔曼博士（Dr. Jacob Gould Schurman）。跟鲍威尔一起沦为人质的还有：朱塞佩·穆索，一位敦实、有钱又有名气的意大利律师，穿着他的罗马睡衣度过了整场危机，陪伴着他的是秘书皮瑞丽小姐；李·所罗门，一位留着胡子的麻将制造商，几乎无时无刻不在抽烟；英国商人瑞金纳尔·罗拉特；美国陆军少校罗兰德·平格，他和妻子一起旅行，似乎在整场人质事件中都没有脱掉过他的马甲背心。人质里还有跟鲍威尔同一车厢的旅伴、聪明潇洒的法国人马塞尔·贝鲁比，他是西部前线的退伍军人，曾为中国的盐业垄断商和民国海关工作，是人质里面唯一觉得被押往抱犊崮的跋涉只不过是一场过头的体育锻炼的人。此外还有：英美烟草公司的 M. C. 雅克布森；法国人埃米尔·根斯伯格和他的两个英国表亲弗雷德和埃迪·伊利亚斯，以及他们的朋友西奥·萨菲尔；美国驻马尼拉陆军医疗队少校罗伯特·艾伦，当时他跟家人在一起休假；身材魁梧的里昂·弗里德曼是上海最知名的汽车经销商之一，他全程被迫穿着比他的尺寸小好几码的衣服；留胡子的、坚定沉着的英国人威廉·史密斯，人称"六十多岁的曼彻斯特人"，他一直穿着被绑架时穿的蓝色睡衣，在这场磨难中一直给大家加油打气，发挥了宝贵作用；穿着极为考究时髦的墨西哥实业家和出版商、来自瓜达拉哈拉的曼努埃尔·维瑞阿（之前在墨西哥他就已遭遇过两次绑架）和他的新婚妻子，两人当时正在进行为期一年的环球蜜月旅行，拒绝被土匪分开。

此外，人质中还有几位知名的中国人，包括洪思济（音）博士；剑桥大学毕业的程驰（音）教授和他的儿子查尔斯·程；南京师范学院职工K. P. 辜，陪同鲍威尔旅行的《申报》周日版主编康同一（音）；还有一个列车员，大虎。

土匪们在抱犊崮的藏身地很偏远，被俘的人质走了十天路才抵达。鲍威尔记述道："从火车被押解到山寨的征途对一个美国电影导演来说可能价值百万。大多数男性乘客对这件事幽默以待，期待在对火车的翻查结束后，被带到一个不算太远的地方去。我们知道，这种期待落空了。"[19]像火山一样圆锥形的抱犊崮——人质平格少校将它比作旧金山湾的塔玛尔派斯（Tamalpais）——并不是一个特别宜居的地方。那里缺乏食物和补给，也没有药品或衣服；他们的临时住所是在一座破旧的寺庙里，那里跳蚤肆虐；很快，痢疾和疟疾就成了人质们面临的主要问题。然而，鲍威尔和他的人质同伴罗拉特都花时间报道了这一令人震惊的局面。人质们很快陷入饥饿，因为他们的食物很少，除了鲍威尔设法从一个土匪那里讨来的一些沙丁鱼罐头，就是狗肉，还有一盘去了刺的蝎子。谈判开始前的第一要务是给人质送去食物和补给——这就是克劳从美国红十字会和上海商会接到的工作任务。[20]

克劳的任务是前往山东，尽可能着手为外国人质的释放做调解，并向山上运送药品、食物和换洗衣物等物资。上海有传言说人质们在经历了押往抱犊崮的长途跋涉后情况很糟。克劳在离开上海前，也被要求负责照料和争取释放所有的中国人质。这是一个漫长的过程，他和其他众多谈判人员花了六周时间才最终与孙达成协议。

克劳之前去过几次山东。1921年，他和一位来自纽约的客户在前往北京时途经那里。当时，该地区正在开展一场试图全面肃清土匪的大型围剿行动。他还记得火车经过山东时他正在吃早餐，火车缓缓移动，从21颗被砍下来挂在杆子上的土匪头颅前经过，这一幕从车上看过去一目了然，为的是劝诫人们不要从事土匪活动。克劳当时很震惊，但震惊的程度远不及他那位突然没了胃口的纽约客户。

克劳前往山东南部大运河边上的枣庄，那是京沪铁路上距离抱犊崮最近的城镇，大约20英里。在他北上之时，克劳承认他"……满怀着一种幼稚的冒险情绪；因为我根本不知道该如何与一群被绑架并等待赎金释放的人取得联系，而绑架他们的显然是一伙势力强大、组织严密的土匪"[21]。他带着第一批物资抵达，里面有食物、信件和人质家属准备的包裹。枣庄本身并不那么宜人；这是一个小镇，特产是樱桃、石榴、枣树和羊肉汤，这种汤取材于一两岁的小公羊，以一种独特方式宰杀，加入几种调味料烹煮而成。在接下来的几个星期里，克劳将一再吃到这种食物。枣庄的扩张得益于中德中兴煤矿的设立。该煤矿重兵设防，配备了整夜工作的大功率探照灯和机枪岗哨，以防止有人突然袭击煤矿。在这个离抱犊崮

卡尔·克劳在山东为人质准备物资。

约八英里的带围墙的煤矿上，克劳就寄身在几节废弃的火车卧铺车厢里，他尽量让自己过得舒服一些。

事实证明，一旦克劳意识到他可以绕过中国政府试图建立的官方渠道，把物资送上山其实相当容易。实际上，他一到枣庄，一些当地人就主动提出可以帮他把物资送到抱犊崮交给人质。克劳碰了碰运气，把物资交给一个当地人送了上去，因为他担心鲍威尔和其他人可能正在山上受苦。北方军阀部队里中低层新兵的日常饮食只是一些面饼和蔬菜，肉和鱼只有偶尔才能吃到。幸运的是，时值暖春时节，人质们不会太冷。克劳把所有最初的补给，主要是罐头食品，都寄给了鲍威尔，并要这位老同事寄回一张收条。当第一批补给抵达后，鲍威尔形容当晚在抱犊崮的饱餐是"一场永远不会被忘记的盛宴"[22]。

尽管克劳雇的脚夫看上去有点"无赖样",但第二天凌晨三点时他就被叫醒,鲍威尔写的收条送到了,上面写着所有东西都已经安全送达,完好无损。这第一批补给开启了往山上一天一趟的快递服务,鲍威尔每天寄回人质们收到的物品收据,这里面包括面包、饼干、罐装牛奶、沙丁鱼、牛肉、水、葡萄干、奶酪、蜡烛、绷带、雪茄和香烟,还有报纸、杂志和卷筒卫生纸。就克劳送去的物资来看,他的出手不可谓不大方。维瑞阿夫人拒绝与丈夫分开,就没有和其他获释妇女一起回去,她尤其感激克劳送去那些最新的时尚杂志,让她知道自己错过了什么。为了防止土匪打劫给人质的物资,克劳也开始运送大米给孙和他的手下。后来,一名人质回忆当时的磨难,说当克劳的补给列车抵达时,犹如天降甘露,振奋了所有人的精神。

最终这种物资运输变得如此频繁,以至于在 1923 年五六月间,抱犊崮和枣庄之间形成了一种名叫"土匪邮政"的特殊邮递业务,专为人质服务。克劳请当地一个印刷商用木头模具印制了一套特殊邮票,即后来有名的"土匪邮票",借以让这种货运常态化,也让孙觉得更有面子,同时也方便红十字会在上海的会计们记下邮费花销。[23] 这种特制邮票大约印制了 500 枚,一部分被寄给人质,供他们在给克劳寄信时使用。其余的则保留在克劳的基地,以便在给人质转发信件时使用。这些邮票还一度得到中国官方邮局的认可。在人质寄给远方亲友的信件上,中国邮票和克劳个人设计的邮票并列使用,私人信件再通过外交邮袋转发。私人设计和发行的邮票得到官方认可,这在中国邮政服务史上是唯一一次。每封信邮费 2 角 5

分，涵盖上山和下山往返 40 英里的费用。克劳给邮递员取了个绰号，叫"疤脸"，因为他脸上有块明显的伤疤。每天晚上 9 点，这位邮差从枣庄出发，第二天中午左右到达土匪山寨，然后带着新的邮件回来。然而，整个业务的持续进行终究全靠绑匪网开一面。克劳认为最好的办法是主动接触，设法与土匪头子见面。

土匪白兰地、一日议员和被出卖

克劳写了一封私人信件给孙，并附上了一份美国驻上海总领事阿乐满的来信，用的是美国领事馆的函头纸。这引起上海总领事的担忧，因为他不希望被人看作是在正式承认土匪的地位，并在与他们谈判。[24]

随后的情况是，孙对美国总领事的来信丝毫不感兴趣，但他确实想见见克劳，他觉得克劳是一个真正的人道主义者，一位绅士。克劳的第一封信得到了回复：一张善意的便条还有两瓶"非常好"的白兰地。孙以为克劳是自掏腰包购买那些物资的，他对克劳表达了惋惜之情，认为其他富人都没有动力能够如此慷慨，并在腐败官员问题上引用了孔子的名言。孙还告诉克劳，让他继续运送物资，并把物资清单翻译成中文，他会让信任的副官逐一清点，以确保脚夫诚实可靠。

克劳估计，最终总共有价值数千元的物资被运上山，其中包括药品、碘酒、思特诺（Sterno）罐装燃料和毛毯，这些东西对孙的手下可能大有用处。前前后后遗失的东西只是一条毛巾和一盏提灯（克劳承认也有可能是他自己把毛巾的数量数错了），不过他认为这可能要归功于孙的铁血政策，因为孙亲自保证了物资递送的安全，任何人如被发现手脚不干净都会被砍头。遗失的提灯激怒了孙，他对克劳连连道歉，还送给他半打手表以表歉意——这些表正是从蓝钢皮火车乘客那里洗劫来的。克劳决定接受这些被抢来的礼物，以示诚意。他发现有些表发条上过了头，坏了，就安排人拿去修好。然后他把这些表又送回山上，随附一张50元的修理费账单。孙随后把50元装在一个密封的信封里寄了回来，他还给了送信人2元小费，要求他把钱足额送到。

孙现在开始在他们的日常通信中把克劳称为他的兄长——"大哥"。然而，一些外国外交官开始抱怨说，克劳应该设法将那些手表还给它们原来的主人，一位外国总领事甚至称克劳为"共犯"。克劳的理由是，他这样做是为了赢得孙的信任，而如果把手表转交给原主人的话，孤立的孙会以为克劳把手表据为己有了——这样就很难建立起信任。在领事们争论着要美国代表谴责克劳的同时，他催促修表的人赶快把表修好，在外交官们达成共识前送回山上去。

克劳还接待了孙的两个儿子来枣庄谈判，并请他们吃饭。饭桌上两人的手枪触手可及，他们还吹嘘了自己的土匪业绩。其中一个才14岁，当他试图偷走克劳的相机时，克劳威胁说要把他的犯罪意图告诉他的父亲，他立刻吓坏了。克劳还和当地警察部队建立了良好关系，他送给警察局长一瓶"番茄酱"，局长把番茄酱倒进一个空盘子里，然后马上吃了下去，表现出很享受的样子。

在那个时候，外国人质已经被囚禁了几个星期。克劳认为他的老朋友鲍威尔一定待烦了，于是问孙是否可以和鲍威尔会面，讨论物资的运送问题。第二天，像流浪汉一样的鲍威尔被人用一匹瘦骨嶙峋的山东骡子送下山，克劳立刻带他去洗澡、理发，还有吃晚饭。这是一个超现实的场景，一起坐在被洗劫的"蓝钢皮"餐车上享用晚餐的有鲍威尔和克劳，还有中国政府聘请的谈判员和中国通——美国人孙明甫，一位名叫罗伊·贝内特（Roy Bennett）的客人也不请自来（他是密苏里大学新闻学院的毕业生，当时碰巧途经上海前往菲律宾为《马尼拉公报》工作）。贝内特听说了鲍威尔被绑架的消息，在鲍威尔被迫离岗期间暂时接管过《密勒氏评论报》的编辑工作。第二天，克劳把鲍威尔送了回去。

他还安排了上海的医生保罗·默顿斯（Paul Mertons）去治疗病重的意大利人质、身材魁梧的"准将"朱塞佩·穆索。穆索是一个有钱的意大利律师，独立从业（没有人知道他的财富到底是怎样积累起来的，不过他确实多年担任上海鸦片委员会代表，还跟墨索里尼走得很近），有个装点门面的军衔，被土匪认为是最有价值的外国人质。准将在被押往抱犊崮的途中绊倒，脊椎受伤，但军阀的营地里几乎没有医疗物资和专门的医护人员。克劳也安排了几个人开始就人质的最终释放与孙直接谈判：中国政府的官方中间人孙明甫，美国驻南京领事约翰·戴维斯（John K. Davis），以及美国驻华公使舒尔曼，克劳早期开展的红十字会救援工作就是由他批准的。

舒尔曼曾是一名哲学教授，也是《哲学评论》的创刊人。他在担任康奈尔大学校长28年后，于1920年离任。之前他还曾受麦金莱总统任命，在1899年担任第一届菲律宾委员会主席。他还曾出任美国驻希腊公使，并于1921年任驻华公使。虽然据描述，舒尔曼真诚关心中国的国家利益，渴望改善其人民生活，克劳却说他讲起话来总是"……教室里那种好为人师的腔调……长篇大论"，并且总是担心他的演讲"……内容会很无聊，而这种担心通常在他演讲刚开始五分钟就得到了证实"。克劳还会参加北京公使馆员工们搞的"舒尔曼演讲赌注"，每个人都下注一元，赌这位尊敬的公使能讲多久。克劳非常擅长预测舒尔曼的演讲，有一次差点赢得头奖，误差不过一分钟。尽管如此，克劳相信舒尔曼对欧洲列强没有充分承认中国的民族主义和主权的失望是发自内心的，是真诚的。在整个谈判过程中，舒尔曼自己几乎是驻扎在山东，他一再敦促中国政府确保人质的安全。

传说中镇定自若的中国通孙明甫也是美国人，是克劳的老相识。他们最初是在1911年认识的，当时孙明甫在标准石油公司工作，克劳说他是"我所知道的最有趣的人物"[25]。他曾是一名驻上海的记者，以布鲁斯·巴克斯特（Bruce Baxter）的笔名为《字林西报》工作过一段时间，也是鲍威尔的老朋友。孙明甫接管人质谈判工作对克劳来说是一种解脱，因为克劳相信孙明甫更有经验，会比他自己做得更好。协助孙明甫的是来自南京的中方外交交涉员温世珍。

孙明甫在当时是一个神秘而又知名的人物，可以说是所有中国通里面最博学、最热诚的一个。他出生在中国，父亲是东吴大学

（苏州大学的前身）的创始人；虽然他在美国接受教育，并娶了一个美国太太，但自从1902年回中国后，他的一生都在中国度过。据《字林西报》记者索克思（George Sokolsky）为他撰写的讣告，他会说八种中国方言，而克劳称他"……在心里永远是一个中国人，像中国人一样思考"[26]。克劳说他倾向于说中文，身材高大魁梧，胡子修剪整齐，总是穿着卡其色衣服，戴一顶褐色衬皮遮阳帽，脚上穿着马靴。他是中国民族主义事业的早期皈依者，曾在民国军队服役。他还偶尔担任外国企业的顾问和委托中介，包括标准石油和几家希望在云南拿到合同的矿业公司。

在一战结束之际，克劳在芮恩施领导下的公共信息委员会工作时就跟孙明甫打过交道。作为助手，孙明甫被称为芮恩施的"左膀右臂"。几年之前，克劳和孙明甫不得不陪同一个来访的美国国会议员代表团，一起忍受了几个星期的时间。这个代表团表面上是带着调查真相的任务来到中国的。但很快他们便发现，因为美国在1919年通过了禁酒令，这个代表团来华就是为了享受在美国被禁止的东西——酒。克劳和孙明甫无奈地陪着越来越上头的代表团走遍中国，甚至还跟他们乘坐"蓝钢皮"去了北京。中国政府希望给来访的美国政客们留下好印象，并暂时将治外法权延伸到这些达官贵人乘坐的火车上——这意味着火车上的美国人将受到美国法律的管辖。这虽然是一个善意的姿态，却遭到了国会议员们的反对，他们意识到美国的法律禁令也将在火车上执行；由于担心失去工作，列车卫兵们也不愿为他们中的任何一人提供酒水，于是关闭了火车上的酒吧。

克劳和孙明甫觉得这是能够找补回来的好办法,因为他们已经忍受代表团好几天了。当代表们在他们的私人包厢里安然入睡后,克劳、孙明甫和一位英国乘客喝掉了几瓶香槟。午夜前后,火车在一个小镇停了下来,当地所有的大人物都出来看望来访的美国人。为了不让当地官员失望,刚刚喝掉几瓶酒的孙明甫立即任命克劳为国会议员,自己则担任他的秘书和翻译。之后他还发表了演讲——"他(孙明甫)那三百磅重的大块头,高高地耸立在火车站台上,他那洪亮的声音,在平原上回荡。"[27]孙明甫说着当地的方言,并声称他和克劳是代表团在南京会饮后到目前还清醒着的两名代表。然后他就影响中国的问题作了长谈。克劳推测,孙明甫的中国观原本就极有见地,当地人听到一位美国国会议员如此博学的讲话,可能会感到意外。之后,他们回到火车上,坐回餐车,继续喝香槟。

不过,这一经历不完美的地方在于,他们那位为铁路公司工作的英国酒友提前向下一个站点打了电报,解释了火车上酒水变少的混乱局面。结果,当孙明甫、克劳和议员们早上7点走进餐车,准备跟一些地方要人共进早餐时,餐桌上早已堆满了苏格兰威士忌、波旁威士忌和杜松子酒,这些酒都必须乖乖喝完。根据定好的行程,早餐之后他们还要攀登可怕的泰山,而山顶上还有更多的酒在等着他们。对克劳和孙明甫来说,这是艰难而宿醉的一天。[28]

事实证明,尽管最初提出过一些天价要求,但孙实际上只是向中国政府索要10万大洋,作为释放人质的条件。每个参与谈判的人,包括代表政府方面的法租界黑警头子和帮会大佬黄金荣,都一致认为孙在谈判之后已恢复理智,这个报价是公道的,并且也承认，这位掌握了一支超700人的私人军队的军阀显然也有日常的开销。资金问题是所有军阀面临的主要问题，他们必须为自己的手下提供食物、武器和饷银，否则就会眼睁睁地看着他们连夜逃跑。士兵因欠饷而叛变并不是什么新鲜事儿。然而，孙还要求将原来那位杀害他父亲的腐败县令解职，很多土匪部下也希望重新被政府军收编。孙明甫用孙的方言跟他谈判，作为中国政府的官方代表，他对双方达成的协议也很满意。尽管如此，让那名地方官解职显然更加棘手，但最终克劳和孙明甫成功说服山东省长同意这一要求。在孙明甫亲自签署了协议文件后，克劳安排人将10万大洋搬上了抱犊崮。

在这个当口，孙犯了一个严重的战术错误：他在6月13日赎金到手之前就释放了人质。结果地方官的军队拦截了这笔钱，并将其归还给山东地方金库；中国邮政则取消克劳特别设计的邮票，结束了"土匪邮政"服务；而且省长也没有开除那个最开始挑起祸端的地方县令。6个月后，孙的部队被包围，他们的武器装备比一战前的老式武器好不了多少，火力完全被压制。在混乱中，匪首孙美瑶中弹受伤，最终被俘并斩首，而他手下的600来人则在山东省长的命令下被机枪射杀。

然而，人质们毕竟都安全获释了——尽管穆索准将是拄着自制的拐杖走下抱犊崮的。其他人看起来气色不佳，但总体上健康状况良好，其中包括鲍威尔，他在劫难过后看起来非常有活力，《伦敦新闻画报》拍摄的照片记录了他从抱犊崮经南京渡口，穿着新衣服返回上海的情景。鲍威尔、穆索等人回到上海时，一大群人在火车北站迎接他们,俄罗斯军士乐队还在场即兴唱起了"英雄今日得胜归"(See the Conquering Hero Comes)。据《北华捷报》一篇相当夸张的报道:"帽子被抛向空中,人们欢呼得嗓子都嘶哑了,而亲友们则泪流满面。"[29]

克劳和其他谈判代表觉得整个事件的影响特别不好:"外国人和中国民间普遍对中国政府的出尔反尔感到愤慨,而孙美瑶则成为无数绿林好汉的代表人物,被尊为英雄和爱国者名传后世。"[30]在中国整体的军阀体系中,孙不是督军,即那种大军阀。他也不像有些军阀那样,在上海或国外有大量银行存款,或者在通商口岸的房地产上有大笔投资。做军阀可能是一条致富之路;就像英国记者、中国通濮兰德(J. O. P. Bland)估计的那样,22个最大的军阀所积累的财富相当于中国国债的五分之四。[31]孙并不属于这个精英群体:他的据点太过偏远,无法勒索大量钱财,也不曾沉溺于汽车、飞机、女人和爵士乐等西方奢侈品的虚饰。他做军阀似乎真的是被逼上梁山,克劳认为这意味着他是一个可以打交道的人。

在整个事件中糟糕收场的并不只有中国当局。克劳和其他一些人也认为有些国家没有尽其所能。虽然美国人大体上似乎一直在争取自己的国民和其他人质的释放,但英国人则似乎更希望利用这场危机控制津浦铁路线,并确保英国投资者在该项目上的权利。随着火车脱轨和之后危机的发生,乘客们不再那么热衷于乘坐"蓝钢皮"列车。尽管英国驻华公使麻克类爵士(Sir Ronald Macleay)称这场危机是自义和团运动以来对外国人影响最严重的事件,但他在危机中的大部分时间都在关注与英国商业利益有关的事情。当土匪威胁要射杀两名外国人质（一个美国人和一个英国人）的时候，威斯敏斯特宫里的政客们抱怨的是铁路线拖欠英国投资者的债务，对于远在山东的英国国民可能会被杀害却无话可说。

抱犊崮的整个事件使克劳相信，中国人将永远紧握他们反抗的权利。他认为，孙的匪帮之所以发展到如此规模，是因为许多普通中国人与孙一样对腐败官员感到愤怒，至于自己追随的人家里究竟遭受了什么，他们并不太关心。他们中的许多人都有着非常相似的经历。1923年的临城事件在持续期间一直广受关注，并在1924—1925年引发了一系列针对外国人的绑架事件，同时也在一定程度上激发了约瑟夫·冯-斯登堡（Josef von Sternberg）的灵感，他于1932年执导电影《上海快车》，该片由玛琳·黛德丽和黄柳霜主演。相关事件在之后的一段时间里一直被报道，尤其是露西·奥尔德里奇在《大西洋月刊》上发表了她对这件事的回忆，透露她在被押解时把身上的钻石埋在了一块岩石下面。后来，标准石油天津办事处的一名职员被派往山东，带着由露西绘制的地图去寻找珠宝。他成功地在岩石下找到了它们。

在这个军阀统治的特殊时期，克劳报道了一些事件，既是在时不时地发表文章，也是出于自己对一切与中国有关的事物的兴趣。1924年，他在离上海不远的江苏浏河观看军阀作战，目睹了士兵们被射杀，听到"燃烧的竹子发出大炮一样的巨响，因为膨胀的空气炸开了房屋的连接件，还看到受伤的士兵倒地、死亡"[32]。克劳按照自己所见记录这场战斗，但许多更传统、更拥护帝国主义的上海外侨却有不同的看法。[33]包括浏河的小规模冲突在内的大多数战斗都不会使用现代火炮,只有在极少数情况下才动用空军力量,即使在这种情况下,炸弹也很少,常常只是从飞机上向下方的敌军砸下大块的石头或木头。大卫·博纳维亚援引美国军事历史学家威廉·惠特森(William F. Whitson)的话说:"1924年的中国指挥官所面对的作战武器和速度,大致相当于美国内战时期的水平。"[34]至于克劳,他声称自己多年来一直在巡游各地报道这种小型冲突,他和其他中国通是"……经验丰富的军事观察员,早已学会如何安全地旁观一场个人危险比看高尔夫球赛还低的战斗"[35]。

军阀割据继续困扰着中国、中国的人民和政府。山东,这个孙美瑶曾经的据点,在接下来的几年里随着军阀张宗昌的崛起而变得更加糟糕。张宗昌在1925—1928年统治山东,是最令人畏惧和憎恨的中国军阀。张出身于贫穷街巷,在1911年加入了一个土匪团伙,随后平步青云。1925年任山东督军时,他喜欢将被处决的人头劈开挂在电线杆上,因此恶名远扬。他对当地百姓横征暴敛,毫不留情。这位半文盲的军阀,曾被描述为是个"猪脑袋",绰号"狗肉将军""长腿将军"(尽管他个人喜欢被称为"正义威力大将军"),身高超过6英尺,一副可怕的莽汉模样。他利用前沙皇士兵出身的雇佣兵来加强他的中国军队,给他强大的装甲列车添置兵员。与"狗肉将军"谈判无疑将比与孙美瑶谈判更加艰难。

到1930年代末,克劳报告说,随着警察力量的增强,绑架变得不那么常见了。局面的好转使得克劳的一个上海熟人——他多年来一直担心会被绑架,尽管拥有巨额财富,却过着像乞丐一样的生活——有足够的信心开始出手阔绰起来,并以花费五万元巨资把家里所有的器具都镀了金;还有一个人甚至花了更多的钱用意大利大理石来建造楼梯和护墙板。

军阀们将继续与克劳的生活产生交集,而且很快克劳就不需要跑到遥远的山东去见他们了;相反,他们即将来到日益纷扰的上海。

十　上海的风声

一座男人的城市

当克劳第一次被《大陆报》聘请到上海工作时，他的单身汉身份可能起了作用。19 世纪末 20 世纪初，多数大型外国公司的在华职员都是年轻的单身男性，而这些人都是在工作了几年之后才会成家。克劳指出，这一做法持久地影响着中国沿海的外国人群体——"即使在许多女性来到中国之后，单身汉仍然保持着主导地位，中国的外国人群体延续着强健而活泼的男性特质……所有事情都围着男人转。"[1]事实上一直到更多的欧洲妇女开始搬到上海之前，那里的外国单身汉们除了在探亲假期间找个人结婚，几乎没别的在社交上行得通的选择，因为娶中国姑娘仍然近似于不可能的事，基本上会遭到所有人反对，甚至还可能因此而丢掉工作，被社会排斥。

然而，来上海不久就结了婚的克劳没能体验到那些由老牌大型洋行所经营的单身食堂里的生活。《大陆报》的规模还没大到需要设置员工餐厅的程度。但是，克劳经常以客人的身份在几家餐厅用餐，其中最受欢迎的几家是由市政志愿救火队的员工经营的，克劳常常在其他人冲出去到某个地方灭火的时候，成为那儿唯一剩下的食客。克劳喜欢这种充满阳刚之气的生活，和大多数单身男性一样，他加入了上海万国商团（义勇队），被分配到特警组服役三年。这种安排既是为了在公共租界里弘扬市民服务精神，也给其他单身汉提供了一个社交平台。

1925年，克劳与米尔德丽德离婚。他们似乎是和平分手，女儿贝蒂跟了母亲。米尔德丽德继续经营自己的中国手工艺品生意，不久之后与标准石油公司杭州办事处的经理诺里斯·伍德再婚。

在与米尔德丽德离婚后不久，卡尔也在上海再婚，娶的是海伦·玛丽·汉尼格（Helen Marie Hanniger）。海伦是美国人，克劳很少在他的书或文章里提到她，但他后来的几本书都是献给她的，其中包括《四万万顾客》。在克劳偶尔产生天马行空的念头时，她扮演的是一个理性的规劝者形象，尽管仍然有些神秘。在他看来，海伦对待家里的仆人比他更好心肠，而且她总是能够确保家里摆满鲜花。大多数仆人都是由海伦挑选的。克劳的私人男仆在克劳再婚后不久就离职了，这是中国沿海地区的惯例。大多数私仆更愿意为单身汉工作，因为他们的生活相对简单，或者，如果他们曾为某个已婚男人工作，那么当新的女主人出现时，他们会觉得不再继续跟他们待在一起更好一些。克劳的男仆是因为前老板结婚才到这里来的，但他觉得这个人不会因为换了主人而降低忠诚度，因为他需要这份新的工作。

克劳也很欣赏海伦为他混乱的生活安排带来一定秩序的能力，他指出："在中国沿海地区，受过良好训练的仆人能时时预测主人需求，未婚男性因此更加不会料理自己的生活。"[2] 当然，当他还是个单身汉的时候，克劳对他的日常生活安排并不是很在意，他评论说："……一个在外国家庭工作多年的厨子，可能和千里之外制作进口汤品罐头的厨师一样神秘而不为人知。"[3] 克劳回忆说，有一次他在上海坐上了一辆出租车，司机没有问路就直接把他带回家了。克劳问他是怎么知道要去哪里的，司机说自己曾经给他做过四年的厨子。

海伦当然跟米尔德丽德一样富于冒险精神，喜欢在中国的生活。她陪同卡尔在全国各地旅行，包括有一年去重庆过圣诞节和新年假，以及定期在江苏运河上划船。

事实表明海伦和米尔德丽德一样都是坚强的女性，已经适应了上海乃至中国的生活。克劳说，许多外国女性在中国一遇到鸡毛蒜皮的小事就会歇斯底里，从把鞭炮声当成枪声（说句公道话，克劳本人在来上海的头一个星期也这么干过），到不信任人力车夫，以及无谓地担心卫生问题——"我个人就认识半打这样的美国妇女，她们来到上海和丈夫团聚，然后立马乘坐下一班轮船回家，精神状态几近崩溃。"[4] 克劳夫妇是很受欢迎的聚会组织者，海伦据说还很擅长调鸡尾酒。

上海的风声

1925年对上海来说是局势紧张的一年。这年1月份，身高2米的女巫之子、前码头苦力和山东军阀——"狗肉将军"张宗昌率领6万大军开进上海。正如前文所提及的那样，张是中国最可怕的军阀之一。据《纽约时报》记者亚朋德所说，他还养了一个多元文化的后宫，包括"……将近四十名妇女和女孩——中国的、韩国的、日本的，还有两个法国女孩和一个自称是美国人的邂逅女人"[5]；历史学家董碧方说："……后宫的每个外国成员都有一个侧面绘有其国旗的脸盆。"[6] 张打败了江苏督军齐燮元的部队，劫掠了齐的占领城镇，此后齐流亡日本。在上海，张的军队与军阀孙传芳的军队对峙，这一局势导致了公共租界的紧张和不安，在华界也发生了不少抢劫和破坏行为。上海的黑社会似乎更支持张，他是青帮的一员，也是"黄麻子"黄金荣的老朋友。10月，孙和张的军队之间爆发战斗，北方军阀溜回北方，回到了他的温柔乡里。孙是一个有点攀龙附凤的人，他更受外国人群体的欢迎，并成功地将这个城市中不相干的几块中国区域统合为一个城市辖区。孙传芳、黄金荣、杜月笙三人很快达成和解，鸦片生意在经历了一时中断和动荡之后，恢复了常态。

孙中山于1925年3月12日逝世。他得重病已有一段时间，长期饱受消化问题的折磨。1924年12月，他被诊断出肝脏有恶性肿瘤，多次前往北京的洛克菲勒研究所接受治疗。自从孙病危的消息公布以后，接班人问题一直处于紧张态势。除了军事首领蒋介石，其他的竞争者还包括：因 1910 年企图暗杀摄政王而出名的汪精卫；站在民族主义运动右翼的胡汉民；还有代表左翼的廖仲恺。不为大多数人所知的是，另一位候选人也潜伏在幕后——上海青帮头子杜月笙。这是许多国家发生狂暴变革的时期，俄罗斯也在上演着托洛茨基和斯大林之间的权力斗争，两派的斗争在列宁死后渐趋血腥。许多人认为，在中国这种继承权的争夺也会变得很残酷。孙似乎没有在继任者方面留下任何指示，不过当时身在广州附近黄埔军校的蒋介石声称，孙的遗言是"蒋介石"。

孙的死在当时的中国是一件大事，在北京有 50 万人瞻仰过他的遗体，之后遗体被转移到城外的西山，奉厝在碧云寺。虽然孙出生在南方，但他的愿望是葬在南京，当时建造陵墓的工程已在进行中，尽管这需要五年的时间才能完成。鲍威尔后来回忆说，当时，孙的家人和他的苏联顾问之间大吵了一架，顾问们希望对遗体做防腐处理，并像莫斯科供奉列宁那样，把遗体永久地陈列起来。孙的家人不同意这一做法。

与此同时，权力斗争仍在继续。最让许多知情人士感到震惊的是黑帮分子杜月笙的幕后阴谋，鉴于他臭名昭著的犯罪活动和无可救药的鸦片瘾，他似乎是想通过代理人来操纵国民党。杜认为，最合适的代理人要么是脾气暴躁的蒋介石，要么是被英文媒体称为"古玩张"的张静江[7]。"古玩张"是一位身患残疾的浙江百万富商，与青帮有联系，长期以来一直是孙中山的信徒。他在国民党内是一个决定领导人的重要"推手"，靠父亲给他买的清朝官衔在中国驻巴黎公使馆工作以后，他通过向在华外国人贩卖古玩珍品赚得盆满钵满。他创办有一家经营黄金、茶叶和丝绸的公司，还投资了豆腐工厂，是孙中山的主要资助人之一，也是蒋介石的支持者。

汪精卫虽然缺乏地区权力基础，却是共产国际在中国的代表鲍罗廷（Michael Borodin）的选择。汪和主要的右派候选人胡汉民彼此陷入了一场左右之争，最终两败俱伤。胡被认为是一个强硬的人，曾在日本留学，但他的宗派色彩太过明显。剩下左派的廖仲恺颇受胡的喜爱，尽管他们在政治上存在分歧，而廖也得到了孙夫人的支持。汪退出后，鲍罗廷支持廖上位。鲍罗廷自1923年奉莫斯科之命来到中国后，一直发挥着巨大影响力。最终，军阀引起的广州混乱使国民党中央委员会妥协，形成了由胡、汪、廖组成的民国政府三人领导小组。国民党的左翼和鲍罗廷似乎取得了胜利。

此外，中国各地仍在进行的军阀混战给上海带来了持续且似乎日益迫近的威胁。工部局的外国社区代表们坚决反对任何军阀的军队进入租界。1925年和1927年，城市里出现了许多军阀部队的散兵游勇，他们要么是逃兵，要么是在城里觅食，对此公共租界的警察不得不和租界各国的士兵们一起出动，解除他们的武装并拘捕了他们。虽然大多数被抓的人其实都只是食不果腹、装备落后、训练不足的年轻人，但他们在租界庇护所的出现让许多外国侨民感到担忧。当工部局动用英国人主导的万国商团这一准军事组织时，这种担忧达到了顶峰。上海万国商团是一个成立于1854年的国际军事部队，由一名英国陆军正规军人领导，并由大约1 000名志愿者组成，包括骑兵和炮兵分队。克劳初到上海时，曾是万国商团的短期成员。万国商团的成员来自不同的外国人群体，其中还有白俄和犹太人的特别分队。万国商团基本上是一个兼职部队,平时在各种活动中进行操练、参加游行。军阀混战也给上海侨民的日常生活平添了某种消遣。克劳在周末会推掉惯常参加的高尔夫球赛,去观看上海附近军阀部队之间的冲突。有一次花了"一个小时躲在一个坟堆后面,多亏了那个坟堆又高又长,只听见子弹在我们头顶呼啸而过。相比之下,四人高尔夫球赛是多么无聊啊!"[8]

1925 年,共产党和国民党左派领导了一系列反外国的示威和罢工活动,形势变得更加紧张。是年 5 月,一名中国工人在与日本内外绵纱厂经理的冲突中丧生,中日两国居民的紧张局势由此升级。中国工人随后进行的示威活动一发不可收拾,警察开枪打死了 11 名中国人,另有数十人受伤。结果在 5 月 30 日,大规模示威游行爆发,最终演变成史上著名的"五卅运动",当时公共租界警察向人群开枪,造成 12 人死亡,50 人受伤。这是自 1919 年"五四"抗议以来,中国人与殖民列强在上海发生的最大冲突。作为对上海流血事件的回应,中国各地爆发了新一轮示威浪潮,租界里也出现了更多的抗议活动。在广州,以沙面岛为基地的国际社群受到威胁,而英国殖民地香港的大罢工则一直持续到 1926 年。与此同时,国民党内部的权力斗争仍在继续,随着混乱加剧,蒋介石和他的支持者们决心铲除国民党的左翼势力,恢复秩序。

上海成为罢工行动的中心,这些罢工行动由共产党控制的总工会领导。这一激进组织和罢工带来的经济影响惹恼了杜月笙和他的青帮,以及法租界的"黄麻子",因为总工会似乎正在共产党的帮助下逐渐巩固,在上海成为可以替代他们的权力机构。8 月,廖仲恺在广州遇刺身亡。一场针对刺客的追查迫害接踵而至，隐藏势力煽动了针对胡汉民莫须有的指控，尽管胡和廖之间有着众所周知的友谊，其结果是胡也被孤立。随着胡和廖的出局，38岁的蒋介石可以放开手脚争夺权力。他铲除或流放了他在广州的许多对手，包括汪精卫（流亡法国）。在这个麻烦不断的南方城市，他把效忠于自己的人安排在关键职位上，并把自己的个人军队和落败对手的部队整编成了一支多达3万人的国民革命军。蒋介石在决策上表现出了国民党政治中罕有的果断和无情，他现在终于有条件实现孙的北伐梦想了。在汕头以高昂的代价（就人员折损来说）成功打败"客家将军"陈炯明之后，蒋的地位得到了进一步巩固。1926年初，国民革命军从一个当地军阀手中夺取了海南岛，蒋介石觉得北伐的时机成熟了。[9]

然而，两次世界大战之间的中国政治极具马基雅维利色彩。蒋介石的幕后操纵，在一定程度上巩固了国民党右翼的权力，并进一步排挤了左翼；杜的朋友、蒋的保护人张静江也在1926年5月被任命为国民党常务委员会主席。张的在任时间刚好足够安排蒋在当年7月当选为他的继任者。在宋氏家族和上海青帮极为隐秘的支持下，蒋成了中国的领导人。随着蒋介石的上位，中国近代史进入了另一个关键阶段。克劳则开始安心于自己的再婚生活，以及广告公司的生意兴隆所带来的经济保障，他觉得自己在上海的生活非常惬意。

十一　一位中国沿海居民的生活

克劳一家的生活

上海正从1911年的动乱、革命和第一次世界大战中进入新生共和国的另一个阶段。孙中山死后,国民党内部的权力斗争似乎在蒋介石掌权后得以平息。然而,尽管蒋介石承诺恢复秩序,但中国仍处于分裂状态,稳定的内部权力和统一遥遥无期,军阀割据依然猖獗,共产主义影响不断上升,而日本仍在近旁虎视眈眈。

克劳继续参与克劳广告公司的日常事务,以及各种新闻报道实践,此外他还有时间从事其他活动,比如解救人质。蒋介石的新中国对克劳而言也是崭新的,尽管1920年代末和1930年代初发生了各种事件,但克劳同时也享受着城市生活,并一如既往地观察着他周围社会的细枝末节。他坦率承认,他在上海享受的生活换作在其他任何地方都是不可能的——在上海，佣人、园丁、男仆和司机这些享受是很多未必是巨富的人都可以拥有的。显然，他在密苏里州的老家是不可能有仆人的。

克劳在位于公共租界康脑脱路883号的新家安顿了下来。[1]康脑脱路是一条比较繁忙的街道，两旁排列着房屋、小巷和各种商铺。除了过多的商店外，还有一些冷门生意也吸引了克劳的注意，其中包括一位算命先生和一位专业的书信代写人。这两个人都是在克劳搬来之前就在那里了，而且据他发现，他们都不曾为自己在这条街上的经营付过任何租金或税费。克劳还给算命先生带去一些生意，他的许多访客会付上几枚银币，坚持要算命先生为自己算上一卦，这是一笔好买卖，因为这位神秘主义者的本地中国客户通常只需要付几个铜板。这位算命先生除了一张便携桌子外，几乎没有其他的设备，而且他并不觉得向围拢的人群播报自己顾客的未来这一做法有什么问题，因为这一切都有助于推广他的生意。同样，写信的人也没有什么道具或随身物品，任何停下来注意听的人都能很快知道信的内容。偶尔，这条街上也会出现一个流动的糖果小贩，当地的孩子们付上一个铜板，就可以转一下转盘，看看是否能赢得一小袋花生，或者一块糖果。

康脑脱路是一条宽阔的街道。1845年前后修建的上海街道被设计成20—25英尺的宽度。到1863年之后，所有的道路都被指定为40英尺宽，包括康脑脱路。这条街蜿蜿蜒蜒一直到苏州河。据J.B.鲍威尔形容，这条河"像菠菜汤一样黏稠，滋生了成群的蚊子"[2]——幸运的是，克劳住在河的另一端。在克劳的时代，康脑脱路是一条相当重要的大道。1929年，这条路短暂地出现在新闻头条中，因为这里发生了一起臭名昭著的谋杀案，涉及绑架、犯罪和上海的黑社会，一时迎合了这座城市对不法活动的无尽恶俗趣味。

虽然克劳搬过几次家，但他在上海主要是住在康脑脱路。这条路与其他几条主干道平行，包括北京路，那条路当时是文物、古玩、商店和小卖铺的天堂，什么都卖，包括一切人们能想到的东西。在当时大英帝国对其广袤领土的命名热潮中，"康脑脱"这一路名无处不在，反映了当时康脑脱公爵殿下的恶名。这位公爵生于1850年，是维多利亚女王的第三个儿子、国王爱德华七世的兄弟。他有着辉煌的军事生涯，包括在1882年的埃及战役中指挥过一个警卫旅。在1883—1885年和1886—1890年期间，他在印度服役，第二个服役期还在孟买司令部担任总指挥，进一步充实了他的帝国履历。1902年，他被提升为陆军元帅，并在1911—1916年期间担任加拿大总督和总司令。他活到了91岁，并于1942年去世，但他的皇室出身和对帝国的坚定捍卫使他的名字通过英国治下的街道命名变得家喻户晓，其中就包括上海这条街。不过，他确实与上海有过交集。1890年，他曾到访上海，为外滩的巴夏礼爵士（1882—1885年任英国驻华领事）雕像揭幕。[3]

克劳家有一个长长的阳台，在上海闷热潮湿的夏夜可以用来乘凉休憩。访客们从前门进入他家院落，敲击大铜门环以引起注意。黄铜器皿在克劳家很受欢迎，星期四是固定的"擦铜日"。这所宅子有一个带小院的独立厨房，就像上海大多数家庭的厨房一样，里面蟑螂成灾。蟑螂一度困扰过克劳，但他承认，中国古代灶神的说法让他松了口气。相传家里要是没有蟑螂，那么家境显然岌岌可危，连一只蟑螂都喂不饱，更不用说喂饱整个家了。

在克劳的客厅里，他有幸拥有两个真正的火炉来抵御上海寒冷的冬天，而且总是不缺柴火。不过他仍然对地板的不平整和桌子总是摇晃这类事情感到恼火。夏天则有电风扇使房间保持凉爽。他喜欢在晚上抽烟，显然对自己收集的烟灰缸感到自得。他住在那儿的日子里基本上没换过仆人。克劳一直都清楚他的生活方式是建立在廉价劳动力的基础之上。后来离开中国，他将南美相对更低的工资以及相应的服务水平与中国做了比较，还因为给小费而被旅居秘鲁的同胞们斥责，他们认为这会打乱利马微妙的经济平衡，导致最后每个人都将不得不支付更高的工资和小费。克劳指出："在中国沿海生活的外国侨民过去也是这样，现在有许多人仍是如此。仆人们对如此低的工资感到满意，以至于最穷的白人也能享受到其他地方只有富人才能享受的舒适生活。每个人都觉得这简直好到令人难以置信。于是大家合谋让仆人安于现状。"[4]克劳还描述了一个外国人在试图改变这种对中国人不太理想的状况时可能遭遇的麻烦："一个白人对他的白人同胞可能犯下的最十恶不赦的罪行就是，在酒店和餐馆随便给很多小费，或者给他的仆人发出哪怕高于标准一丁点儿的工资，激起厨子、小工或男仆们卑微的野心。"[5]

克劳经常抱怨说，外国人总是在背后议论他们的仆人。他说自己每月付给他的男仆芝福7元，"……理论上，他需要用这笔钱来吃饭、置衣和养老……"[6]他注意到,许多来上海拜访他的人会吃惊地把他当作一个十足的剥削者,但克劳认为,其实芝福觉得他相当大方。在他为克劳工作的12个年头里,芝福从来没失业过,还得到过两次加薪,据克劳说,这让芝福"在康脑脱路一带简直像个贵族……街坊朋友们都羡慕他"[7]。克劳承认,穿着白色长袍上班的芝福工作很卖力:他在大多数日子里早上5点左右就起床了,一直忙到晚上9点或更晚。克劳知道芝福在拼命攒钱,如果他自己需要的话,芝福甚至能够以非常优惠的利率借钱给他。芝福每年都要休假两周回宁波,去走亲戚,说长话短,看看自己用积蓄修建的祖坟的施工进展。克劳总是让自己的司机开车送芝福去码头搭乘前往宁波的渡轮,以确保他在船上受人尊敬,为他营造一种衣锦还乡的感觉。克劳认为海伦"心肠比我还软",她也会多给芝福几块钱。当芝福休假的时候,另一个人会暂时接替他的工作——芝福坚持这个接替者由他自己来找并支付工钱,他显然是担心自己不在的时候饭碗会被别人抢走。两周后,芝福会带两只鸡回来送给克劳一家,偶尔还有宁波亲戚们送的小饰品当礼物。

除了芝福,克劳还雇有一个姓景(Ching)的仆人。景的主要职责似乎是给克劳上早茶,并负责他的衣服。克劳承认,他经常被景指挥得团团转。他当然知道芝福、景还有家里其他的家政工人有各种办法中饱私囊,这在中国沿海的洋泾浜英语中叫作"肆鬼肆"(squeeze,捞油水)。工人们负责废品的收集和销售,如废纸、空瓶子和不要的衣物。克劳意识到,一些物品的购买量与使用量之间往往存在微小出入,比如鞋油或家具上光剂。虽然他不认同这种行为，但他也觉得这并不是盗窃或小偷小摸，而只是上海人的一种习惯，而且那点金额也远不足以使人担心。芝福和其他员工偶尔也会从访客那里得到小费——当地俚语叫"赏钱"（cumshaw*），并在春节时额外得到一个月的工资。克劳估计，芝福的实际收入约为每月10元，这还不包括他作为一个相当成功的本地放债人所赚的钱。芝福和其他一些家政工人住在与主屋相连的一个小佣人房里，因此他们的房租、水电和暖气都不用自己负担。克劳还为芝福提供工作服，而他的小病有海伦帮他治疗，大病时则被送去医院。虽然他还要赡养年迈的母亲，但芝福在为克劳工作期间没有结婚。

工人们还通过其他方式在为克劳干活时获利。当他们从杂货铺（或上海俗称的"买办店"）采买东西时，可以拿到总购买额5%的佣金。然后工人们会根据各种不同的情况瓜分这笔钱。比如，为克劳上茶点烟送剃须膏的人得到这些东西的"油水"，而屋里那些擦洗铜器和鞋子的小工则从抛光剂和鞋油中获得"油水"，厨子的"油水"则来自采买的所有食品。克劳还知道，重量、尺寸、价格和微调过的发票都和实际微有出入。他明白，厨子永远是仆人中的老大。

克劳的司机需要更高的薪水，因为汽油公司不像杂货铺那样给佣金（而且司机一般住在离雇主家很远的地方，还有房租要付），所以他"捞油水"的机会有限，尽管雇主购买新车的日子通常也意味着司机可以在那天从车商那里得到一笔可观的酬劳。司机们只能

---

* "cumshaw"为闽南语"感谢"的音译，指赏钱。

从汽车必需品如抹布、上光剂和麂皮革上捞油水。克劳感到困惑的是，不管汽车使用或清洗的频次如何，一罐金属抛光液似乎总是刚好够用一个月。他说："……在我拥有汽车长达 20 多年的时间里，我每年都会买 12 罐金属抛光液，而每一罐都是在每月的最后一天用完的。鸡毛掸子也是这样，每个月的第一天，新的鸡毛掸子威风凛凛地投入使用，但到了最后一天，它们就会坏掉，无法使用，也无法修复。"[8] 在经济困难时期，克劳和他的司机谈了谈麂皮革的寿命问题，说自己手头拮据，设法让这个人勉强将这些耗材维持两个月。克劳甚至说服了一位新司机，让他继续前一位司机的做法，从此他每个月都能省下一点钱。

类似的现象还有很多。克劳注意到他的园丁们用掉了数量惊人的刷子和竹篮，而这两样东西似乎总是在每月最后一天就报废了。克劳又一次耍了花招，当他在请新的园丁时，那个人碰巧是一个虔诚的天主教徒，克劳强烈建议他把镀锌水壶的使用寿命延长一点，以证明他的信仰是真诚的。这个人的信仰是如此坚定，他竟然真的做到了，以耶稣的名义自愿少捞油水。克劳还会向朋友们炫耀他那用了一年的水壶，故意惹恼他们，因为这在上海是闻所未闻的。

克劳的工作人员用英语和他交谈，或者至少是当时中国沿海地区普遍使用的洋泾浜英语（一种蹩脚的大杂烩语言，混杂了英语、汉语、葡萄牙语和印度斯坦语的用词），克劳讲起这种语言来很流利。他喜欢揭穿许多外国人的浮夸，因为他们喜欢用奇怪的洋泾浜句子给佣人下指令。他曾用洋泾浜英语为《自由》杂志写过六篇系列儿童短篇故事，这些故事改编自中国的神话传说。克劳还精通中文里骂人的话，懂得一些相当初级的肢体动作和手势。后者是他在等一列晚点的火车时，从一个铁路搬运工那里学来的，那个搬运工教了他至少30种下流手势，"在得克萨斯州，这其中每一种手势都或多或少会导致正当杀人"[9]。虽然克劳的中文还算熟练，但他知道自己仍然无法领会许多隐晦的羞辱表达。

此外，克劳认为，中国人的英语水平很快就达到了很高的程度。1941年他在南美旅行时对当地的英语普及率之低感到有些吃惊，他说："即使在中国和日本的偏远城市，普通的酒店服务员也掌握了他在工作中需要用到的所有英语。"[10]

在他住在康脑脱路的大部分时间里，克劳和一个英国邻居相处得很好，而跟住在另一边的两个中国兄弟的关系就不那么友好了——他们经常在深夜高声讲话，把克劳吵得睡不着。克劳对噪声的憎恨从未减弱，甚至公共租界教堂周日早晨不断响起的钟声也会让他恼怒。

他养了几只狗，并声称自己喜欢所有与狗有关的东西。他为自己拥有一只苏格兰梗感到无比自豪，这只狗后来在中国育犬会苏格兰梗冠军赛上获了奖，克劳是这个俱乐部的会员。1936年，《中国杂志》报道，中国育犬会的年度犬展将于5月17日在跑马总会举行，届时"上海的犬类贵族将会闪亮登场"[11]。在那一年，育犬会的会员已达246人，比1935年增加了82人，共有近500只狗登记在会。除了饲养赛级犬类，克劳还参与了动物福利事业，并积极参加上海防止虐待动物协会的活动，除了收养流浪狗，该协会还收养从上海跑马总会退役的、年老力衰的蒙古矮种马。

后来，克劳在南美旅行时，从圣保罗前往桑托斯拜访了帕特·马尔卡希（Pat Mulcahy），一位住在那里的外国名人。他是爱尔兰裔美国人，后来移居巴西，并在咖啡行业取得了巨大成功，这是克劳想近距离观察的行业。一天晚上，克劳去马尔卡希在桑托斯的顶层公寓吃晚饭，这是城里唯一的顶层公寓。晚餐时，马尔卡希的一只名叫"桑迪"的中年苏格兰梗跑进房间，马尔卡希命令它"为可怜的中国人祈祷"。这只狗随即"把前爪放在沙发上，头夹在两爪之间，做出祈求的姿势"。克劳对这只狗和主人奇怪的命令都很感兴趣。经过打听，原来"桑迪"是在上海出生的，在追溯了他的经历之后，克劳意识到，这其实是自己曾经养过的狗。大概在1932年前后，他把这只狗送给了一位经常往返于上海和西雅图之间的美国船长。当日本人开始骚扰中国沿海的船只时，船长被安排了一条新的航线，沿南美洲西海岸航行，绕过合恩角，经由巴拿马运河返回西雅图。船长的妻子之前搬到了桑托斯，因为这不仅大大减少了她的生活开支，也意味着她可以在布宜诺斯艾利斯登船，跟她丈夫一起北上前往桑托斯。她去桑托斯时带着苏格兰梗"桑迪"。克劳来访时，船长和他的妻子刚好在海上航行，他们把狗留给了马尔卡希，也并不知道克劳当时会来桑托斯拜访马尔卡希。[12]

克劳很喜欢他的花园，还曾一度表示希望有时间学习植物学，虽然他他自己并不擅长园艺。不管是康脑脱路的住处还是他在上海住过一段时间的另外两处房子，甚至是租界西路边上他曾经租过的房子，都带着大花园，而且他还必须请专门的看守把好奇的游客挡在门外——"当他们在春天看到这些灌木开花时，会想当然地不请自来，企图进到院子里近距离观赏。"克劳觉得禁止入内的做法可能惹恼了许多邻居，他说："我总有一种内疚感，觉得他们是对的。"[13] 花园对克劳来说当然很重要。他在上海生活期间住过三所房子，他说其中一所的花园有两个网球场那么大，另一所的花园可以容得下一块槌球草坪，第三所的花园则"有几十平方码"。

克劳后来回忆说，他住在康脑脱路的时候请过十几个园丁。他发现，当需要打理花园时，对于修剪树枝或树篱这种事情，他必须给出非常精确的指示。对此他的推测是，在中国这样一个有着悠久历史的国家，人们长期以来的做法是把木材贮藏起来，在大多数园丁看来，为了打理花园而砍掉树枝是一种巨大浪费。克劳注意到，其他人也有这个问题，上海的私家花园"到处都是女贞和其他灌木，它们长得异常高大而可怕，但没有一个中国园丁会去碰它们"[14]。然而，这种保存燃料的渴望有它另外一面。在冬天的时候，克劳和他的园丁们必须保持警觉，"在世界上其他任何地方都没有听说过的一种小偷"会在夜深人静的时候出现，用带着铁钩的长竹竿偷偷割断别人家的树枝，拿去当燃料卖钱。当气温降到零度以下、树枝很容易折断的时候，这种上海特有的犯罪就会疯狂飙升，然后又在夏天的几个月里几乎完全消失，因为那个时候的树枝更柔韧，很难折断。

克劳热爱园艺，在某种程度上把自己想象成土地的儿子——结合了他对中国农村的热爱和他密苏里乡下的出身，这最终促使他和一些朋友联合搞了一个早夭的项目，成为兼职农民。克劳与其他20个上海外侨一起租下了一个农场，他把这个农场描述为一个"玩乐性的会员式项目——比商业化的企业更好玩，对入会更严格"。每个合伙人都被指派在周末做一些特定农活。但是问题来了——大部分合伙人在心血来潮的时候会去干他们的周末农活，然而更多的时候他们宁愿在家睡大觉，或者去虹桥附近打高尔夫球，那里就跟1935年的《财富》杂志描写的那样，"像是温彻斯特县的翻版，除了侍从都穿着白色睡袍以外"〔15〕。克劳回忆说，经营农场的整个过程很有趣，但却赔了不少钱。大概由于他是开拓者的后代，克劳的任务是整修农场，如修筑篱笆和打井。克劳承认，他很省事地雇了一些当地农民来承担大部分工作，这在一定程度上破坏了整个项目"返璞归真"的初衷。

克劳不能委托给别人的一项工作是聘请并"指导"风水师，确定在哪里开挖农场的水井。没有风水师的认可就开始挖井是不可想象的，很可能会激怒当地村民。为了缓解他们的担忧，需要举行一个热闹而花哨的仪式，但挖井的选址又必须刚好是项目合伙人选定的最有可能打出水来灌溉蔬菜的地方。克劳告诉风水师的代理人，说他和同事打赌，风水师会在农田的某块地上选址，如果克劳赢了，他将与风水师的代理人平分赢得的赌金。这一招奏效了——"……在那个重大的日子，风水们带着他们的占卜棒和其他各种神秘物件在农场里四处游荡，但最后我赢得了这份想象中的赌注，并举行了宴会。"这名代理人收到了他的那份钱，其中一部分应该是给了风水师，而农场就此得到了灌溉水源。

农场给克劳带来的另一个问题是，那里有许多临时的中式坟墓，地表上的棺材周围砌有砖墙，顶上盖着瓦片。这种景象在当时的农村很常见，在那些失去亲人的家庭能够找到或担负永久安葬地之前，他们尊敬的祖先就暂时安息在此。尽管农场的租约规定棺材必须移走，但对于怎么执行，却没有具体的时间表。克劳的合伙人们催促他解决这个问题，因为夏天快到了，农场的第一批卷心菜已经成熟，大家觉得潜在顾客应该不会喜欢在尸体旁边种出来的蔬菜。农场的中国代理人直截了当地告诉克劳，除了仲冬时节，在其他任何时候搬动这些尸体都是不吉利的。这位代理人还很震惊，像克劳这样的中国通竟然不知道这个说法。克劳反驳说这是没有意义的迷信，但代理人反问他有没有试过在夏天搬动死尸。克劳考虑了这一点，在争吵中妥协了，最后用藤蔓遮挡掩盖那些坟墓。据克劳记载，这个问题最终在冬天得到解决，"没有违背任何没头没脑的中国迷信，也没有把任何尸骨掉在生菜上"[16]。在经历了所有这些麻烦事以后，克劳和他的伙伴们逐渐对农场失去了兴趣。

除了务农，克劳还是一个热心的摄影师，他喜欢在上海周边乡村旅行时拍各种野花。他有时会带上女儿贝蒂去旅行，包括爬上七层高的龙华塔，俯瞰周围的田野。他偶尔也会钓鱼，虽然看起来没什么收获，但他享受在杭州西湖湖畔垂钓一整天的那种宁静。克劳承认，对他来说，钓鱼是一项休闲活动，而对中国人来说，这是一种更严肃的活计："在中国没人是因为好玩才钓鱼，因为每个带着鱼竿和鱼线的人都被当作侵入者和偷猎者，钓鱼不可能成为一项受欢迎的活动。"[17]他是"艾萨克·沃尔顿*的信徒"，喜欢使用鱼竿

---

* 艾萨克·沃尔顿（Isaak Walton），英国作家，代表作是《钓鱼大全》。

和鱼线的原始垂钓方式。但他总是注意到当地的中国渔民喜欢使用陷阱和渔网，他们以为他是为了糊口而钓鱼，会嘲笑他那可怜的尝试。另外，除了轮船和游艇，克劳大部分时间都不喜欢乘坐小船，因为除了知道几种无用的划水动作和一些基本的上浮要领外，他从来没能学会游泳。

在中国沿海地区外国侨民显而易见的阳刚世界里，体育运动极为重要。然而，克劳的运动技能与他的游泳技术不相上下。他会观看比赛，但很少上场，除了打打高尔夫球。他在上海棒球会观看比赛，还观看了一年一度的外国大公司代表队之间的障碍赛跑。他还试过打板球，但认为板球这种运动只有英国人才能欣赏得来，于是很快就放弃了。克劳和其他几乎所有人一起沉迷的另一项主要的体育消遣，是上海跑马总会的活动，赛马和赌马并行。在赛狗也变得流行起来之后，赌博和观看比赛的机会更多了，克劳虽然喜欢狗，却从来没有参加过这种比赛。

杭州是他经常喜欢去的地方，有时会在冬季的某一天早起，爬上周围的小山去看西湖上的日出，这一幕已在中国宋代诗人苏东坡笔下流芳百世。关于那座据说苏东坡曾在此写下千古名句的凉亭，克劳承认他第一次登上时，更多是出自新闻工作者的好奇心，而非对中国诗歌的热爱，他当时湿了脚，冻了手，还没早饭吃，感到非常沮丧。然而，所有的怀疑都随着黎明的到来消失了，"远处的河流变成了一条银色的丝带，群山从黑色变成紫色，然后在太阳照射下渐变为日常的棕色和绿色。山谷间一团团雾气小心翼翼地踮着脚尖从一个地方飘到另一个地方，随后被阳光驱散，最后似乎和一些游荡在低处的云合并在了一起"[18]。

克劳经常会带那些来参观他广告公司的客户乘坐5个小时的火车到杭州度周末,不过他发现,大多数人都决定不去看日出,而是选择留在酒店享用丰盛的早餐。只要有人愿意听,他就会对杭州日出的美景赞不绝口,最后往往会因这个话题而遭人厌烦,而且一谈到杭州的美景,他就会被认为是一个相当"古怪"的人。安徽的黄山也是他最喜欢的日出景点之一。

索多玛与蛾摩拉式的上海生活

克劳笔下的上海总是充满活力、机遇和魅力。然而,这座城市也充满了反差。1920年代初,一位基督教福音传道者宣称:"如果上帝让上海继续存在,他就应向索多玛和蛾摩拉道歉。"克劳似乎从来没有发觉这个城市有哪一点像索多玛或蛾摩拉,但他确实注意到了这里的贫穷和嘈杂的夜生活。

克劳最喜欢的休闲方式是在街头漫步,连续数小时沉迷于观察当地生活,从当地的寺庙到在上海走街串巷的修瓷人,他们技艺纯熟,靠紧急修复假牙就能挣上好几元,还有那些用小竹节制作麻将牌的作坊,工艺的精巧令他惊叹。事实上,在终于学会打麻将后,克劳已经乐此不疲地打了十多年,他还拥有一套手工制作的麻将,尽管一再被摔打,而且经受了室内的湿热,但他称这副麻将仍然完好无损。他也是一个步行健将,经常走到闸北那么远的地方去逛鸟市，这里后来被日本人轰炸摧毁。

在他散步时，乞丐常常引起他的注意。在陪同访客游览上海的华界时，他常常觉得，他的客人们可能会认为他麻木不仁，因为他能够无视乞丐的夸张恳求。克劳认为上海的乞讨不过是一种表演技巧，而且"……那种号啕大哭、眼看就要饿死的样子，是每个中国乞丐的惯用伎俩"[19]。克劳对他周围的贫困并非不屑一顾；他只是相信自己能分辨出职业的乞讨和真正的不幸——"对我们这些顽固的中国通来说，乞丐只是给我们呈现了一些乡土特色，我们可以很高兴地把他们抛开，而拒绝为之大惊小怪。"克劳在乞丐这一问题上很严苛，他认为"很多非常优秀的好莱坞人才在中国白白埋没了"[20]。

不管他的意见如何，他很少不做详尽的研究就贸然得出结论。在乞丐这个问题上，他通过认识一个当地的女乞丐来研究这一行，她乞讨的场地就在外滩起点、横跨苏州河的花园桥上。虽然当时城市里也有大量的白俄和其他欧洲籍的乞丐，但这个乞丐碰巧是中国人。花园桥的位置很好，因为每天都有成千上万的人走过，也经常出现交通拥堵。它的一头是公共花园，桥因此而得名。花园曾有中国人（除了陪同雇主的仆人）与狗不得入内的规定，这些规定后来都成了传说。

这个女人总是带着一个孩子。在与她交谈了几次之后，克劳了解到，孩子是女乞丐租来的，她必须把自己收入的一部分付给孩子的母亲。虽然这孩子经常在睡觉，但克劳发现，每当他叫醒那孩子，他就会哭得很欢，这种充沛的精力一般很难在挨饿的孩子身上见到。克劳好几年都在观察这个女人的进展,直到那个孩子长得太大,不再那么容易抱上桥。在克劳认识这个女人的 10 年时间里,她先后用过 5 个不同的孩子。这个女乞丐后来不幸死去,死因竟然是鸦片吸食过量!她在花园桥上的那些年里,当地警察认真地尊重着她的地盘权。在克劳看来,这一切更像在经营事业而非耍把戏。有关乞丐的传言是上海外侨在酒吧的主要谈资,克劳对许多说法进行了查证,但他从未发现任何贴假疥疮的实例,也没有碰到过任何一个假装自己缺了一条腿的乞丐。然而,这些故事持续流传,还有说乞丐在泥里打滚,涂抹猪血,或者用新鲜的尸体当道具的。董碧方在她关于上海的历史书写中详尽列举了这一畸形技艺的种种形态还有当地一些另类乞丐,如"脑袋开光"和"哭泣的女人",不过克劳坚持认为,尽管这些乞丐会有一些精心策划的行为,但他们大多数人都算不上骗子。[21]

克劳成了乞丐方面的专家,他在自己的住处和仁记路办公室周围都有一些乞丐朋友。他每次离开上海出差回来,会发现有必要给他们提供一些经济上的帮助,以便重建友谊。在他看来,这是一笔有利于研究的很好投资,而且无论如何,正如他曾经评论的那样:"如果你都不能和你的乞丐同胞彼此宽容共存,那人类还有什么希望呢?"[22]

克劳最好的乞丐朋友之一是一个小女孩,有一天她在他掉了一双手套后追上了他。他跟她"关系紧密",尽管她很脏(克劳认为这是她行乞的需要),但她有着甜美的微笑和闪闪发亮的眼睛。克劳曾一度考虑收养这个女孩,她似乎独自住在一排乞丐窝棚里,但当他后来有一天从那儿经过时，窝棚已经被日本人炸毁了，克劳很痛苦。他再也没有见过那个女孩。

当克劳去办公室或去上海花旗总会时，他有司机开车送他，这缓解了上海交通拥堵的噩梦，但他也不排斥使用黄包车。到1930年代初，上海已有16 300辆私家车登记在册，其中在公共租界有9 900辆，法租界有6 400辆。

黄包车提供了一种既便宜又方便的出行选择。然而，克劳坚持不被要价过高，他会与车夫讨价还价，毫不留情地检查车辆，并在炎热的天气里让车夫把坐垫翻过来以确保凉爽。他为自己是黄包车方面的专家而自豪。例如，他声称能认出哪些车夫是"乡下来的新手伙计"，这种人最近才来到这个城市，不知道最近的路线，也不习惯城市交通，这将危及他自己和乘客的安全。克劳一直在制定策略，使车费降至跟当地中国人相同的水平。尽管许多来上海的访客认为黄包车行业具有剥削性，因而拒绝使用，但克劳不同意这一观点，认为这一行业创造了急需的工作岗位。[23]这些车夫可能收入很低，工作辛苦，但他们能养活自己，诚实劳动，不依赖施舍——那对任何一个中国男人来说都是极大的侮辱。克劳还说，有许多黄包车夫，只要给他一辆车，他就能成为出色的纽约出租车司机，但他认识的纽约出租车司机中，很少有人能成为出色的黄包车夫，所以这些访客的优越感用错了地方。

上海花旗总会是克劳的避难所和"圣殿"，他逐渐做到总会的副会长，然后是会长。每逢感恩节和美国独立日，他和海伦也总是在这里举办美国人社区大型聚会。在上海生活多年以后，克劳觉得自己需要找个地方来逃避上海那一轮轮令人上头的社交活动，就像《纽约客》驻上海记者项美丽笔下所写："各种各样的活动——聚会、寺庙、古玩店、通宵订制的衣裳、北平之行、使馆招待会、赛马。"[24]

克劳更喜欢在上海的俱乐部与人交际，而不是在那些更为粗野的酒吧区，像臭名昭著的"血巷"或声名狼藉的"恶土"，它们位于"租界的外延"，超出了工部局的控制，以其明显非法和享乐主义的性质吸引了许多人。[25]克劳造访过"血巷"的酒吧，酒吧里有"盐水姐妹"和"锤钉手"向那些囊中羞涩的水手提供性服务。他很遗憾没能亲眼见证一场传说中"打倒后就拖出去"的互殴，这种斗殴很出名，显然经常在英美水手之间上演。克劳早些年经常光顾许多公司（包括《大陆报》）为员工和客户开设的私人酒吧，那是在上海20世纪二三十年代的经济繁荣之前。不管克劳想不想喝点什么，他别无选择。克劳说，上海是一个嗜酒的城市，早年的饮用水都是酸的，含有明矾，需要兑上威士忌或杜松子酒来调味。他还说，当地医生建议用这种做法杀菌。当旅游企业家托马斯·库克来到上海时，克劳称他对上海外侨的酒量感到非常震惊，还专门去分发小册子，反对喝酒恶习——克劳觉得这是一项毫无意义的活动。

连卡佛百货公司也有一间这样的私人酒吧，在那里，连卡佛先生每天上午十点半会把一瓶杜松子酒倒进一个大水罐里，再加一些别的神秘配料，然后全天为他的朋友和老主顾们供应这种"连卡佛特色饮品"。汇丰银行的私人酒吧是可以光顾的最好的一家，被邀请去那儿与黄金经纪人喝酒是一件非比寻常的事情。随着上海的发展，私人酒吧逐渐消失，克劳喜欢去那种可以讨论政治和时事的地方，而根据他的说法，城里的俱乐部就是这种地方——"中国沿海的每一个俱乐部和每一张茶几，跟现在一样，都是议论国际政治的平台。"[26]坎德林在她关于两次世界大战之间的上海生活回忆录中这样描述上海的外侨群体："……知识分子很少，通常是非常聪明的，并具有广泛的国际好奇心。"[27]在上海总会颇受欢迎的"午餐时间"里，克劳喜欢在那儿谈论国际和本地时事，话题总是关于工部局或法院的事情。他评论说，上海的流言蜚语总体上是无害的——"在上海几乎连续居住了25年多的时间里，我想不起来有什么流言蜚语不是在一两天内消散的，因为它没有什么实质性的内容可作支撑。"[28]在这个基本建立在流言蜚语之上的城市里，克劳自己也是一个喜欢谈天说地的人。

位于福州路209号的上海花旗总会[29]毗邻总巡捕房和工部局行政大楼，后者是上海万国商团总部和大多数市政部门的所在地。建于1924年的花旗总会大楼采用了美国殖民时期的乔治亚建筑风格，所用砖石由美商克利洋行从美国进口，设计者是建筑师克利（R. A. Curry）的新助理、出生于捷克的建筑师邬达克（Ladislaus Hudec）。上海的许多建筑设计都出自邬达克之手，包括上海国际饭店、慕尔堂，还有绿房子——根据它的航运巨头主人的意愿，设计成了船首的形状。[30]福州路以妓院、鸦片馆、赌场以及出版商和花旗总会而闻名。花旗总会是美国商会和拉萨尔函授大学所在地，此外还拥有五十个"单身汉卧室"、两个会员餐厅、一间台球室、一间棋牌室、一间麻将室、一个图书室,以及一个地下保龄球馆。

根据1935年《财富》杂志对上海的描述,上海总会与花旗总会对比鲜明,"上海总会是沉闷的,家具平淡乏味",而"由红砖砌成的花旗总会大楼色彩明亮,拥有殖民地风格的美式枫木家具,大厅隐约让人想起装修精美的医院。那里总是有很多热切的、面带微笑的男士过来握你的手,不管他们之前有没有见过你。酒吧里挤满了人"。[31]克劳承认,花旗总会比上海其他俱乐部更吵,他把这归因于美国人喜欢喧闹的天性。在花旗总会可以通过摇骰子来决定谁为酒水买单,这一流行做法在古板的上海总会则是被严令禁止的,尽管上海总会那长达47码的吧台号称世界最长,在酒吧最忙的时候,那些胳膊肘有幸够得到吧台的人不得不花费大量时间为身后的人传递酒水。

一战以前,上海的美国人数量不多,组织松散,没有自己的俱乐部。克劳说这原本不是什么问题,因为美国人可以参加英国的俱乐部和机构。然而,随着战争到来,上海的美国人群体变得孤立,一些美国人被上海总会拒之门外,因为在战争的大部分时间,许多英国人不信任美国的动机和孤立主义。美国人是中立的,他们发现许多老地方对他们关上了大门。战后,美国人设立了两个美国俱乐部、一所美国学校、一座社区教堂,还跟英国人共建了基督教青年会,开始在上海公共租界谋求一种更为永久的存在。

克劳大概就是《财富》杂志提到的"面带微笑的男士"之一,他担任花旗总会会长多年,其间提名让第一个中国人入会,即唐绍仪。克劳是在1911年认识的他,他后来在1912年出任中华民国总理。唐与孙中山是广东同乡，曾任清廷使节，并作为光绪皇帝的特命全权大使赴印度与英国代表就西藏问题进行谈判。到了1930年代末，上海总会仍然是白人的大本营，而花旗总会则开始接受那些与美国企业关系密切或在美国留过学的中国会员，不过拉尔夫·肖指出："尽管在上海有很多美国黑人，但我在那里从来没见到过他们。"[32]

克劳经常光顾花旗总会，这可能符合他有点儿阳刚的品位，因为这个俱乐部的一大特点就是，多年来不接受女性加入，除了一年一度的女士之夜和乔治·华盛顿诞辰舞会（尽管后来在1930年代体贴地添加了固定的女士休息室）；但他也会造访许多其他俱乐部，这是公共租界的社交生活不可或缺的部分。位于外滩2号、由英国人于1910年创立的上海总会是最有名的，离克劳的办公室很近，他的白俄朋友萨巴乔也经常光顾那里著名的"廊吧"。

上海总会是英国人的一个机构，但其他国家的人也可以加入，女性除外。当时还有个斜桥总会，位于静安寺路[33]651号，内有广阔的草坪、花坛和喷泉。美国人的另一个"酒吧"是摩尔风格的哥伦比亚乡村俱乐部，位于大西路301号（后来的福煦路）。这个俱乐部当时真的就是坐落在乡村，是一个纯粹的社交场地，有着宽敞的阳台、游泳池和室内壁球场。它的鸡尾酒会、游泳池和阳台使它成为炎炎夏夜最受欢迎的饮酒场所。克劳偶尔也会去法国总会，这是上海最国际性的俱乐部（也就是说，它允许不同国籍的人进入，而且即使在几百人等候、每次只允许40人入场的情况下，还大胆地允许女性光顾）。他还会造访礼查饭店的酒吧和庭院，那里晚上有管弦乐队演奏，或者美国大学俱乐部，对美国大学的校友或在读学生开放。如果要找个稍微安静点儿的地方喝酒，他就会从办公室走到法租界一个法国人开的小酒店，跟一个合得来的、看不出有什么收入来源的神秘朝鲜王子聊天，一整个下午都在这个酒店的酒吧里抿着意大利苦艾酒。克劳会向他提出一些想法，看看他是否真的有钱。他建议王子资助发行一份报纸，推动恢复朝鲜的君主制，但王子从未同意把这个想法付诸实施。

克劳偶尔也会去城里的赌场或小赌坊，不过他自称是个"胆小的赌徒"。他在轮盘赌桌上尤为谨慎，因为他习惯在赌资或酒费的凭证上签字，甚至都不看一眼金额，这很容易导致鲁莽行事。克劳通常会换上 100 元的筹码，在输掉最后一块筹码后就回家。他确实很喜欢各种各样的彩票和数字游戏，这些游戏当时大受追捧，人们联合起来参与博彩，热切地等待开奖。他的彩票从未中过奖。

晚上等在花旗总会门外的人力车夫们都认识克劳，在他走出来时，他们会用中文喊"克劳，克劳"，一边喊还一边拍着他们的坐垫，向经历了一晚上辛苦辩论和饮酒的克劳展示它们是多么柔软、舒适和富于吸引力。对中国人来说，乌鸦这种鸟名声很坏，习性也不好，所以大多数司机都喜欢克劳这个名字所包含的讽刺意味。当司机不在，或者不想坐人力车的时候，克劳还可以选择其他的公共交通工具，但他承认，自己并不经常使用公共交通。他偶尔也会乘坐公共汽车，虽然这种车非常拥挤，一旦上了车，每一站就会有更多的乘客挤上去，直逼令人窒息的临界点，在自己的站点下车则无异于一场大战。他注意到，无论是列车员还是其他乘客的抱怨，都无法阻止每站有更多的人挤上来。

在上海和远东期间,克劳的日程安排非常紧凑,经常在中国各地旅行。他的健康状况并不完美,从1930年代中期开始,他对体重的增加感到不安:曾经他身高5英尺10英寸,体重196磅*,从那以后体重便一直在增加。多年间,他饱受一些疾病的折磨,包括宁波漆毒、香港脚(潮湿天气引起的一种足癣)和胃炎,还掉了牙。作为一名报人和广告主管,他的日程繁忙,还活跃在各种委员会当中,这种工作狂热对他的健康并无裨益。他抽烟,也喜欢香烟(事实上,克劳广告公司的一些大客户就是烟草品牌),不过他不能忍受"讨厌的"法国产香烟和中国制造的火柴("像牙签一样细")。这种火柴使他恼火,因为"只用一根火柴绝无可能点燃一根香烟。唯一明智的做法是,把四五根火柴像捆柴一样捏住,然后一起划,寄希望于其中一根能点着,并且它们的易燃程度能足够把火苗维持住"[34]。

腰围渐宽

克劳注意到,很多外国人在中国过了一辈子都没有吃过中国菜,但他声称,在中国他尝过摆在他面前的任何食物,包括鱼翅、鱼唇、燕窝和皮蛋,还有一次吃过蝗虫。他经常抱怨中国的鸡肉,

---

* 约178 cm,89公斤。

因为那些被认为适合宰杀和食用的鸡都是又老又柴，过了下蛋的年纪。然而，野鸡、鸭肉、鹿肉还有牛肉都可以吃到，当然，还有猪肉。克劳发现中国的新鲜蔬菜比美国的更美味，而且一般来说品质也更好，他之前认为黄瓜是一种很无趣的蔬菜，但在中国他发现自己其实喜欢上了吃黄瓜。他还常常惊讶于他吃到的巨大的南瓜和西葫芦，并体验了新的蔬菜品种，比如莲藕。每周四，随着大连来船的抵达，特色菜肴也丰富起来，有牡蛎、海参崴的大蟹、日本的鲜鱼和鱿鱼、宁波的蛤蜊、烟台的对虾，还有杭州的桃子、烟台的梨和青岛的葡萄。然而，他也提到，有着卓越能力的中国厨师似乎怎么都做不好溏心鸡蛋。克劳会因此生气，但他不确定这真的是因为厨师无能，还是员工对他开的一种无害的玩笑。

他说他喜欢在中国以各种方式烹饪的鱼，而不是上海总会里供应的那种索然无味的英式水煮鱼。就西餐而言，家里的情况并没有得到改善，因为克劳的厨师之前接受的是英国雇主的培训，所以很自然地将西餐等同于清淡无味。烤牛肉、约克郡布丁、冷吐司和水煮鱼是他能期待的最好的西餐配置，这进一步鼓励了他吃中餐。

厨师每天都带着自己的秤到市场上买东西，因为据克劳说，没有一个中国厨师会信任一个他们必须向其付钱的商家。虽然他喜欢中国食物，但克劳承认他从未接受过传统的中式早餐，也不喜欢欧式早餐或麦片，他更喜欢以煮熟的食物开始新的一天。而这一顿也相当丰盛——通常包括火腿、熏肉、鸡蛋、华夫饼、热蛋糕、烟熏鳕鱼、腌鲭鱼和煮土豆。想着上午的早餐，克劳回忆了他醒来时听到的声音。"在上海的清晨，当我醒来时，总能听到几个熟悉的声音。一个是单调的小锣敲打声,一位尼姑每天到静安寺朝拜,每走三步就敲一声锣,跪在地上念一段祷文。一个是八哥的合唱声,除了下雨天以外,这些优美的歌者总是在我的柳树上迎接拂晓,然后飞到别处去忙它们一天的事情。第三个就是收粪工头发出的一声含糊不清的喊叫,提醒贫困的住户或大户人家的仆人,把昨夜的便桶放在门外,好让人把里面的东西收走。在太阳升起之前,收粪工作就已经完成了;上海的工作室还未开始办公,远在数英里之外的农民就已经提着装满肥料的桶走上了田间地头。"[35]

家里的美味饭菜和外面的餐食最终都加剧了他的体重问题,这使他烦恼。他喜欢吃甜食,最后戴上了假牙。食物实在是太丰富太好了,克劳宣称:"……在上海,已婚男人对食物的了解不亚于一个拥有报销账户的旅行推销员……"[36]克劳午餐吃得很好,特别喜欢华懋饭店的咖喱对虾。项美丽将上海外侨对晚宴的执着描述为一种"疯狂的时尚"[37],在晚宴上,人们严格遵守着装规范;《财富》杂志则称这些宴会"死板而浮夸,坐姿精确到令人痛苦的程度"[38]——这一切都帮助增加了克劳的饮食和腰围。这对他的睡眠也没有帮助,因为在上海,晚餐很少在晚上八点之前供应,而在夏天,服务员会在用餐者周围走动,向他们的脚踝喷洒一种煤油溶液,防止蚊子叮咬。克劳注意到,他的厨师很少计量配料的用量,而是全部凭借手和眼睛感觉,这意味着一道菜中添加的黄油或奶油通常超过必要的量,所有这些都增加了他摄入的卡路里。根据克劳的说法,"舀黄油的人对精确比例有一种高傲的蔑视",不过他也指出,"虽然用的不是科学方法,但结果通常是完全令人满意的"。[39]然而,他也显然喜欢他那些精致美食,他曾提及自己购买过美国的罐头食品、澳大利亚的黄油、苏格兰的腌鱼、意大利的奶酪、新西兰和英国的果酱,以及日本的鲜鱼。

有时,克劳无法避免那些为他本人举办的饕餮盛宴。他每年都要参加好几次客户为他举办的各种宴会。他的一个客户是一家与他有多年合作关系的中国出版社,他们为克劳举办过一场宴会,还打电话给哥伦比亚乡村俱乐部的酒保,问克劳最喜欢喝什么酒。酒保告诉他们是香槟、威士忌和苏打水。这导致克劳在某天中午的一个宴会上不得不忍受每道菜都配有混在一起的香槟、威士忌和苏打水。

他小心翼翼地记录自己买了多少食物——比如,他提到他家的面粉配额是严格的每月25磅。克劳对钱不一定很吝啬,也不一定缺钱花(尽管他称自己为"挥金如土的人"),但哈同[40]教会了他,在生活的小事上节俭可以让人在大事上不拘小节。克劳从哈同简朴的办公室(那里没有暖气)和他位于静安寺路的上海最大豪宅以及他在杭州西湖岸边的一栋同样豪华的中式宅邸上见证了这一点。除了记录自己的家庭开支(他还高兴地注意到,在中国,野鸡比家养鸡便宜),克劳声称,除会计问题外,他很少听从哈同的冗长建议。

克劳的体重问题日益严重,有一段时间他不得不遵照医生的指示减少糕点和淀粉类食物的摄入量。他在处理其他家庭开支方面也很糟糕,他计算出他家一年到头每天每15分钟就要用掉一根火柴。

然而，他也认识到，工人们"捞油水"的习惯意味着，就算他出差6个月，火柴、面粉和糖的消耗量仍然会以某种方式保持不变。

像大多数侨居上海的外国人一样，克劳并不反对喝酒，他喜欢杜松子酒和苦啤酒，或者被称为"stengahs"的威士忌加苏打水，上海总会的英国中国通们把它叫作"chota peg"[41]。他在上海总会培养了对苏格兰威士忌的良好品鉴能力，合众社驻华办公室的一位前同事后来形容克劳是一个"有两把刷子"的饮者。[42]在夏天，他总是希望在工作过后能喝上一杯冰镇啤酒。克劳刚到上海的时候，对当地的啤酒很失望，因为他能喝到的啤酒都很寡淡，是从苏伊士运来，必须以英式的习惯加热了之后再喝。后来啤酒市场改善了，克劳经常光顾正广和洋行的私人酒吧，正广和的老板是上海最大的酒精饮料经销商，他们在自己的办公室里仿造了一家英式酒吧。

划船与打扑克

克劳一家认为划船出游是一种特别的享受，克劳和海伦会精心计划，在周末和一群来自上海的朋友一起租船沿着运河出游。他在江苏的定期游艇之旅还包括一项大型桥牌游戏，似乎可以没完没了地一直玩到深夜。克劳和海伦定期在江苏和浙江的运河上进行游艇旅行，他们会在常熟和无锡等城镇停留，在那里雇一个"船老大"以度周末。划船出游使他能够聚集一帮朋友，参观新的地方。多年来，他探索了上海周围的所有水道，包括扬子江和乍浦港一带。

当然,克劳也借着这种旅行的机会,去进一步理解中国人的处事方式。他很高兴地发现了船夫的行事规则——比如小船要给载重更大的船让道,但船夫会公然在自己的载重量上撒谎,以便让自己的船先过。偶尔,克劳的船会停下来,困在过于拥堵的水道上。在完全堵死的情况下,所有的船夫都会扯着嗓子大喊大叫,直到一艘船靠边——克劳从没看出是怎样做到的,然后每条船都得以蜿蜒而出,继续它们的行程。他偶尔也乐于扮演中国人观念里那种粗鲁无知的外国人,装出一副发脾气的样子来给他的船赢得优先通过权,这让他雇来的船老大很高兴。然而,克劳也指出,中国人认为这一策略就跟他们声称自己携带着根本不存在的货物一样狡猾:"一些外国人认为这种礼貌是对自己优越感的默认,这就给中国人平添了一些笑料。"[43]

克劳成了一个有点争强好胜的划船出游者,他总是在探寻那些不为人知的新溪流、景观和运河。对克劳一家和他们的苏格兰㹴以及各个圈子里的朋友们来说,划船出游成了圣诞节和新年的保留项目。乘船中间还夹杂着徒步旅行和观光,目的是远离上海的烟尘,洗洗肺。在这些旅途中克劳又一次沉溺于美食。划船出游之风始于英国人,游艇上的食物菜单也往往遵循英国传统,早餐包含有烤火腿、牛排腰子布丁、熏肉和腌鲱鱼,此外还有任何在旅行途中猎获的鹅、鸭、野鸡、鸽子或鹧鸪,偶尔还有鼠鹿,所有这些通常都会用来炖一锅中国沿海传统的"野味"汤。

在上海的时候,除了去花旗总会和其他俱乐部,克劳偶尔也会去看电影。到 1933 年,上海已经有了 37 家电影院,当地的电影产业也在蓬勃发展。和其他许多上海外侨一样,他越来越依赖电影院的新闻短片来获取不断恶化的时局细节,以及本地事件的纪实画面。他还参加了许多外国社团举办的业余戏剧表演。许多剧目都是在兰心大戏院上演的,这个戏院在1931年成了电影院。[44]

他的另一项比较平静的娱乐项目是玩扑克,这是他在《沃思堡星报》上夜班时学会的。对克劳来说,打扑克是一种放松的消遣,虽然他未必很会玩,因为他宣称自己"……在许多次扑克游戏中输得血本无归……"[45]然而,尽管有兴趣去玩扑克和麻将,他却从未对中国音乐或歌剧有过感觉。他承认,在中国生活了25年之后,他渐渐能够欣赏它们,但他从来没有发现过任何真正称得上喜欢的曲调。

他似乎是一个和蔼可亲、受人喜爱的人——一个在中外社交圈里都能吃得开的人。在1935年版的《工部局市政公报》中,克劳被列为"有资格被选为上海外国租界顾问的人"[46]。在上海等级森严的欧洲社交圈里,克劳保持着他的美国气质和略带滑稽的密苏里口音,但他结交了来自各个国家的朋友,包括英国人,最终甚至是比利时人。克劳以前在东京遇到过一个比利时人,并立即对其产生了厌恶,他把这种看法推及到所有的比利时人身上。然而他后来承认,他最终决定喜欢所有人,包括比利时人。二战在欧洲爆发时,克劳迅速表达了对希特勒的憎恶,但他仍然会满怀深情地想起在中国认识的许多德国朋友,包括德国记者朱利叶斯·艾格纳(Julius Eigner)、美最时洋行的博尔雅先生(Herr Breuer),甚至还有在昆明的法国俱乐部为克劳办过鸡尾酒会的前纳粹党头目,以及在法属印度支那请克劳吃过一顿"精美午餐"的老德国领事。

从克劳的照片,至少是那些得以保存下来的照片来看,他本人似乎比他的新闻稿和著述里所反映出来的要更为严肃:穿着正式,总是黑西装、白衬衫、黑色领带和圆框眼镜,双下巴显示了他与体重的对抗。在上海期间,他的大部分西装都是定做的。在不同时期,他试过英国、美国以及西班牙的裁缝,但他最终一直请的是一位中国老裁缝,老合兴先生。据克劳说,这位老先生很快意识到,好的剪裁、完美贴合和克劳的大块头都是不兼容的,所以他不再尝试去实现完美贴合,甚至不再声称这是可能的。克劳很快就明白,当老先生说他为克劳做的一套新西装"还行"时,他是在"授予一项裁缝界的荣誉,这是他的诚实所能允许的最高赞誉"[47]。克劳的衣着一向被认为有点落伍,朋友们会拿他穿的线头裸露、肘部磨损的西装开玩笑。

上海的生活也许是美好而舒适的,但工作却在召唤着他。克劳还对一个崛起的人物感兴趣,已经密切关注他有一段时间了,这个人就是蒋介石。

十二　上海的恐慌、蒋介石和臂章上的三道杠

蒋介石、北伐与上海的混乱

借着偶然的机遇和他为《大陆报》工作的便利，克劳在个人层面上认识了孙中山，他也关注了蒋介石充满波折的上位，尽管是从一个相对较远的距离。即使在蒋控制了国民党之后，克劳仍然把他看作中国政治圈的一个局外人，"吃米饭的南方人"[1]，而不是明显更强势的吃面食的北方人，他们控制着民国的政治和军阀圈子。孙也是南方人，但比起蒋介石，孙是一个更为公开的革命者，这使他更受北方政治精英的喜爱。

通过以学生的身份参与政治，以及他对1905年日俄战争的研究，蒋介石在中国声名鹊起。作为一个疆域从波罗的海延伸到符拉迪沃斯托克的欧洲大帝国，俄国的失败对许多中国知识分子产生了

深远影响，他们看到了摆脱闭关锁国状态的亚洲国家与看似不可战胜的欧洲人对抗的可能性。然而，日本在明治时代从孤立小国到军事强国的进步，也凸显了中国的持续落后和衰弱。还有一点也让蒋介石等人无法忽视，那就是日俄战争实际上主要是在中国领土上进行的。当时日本的力量似乎是革命性的，但许多人并不知道这场战争中美国扮演的角色和西奥多·罗斯福总统的企图（他因此获颁诺贝尔和平奖）。1905年罗斯福召集的朴次茅斯和平会议就是为了防止日本的战败，以限制俄罗斯扩张。

日俄战争对中国的影响还促使蒋介石在内的一代知识分子决定从军，而不是走传统的学术道路。蒋拒绝从事家族祖传的种植业和小买卖等营生，剪掉了辫子，试图入读一所日本军事学校。他没有被录取，被告知需要先在中国接受一些培训，然后日本人才会接收他。结果，他前往北方，入读位于北京以南的保定陆军军官学校。在命运的转折里，正是清政府给了他机会，让他去日本学习军事，结果最终却被他用来推翻清廷，巩固了共和国。1908年，蒋介石进入东京振武学堂，后又驻扎在寒冷的港口城市高田，在那里他见到了孙中山。克劳把蒋介石后来支持清政府抵抗日本入侵的行动比作乔治·华盛顿支持英国"红衣军"抵抗法国。爱国常常导致意外的结盟，并在救中国的名义下实现暂时的休战。[2]

在许多方面，孙和蒋也并不像是同道中人。在克劳的描述中，孙是"……一个文静、执着、有说服力的革命家"[3]。孙在第一次见到蒋时比蒋年长20岁，但他立即对这个年轻人产生了深远的影响，激发了他强烈的爱国情怀。孙说服蒋介石，中国要抵抗外国人侵、实现国家复兴的最好方法是推翻而不是支持清政府。蒋很快成了孙的亲密支持者,还做了一段时间孙的秘书。

1911年汉口的起义——克劳曾在《大陆报》上大声疾呼,称其为"革命"——使蒋介石借机逃离了日本军队并返回中国。蒋介石在上海指挥一支志愿军,并率领它在杭州战胜了清政府的驻军,同时在上海周围进行了零星战斗。1911年后,蒋介石还进入出版和新闻领域,出过一份军事科学杂志。在当时的照片里,他穿着西装三件套,打着领带,拄着手杖,看上去相当精干利落。他只有25岁,继续以某种不安分的方式随波逐流,考虑上德国的军事学院,然后还在上海做了一段时间股票经纪人。尽管蒋仍然非常爱国,但他也需要在经济上独立。他与上海许多富裕的中国商界人士的长期联系由此开始,他们的建议使他迅速积累了一笔可观的财富,为他的其他活动提供了资金。时局的混乱令上海的许多富裕家族感到担忧,他们越来越多地投资马来亚和东印度橡胶种植园等海外华人企业,以及伦敦和纽约的股市。蒋从这些内幕消息中获利颇丰,攒下了足够的积蓄,使他得以重新加入孙的队伍,开始全职革命。

蒋继续扩大他的视野。孙派他去莫斯科考察红军,看列宁的组织模式能否给国民党提供什么借鉴。他并不觉得苏联是解决中国所有问题的灵丹妙药,但苏联之行的见闻也确实启发了他,促使他回国后组建了新的黄埔军校,该校成立于1924年,旨在训练军事指挥官。脱下在上海定做的西装,重新穿上戎装的蒋介石被任命为黄埔军校的首任校长,在1920年代末国民党与中国共产党决裂后,蒋还确保军校里把所有的苏联教官都驱逐了出去。

"五卅"事件标志着学生和共产党领导的抗议风潮在中国迅速蔓延，激起了反英情绪。毫不意外，事发时克劳正在打高尔夫球，当他听说这起在上海发生的事件后，立即赶到现场，这时镇压刚刚过去不过几分钟。他看到尸体被匆忙运走，血迹斑斑的街道被冲洗，以消除事件的所有痕迹。尽管看到了血腥场面，但克劳跟许多在华外国人的看法不同，他不相信另一场义和团运动即将到来。在中国，许多有影响力的人已具备足够先进的政治观念，他们明白，杀掉所有在华外国人这一做法并不能结束外国的控制。国民党当时似乎是唯一拥有可行政治纲领的力量，因此权力逐渐从军阀手中滑向蒋介石。

1926年7月，蒋介石骑着白马（后来的绝大多数重要战役他都并未现身），领导国民革命军从广州北上，为了统一国家和扫除军阀，开始雄心勃勃的北伐。克劳欣赏这支军队焕然一新的职业面貌。最开始的形势并不好——蒋介石的军队装备简陋，许多士兵原本就是军阀的旧部，被认为是不可靠的，这次远征也有破产的危险。在行军的过程中，蒋介石试图争取军阀们的支持，如果军阀们要打，他就逐一应战，因为后者的兵力联合起来会更具优势。到了8月，蒋介石部队已行进至湖南、湖北两省，接着又进军汉口和长江流域。汉口拿下后，蒋挺进江西。南昌攻克，茶叶生产中心九江也收复了，南京和上海成了蒋的目标。与此同时，北伐军其他分部沿海开进福建，夺取了福州。尽管取得了一系列胜利，但代价也相当高昂；2.5万人死亡，其中仅在江西就有1.5万人牺牲，而宋子文则拼命筹集军饷，防止军队叛变。

然而，克劳仍然关注着国民党左翼与苏联还有中国共产党的联系，以及共产国际的米哈伊尔·鲍罗廷与左翼人士的密切接触。蒋在江西的时候，鲍罗廷留在了已被攻克的武汉，似乎在重组国民党的左翼力量，伺机向蒋介石发起挑战。

身材高大、蓄着斯大林式小胡子的鲍罗廷[4]在当时是个神秘人物，他是一名白俄罗斯裔犹太人，年轻时曾在德维纳河上运送木材到拉脱维亚，后来从事走私活动，并于1903年投靠列宁。由于受到沙皇警察的追捕，他从英国一路逃亡到美国，住在芝加哥的立陶宛社区里。布尔什维克革命后，他回到了莫斯科。他为布尔什维克组织各种秘密行动，还曾一度担任苏联驻墨西哥城的领事。他后来又去了英国，在1921年煤矿工人罢工期间为共产国际进行鼓动宣传，然后在格拉斯哥的监狱里待了几个月。回到俄罗斯后，列宁立即把他派到了广州。他经北京和上海到达广州，工作任务是帮助孙中山将国民党改造为更有纪律的群众组织。鲍罗廷在广州停留了一段时间，一度有个重要的年轻共产党员做他的私人秘书，那就是周恩来。鲍罗廷继续参与中国的政治活动，还给蒋做了一段时间的顾问，不过他在1927年被驱逐出中国，当时蒋介石已经掌握了控制权，并且自信在很大程度上击败了国民党的左翼分子。鲍罗廷最终于1951年死在西伯利亚的劳改营。在上海的时候，鲍罗廷和他的家人过着一种奇怪的生活——当他整天在外面煽动革命时，他的两个儿子在美国学校上学，而他那发福的、面容严厉的妻子范妮则在背后默默支持他的工作。严格意义上讲，鲍罗廷是苏联罗斯塔通讯社的记者，但他在中国的真实工作一直是众所周知的。他不回避接受西方记者的采访,包括与克劳的老朋友高尔德(Randall Gould)的一次全面访谈,后者形容他看起来更像一个大商人,而不是革命者[5],而蒋夫人则提到过他不带口音的英语和个人魅力。

鲍罗廷和其他苏联顾问认为,要把中国作为一个民族发动起来,并且最好是统一在革命旗帜之下,其关键在于外国的压迫性存在,以及那些通商口岸和国际租界赖以成立的"不平等条约"。就像克劳在1930年代回顾这段历史时所写到的那样:"一个在茶馆喝着茶、吃着西瓜子的普通人并不太了解这些条约的具体条款,但他确实知道,上海有一群中国学生被射杀,开枪的命令出自一名英国警察。"[6]

在国民党军队北伐过程中,排外宣传的浪潮高涨,克劳愿意理解蒋介石。他认为蒋并不完全赞同这种策略,事实上,当一些外国人在南京被杀害后,蒋介石进行了军事调查,并处决了五十多名涉案的中国人。排外事件进一步在九江和其他一些长江沿岸城市出现。在南京的血腥事件中,几名美国人被杀,一艘美国炮艇向南京城开火,而其他外国居民则四散逃离。北伐军离开广州北上后留下的真空地带确实被左翼分子占据了。毛泽东此刻则在湖南组织农民运动。还有报道称,教堂被迫将耶稣像换成孙的画像,这让上海的一些人感到担忧。

总的来说,克劳认为国民党军队是训练有素的,至少跟军阀部队比起来是这样,虽然这支武装力量实际包含了新近皈依国民党事业的一部分军队,比如广东第四军("铁军")和来自广西的第七军。尽管发生了一些劫掠事件,但这支军队大体上是守纪律的,并在所到之处赢得了大多数中国人的支持。整个北伐得到了中国许多最富有家族的支持，而负责管理军队财政的，正是宋耀如的长子、哈佛毕业的经济学家宋子文，他是在妹妹霭龄的介入和请求之下开始支持蒋介石的。

因为他的家庭关系和他自己的财富，宋子文在上海是一个大人物。他那敦实的体格和标志性的眼镜常常出现在社交场所，但他很少说不必要的话；他是一个严谨的银行家和会计师，从哈佛毕业后曾在纽约的国际银行公司*工作。他以幽默感和对西方自由政治的信奉而闻名。1917年，宋子文回到中国，担任汉冶萍公司上海办事处的秘书，这家公司在1915年日本对中国提出的"二十一条"中被特别提到，其重要性可见一斑。日本人对其觊觎已久，现在终于在这家公司有了主导性的影响力。宋子文在上海显然把汉冶萍的账目管得不错，现在他的妹妹庆龄（孙夫人）又催促他打理国民党的财政。对此，他主要致力于解决进口关税、帮助政府更好地举债这类问题。他热衷于征税，对民生涉及的大部分领域征收额外费用，包括人力车税、婚礼庆典税、餐饮税和葬礼税。1924年，在苏联 1 000 万元贷款的帮助下，他为中国建立了中央银行。许多普通中国人认为宋子文在经济和财政上有才干，而且值得信任。中央银行的存款也迅速增长，同时由宋子文控制的武装征税力量确保了财政收入的最大化，尽可能减少了财政拮据情况的出现，一个全国性的税收系统开始形成。

---

* 花旗银行的前身之一。

克劳在上海观察着蒋的进展。他不同意那些被他称为"俱乐部酒吧间里的战略家"以及外交界大部分人的看法,他们认为国民党在拿下南方和长三角地区之后会休兵罢战,避免去挑战北方组织最为精良、与日本人勾结的军阀势力。克劳相信蒋介石的军队训练有素,纪律严明,可以继续作战。为解决鲍罗廷在武汉掀起的左翼复兴,蒋介石处决了共产党的领导人,镇压了左翼组织,并在许多地区消灭了共产党的活动。蒋介石的权力现在更为巩固,开始考虑该拿上海怎么办。

保卫一片水火中的一点极乐之地

1927年,正如一位评论员所描述的那样,上海的法租界和公共租界当局已下定决心保卫他们那"一片水火中的一点极乐之地":他们的特权和条约权利。尽管克劳不相信义和团式的局面会再次出现,但上海的外国人群体已经为围城做好了准备,英国增派了1 500名达勒姆轻步兵,法国则派遣了一些越南(安南)士兵来保卫法租界。总共有两万人武装了起来,准备好要保卫这座城市。在他的朋友——上海美国驻华法院的赛燕尔(Thayer)、罗炳吉(Lobinger)、潘迪(Purdy)和希尔米克(Helmick)等法官的敦促下,克劳加入了主要由英美公民组成的特别警察部队。他学习如何使用左轮手枪,还真的穿上了警察制服,被授予了中士军衔,这让他觉得既好笑又有点奇怪。克劳的办公室临近江西路上的工部局总部大楼[7]，不远处就是圣三一堂，他的工作是联络英国调派下涌入上海的军人，这里面包括孟加拉人、旁遮普人、冷溪卫队和其他英国军团。美国从菲律宾派出了海军陆战队，黄浦江上停泊着十几个国家派出的20多艘战舰，同时英国皇家空军维持了一个战斗机中队，可以随时从跑道上起飞。

克劳之所以得到这份他觉得"有趣"的工作（还有配给他的服役手枪），是因为他是一个公认的老中国通，而他的法官朋友们则表明他在"外国人圈子里的地位不错"。根据克劳的说法，英国兵无法区分中国人和他们以前的盟友日本人，因此，在保卫租界时，本应是盟友的军人之间有可能过早爆发冲突。克劳声称，他曾经阻止了一场枪击事件的爆发，原因是一些英国士兵误将日本骑兵团当成了国民党的进攻部队。值得庆幸的是，这位中国通及时向警觉的英国哨兵提出忠告，告诉他们这些人确实是友军，而不是敌人。

对许多人来说，形势看起来很危险。国民党长期在上海活动，周恩来从广州转移到公共租界，组织共产党和工会，而青帮则成立了相应的"黄色工会"。1927年3月，蒋介石向上海的南部防线进军，大批难民涌入被沙袋、铁丝网和军队包围的公共租界。英国士兵和试图逃离战火的军阀部队之间爆发了枪战。总工会发动大罢工，占领闸北，并帮助支持蒋的广西军阀白崇禧将军进城。反洋人的情绪在闸北滋长，在那里，工会希望建立苏维埃。还有一群暴徒试图冲进法租界。蒋介石的军队已经就位，但他不愿意与外国军队作战，尽管他刚刚占领南京，并再次宣布南京为民国首都。

十二 上海的恐慌、蒋介石和臂章上的三道杠

蒋介石本人于 1927 年 3 月 26 日乘炮艇抵达上海，那里到处都是反帝国主义的学生、闹腾的工会、国民革命军的士兵和许多不太可靠的前军阀部队。汪精卫当时正从欧洲回国，准备接掌国民党的左翼力量。汪抵达上海后，承诺支持蒋介石以防止起义。青帮和共产党是最大的未知数。因此，蒋在上海见的第一个平民是黄金荣，也就不足为奇了。蒋介石决心利用匪徒来对付共产党。他们达成协议，黑帮将提供人力和武器支持蒋介石，以换取豁免权，继续控制这个城市利润丰厚的毒品生意。

这个协议涉及上海所有的重量级人物。杜月笙组织了自己的民兵组织——中华共进会，而法国总领事则呼吁公开反对共产党，法国警察守卫着杜的协会总部，并为他们提供枪支。杜随后利用他与法租界警务处处长费效礼上尉（Captain Fiori）的关系，见到了工部局总董费信惇（Sterling Fessenden）。费信惇是一个矮胖的美国人，他说服工部局允许杜的暴徒通过公共租界，以屠杀左翼分子。[8]蒋介石眼中，杜也许是一个爱国者，可以与其一起做一番事业；或者是一个暂时合作对象，以实现既定目标。然而，事实是，国民党与青帮的渊源要追溯到民国成立时，当时孙中山的密友陈其美为了国民党的事业，谋求了青帮的支持来占领上海。

交易达成后，蒋返回南京，留下白崇禧在上海清场。4 月 11 日，青帮杀害了上海工会的最高领导人，共进会的成员随后进入租界，没有受到法租界或公共租界当局的干预。他们接着攻击工会分支机构和左派分子的阵地。在随后的公开处决中，估计有 400 名左派人士被杀害，不过有些人声称数字要高得多——埃德加·斯诺说

有5 000到10 000人被处决。白崇禧和杜的人占领了上海的工人运动区域。

随着秩序的恢复,局势最终平静下来,但过程是残酷的。中国军队撤走了,大部分外国军队没有看到任何行动就被遣返——正如历史学家约翰·凯伊所说,他们离开时"唯一带走的就是一身性病"[9]。从上海到广州,蒋介石在大片区域对左派实施了报复行动。克劳后来回忆说,他当时可能有点担心过头,而蒋介石也没有鲁莽到一口气与租界里的所有大国较量。这样做会危及他的资助者宋子文等人的商业利益,而那一年因为蒋宋联姻,宋子文还成了蒋的大舅子。在上海的婚礼上,蒋介石着西式礼服,而美龄则是一身欧式新潮白婚纱。

在公共租界中,生活在某种程度上恢复了正常,克劳扔掉他的军服,回到了自己的工作中。然而,克劳和其他大多数外国人都不知道蒋介石、法国人、费信惇和青帮之间的交易。北伐成功抵达上海,但除了巩固城市中的青帮势力、开启一段黑社会横行的暴虐时期之外,并没有取得什么成果。蒋介石允许青帮在上海贩卖毒品,所得的利润部分用于资助北伐从上海继续开往北京的远征。蒋介石的军队继续北上,克劳则花了一些时间来研究新生共和国的真正意义,并重新投身报业。

十三 重返报业

短暂重操旧业

随着克劳广告公司的成功，卡尔自觉有足够把握去创办新报纸。他是 1929 年创办《大美晚报》(*Shanghai Evening Post*)[1] 的几位美国人之一，也是该报的编辑。报社的办公室设在爱多亚路 17－21 号。这份报纸实际上是《大晚报》(*Shanghai Evening News*) 的改良版，曾得到商界大亨史带的支持。

克劳根据他从密勒那里学到的原则创办了这份报纸：本质上支持国民政府，反对日本军国主义。报纸的主要赞助者是亚洲的人寿保险巨头 C. V. 史带（Cornelius Vander Starr）。史带生于加利福尼亚州门多西诺海岸的布拉格堡，在军队服役了一段时间后，他在日本太平洋邮轮公司找了份工作。1919 年他来到上海做速记员，口袋里只有 300 日元。他和弗兰克·杰伊·雷文（Frank Jay Raven）——1904 年以工程师身份来到上海的一位美国人——一起创立了美亚保险公司[2]，这家公司后来如日中天。史带发了财，被《财富》杂志描述为"上海最意气风发的大班"[3]。通过自己的恒业地产公司（办公室离克劳的不远），史带在上海大举投资，并持有雷文的普益地产公司的大部分股份。史带和他的未婚阿姨住在字林西报大楼（外滩 17 号）的八楼，这里也是友邦人寿和美亚保险的办公室。在某种程度上，他还是一名社会改革家，给予中外员工同等的工作待遇。

克劳在竞争激烈的上海报界自由驰骋。在密勒离开后，中国人掌管下的《大陆报》资金困难，逐渐被爱德华·埃兹拉（Edward Ezra）控制。埃兹拉是一位著名的英国塞法迪犹太商人和地产商，他经营上海的鸦片专卖直到 1917 年，积累了大量财富，上海有一条路以他的名字命名。[4]埃兹拉对报纸略知一二，因为他多年来一直在主编上海出版的犹太报纸《以色列信使报》（*Israel's Messenger*）[5]。

直到 1940 年代，《大美晚报》仍然是上海的主要晚报。其竞争对手《字林西报》的记者、行伍出身的英国人拉尔夫·肖说，《大美晚报》是"发行量很大的晚报……他们的总编兼出版人高尔德旗帜鲜明地反日"[6]。

这份报纸从一开始就强烈亲华，尽管它看起来完全是美国报纸，内容包括多萝西·迪克斯（Dorothy Dix）的问答专栏、填字游戏、里普利（Ripley）的《信不信由你》，以及六家新闻集团的专栏。在亲自担任了一小段时间的报纸编辑后,克劳决定由他的老熟人高尔德担任主编。早在高尔德去北京担任合众社记者时,克劳就认识这位身材魁梧的明尼苏达人了。高尔德在密苏里新闻帮里有许多朋友。1923—1924 年,他曾在东京的《日本时报》做新闻编辑,1920 年代末,他先后担任合众社在北京、天津、上海和马尼拉的流动分社经理,以及《北京日报》(*Peking Daily News*)的新闻编辑。高尔德自 1931 年受聘,担任《大美晚报》的主编长达十年,同时他也是《基督教科学箴言报》的驻华记者。他后来在 1940 年代写了两本书——《今日重庆》和《阳光下的中国》。珍珠港事件后,他回到美国,担任《大美晚报》美国版(一份旗帜鲜明地支持美国对于中国的战时观点的报纸)的编辑,1946 年成为大美晚报公司总经理,后来又在 1949 年进入《丹佛邮报》的编辑部任职。

据估计,上海的目标英文读者只有 8 000—10 000 名,另外还有几千名将英语作为第二或第三语言的读者,因此,上海英文报纸市场的竞争一直很激烈。在两次世界大战之间,说英语的年轻一代中国读者人数不断增长,他们更有兴趣了解外部世界,英文读者群也随之扩大,但这一市场仍然有限。克劳估计,相当一部分读者是正在学英语的中国学生。

1919 年,克劳受托为美国国务院撰写了一份关于中国报业状况的报告,于 1921 年发表。在这份报告中,克劳将中国的新闻媒体分为三类:

(一)由在华英语人群发行、面向在华英语人群的英文出版物；（二）由中国人发行、面向中国人的纯中文报纸；（三）一个日益重要的类别，包括英文、中文和其他语言的报纸，但为了特定的外国势力服务，同时标榜自己要么属于英国人，要么属于中国人。[7]

《大陆报》在创立之初就是上述第一类报纸的典型代表。然而，到了1929年，在华英语报刊的情况变得越来越复杂。《字林西报》的经营一如往常；《大陆报》几易其主；《上海泰晤士报》（Shanghai Times）和《文汇报》（Shanghai Mercury）名义上是英国的，但实际上处于日本的控制之下；1918年，《沪报》（Shanghai Gazette）问世。《沪报》声称其目标读者是那些希望读到"美式"新闻的人。然而，它似乎在很大程度上是由孙中山和出生于旧金山的廖仲恺掌控的。廖仲恺在日本与孙中山相识，制定了国民党的工农政策，并最终在1925年遭到暗杀。这是克劳在提交给国务院的报告中忽略的第四类——由当地政党或著名政治家控制的中文报纸。1926年，克劳评论说："任何城市出版的报纸数量几乎都完全取决于当地的政治活动。"[8]

《沪报》就属于这第四类。它是由两个出生在特立尼达的华裔英国人陈友仁（Eugene Chen）[9]和科林斯·亨利·李（Corinth Henry Lee）编辑的，可能还有索克思的参与。克劳对《沪报》也不太了解，他在给国务院的报告中承认了这一点。

身材瘦削、带有英国口音的陈在上海声名鹊起，但他很少公开露面。他出生在英属西印度群岛，父亲是中国人，母亲是特立尼达黑人,后来四次出任中国外交部部长。接受过英语教育后,他在伦敦内殿律师学院做过一段时间的律师,在那里,他获得了"辛辣抨击大师"[10]的名声,然后回到特立尼达。在西印度群岛短暂停留后,他很快于1912年来到中国,出任交通部的法律顾问。陈既不会读写也不会说中文,他在1914年创办英文《京报》(Peking Gazette),对英国在华利益的捍卫者《字林西报》发表了措辞激烈的社论。他还在社论中谴责过段祺瑞政府,为此在1917年被投入监狱,不过,因为他是英国人,很快就通过"治外法权"获释了。出狱后,他搬到上海,成为孙的个人顾问和私人秘书(这个职位他一直担任到孙去世)。他创办的《沪报》继续攻击英国特权,他因此而再度入狱。1919年,他作为代表参加了凡尔赛会议,试图推动中国的诉求。后来,他继续在中国鼓动反英,并取得了一些成功,包括迫使伦敦归还汉口的通商口岸。在陈被扣押的时候,《沪报》由C. H. 李主编,他也是一位在特立尼达出生的华裔。索克思的参与则令《沪报》变得更加扑朔迷离。

索克思是谜一样的人物。他是讲俄语的犹太移民之子,曾就读于哥伦比亚大学新闻学院。他在1917年奔赴革命时期的俄国,但一年后又回到中国并娶了一位中国太太。他加入了《沪报》的编辑团队,这使他能够近距离接触孙中山,并作为孙和学生之间的信使参与了1919年的五四运动。在与C. H. 李发生争吵后,索克思很快离开了《沪报》,但仍与孙保持密切联系,并为《字林西报》《纽约邮报》《纽约时报杂志》《费城纪事报》和费莱煦的《日本广知报》等多家报纸撰稿。他经常以笔名格拉马达（G. Gramada）在《字林西报》上撰写社论，定期从广州和上海发回报道，直到1931年离开中国。

通往共和国的道路

在这种激烈的竞争氛围下，《大美晚报》正在成为有关中华民国时局变动的主要新闻来源之一。过了一段时间后，克劳与报社分道扬镳，史带接替他担任管理者。史带认为，克劳是创办报纸的最佳人选，但他并不适合长期管理报纸。[11]克劳罢手去干别的事情；他现在也对中国发展变化的无数种可能性产生了兴趣。

蒋介石继续进军，上海租界则基本恢复了往日的生活节奏。蒋的远征军向北挺进，逼近日本人控制的青岛（但蒋介石始终拒绝与外国军队作战），而他的第二集团军进入河南，他的盟友"基督将军"冯玉祥占领了郑州。长沙被北伐军攻克，所谓的北方军阀联盟开始自动瓦解。共产党的反抗仍在发生，但蒋介石在1927年发起了严惩不贷的残酷清洗运动，一再以极端残忍的手段予以镇压。

1928年1月，蒋介石在打败国民党左派残余势力后回到南京。他已基本上毫无争议地控制了国民党。利用这个新的权力基础，他在4月份重新发动北伐，带领80万人向北京发起最后进攻，并赶走了仍然统治着北方的"大帅"张作霖。似乎有能力筹措无尽资金的宋子文再次被召用。二次北伐始于济南,随后山东大部分地区被占领,导致日本对该市的中国人施加了一轮暴行。[12] 到了6月,中国民众纷纷逃离北京,包括大帅本人也向他在沈阳的大本营撤退。他没能活着回到老家,日本控制的关东军炸毁了他的火车,暗杀了他。国民革命军打进北京。几天后,蒋介石到达北京,完成了他为期两年、长达1 500英里的远征,并把北京改名为北平。[13] 在南京,人们不再讨论军事战略和政治操弄,而是开始思考如何建设新中国。

在蒋介石巩固了全国大部分地区的权力后,中国与西方列强的关系得到改善,中国通们的关注焦点也从军阀和远征的进展转向南京政府如何过渡为一个行政机构。克劳对当时已变得极为顽固的右翼国民政府给予了更多褒扬,特别是肯定了全国经济委员会和建设委员会成立之后提出的公共工程和道路建设计划。作为一名企业家,他很快意识到,随着上海周边公路网的快速扩张,在华东地区驾车旅行可以变得更自由、更个性化。他创办了一份小型的旅游月刊《中国公路》(China Highway),严格说来,这是当时中国汽车俱乐部的官方刊物。《中国公路》记录了直通苏州、杭州、南京和安徽黄山等城市的新建公路,以及可以乘车到达的风景名胜之地。随着道路建设迅速开展,这份杂志可以报道的旅途越来越远。在1937年日本入侵之前,从上海驱车最远已能够南至广州,西抵重庆。克劳的杂志是由大型石油公司的广告赞助的,这些公司为新出现的长途驾驶司机群体提供加油站,并已经开始发行中国的公路地图了。

随着汽车保有量和中国道路建设项目的加快，克劳看到了出版新刊物的商机。

《大美晚报》和《中国公路》都反映了克劳有兴趣去认识和解读国民党正在建设的新中国。这一切最终导向他和蒋介石的会面。

十四　新共和国与宋氏王朝

南京的热粥和冷吐司

在经历了 1925 年和 1927 年的动荡之后，克劳见到了蒋介石，进一步加强了他对蒋的好印象。1928 年，应国民党政府的邀请，他作为外国报界人士代表团成员之一来到南京。当时外界担忧新政府可能会过度威胁列强在华利益，这一邀请是国民党政府力图消除这种疑虑的一次尝试。克劳当时并不是全职记者。不过，他正准备为史带推出《大美晚报》，创办《中国公路》，同时还运营着自己的广告公司，所以他决定无论如何也要参加。就蒋介石而言，他现在已经在新首都南京站稳了脚跟，亟须安抚他所依赖的上海商界以获得支持和资金。这次招待会是蒋介石为重建关系和确保支持存续而策划的许多会议之一。

招待会当天，南京受到了从北方南下的反常暴风雪和刺骨寒风的侵袭，但克劳还是记录说他非常愉快地参加了蒋介石和蒋夫人为大约 30 名记者举办的茶话会。蒋夫人为她的先生讲英语，但克劳相信蒋懂的比他表现出来的要多，不过他还是按部就班地让夫人翻译。在与蒋夫人的兴奋会面之后，蒋介石入场致辞。克劳认为蒋的简短欢迎辞是这位有点低调的领导人的典型做派，当时他挤在一个散发着宝贵热量的温暖火炉旁，注意力集中在丰盛的三明治和茶水上。然而，蒋介石继续讲话，但这一次他的语调使克劳将他描述为一位"热情的爱国者，他请求我们作为外国公众的代表，给予他理解和帮助"[1]。他相信，蒋关于共和国光明前途的半小时演讲受到了媒体人士的欢迎，但当他们回到上海时，那些更为保守的编辑们却拒绝采用，认为这是蒋家的宣传伎俩。当克劳试图说服资深编辑们相信蒋的诚实时，他被指责为"亲中"，他形容这是一种"并非恭维"的指责，接下来的岁月他还将多次面临这种指责。[2] 总的来说，克劳认为蒋介石是一位深受中国传统熏陶的现代将领，热爱中国古典诗歌，有着"纯粹的中国思维"，但又从对苏联红军的观察和在日本的军事训练中学到了东西。[3]

由于恶劣的天气条件，南京之行并不舒适。克劳这样描述这次短途旅行："穿三件外套的一天，早餐时，我们吃热粥和冷吐司，牙齿直打战。"[4] 午餐也很可怜，他同样难免挨冻。一位中国官员提出在华外国人享有特权这个话题，克劳告诉他说，他愿意当场放弃所有权利换得一间温暖的屋子。那天晚些时候供应的蒋夫人的三明治是最受欢迎的。事后看来，克劳承认，尽管当时物资匮乏，上海的编辑也很刻薄，但这群记者在这些高效、努力的中国政府部门中看到了新景象。在围拢的人群惊讶于蒋介石显然发自内心的爱国演讲之前，他们的预期其实就已经被打破了。他们本想着会到一个相当宏伟的、温暖的宅邸参加招待会，却惊讶地看到蒋住的地方颇为简朴，比附近那个克劳在1912年拜访过的孙中山的衙门要小得多。此外，蒋介石的随行人员中只有极少的几个安保人员，而且蒋穿着他那标志性的美式军服和军帽优雅出场，一点也不像刚从北伐的泥泞战场回来。

也正是这次旅行让克劳被蒋夫人宋美龄的个人魅力所吸引，她是宋耀如的小女儿，当记者们到达时，她已经布置好房间，克劳形容她"仪态不凡"，"个人魅力主导了整个现场"。[5]她给克劳倒咖啡，并和他的太太海伦（她也跟着一起去了）聊起丝袜滑丝的问题，以及如何正确地熨烫男士裤子，同时抱怨说，蒋的制服常常看起来就像是睡觉时都没有脱下过一样。

当然，在当时，被令人敬畏的蒋夫人迷住是很正常的，克劳只是许多倾慕她的外国人中的一个。海明威说她是"中国女皇"，探险家斯文·赫定（Sven Hedin）称她"优雅"——男人们对她的赞美实在是太多了。蒋夫人非常清楚她的美貌、时尚感、流利的英语和长长的指甲可以迷住西方人，她无情地利用这一点为她的丈夫营造良好形象。在二战期间，她魅惑外国媒体的本事成为传奇——进行巡回演说为中国抗日赢取支持，在国会两院和纽约的街头演讲，住在白宫时因为只睡自己从中国带来的真丝床品，还为八卦专栏贡献了花边新闻。克劳很快被她的魅力所折服，在见到她之后有了他那句著名的评论:"蒋夫人生于中国,但她的思想植根于美国",同时赞不绝口地把她描述成"一个有着非凡美貌和魅力的女人"。[6]然而,蒋夫人在中国并没有受到普遍欢迎,一家中文报纸宣称"如果美龄在长江底,那么中国遭受的苦难会少一些"[7]。

在蒋夫人战时访问华盛顿时,罗斯福总统曾坚持要求在两人之间放一张牌桌保持距离,以免被"诱惑",但克劳从来没有罗斯福总统那样清醒的头脑。当罗斯福和丘吉尔在开罗会见蒋介石时,他还很明智地提醒丘吉尔留神蒋夫人魅惑人心的手段。据蒋的传记作家乔纳森·芬比说:"她(蒋夫人)和她的丈夫乘飞机去开罗会见丘吉尔和罗斯福。她没有像丘吉尔希望的那样去参观金字塔,而是穿着一件黄色菊花纹底的高开衩黑色丝绒旗袍走进会议室。由于她的丈夫不会说英语,她接管了中国团队,一边一根又一根地抽着英国香烟,一边不停地纠正翻译,制定策略。根据英国参谋长的说法,当她在某一时刻变换姿势,从旗袍的开衩中露出'一条最优美的腿'时,房间里只听得见男人们的'窃窃私语'和'起哄骚动'。"[8]正如克劳在 1928 年所证实的,从南京那个寒冷的日子以后,直到与丘吉尔和罗斯福会面,美龄的风格并没有改变。

宋氏王朝

美龄原本不是搞政治的人。这更像是她姐姐庆龄的角色——一个激进的革命党人。然而,宋氏家族是一个搞政治的家族,宋家三姐妹很快就成了中国的米特福德姐妹*。美龄作为最小的妹妹，最长的混乱经历就是宋家和孙中山流亡日本；当宋家搬回到黄金荣控制下相对安全的法租界时，美龄正在美国上大学。她在波士顿附近的韦尔斯利学院念书，只在课余偶尔关注中国政治。和她的姐妹们一样，她也曾就读于乔治亚州的卫斯理安女子学院，在那里她学会了说带着一点南方口音的英语。之后，她暂用"奥利芙（Olive）"这个名字去了著名的韦尔斯利学院，在那里她学习英国文学，喜欢亚瑟王时期的爱情故事，同时也和所有大学女生一样，对男孩感兴趣，参加体育运动（她加入了校篮球队）和社交活动。[9]她在1917年回到上海，在那里她的同龄人正喝着鸡尾酒，穿着西式服装，忙着社交活动。她在派对上一炮走红，成为霞飞路宋宅日常宴会的主角。她以社交名媛和"女性委员"的身份涉猎社交圈，但很快就厌倦了这种生活。于是她转而向上海的基督教女青年会就业局申请工作。

她最初接受的面试之一是在克劳广告公司。就业局的局长梅森[10]觉得，克劳可能需要一个聪明的、在美国受过教育的中国女孩。克劳考虑了她的申请后决定不予录用，当时他显然不知道她的来历。很久之后，在南京的茶会上，宋美龄已经是蒋夫人了，克劳才意识到自己当初拒绝的是什么人。克劳称他已经准备好要录用她，但他的一个主要客户当时大幅削减了他们的预算，所以他决定暂时不要增加任何开支。后来，美龄全身心地投入工部局在上海成

---

* 米特福德姐妹（Mitford Sisters）是现代英国的知名公众人物。六姐妹出身名门，美丽聪慧、特立独行，拥有不同的政治倾向，见证了20世纪的历史。

立的儿童劳工委员会的工作，但当地媒体很大程度上忽视了她的贡献。美龄致力于该委员会的工作，并偶尔动用宋家的名号对工厂主施加影响，迫使他们做出一些改变。根据克劳对她当时的公益行为所做的观察，她似乎注定要成为"中国所有受苦孩子们的母亲"。[11]她还开始学习中国古典作品，增进自己对中国文化的了解，补一补她在美国留学期间落下的功课。

宋家的大家长宋耀如出生于海南岛，是一个宽鼻子、厚嘴唇的客家人。他皈依了基督教，在美国接受过教育，后来创办了印刷圣经的公司，迅速积累起财富。宋耀如1918年去世，年仅52岁。尽管他是得了胃癌，但当时关于他真正死因的谣言在上海到处传播，暗示了一些可疑的事情，包括被他的敌人投毒、被他的朋友毒害，而据宋氏家族的一位传记作者说，庆龄的私奔也可能让他伤心欲绝。[12]美龄和她的母亲搬到了西摩路（今陕西北路），随着庆龄嫁给孙中山，另一个姐姐霭龄（她可能是上海第一个拥有自行车的女孩）嫁给了孔祥熙（一位富有的银行家，同时也是国民党的支持者），家族的影响力持续增长。就像民间流传的说法那样，宋氏三姐妹的婚姻：一个为财（霭龄），一个为权（美龄），一个为国（庆龄）。

蒋介石和美龄在1927年结婚，根据克劳的说法，婚礼的仪式有一种"美国女孩嫁给陆海军军官或社会名流"[13]的感觉。蒋介石早在1901年、年仅14岁的时候就已在家中安排下结婚，娶的是比他大五岁的毛福梅，仪式在浙江溪口老家举行。[14]这桩由他母亲一手包办的婚事毫无意义。到了1905年，蒋介石已经开始阅读反满材料，并剪掉了自己的辫子，准备离开中国去日本留学。回到上海后，他顺从了母亲的愿望，与原配生了一个儿子。

1921年，蒋介石与毛离婚，并在一个佛教仪式上迎娶了"珍妮"陈洁如。他向陈洁如求爱时，陈才十三岁，比蒋的儿子只大四岁。除了再婚，他还纳有一个小妾，胖胖的歌女姚，还因此让陈洁如染上了一场淋病。然而，在由宋子文在法租界的孙中山宅邸举办的圣诞晚会上，蒋介石遇到了美龄。当时他刚与第一任妻子离婚，娶了第二任妻子，并纳有一个新的小妾，但很快又迷上了美龄。他在广州恳求孙中山帮他向美龄提亲，告诉孙他已经和乡下妻子离婚了，也摆脱掉了小妾，但是他隐瞒了和陈洁如结婚的消息。孙答应去跟夫人商议蒋和美龄结婚的可能性。据说，庆龄对这个想法非常生气。[15]

像蒋介石这样的人，虽然非常成功，但仍处在追逐绝对权力的风口浪尖，而且因为自己的地位而处在一种孤立状态，美龄似乎是一个完美人选。她漂亮、年轻、出身名门，拥有无可挑剔的政治资历、财富和明确的社会责任感。这场联姻对双方都有好处，因为它可以巩固蒋介石作为中国统一者的形象，也让美龄能够真正引领社会变革。反对这桩婚事的主要人物是宋耀如的妻子、宋氏家族的女家长倪桂珍。虽然耀如当时已经离世，但他的遗孀仍然是一位虔诚的卫理公会教徒。她每天都要读《圣经》，并要求自己的所有孩子星期天去教堂做礼拜。蒋是佛教徒，宋母坚持要他改信基督教。宋子文和他的姐妹们同母亲争论说这没有必要，无论如何，如果仅仅是为了取悦她而改信，不是真正拥抱耶稣，那么这种皈依又有什么意义呢？双方达成了妥协。蒋不再承认陈洁如是他的妻子，并把她送到美国以免受伤害。他同意每天读《圣经》，尝试去理解他们的信仰。起初，宋母觉得她可能在这桩交易中输了。然而，三年后，蒋显然是出于自愿同意接受卫理公会的洗礼，这让他的佛教徒朋友们大为吃惊。婚礼采用了基督教和佛教两种宗教的仪式，这对新人在上海安了家，美龄成了蒋夫人。

蒋介石和宋家的关系凸显了两次世界大战之间上海各界人物的相互联系。蒋的财政支持来源于美龄的哥哥宋子文和他的姐夫孔祥熙。蒋曾是美龄姐姐的丈夫孙中山的门生和高级副官；上海的青帮头子杜月笙也认识他，"杜大耳朵"跟宋家在法租界原来的庇护人黄金荣有密切联系。杜出生在浦东，是一个码头混混，做过水果买卖，然后成了鸦片贩子。他在1927年带头镇压上海的共产党以后接管了青帮，控制了城里大多数卖淫、毒品和劳工买卖，同时还是一个熟练的人贩子，涉足"搬石头"（贩卖男孩）和"采桑叶"（贩卖女孩）。他的触角延伸到了公共租界的核心地带，以及环境更为宽松的法租界。到了1930年代初，杜大约有两万名对他唯命是从的手下，他乘坐着装甲豪华轿车在街头出没，并在保镖的护卫下居住在相对安全的法租界。尽管杜是上海的头号黑帮分子，但这并不影响他被宣扬为慈善家，当地版的《名人录》对他极尽溢美之词。

灭蚊蝇，扫屋子

克劳观察到，蒋对中国的现代化愿景也反映在了上海的街道上。中国餐馆在菜单里加入了更多西式菜肴,穿着长裤和洋装的男士多了起来,传统的黑色丝绸瓜皮帽也越来越被摒弃,取而代之的是大阪产的爵士帽。克劳采访了他的老朋友伍廷芳博士,此人反感这一风尚,就发明了一种新的中式帽子——六角帽。这种帽子只生产过一顶。伍博士戴着它在上海四处走动了几个星期,但也没能使它流行起来,伍只好又戴起了他的丝绸瓜皮帽。伍博士还尝试过设计一套完整的丝绸服装,尽管克劳帮忙做了一些宣传,但这种衣服也没有流行起来。

在上海和华东地区周边旅行时,克劳看到了中国新风尚的迹象——从使用刀叉到穿着西式服装。他对女性风格的变化颇为赞赏,认为她们摆脱了许多压抑的旧习俗。在上海和广州,随着妇女参政运动的兴起,烫发、波波头和刘海发型开始出现,一并风行的还有口红和丝袜。他参加了在国民党修建的上海市民中心举行的新集体婚礼登记,观察到了由蒋发起的新生活运动的积极影响。新生活运动旨在改善普通中国人的卫生状况,在北伐光复的许多地方得到积极响应。他还指出,腐败问题正在得到解决,报道了在上海总会的一次聚会上,一位英国商人说他去南京投标一个建筑项目,居然没有被索贿或要求给"佣金",这个故事让在场的听众震惊,他们难以置信,并且认为合同的某个地方肯定存在猫腻。

新生活运动也有它滑稽的一面,蒋夫人在向克劳解释这项政策时,承认了这一点。劝诫人们不要自杀或不要去妓院的标语大肆传播,反映了运动中的过度狂热。此外,当地学校还举办了灭蝇比赛,学生们把死掉的苍蝇带到课堂,让老师检查并由官方人员清点,谁的死苍蝇最多,谁就能得到奖励。克劳指出,消灭中国的苍蝇种群几无可能,但他在一次去苏州的旅行中愉快地记录到,卖西瓜切片的商贩当时已开始用网罩遮盖他们的商品。从地方上的标语和食品摊位上的网罩,这些微小的变化进一步印证了克劳的观点,即在中国,改变最终总是来自下层——收集苍蝇的学生们,重庆街头夜里监听麻将声的反赌博巡逻,以及克劳在陇海铁路上见到的火车男孩,他们愿意为了这场运动放弃索要小费。但这很快就出了问题,因为小费在他们的工资中占了很重要的一部分,于是他们改变主意,决定只拒绝接受外国人给的小费。[16]

美龄的生活在嫁给蒋介石后变得忙碌起来,蒋介石需要应对一场又一场起义,她也跟着走遍中国各地,随身带着左轮手枪,经常生病。她做了一系列工作:促进妇女权利;准备抵御日本入侵;甚至还试图重组中国的空军,消除其中猖獗的腐败,因为这已使它成了国家的经济负担,而不是有效的军事力量。克劳形容她清理空军中的腐败和裙带关系的方式,就像她这一时期处理所有工作的方式一样,"主要是打扫房间,她像一个高效的家庭主妇那样去处理它"[17]。

在上海期间,克劳一直与宋家保持联系。也许这种关系影响了他对南京新政府的看法。毫无疑问,北伐成功后,许多人都在为建设一个新的中国而奋斗,但是,除了克劳提到的那些积极因素外,中国大体上仍然是落后和贫穷的。反对浪潮不断在江西和广东爆发。饥荒的阴影持续笼罩——在蝗虫风暴啃噬庄稼时,又暴发鼠疫,农民们失去了粮食,只能吃蝗虫。斑疹伤寒和霍乱在全国蔓延;北伐留下的战争破坏依然存在,影响了铁路线,累及全国各地的食品供应。鸦片和官员腐败仍然是大问题,而青帮在上海的势力则一直在扩大。与此同时,克劳选择不去强调新生活运动中的矛盾,该运动大体上提倡积极的美德,但也专横地要求人们早睡,或吃饭噤声。其中禁止过度消费的规定也很难与国民党精英们的奢华宴会达成一致,更别提他们与杜大耳朵这样的毒贩之间有联系了。花园里并非一切都美好,但克劳选择突出积极的一面。

1930年代末,克劳在重庆再一次和蒋氏夫妇一起喝茶,当时日本人每天都在空袭中国各地,主要目的之一就是暗杀蒋介石和他的夫人。克劳注意到,自他认识蒋氏夫妇以来,他们经历了很多——他们建立了一个国家,却眼睁睁地看着它被日本人的袭击摧毁。十年之后他评说道,在那个阳光明媚的春日里,当空袭警报响彻饱受战争摧残的重庆时,他一边喝茶,一边和蒋氏夫妇聊天:"……他们的脸上没有苦难的痕迹,高兴着,微笑着,坚定决绝。"[18]

十五　冲突频仍和动荡的城市

洪灾、边缘政策和1932年淞沪战争

1932年，克劳观察到日本对中国日益增长的威胁，对此越来越警惕。1931年9月，日本占领满洲，引发了全国范围内对日货的抵制。许多中国社团纷纷成立，以扩大这种抵制，报复日本的吞并和伪满洲国的建立。抵制运动在上海遍地开花，除了爱国热情的推动外，还有青帮的支持和运作。杜大耳朵在1930年被选进法租界公董局，人称"上海的非官方市长"，这让头衔原本的拥有者、曾长期担任工部局总董的费信惇非常不忿。虽然杜干着非法勾当，而且有鸦片瘾，但他本人却是一个狂热的国民党人（尽管他贩卖海量毒品，杀过人，控制着一个庞大的卖淫集团，还从事其他不法活动），秘密资助了蒋介石和国民党。杜还资助了日益激烈的反日斗争，并

在 1927 年指使旗下打手残酷镇压了共产党和左派运动,正是这一过程促成了杜和费信惇的第一次接触和合作。

时局艰难。1931 年夏天,长江流域发生严重洪灾,造成 14 万人死亡,7 万平方英里的土地被淹没,难民潮不可避免地涌入上海。1932 年开年也很糟糕,一群日本佛教僧侣在上海遭到袭击,紧张局势开始升级。然后是闸北的一家当地工厂前发生了严重冲突,造成两名日本人受伤,其中一人死亡。两天后,一群日本暴徒袭击了工厂并纵火烧毁厂房。三名守卫房屋的华人巡捕受伤,一人最终死亡。三名日本人也受了伤,其中一人身亡。后来才知道,攻击日本和尚的暴徒是收钱办事,而工厂事件是由日本驻上海武官田中隆吉少佐精心策划的,目的是转移人们对日本在满洲巩固和扩张势力的注意力。

日本海军舰队司令盐泽幸一立即向真正的大上海市长吴铁城[1]提出一系列要求,要求市长道歉,逮捕并惩罚那些日本人认定为有罪的人,并赔偿损失和医药费用。此外还要求市长约束反日团体,镇压抵制运动。思想独立、受人爱戴的吴市长 1932 年 1 月 1 日才上任,是一位杰出的中国军人和政治领袖,他愿意考虑前一组要求,但拒绝了后一项。根据克劳的说法,形势至此已经恶化到无论如何无法从政治上答应这些要求了,市长不可能在不永久损害自己政治生涯的前提下,对爱国运动产生实际影响。

日本当局发函回应:如果大上海市长不能给出满意答复或不能及时满足日方要求,海军舰队司令一定会采取必要措施,以保护日本帝国的权利和利益。作为回应,吴市长只是敷衍地呼吁反日团体停止煽动性活动（实际上并没有呼吁停止抵制），警察也暂时关闭了一些团体的办事场所。

克劳认为市长已经尽自己所能，满足了日本人的要求，同时为自己和盐泽都保留了颜面。局势似乎已经平静下来。正如克劳所说："我们这些生活在上海的人松了一口气，因为大家都相信危机已经过去，我们的城市避免了另一场不必要的战争。"[2]然而，克劳的安心为时过早，当晚盐泽又提出了另一组要求，让上海附近所有的中国军队撤退，并拆除城里所有的防御工事。吴市长在当天晚上11点15分接到了这一要求，在11点45分，日本军队已经开始行动。中国当局显然不可能在短短30分钟内满足这些要求。[3]

1月28日晚上，克劳在午夜整点被野战炮、迫击炮和机枪的声音惊醒。当他在康脑脱路的家里手忙脚乱地从床上爬起来时，他看到日本侦察机从他的房顶飞过，发射着照明弹，帮助他们定位地面上的中国军队。日本人之前已经用军舰向上海增派了两万兵力。克劳终于明白，盐泽根本没打算让市长以和平方式平息事态。

伴随着中国军队的抵抗，日本人破坏了大量中国建筑，也杀害了当地许多中国居民，零星战斗持续了大约一个月。同往常一样，闸北首当其冲。克劳确信，这种杀害无辜平民的政策是日军"训练和强化新式日本海军陆战队"策略的一部分。[4]还有人说，上海的日军急于表明，他们和满洲的日军一样凶猛。克劳报告说，过了虹口公园、当时隶属上海北部万国体育会的江湾高尔夫球场，那里几乎所有的球童都在日本海军陆战队练习射击时被当作活靶子射杀。克劳对此很难过，因为其中有许多是他多年来的老球童，而且直到死去球童的父母见到他并复述了这个事情后,他才知道真相。这些血腥事件,再加上日军指挥官的风气,以及日军在战争中故意表现出的冷酷无情,在克劳看来都进一步表明了日本在中国的意图不仅仅是扩大其商业影响力。

日本人用黄浦江上的军舰炮击闸北,并使用了空中轰炸——一个理论上尚未处于战争状态的城市遭到空袭,这是有史以来的第一次。来自广东的第十九路军在上海北站附近与日本海军陆战队激烈交火。日军利用公共租界的安全港从一个方向向闸北挺进,而其他部队则从吴淞向前挺进。可悲的是,对于日本利用租界作为攻击中国上海的中转站,工部局、国联和伦敦几乎没有提出反对意见。

最终,在导致相当大的人员伤亡后——有 11 000 名中国军人和同等数量的平民伤亡(克劳估计有 4 000 多名士兵被杀,6 080 名平民身亡,还有 10 040 人失踪),这场被称为 1932 年淞沪战争[5]的战斗于 3 月初平息。[6]公共租界以北,一直到吴淞老炮台,是战斗最激烈的地方,闸北几乎被摧毁。上海有四分之一的小学也遭到破坏,五所文化机构被轰炸重创,包括复旦大学和中国最大的出版社商务印书馆。在战火中毁于一旦的还有商务印书馆珍藏的中国善本典籍和古代手稿,这些独特的中国文化藏品曾存放在该出版社的东方图书馆。

国民政府与日本达成了一个有争议的妥协。中国方面的确撤出了一些军队,并关闭了实际上已损毁的吴淞要塞。日本人结束反日情绪的目标显然失败了,普通民众对他们的仇恨达到了新的高度,城市的经济受到严重破坏,这进一步加剧了民众的挫败感。由于税收下降，战争和随后的重建成本飙升，蒋介石政府濒临破产。曾公开批评政府在上海与日本人妥协过度的宋子文辞职。[7]蒋介石因与日本人休战而遭到批评，作为回应，政府选择通过正式授予他"委员长"的头衔来凸显对他日益增长的个人崇拜——他很快就喜欢上了这个头衔。

1932年的事件之后，很少有在华日本人被愤怒的中国人杀害或暗杀，克劳对此感到惊讶。[8]毕竟，除了日本军队在上海及其周边地区犯下的暴行外，还有许多残虐事件是由来自日本的民间团体挑起的。这些团体自称浪人，主张东京在与中国打交道时应更加强硬。克劳评论道："此类致命事故很少，这一直让侨居上海的外国人感到惊讶。我确信，如果是美国经历类似的情况，在美日本侨民将没有一个人是安全的。"[9]

按鼻子、扇耳光

按照克劳的记录，尽管日本海军陆战队和中国军队之间的实际武装冲突已经部分结束，但日本人仍然在以一种恶毒的方式行事。一般认为，1932年的淞沪战争在很大程度上是由日本军队挑起的，目的是转移人们对其在满洲掠夺土地的注意力。当年5月，日本政府最终同意达成和平协议，很大程度上是因为当时伪满洲国已经正式确立。土地掠夺取得成功——外国势力或国际联盟没有采取任何行动。日本人正确地预测出，比起在中国偏远北方发生的吞并，列强们显然更关切任何对上海的进攻，因为这会威胁到公共租界和法租界里外国特权的堡垒。在他们盯着上海的同时，满洲被整个吞并了。

在这场紧张的对峙中，克劳看到驻扎在租界的美国海军陆战队员教中国人打棒球，英国士兵和大家踢足球，而日本人继续每天展示自己的军事力量，从未试图与当地百姓互动。克劳回忆说，他看到日本装甲车和坦克高悬太阳旗，每天排成长列在上海的大街上巡行，而满载日本海军陆战队士兵的卡车沿着南京路缓缓行驶，准备就绪的步枪瞄向沿途街巷。他在许多个清晨被吵醒，因为日本军队不断将全副武装的装甲车和部队在城市里调来调去，把铁丝网和机枪工事装了拆、拆了装。所有这一切当然给克劳和外国侨民带来了不便，具有挑衅性，但中国老百姓却真的吓坏了，他们有时太过担心，不得不暂时逃离这个城市。克劳还注意到，日本人的演习大部分是在租界的虹口区域进行的，这里居住的日本人最多，也是中产阶级的中国人聚居的地方，有舒适的生活街道和繁荣的商业区。随着日本人演习增多，该地区自然变得不那么有吸引力，房地产价格大幅下跌。

扰乱生意和房地产价格，必然会惹恼在租界有利益的外国势力。费信惇和工部局要求日本海军提前通知他们何时会在城里行军扰民，特别是针对夜间演习。但据克劳说，日本人虽然答应了这一要求，却很少兑现承诺，整个城市继续处于紧张和不确定性之中。

随着这种局面的持续，它不可避免地成为上海日常生活的一部分。人们学会了应付和忍受日本人不规律的演习。在他1937年出版的《我为中国人发声》一书中,克劳回忆道,在春天,当一切在某种程度上常态化时,发生了许多好笑的事件,在他看来,这些事件表明日本人完全缺乏幽默感。他记得有一次,一群中国人在日本海军陆战队司令部旁边的一家歌舞厅里享受着慵懒夜晚,其中一个吃梨的人把梨核扔到街上,不小心打到了一个日本海军巡逻队员。这家歌舞厅随即遭到搜查,但当时有一百多个中国人在场,那枚惹麻烦的梨可能来自他们中任何一个人。日本人最终采用了连坐式处罚,要求歌舞厅的老板在接下来的一个月里到日本海军陆战队总司令面前报到,不断承诺再也不在他的营业场所卖梨,自己对这件事深感抱歉,云云。日本人还定期检查他的会馆,以确保禁梨令得到持续执行。歌舞厅的生意完全被日本人的骚扰赶跑,最终被迫关门大吉。

其他一些事件进一步加剧了上海的怪异气氛。克劳还回忆了一个伊朗小男孩朝着日本人按了按鼻子*,结果被逮捕并囚禁起来,直到他的父母出现并向日本海军上将本人道歉。这一手势惹恼了日本人的消息传开了,很快,上海的每个男孩都会对着日本兵按鼻子,然后逃之夭夭。与此同时,一家运气不佳的中国肥皂制造商得罪了日本人,因为他推出的新款肥皂包装上有个伞形图案。日本人不喜欢这个图案,认为这是对日本裕仁天皇的侮辱。根据克劳的解读:"冉冉升起的太阳是日本的象征,而撑开的伞是为了遮挡阳光,这个商标只能被理解为是意图遮挡阳光。这是致命的侮辱。"当然,

---

* 张开手掌,用拇指按住鼻尖,其余四指同时摆动,表轻蔑。

在中国，什么事情都不可能这么简单——克劳接着说道："更有意思的是，中国制造商严重抄袭了我的一个英国客户的商标。"[10]

然而，除了这些怪异时刻，还有更多不那么滑稽的事件：许多中国人因为撞到日本士兵而遭监禁折磨；学童和妇女遭到随意的殴打、扇耳光和骚扰，其目的始终是为了显示日本人掌控着这座城市真正的军事力量。克劳认为日本人的做法最终是成功的，"因为我们外国人也对他们敬而远之"[11]。

跟日本人一样，克劳看到上海的犯罪分子也越来越明目张胆地活动，至少在媒体上，上海已成了芝加哥的翻版，给人的印象是城市正处于有组织犯罪的控制之下。在法租界，黄麻子和杜大耳朵仍然控制着臭名昭著的青帮，似乎没人管得了他们。此外还有其他一些小头目，如"母粪大王"林桂生（Cassia Ma）*，她通过控制上海的人粪收集并贩运到长江上游卖给农民做肥料，赚了大钱。这些人成为广为人知的公众人物，从敲诈勒索到组织卖淫、从绑架到贩毒，干的勾当几乎毫无遮掩。青帮在法租界经营妓院、鸦片烟馆和赌场，都是赚钱买卖。到1930年，上海的人均妓女数量超过了世界上其他任何城市，这一行业对青帮的收入贡献相当大。

克劳担心城市黑社会头目和国民党之间的联系越来越紧密——像其他大多数人一样，他只是不知道这种联系时间有多长，水有多深。众所周知，蒋和杜早在1927年就曾达成交易，让青帮协助清除上海的共产党。现在，杜虽然是个罪犯，却进了法租界公董局。

---

* 其原配丈夫姓马。

1937年，英国诗人奥登（W. H. Auden）访问上海并见到了杜月笙，这位黑帮大佬被介绍为皈依基督教的中国红十字会会长，并支持了多项慈善事业。杜和国民党长期合作，并在战争期间将业务迁至重庆，他最终移居香港。1951年，身为千万富翁的他在香港平静辞世。

与此同时，上海一直在迅速发生变化。到1934年，上海已经成为世界第五大都市，拥有的摩天大楼和汽车数量超过了亚洲任何一个城市，也超过了中国其他地区的总和。这座城市的外观也开始改变。1911年克劳来到上海时在外滩上所见的大英帝国风格新古典主义建筑正逐渐让位于更具美国风格的建筑，上海成为一座装饰艺术之城，在国际上鲜有匹敌。李欧梵认为，1930年代上海不断变化的天际线反映了"同过去（罗马）有明显风格联系的英帝国新古典主义与美资本主义热情高涨的新精神之间的一种新的'调和'"[12]。

在上海三百多万人口中，有七万是外国人，市中心的拥挤程度据说是伦敦东区的三倍。这里的种族混居程度堪比纽约。1931年至1941年间，由于欧洲局势再次恶化，有两万犹太人涌入，在虹口形成了犹太人隔都；两万五千名白俄把霞飞路变成了一个小莫斯科；虹口的日本人越来越多，"小东京"也正在形成。早在1915年，日本人就已经是这座城市里最大的非华人群体。除了他们之外，还有大量的英国人、法国人和其他欧洲人，也有相当数量的墨西哥人、加拿大人、澳大利亚人、菲律宾人，当然，还有美国人。与此同时，一种前卫的中文书面表达文化正在上海蓬勃发展，这种文化无疑具有左派色彩，而城市的电影业也在欣欣向荣。

城市的这些变化大都被记录在了克劳的写作之中，还有他在1935年和白俄艺术家、制图师科瓦尔斯基（V. V. Kovalsky）一起制作的全彩手绘上海地图。这张地图是受工部局委托制作，旨在为游客提供指南。科瓦尔斯基绘制地图，而克劳则在边栏添加了关于"上海这个国际大都市的历史、习俗和名胜古迹"的注解。

然而，在公共租界这个相对来说被过分呵护的世界之外，发生了一些事后看来将更为久远地改变中国的重大事件。1934年10月，41岁的毛泽东开始了他的长征；1935年1月，他正式成为中国共产党的核心领导人*。与此同时，日本对上海乃至整个中国的威胁持续增长。

---

* 1935年1月召开的遵义会议增选毛泽东为中央政治局常委，确立了以毛泽东为代表的新的中央领导。

十六 鲸吞与蚕食

溯长江而上：江豚、扬子鳄和跳水的人

自1911年起，克劳就频繁地在中国各地旅行，但直到1935年，他才向西探索到四川旅行，那是他在中国还没有到过的地方。他把生意和休闲结合在一起，拜访客户的同时，还希望参观著名的长江三峡。克劳在全国各地的地方和省级报纸上为他的客户投放广告，这给了他必要的出差理由，不断满足他"探索中国每一个地方的渴望"[1]。这些旅行实际上是一种信息交流，克劳渴望体验一些地方风情，而地方上的报人则渴望了解上海的消息。

和往常一样，克劳的四川之行本应是一次常规之旅，结果却出乎意料地收获了很多信息。1930年代中期，四川仍被认为是极度偏远的地方。位于湖北的内陆通商口岸宜昌[2]是"三峡的门户"，距离上海1 000英里,从宜昌的激流经过著名的三峡向上游再走410英里才能抵达重庆,这是汽船能抵达的最远的地方。克劳从上海乘坐长江汽船出游,可以看到白色江豚在船尾戏水。轮船在下午晚些时候出发,经过江苏省的镇江,一天后抵达南京。镇江位于大运河和长江的交汇处,当地产醋,以其浓郁香味而闻名。虽然走新修的铁路线只需一个晚上,但克劳考虑到南京的酒店条件太差,他宁愿待在船上。从南京再往上游走四天,经过商业中心芜湖、茶叶产地九江和著名的振风塔所在地安庆[3],之后便到达江汉之交的汉口。除了著名的白色江豚,克劳还看到了小型扬子鳄;他在安庆以北经历了著名的不稳定湍流,也就是船长们所说的赳赳江水。[4]

在上海和汉口之间的长江航道又宽又深。在夏季,当从青藏高原来的融雪水涌入长江时,远洋船只甚至可以在江面航行。然而,从汉口往上,长江的脾性大变。在汉口和宜昌之间的长江中段,河道变得狭窄弯曲,水面变浅,普通船只航行异常困难,这种情况下,乘客们必须换乘更小的船以继续剩下的旅程。航行只能在白天进行,因为夜间的河道实在太危险了。

汉口到宜昌的航程为400英里,比上海到汉口的600英里航程用时还要长。过了宜昌,就从长江中游到了上游,剩下的410英里到重庆的航程,需要再换乘一艘更小的客船。在宜昌和重庆之间往来的小型船只,就它们的大小而言,配备有很强的动力系统,以应对翻腾湍急的水流。在驶经三峡和类似"小孤滩"这样名字很不吉利的河段时,往往再大的马力也起不了作用,只能靠数百名四川农民(或纤夫)沿着悬崖峭壁上的狭窄小径拖着船前行。当时,长江上游被称为"船只墓地",据克劳说,那里的航运保险费率是世界上最高的。当克劳的船缓缓穿过三峡、逆流而上时,他看到沉船的烟囱星星点点在水面浮现,提醒着过往乘客长江是多么无情。

最终,正是长江之险使重庆在日本入侵期间成为中国的理想陪都。日本人的舰队会被长江的力量甚至是基本的防御水军所摧毁,根本不可能开过宜昌;事实上,尽管日本人后来占领了宜昌,但他们从未成功向长江上游挺进。总而言之,即使对经常旅行的克劳来说,这一趟下来也非同寻常。他指出,乘汽船去重庆所花的时间,他可以去东京,做完一周的生意,然后再返回上海;同样的时间,新加坡、马尼拉或莫斯科也足够他去一个往返了。

这是一次漫长的旅行,但并非平淡无奇。除了欣赏风景,克劳在上海至南京的旅途中还目睹了两次自杀事件。第一次是一个中年男子,因为打麻将输得很惨,试图跳海自杀。他从船舷上跳出去,又被船员拖了回来,然后又迅速地从船舷上跳下去,再次被救起,最后人们为了他的安全把他绑在了船舱里。第二天,一个十几岁的男孩因思乡心切而跳下船。然而,小男孩一落水就改变了主意,在船员的帮助下爬回船上。跟着他跳入水中的救援人员给了他一顿痛打,因为他浪费了他们的时间,还使他们冒了生命危险。

四川和备战

当克劳1935年到访四川时,这里已经几十年都没有发生过太大变化。前英国驻成都总领事梅里克·休利特爵士在回忆录中对1916年成都的描述，在克劳20年后抵达这座城市时仍然适用。休利特注意到，当地的主要交通工具是轿子，商店开在石头铺成的街道上，夏天会在竹竿上挂草席遮阳，抵御酷暑。[5]这个古老的边远城市仍然划分为三个部分：汉城、满城和皇城，城市周围有8英里长的城墙。市中心遍植花木，为成都赢得了"芙蓉城"的美誉。

四川的与世隔绝显然意味着它与上海大不相同。尽管四川正开始进入人们的视线——蒋介石也在1935年初第一次访问这个省份，但它仍被视为中国较为偏僻落后的地区之一。克劳强调了该地区猖獗的军阀统治历史，以及罂粟种植的影响。罂粟种植在一定程度上推动了当地经济，从大地主到独立船主都有受益。在这次四川之旅中，克劳首先注意到了鸦片的重要性，它在四川和邻近的云南地区通常被称为"要命的毒品"或"大烟"。他回忆说，他认识的一个美国人是上海花旗总会的成员，这位知名人士表面上是做皮草生意的，但他的同事们却不知道，他实际从事着利润要高得多的鸦片贩卖生意。克劳对这位朋友的真实生活一无所知，当这个人去世时，他甚至同意担任治丧委员会的主席，委员会还起草了一份悼词，表达了上海的美国人群体对这位品格无可挑剔的同胞离世的遗憾。1935年，鸦片在四川仍然大量泛滥，并持续了很长一段时间。北京的莫理循在1894年写道："……从离开湖北，到1 700英里外的缅甸边界，这一路我看到的罂粟花就没断过。"[6]

然而，克劳也对国民政府上台后四川发生的变化感到惊讶，至少与他多年来阅读的这一地区的相关报道比起来是这样。克劳来到四川，发现重庆正在迅速得到改善，这里曾被认为是中国最脏的城市之一（一位游客说，当地的老鼠大如猫），现在变成了有着宽阔大街和现代化建筑的城市，重庆和成都之间还有一条新的公路正在修建。这条新公路最终将成为战时滇缅公路的最后一段，并通过昆明连接重庆和仰光。几个世纪以来都没有出现的进步如今在几年内就发生了。

克劳眼前的城市揭示了国民政府与日本进行最后一战的计划，尽管蒋介石直到1938年才最终将政府迁到那里。这座城市的天然防线——长江的急流和它的偏远——意味着从东京起飞的日本飞机无法不经中途加油而直接抵达，这使得重庆成为被迫撤离的中国军队在长江上游的绝佳据点。这是蒋介石的退路，是他在南京建立国民政府后不久就开始筹划的。蒋介石比克劳稍早到四川视察，目的是说服那些通常有些偏安一隅的四川人，让他们相信四川在争取自由统一中国的事业中的重要性。蒋介石争取到了大部分军阀的支持，用种植棉花取代了大部分的鸦片作物，开始了道路和城市建设。此外，重庆正在建设一个能够向全国进行广播的新电台；新的机场正在建成；新的军服厂也正在建设之中。克劳观察到，已经建好的生产线可以生产骨纽扣、鞋子、手提箱和其他各种军用物资。他还看到一家经过改造、有能力制造纸币的印刷厂正在建设中，这是在预期中国的金融中心将不得不从上海搬到重庆。为了确保这一过程能够顺利进行，重庆的地方银行都在扩大自己的银行金库，以储存从上海运来的金银。同时，为了供应中国军队，新的军工制造业和足够容纳数千名士兵的军营也在建设当中。重庆正在将自己变成中国的另一个政治、军事和金融中心，以防止最坏的情况发生。

克劳在给上海的回信中说，这座城市正在把自己变成一个"堡垒……一个中国政府可以转移的地方，一个远离入侵的安全之地"[7]。四川本身并不是一个小地方，它有 8 000 万人口（比当时的日本还要多），面积比法国还要大，耕地能够养活的人口规模相当于 1935 年的美国总人口。

完成了他在四川的差旅和观光后，克劳回到上海，并报道了长江上游的进展。公共租界的中国通们基本上对他不屑一顾。事实上，上海的许多中国知识分子和商界人士也反对他的观点。当时的舆论是，蒋介石并没有做最坏的打算，而是准备不战而降地出卖上海，并把整个华北和长江流域交给日本人，以换取在中国西部偏安于他自己的"帝国"。也有传言说，日本人已经同意了由宋子文牵线的这一交易，而宋也已经收到了一大笔现金作为回报。日本人会为这个交易向宋子文和蒋介石支付一大笔钱的逻辑在于，现在收买他们让步比到时候在全国各地打仗要划算得多。克劳认为，这个谣言是由日本情报部门炮制的，目的是损害蒋介石和宋子文的声誉，让中国从内部分裂。然而克劳发现，在 1935 年的上海，大多数中国通都相信这个说法。

满洲现在是日本控制区，而日本政府正计划侵占更多的中国领土，中国人用"鲸吞蚕食"来描述日本人在全国建立亲日傀儡政权的政策。在东京占据着政治主导地位的日本军方，在中国基本上是一个自主集团，几乎不受日本国内，甚至裕仁天皇本人明显的政治控制。当然，在日本没有人太担心这一点，因为军方一直在以相对较低的代价取得胜利。满洲之后，日本用 10 天战役轻易地吞并了热河[8]，由此控制了 10 万平方英里的中国领土。热河为日本控制蒙古和中国内蒙古铺平了道路，同时也为北京和天津的军事行动提供了跳板。1900 年义和团运动以来，北京在很大程度上处于驻扎在那里的外国军队控制之下，其中包括英国、法国、意大利和美国等的军队。尽管当时大多数外国列强仍在北京设立使领馆，但蒋介石已经把整个政府机构从北京搬到了南京。根据义和团运动后列强强加给中国的《辛丑条约》，日本人在北京也驻有军队，并经常在北京和日占满洲之间的乡村地区进行常规演习。除了试图挑起与中国军队的冲突，日本人还扶持了一批小型傀儡政权，像河北东部毗邻热河地区的殷汝耕"地区政府"，涵盖了大约 400 万人口。

中国的这些变化影响了当时仍然以广告为主业的克劳，他在全国各地投放广告，并编制了中国所有报纸的年度目录。克劳的几个主要客户坚持只在国民党控制区的报纸上刊登广告，也只在那些支持蒋介石的报纸上刊登广告。这就带来了一个大难题，因为他在中国北方找不到一家公开表示支持蒋介石或国民党的报纸——日本人镇压了所有亲政府的报纸。根据克劳 1935 年的调查："从长城的门户，河北和内蒙古交界处的张家口，到渤海湾的天津，没有一家中文报纸敢给这个国家的政府说一句好话。对大家都心知肚明的日本侵略威胁，他们也不能有丝毫提及。"[9]

鸦片的气味和被绑架的统帅

克劳也看到了日本人正在尽力扩大对中国的控制并破坏国民政府的进步。一种主要的破坏形式是在全国范围内引进毒品的生产销售。南京政府一直试图解决毒品问题，为了对抗中国西部罂粟田不断减少的趋势，日本人开始在满洲大规模推广罂粟种植（农民被迫种植罂粟，否则就会失去土地）。日军在哈尔滨、大连、汉口和天津开设了工厂，在那里把生鸦片加工成吗啡和海洛因。然后他们引进朝鲜[10]劳工来加工生产，并对那些以中国士兵为销售对象的毒贩加以庇护。掺有鸦片的香烟被廉价卖给贫穷的中国士兵，而罂粟种植面积在满洲迅速增加。1935年，克劳从北京回上海，在天津换乘火车时，亲眼看见了日本组织的走私活动：

> 站台上挤满了人，却不见平日里的中国警卫或铁路警察。到处都是日本士兵和警察，还有他们的军官陪同。站台旁边的卡车上高高堆着成箱成捆的货品，它们被分装成小包裹，以便用客运火车的车厢运输。[11]

日本警方把大多数中国游客赶下火车，代之以携带那些小包裹的日本人或韩国人：一些人是受恐吓的平民，他们被迫参与贩毒，而另一些人则是主动参与的"浪人"[12]团伙，自1932年以来，他们一直在上海制造麻烦。与一位英国朋友同行的克劳没有受到日本警方的骚扰，但在旅途中，一位日本乘客试图将他走私的违禁品藏在克劳的行李中。当他们的火车离开天津时，车厢里已经挤满了新乘客，而他们的小包装海洛因则占据了"车厢的每寸空间"。克劳估计他乘坐的这辆火车当时载着"价值几十万元的日本货"[13]。克劳后来把日本对鸦片贸易的支持当作一个专门的研究课题，他积累笔记，甚至开始写一本书，但一直没能出版。[14] 鸦片在中国仍然是一种祸患，助长这种祸患的有日本人，也有杜月笙和他在上海的团伙。1935年，蒋介石被任命为中央禁烟委员会主席。这本应标志着中国全面打击鸦片产销的开始——如果杜月笙这个中国最大的毒贩没有被任命为上海禁烟局局长的话！

总的来说，1935年和1936年对克劳广告公司和克劳家而言光景不错。公司生意兴隆，克劳在上海的外国人圈子里受人尊敬，是知名人物。到1935年，公共租界的外国人口约为4万，其中2 000人是美国人，另外还有3 400名美国人住在法租界。克劳在重庆和四川都待过一段时间，现在他对中国百姓的生活已经硬起了心肠。他评论说，在中国，"看到周围那么多的贫困景象和那么多真切的身体创痛，我们（外国人）变得冷酷起来。如果我们不这样做，生活就会成为永远的负担"[15]。不像公共租界里其他许多安然享受着相对安全和繁荣生活的外国人，克劳至少能够意识到自己对大多数中国人生活的恶劣环境已经有些习以为常了："只有当我带着访客四处参观，听到他们发出惊恐和同情的感叹时，我才意识到，在四分之一个世纪里与痛苦的不断接触中，我已经变得多么铁石心肠。冷酷成为自我保护的一种手段。怜悯之井干涸了。"[16]

对于自己在中国生活的这些年里所经历的个人和情感上的变

化，克劳有些担忧。他在《中国人就是那样》中评论说："……那些让访客不舒服的景象，我自己却无动于衷。我确信我不是生来如此。的确，我清楚地记得，当我在南京第一次看到被砍掉的头颅挂在电线杆上时，所遭受的生理冲击。"[17]尽管如此，随着时间的推移，他不可避免地对这种冲击产生了免疫力，渐渐地几乎不再停下来留意那些当他还是一个"格里芬"时眼中见到的残忍的景象了。

在特别寒冷的1936年12月至1937年1月期间，发生了蒋介石在西安被34岁的"少帅"绑架的离奇事件。"少帅"张学良其实更像个军阀，他的父亲是"大帅"张作霖。尽管曾经是个吸毒的花花公子，但张学良在1929—1930年支持蒋介石打击反叛势力，被授予陆海空军副司令官的头衔，成为国民党中央委员，并获得过许多荣誉和勋章。然而，他在1931年被日本人逐出满洲，威望严重受损，一度隐迹于欧洲。1936年，他在西安绑架了蒋介石，以这种无奈之举，企图迫使蒋接受国共两党合作，建立抗日统一战线。对支持蒋介石的人来说，接下来是令人担忧的两周（绑架者在突袭中击毙了蒋介石的侄子），在后来被称为"西安事件"的整个过程中，关于蒋介石的行踪和状况几乎没有消息。国民党政府似乎陷入了可怕的困境。蒋介石被绑架的事，甚至使一向不怎么容易激动的上海外国侨民们也忧虑起来。项美丽评论道，尽管"我们（外国人）在通商口岸的大部分时间都表现得像鸵鸟一样……但这一事态是如此严重，以至于我们这些头号笨蛋也会停下来面面相觑，暂时停止闲聊"[18]。

1936年圣诞节和新年期间，克劳和妻子决定在江苏风景秀丽的九孔桥（行春桥）附近的一艘游艇上度过十天，这是克劳最喜欢的中国景点之一，他曾表示希望自己百年之后能埋葬在这里。一天晚上，他们在午夜时分被四英里外苏州传来的爆竹声惊醒。克劳吃了一惊，因为在那一带的乡村，通常到了午夜，每个人都应该在熟睡中才对。最后，一位路过的农民为克劳解开了谜团，他告诉克劳的仆人说，有消息传来，蒋已经平安获释，正在回南京的路上。在接下来的几个小时里，克劳看到烟花燃遍了长江流域。外国人群体对蒋介石的获释松了一口气，继续"……放声大笑，又倒了些鸡尾酒"[19]。

人质谈判促成了蒋的绑架问题得到部分解决，参与其中的有克劳的一个老相识端纳。克劳在 1911 年见过端纳，当时他初到中国，正要去报道汉口的起义，而端纳是《纽约先驱报》在中国的资深记者。克劳那时被这位澳大利亚人对中国事务的深刻认识打动，经常认真倾听他的见解。到了 1936 年，端纳已经在中国有过种种身份，先后担任过孙中山、直系军阀、少帅张学良[20]，乃至蒋介石的顾问——他特别效忠于蒋夫人。作为少帅的前手下，端纳有机会接触当事人并帮助谈判，再加上周恩来、宋子文和蒋夫人本人在西安的协商，蒋得以安全获释。最后的协议围绕着建立抗日统一战线的框架展开。其中包括，共产党承诺在他们控制的地区以外停止反蒋宣传，并接受蒋介石担任军队统帅，而南京政府则承诺向共产党每月发放银圆津贴，并提供步枪、弹药和食品。事实上，协议并未得到遵守。

这次绑架显然对蒋造成了伤害。他在重获自由后不久有一张照片，看起来确实疲惫不堪，而蒋夫人则一如往常，依旧容光焕发地站在他身旁，好像准备随时出现在镜头前。端纳和蒋夫人也许比大多数人更清楚地意识到，这次绑架终于使蒋介石实现了长久以来的渴望，成为中国统一的象征。为了褒奖端纳的贡献，蒋介石授予他青天白日勋章。

克劳在上海仍然过得很开心，而克劳广告公司的持续兴盛意味着他的生活富足，体重仍在增加。这对克劳来说并不是什么坏事，虽然这确实导致黄包车夫可以向他额外要价，因为他更重了。作为一个惯于和车夫讨价还价的人，他也只好接受现实："我知道我很胖，所以必须为此付出代价。"[21] 1936年夏天，克劳与妻子海伦和一帮朋友第二次来到重庆。从船上下来后，他们坐滑竿前往城市顶部，一个陡峭的山坡上。这趟旅程每个人被要价12个铜板，除了克劳，他因为超重而被收了16个铜板。克劳在重庆的两个星期里，车夫和轿夫们没有哪次没注意到克劳比团队里的其他人重，所以总是向他多要价。克劳确实开始对自己多出的腰围有了一点自我意识："在所有讨价还价的过程中，我意识到，我身上每一盎司多余的肉都有被计算和考虑在内。"[22]

到1937年初，在上海，包括克劳一家在内的许多人看起来都生活得不错，兴旺富有，大多数人都相信这种状况多半会一直持续下去。然而，中国仍然是原来那个中国，四川、陕西和河南有三千万人面临饥荒的威胁，同时又暴发了鼠疫和天花。上海也是黑云压城，不久之后降临的风暴将会永远地改变公共租界乃至中国的生活，整个"中央王国"里，无论是中国人还是外国人都概莫能外。

十七　在死亡之城的最后几天

黑色星期六与真正的战争

在老上海的最后日子里，克劳打理着他的广告公司，还在给他的外国客户洋洋洒洒地撰写着报告，告诉他们中国的业务在持续增长。在《中国就位》一书中，克劳回忆了1937年8月14日星期六，他正坐在仁记路四楼的办公室里。从附近外滩吹来的微风标志着最近一场台风的结束，他在给客户（位于纽黑文的高露洁牙膏制造公司）的报告中说，尽管市场上有六十多个本土品牌的竞争对手，而且都比高露洁便宜，但其销售额仍在上升。销售额虽然低于预期，但保持了增长。克劳告诉高露洁，上海的繁荣正在持续，最近军阀在邻近的江苏造成的骚乱似乎已经平息，考虑到当前的情况，现政府的稳定程度并不亚于此前任何一个中国政府。克劳写得很仓促，因为他要赶午间的收件，但在他的报告中，他对中国的商业持乐观态度，指出小型相机销量的增长是购买力增强的迹象——1936年是零售销售创纪录的一年。

事后看来，克劳也许应该看到风暴正在酝酿，末日正在降临。不过，他倾向于赞同上海外国侨民的普遍看法，即中国总是在局部地区出现麻烦，但事情最终不会演变至灾难性的顶点。尽管他在过去几年对日本的威胁和政府面临的问题有所觉察，但他个人也有理由重新看涨。除了1937年5月上海各地举行的庆祝英王乔治六世加冕的盛大庆典外，克劳广告公司所有的大客户都打算在当年下半年增加在中国的广告投入，这意味着克劳广告公司也将获得更多的佣金和利润。他觉得自己已足够富裕，开始研究青岛的房地产价格，希望能在这个山东海滨胜地拥有一套避暑别墅。到1937年，被称为"远东里维埃拉*"的青岛已经是一个相对富裕繁荣的城镇，拥有45万人口，这要归功于它的海滩，当时已是热门度假胜地。

1937年，克劳还写了一本书——《中国人就是这样》。这是克劳争取美国公众支持中国事业的又一次尝试，它强调了日本军国主义的危险，并试图在美国主流读者中唤起对中国更多的尊重。尽管这本书直到1943年才出版，但它确实反映了克劳在1937年对中国和上海的热心。一直到1937年夏天，谈论日本军国主义和扩张主义的目标依然显得不合时宜，被认为无益于西方商业利益。当年1

---

* 里维埃拉（Riviera）意为温暖的海滨度假胜地，特指地中海沿岸区域。

月，美国驻上海商务参赞致信谴责克劳，要求他缓和对日本的公开批评。[1]克劳认为，西方列强在中国建立治外法权和通商口岸等活动，与1930年代日本在中国实施"精心策划的恐怖主义体制"[2]之间存在区别。因此，日本人远超其他干涉中国的外国势力，在中国社会遭到了强烈的憎恨。在《中国人就是这样》的前言中，克劳称："……1937年春天，这个国家正享受着25年来最大程度的和平与繁荣。"[3]对上海最后的辉煌和享乐气息的最佳描述可能出自来访的英国诗人克里斯托弗·伊舍伍德和奥登，他们在《战地行纪》一书中回忆了这段上海时光：

疲惫或好色的商人都可以在这里找到满足他欲望的一切。你可以买到电动剃须刀，或法式晚餐，或一套剪裁得体的西装。你可以在华懋饭店顶楼的餐厅跳舞，和迷人的经理弗莱迪·考夫曼聊一聊欧洲贵族或前希特勒时期的柏林。你可以观看赛马、棒球和足球赛。你可以看到最新的美国电影。如果你想要女孩或男孩相伴，他们就在澡堂和妓院里，什么价位都有。如果你想要鸦片，你可以在最好的环境里享用，用托盘呈上来，就像下午茶一样。在这种气候下，好酒很难得，但威士忌和杜松子酒多得足够载起一支舰队。珠宝商和古董商正等着你吩咐，他们的收费会让你觉得自己回到了第五大道或庞德街*。最后，如果你有忏悔的习惯，这里还有各种教派的教堂和小礼拜堂。[4]

---

* 第五大道（Fifth Avenue）和庞德街（Bond Street）分别为纽约、伦敦的购物圣地。

十七 在死亡之城的最后几天　　267

在国际上，形势并不像克劳在公共租界见闻的那样乐观。到1937年夏天，世界局势已经开始恶化。在斯大林统治下的莫斯科，一批共产党领导人经历了一系列表演式的审判，他们被指控参与了据传为托洛茨基领导的推翻斯大林政权的阴谋。当年4月，西班牙日益恶化的时局演变成公开内战，纳粹德国空军轰炸了格尔尼卡*，造成大量平民死亡。而仅仅一个月后，纳粹秃鹰军团就抵达西班牙，支持佛朗哥对抗左翼共和国。

中国各地形势恶化的迹象也越来越多。不管克劳的估计如何乐观，上海穷人的生活状况都在变得日益糟糕——1937年，工部局从上海街头收集了两万多具饿死或冻死的尸体。7月初，中日军队在北京卢沟桥（也称马可波罗桥）发生了冲突，这是一场日本人策划的"事变"。上海也时不时地出现问题——7月7日中日士兵再次发生冲突，报道说有更多的日本炮艇正从日本开赴上海；日本人在北京和天津之间与中国军队发生小规模摩擦；两名日本士兵在虹桥机场附近被中国民兵枪杀。但所有这些都没有影响上海的俱乐部和酒吧的气氛，在这些场所，克劳的乐观情绪与外国侨民们大体一致。总体而言，长江流域保持着平静，正如克劳所说，这是"上海这个商业城市所在意的全部"[5]。中国北方实际上已在战火之中，但上海的许多人似乎（或者选择）忽视了这一事实。也正如克劳评论的那样，在日本占领满洲之后的几年里，他已经知道"就算周围环绕着死亡和破坏，但人们仍然要购买食物、衣服和牙膏"[6]。总

---

* 格尔尼卡（Guernica），西班牙中部城市。毕加索的同名画作即根据此次空袭创作，表现了纳粹带给人类的灾难和痛苦。

而言之，1937年看起来是商业的创纪录之年，来年的前景也不错。克劳回忆日本进攻上海的"黑色星期六"的前一晚：

> 直至局面真正变得严重的前一天晚上，上海都没有人太过在意。自1911年孙中山革命以来，我几乎报道或目睹过中国所有的战争。我还以为这只是一次小摩擦。我记得我在总会待了大概一个钟头，甚至都没有人提起这一茬。[7]

给高露洁公司的报告，克劳没能写完。他办公室的窗户被炸开，机枪的声音响彻半空，接着传来附近某处高射炮弹片的爆炸声。克劳透过打碎的窗户，看到下面街道上的混乱景象，人力车、手推车被丢在一旁，惊慌失措的市民们四处逃窜寻找掩护。爆炸声和枪声持续着，停泊在外滩华懋饭店对面的日本炮舰"出云号"向上海的华界开火。（历史上，"出云号"是日本海军上将上村的座舰，1905年5月的对马海战中，上村带领的装甲巡洋舰队半独立于东乡的战舰活动，表现出色，为日军的胜利做出了主要贡献。）"出云号"的炮手搞错了射程，炮击了上海拥挤的街道，造成数千人死亡，中国军队予以还击。8月14日这个星期六突然变得异常黑暗。

克劳写道，他已经习惯了中国城市夜间的炮火，包括日本从台湾发起的对上海其他地区和南京的轰炸。随着消防服务超出承受能力，凶猛的火势失去了控制。中国人大量涌入公共租界，华界很快变得冷清。克劳观察到，8月14日这一天还未结束，"原本是一座欢乐之城的上海变成了死亡之城,街上的尸体多到没有足够的棺材安置"[8]。死亡人数不断增加,而日本海军的胆子越来越大,甚至占领了公共租界的部分区域。

据克劳说,战争的到来戏剧性地在一天之内就改变了上海俱乐部酒吧里一贯的自得氛围。炸弹在附近落下,危及克劳的人身安全;"有些炸弹爆炸的地方离我仁记路的办公室只有100码远。那时我们知道,这是真的在打仗了"[9]。

在这个后来被称作"黑色星期六"的日子过去之后,日本将大量的海军分遣队部署到上海各处以及他们在虹口的基地。克劳和其他上海居民都想知道蒋介石会作何反应。大多数外国人认为他不会反击或报复,仍然相信他与日本人达成了一项协议,即放弃中国北部和长江流域,以为自己换取中国西部和重庆的封地。这种看法源自以往的先例——当1932年日本海军袭击上海时,蒋介石保持冷漠,基本上没有做出反应。在许多人看来,蒋更想打击的是国内军阀和共产党,而不是日本人。尽管克劳认为蒋把国内军阀和一个外国强权予以区分应对是正确的,但这种做法的结果可能是完全失去中国。

事后看来,那一天之前的种种迹象都表明风暴正在降临。8月10日,日本政府下令所有日本公民离开汉口,意味着日本人打算强行进入长江流域。老中国通们对这种分析嗤之以鼻,因为他们相信长江流域属于公认的英国势力范围,这将保护它免遭日本入侵。克劳倾向认同这一观点,他认为日本人虽然变得越来越鲁莽和"自大",但还没有准备好取代英国——因此几天后他给自己的牙膏客户写下了一份乐观的评估报告。尽管如此,他很少赞同那些有帝国主义倾向的老一辈中国通,因为他认为他们大都是无用的传教士,如他所言:"我不会谴责他们所有人,因为其中有一些人是正直而真诚的,做过许多好事;但作为一类人而言,如果他们在家里好好待着,对每个人都更好,包括他们自己和他们的孩子。"[10]然而,无可辩驳的是,公共租界外国侨民的生活正在不断变化。随着日本人越来越大胆,除了扇耳光之类的事件外,还有几个外国人因为"侮辱日本天皇"而被关进监狱(真实原由可能是冒犯了日本士兵)。

8月12日,一支由26艘舰艇组成的日本海军舰队抵达上海,促使中国军队向上海推进,但战斗仍未发生。老中国通们再次将海军的到来解读为一种威胁,而不是公开宣布入侵意图,并一再援引英国保卫这座城市的承诺。克劳认为,这些海军调度主要是为了削弱蒋介石在中国人民眼中的地位,也是东京展开更大范围宣传攻势的一部分。8月13日,中日军队之间发生零星交火,苏州河以北居民的恐慌情绪增加。8月14日克劳办公室的窗户被炸开的这一天,反击战正式开始,这是蒋介石令人意外的回应。

蒋的策略事与愿违。炸毁克劳窗户的炸弹,来自一架原定攻击"出云号"的中国飞机。一名国民党空军飞行员犯下灾难性错误,过早地投放了他携带的550磅炸弹,炸弹没有击中日本军舰,却投在了南京路和外滩交会处拥挤的市中心地区,距离克劳广告公司只有一个小街区。其中一枚炸弹落在华懋饭店前面,另一枚则炸毁了马路对面汇中饭店的屋顶。华懋的时钟在下午4点27分停摆。此外还有两枚炸弹落在繁华的爱多亚路上。

在另一场灾难中，一名中国飞行员在飞机受损后试图返航。为了减轻飞机的负担以返回虹桥机场，他试着把炸弹投在赛马场，结果却投偏了。炸弹落在西藏路大世界游乐城附近，那里当时收容了数千中国难民。因此又有许多人丧生或受重伤。这是自飞机发明以来，在平民区域发生的最大规模的空袭灾难事件（1 740人死亡，1 873人受伤），其惨烈程度远超当年早些时候震惊公众舆论的西班牙格尔尼卡平民遭受空袭事件。惨剧的照片传遍了全世界。

这次灾难性的轰炸到底是飞行员的失误，还是蒋介石的阴谋——故意袭击上海外国控制区域以将西方列强拖入中国战争，多年来未有定论。

一只手提箱和一件大衣

政治上时局也在迅速演变。战火已从局部扩散至全国。南京路商区的正常生活并不会因为满洲被日本吞并而受影响，这种自欺欺人的假象已经到头了。国民党和共产党迅速达成协议，为了民族大义合作对付日本人，长期反对蒋介石的军阀们也宣誓效忠抗日事业。云南等偏远省份开始训练军队，与此同时，海外华人支持政府的捐款也从旧金山、纽约、新加坡和马尼拉等数百个中国移民聚居的城市抵达。这些中国移民阅读报纸新闻，为家乡的亲人担心。中国的战争债券得到大量认购，和其他诸多迹象一起，反映了全国各地新出现的统一意识和高涨的爱国情怀。

办公室被毁后，克劳只能待在家里。他从家里看到康脑脱路上挤满了从华界苏州河方向过来的难民，他们一路行进，从他的住宅经过。而老朋友们也开始掩埋贵重物品，因为他们担心日本人会占领这座城市。难民不断从闸北和南市涌入，这是华界两处人口稠密的区域，如今已夷为平地。一连好几夜，克劳躺在床上，"听到棉鞋走过的低沉脚步，人们的低语，间或有婴儿的啼哭"[11]。许多人彻底离开了上海，前往相对安全的乡下和他们的老家，远离日本军队和又开始到处抢劫的浪人团伙。另一枚误投的中国炸弹击中了南京路上的先施百货，还炸坏了对面的永安百货（上海最大的百货公司），造成多人死亡。

尽管超出许多人的预期，中国军队进行了反击并明显延缓了日军的推进，但杭州和苏州最终还是被日军攻占，蒋介石在11月8日下令从上海撤军。蒋介石撤退到重庆的计划现在显出意义了，1938年国民政府大举从南京迁往长江上游这个偏远而安全的城市。上海继续承受日军的反复空袭。日本空袭闸北的飞机大部分是从台湾和朝鲜起飞，对军事和民用目标进行了无差别轰炸；事实上，这片区域并没有驻军。1932年被毁后重建的上海北站再次遭到炮击。日本人的计划是削弱中国人民的抵抗，而非打击具体目标，是为了使中国人民彻底丧失斗志，使他们相信抵抗是徒劳的，并认同日本军事力量的强大。

各种暴行开始出现。一列从上海开往杭州的难民火车遭到机枪扫射。在南京，日军的残暴变得更为明目张胆，奸杀掳掠各种暴行层出不穷，制造了震惊世界的南京大屠杀惨案，标志着国际战争中的暴虐程度进入了新阶段。南京已成为中国领土上最有名的大屠杀地点，但它远非唯一的一个。然而南京却是中国人记忆最为深刻的城市——1937年12月13日晚，中国军队撤出以后南京正式沦陷，随之而来的是长达6个星期的恐怖统治，其间有30多万人被杀害，2万多名妇女遭到残忍强奸。[12]

然而，可以预见的是，公共租界里的外国侨民们尽其所能，固执地抱守过去的生活。随着欧洲形势的迅速恶化和美国经济大萧条的持续，大多数人只有在万不得已时才会离开上海。项美丽的作品生动地描述了这个时期，与之相似的还有巴拉德关于自己在上海的少年时光的回忆录《太阳帝国》[13]。紧张局势不断加剧，在日益绝望的氛围中，上海仍然举行着一轮又一轮的宴会和社交活动。

然而，在黑色星期六之后出现了大规模的撤离行动。估计有35万中国人乘船或徒步离开这座城市，前往长江上游地区[14]，还有一些人逃到内陆，在重庆或共产党隐蔽的延安根据地躲避日本侵略。外国人也越来越多地认定一切都完了。克劳意识到，不仅生意已经基本黄了，而且他作为日本侵略行为的公开批评者，如果继续留在城里，也可能有危险。他写道："那个悲惨的周末之后，我们的生意被毁了，而大多数人都无可奈何。"[15]是该走的时候了，如他所说："所有人无需警告，都知道要离开上海！"[16]对卡尔·克劳来说，黑色星期六意味着生意的终结，上海的终结，还有在中国四分之一世纪的生活的终结：

几天后,我意识到继续留下来也无济于事……高射炮的弹片使得日常生活都变得危险——在我们离开的前几天晚上,一些弹片击中了我家的房顶。所以我离开了——在这个城市生活了 25 年之后——带着我身上穿的西装,一只手提箱和一件大衣。[17]

十八　生意终结：逃离上海

不受欢迎的人

黑色星期六之后不久，克劳和海伦悲伤地收拾好自己的行李，和人约5 000名英美人，还有数千名欧洲人和同等数量的日本人一起登上了仓促安排的撤离邮轮。外国企业要么抛开一切彻底离开中国，要么在其他地方（内地，或英国控制的香港）寻找避风港，上海逐渐陷入停顿。克劳也有充分理由担心如果他留下来会发生什么。一个人被迫收拾行囊，离开自己25年的生活和白手起家的企业，足见现实的恐惧是多么强烈。然而，他的反日亲华情绪是众所周知的，这使他成为日本报复的显著目标。这不是杞人忧天。克劳的老同事加好友、密苏里老乡和偶尔的商业伙伴鲍威尔就选择留下，结果成了日本占领军通缉的头几个外国人之一。鲍威尔经常受到恐吓,有一天他在午饭后离开花旗总会,竟遇到有人朝他和他的保镖扔手雷——手雷出故障没有爆炸。[1]经历了两次枪袭之后,为了自己的安全,鲍威尔不得不在晚上做《密勒氏评论报》的工作,而办公室门口则由来自山东、手持毛瑟枪的彪悍保镖把守。一同留下的拉尔夫·肖描述了去鲍威尔办公室的情景——"就像是进入一座堡垒。"[2]

鲍威尔最终还是被捕了,在臭名昭著的提篮桥监狱里遭受各种折磨。在那里,他得了脚气病:肿胀的双脚因为感染而变得乌青。等到后来被转移到医院时,他已经瘦得不成样子,护士们都叫他"甘地"。他最终在1943年得以离开上海,因为自1937年的第一次撤离后直至那一年才又有两艘撤侨邮轮被允许离开,他的双脚在航行途中被迫截除。两年后他去世了。

克劳也因他的观点而广为人知,而且直到1937年7月,他一直在参与花旗总会里的争论,总会里有些成员认为,最好由日本进来"清理"中国;而日本人也特别点名了克劳参与创办的《大美晚报》,它强烈支持美国和亲国民政府的立场令日本军方尤其反感。[3]日本人恐吓晚报的编辑高尔德,在他工作的大楼台阶上装了一枚炸弹,不过炸弹并未爆炸。克劳原来的雇主《大陆报》也被日本人盯上了,而且因为亲日的《上海泰晤士报》的办公室就在同一幢大楼里,而它又是蒋介石的特务头子戴笠秘密袭击的目标,局面更加凶险。

随着日本一步步蚕食中国,上海的形势进一步恶化。六名持枪歹徒袭击了《大陆报》的印刷厂。当一名保安试图阻止他们时,警察介入，随后一场枪战在街头爆发，造成两人死亡，其中一位是当地的美国酒吧老板塔格·威尔逊（Tug Wilson），还有几人受伤。此后不久的 1940 年 7 月，《大美晚报》中文版编辑张似旭在南京路的一家餐馆吃午饭时，被一名不知名的刺客从背后开枪打死。凶手据说是受雇于亲日傀儡政府的杀手，但从未被抓到。事后看来，克劳带着妻子撤离的决定可能延长了他的寿命。正如汉学家和社会学家莱斯布里奇（H. J. Lethbridge）在克劳的《中国旅行指南》再版序言中所写的那样："克劳是坚定的亲华派，对日本当局来说是'不受欢迎的人'。"[4]

如果克劳留下来，他的结局可能会和鲍威尔一样，甚至可能更糟，比如 1940 年《申报》的一位中国助理编辑就遭到砍头，人头还被扔到街上以警告所有记者。尽管史带后来评论说克劳是在"惊慌失措"中"逃离"上海，但 1937 年秋天，形势明显恶化。[5]一枚日本"流弹"打死了伦敦《每日电讯报》的记者彭布罗克·斯蒂芬斯（Pembroke Stephens）。毫无疑问，灾厄来临的征兆已经相当明显了。日本在上海的傀儡统治者，"中国的贝当*"汪精卫发布了一份黑名单，通缉上海的 80 名中国记者和 7 名外国记者。克劳的老朋友鲍威尔是主要的通缉对象，这并不令人意外，众所周知蒋介石在整个 1930 年代一直在大量购买他的《密勒氏评论报》，然后用公费邮寄到海外，因为蒋认为这是最有效的亲华宣传形式。从上海商界留下来的要人那里，鲍威尔也不可能得到太多支持，因为他

---

* 亨利·菲利浦·贝当（Henri Philippe Pétain），维希法国政府元首，主张对德投降，支持镇压法国爱国力量。

很早就提倡自愿放弃治外法权,这是列强在华特权的主要标志,而且据克劳称,鲍威尔的观点在当时被许多商界大亨视作"精神错乱"的表现,他还因此被开除出了美国商会。

克劳的其他一些亲密伙伴也在汪的名单上,包括史带和高尔德。[6]日本人盯上的还有来自南达科他州的播音员、记者卡罗尔·奥尔科特(Carroll Alcott)。离开《大陆报》后,他自己做节目,还同克劳在美商华美广播电台位于跑马厅的工作室里做一些联合广播评论,因此而小有名气。1939年和1940年,随着形势恶化,奥尔科特的广播越来越吸引人。他有意避免重复日本官方的说辞,在城市各处活动时不得不穿上防弹衣来保护自己。[7]其他处于危险之中的人还包括"一头金发、高大直率的"美国人阿乐满,他曾是外交官,后来做了律师,会讲中文,喜欢马,总是在自我推销[8];还有《申报》的全体职工和狂热的反日人士吴嘉棠,他是《大陆报》的执行主编,也是密苏里大学新闻学院的校友。其他记者发现自己也同样受到了苛刻对待。路透社记者詹姆斯·考克斯(James M. Cox)在日本警察总部遇害。《纽约时报》记者亚朋德在他位于上海百老汇大厦的公寓遭到毒打,不过他最终还是活着逃出了上海。到1943年,在这段非常时期没有被迫离开且并未遭到暗杀或逮捕的英美侨民都被日本人拘押过。

黑色星期六过后,大批外国人离开上海,这一过程混乱又危险。当时并没有足够的船只带走所有想要离开的人。最终,大来轮船公司调了几艘船到上海,把美国侨民送往相对安全的马尼拉,而英国的轮船则开始将英国难民送往香港。等待大来轮船到来的那段时间对克劳和海伦而言颇为煎熬。上海每天都有人死去，随着中国老百姓不断逃往内地，食品供应有限，人口不断减少，这座城市正在迅速陷入停滞。克劳担心着这些难民的未来，担心着他们的生计，他想起他造访过的湖北的一块梯田，那里的空间小到只能种下十四株玉米，却养活了一家子人。这种勉强糊口的生计能养活更多的人吗？克劳自己则在黑色星期六之后等了一个星期，才最终登上了第三艘也是最后一艘驶往菲律宾的美国难民船。

"老中国通的时代结束了"[9]

在上海待了四分之一个世纪之后要收拾行装，整个过程匆忙而伤感。克劳觉得他正在抛弃家里那些忠实的工人，把他们留给一个充满不确定的且无疑是贫困的未来。随着大批外国侨民加快撤离，这些工人几乎不可能再找到其他工作。他决定最好是给每个员工一笔钱，至少让他们能暂时缓解财务上的烦恼。但这一计划也未能实现，当他到银行取钱时才发现，为了防止资本外逃，银行对可以提取的金额进行了严格限制，他能取到的不过是杯水车薪。这笔钱只够每个员工一个月的工资，甚至都无法按常规向被解雇员工支付额外一个月的薪水作为补偿。克劳认为，大多数员工已经在他家工作了8—12年，他们理应得到更好的补偿，但他却无能为力。他平时很少需要去银行，因为在上海，大多数事情都是签单，然后在月底用支票结账，这对他来说是家常便饭。他几乎不需要带现金，除了一点"人力车钱",因为只有车夫需要客人付现金。多年来,克劳在花旗总会或上海总会吃午餐或喝酒,拜访裁缝店或打麻将,都不需要碰任何现钱。他回忆说,这种签单制度似乎在中国各地都适用;1935年,克劳、海伦和三个朋友从上海出发沿长江逆流而上,往返1 600多英里,一路上的开销包括所有的交通费、食物、小费和其他杂费,没有用到任何现金。

克劳唯一能做的是告诉家里的工人,克劳夫妇无法带回美国的所有家庭物品,他们都可以拿走——难民船上对每位乘客可以携带的行李数量有严格限制:每人只能带一个行李箱。他不认为把家里的东西存放在仓库里有什么意义,因为以后取回它们的可能性很小。与日军打交道的经历使他相信,日本人不会尊重外国人的财产权。由于食品短缺,物品其实并没有那么有用,但克劳忠心耿耿的仆人景得到了一套"世界上最完整的安全剃须刀藏品"[10]。克劳对整个情况感到难过,但他无可奈何。他总结道:"这是我第一次感受到因贫穷而难为情是什么滋味。"[11]

暴力事件在上海的克劳一家周围持续发生。他看到一名锡克教警察被狙击手击毙,一名在阳台上晾衣服的女子被对面花旗总会屋顶上飞来的子弹打死。每天晚上,这座城市都被无数的大火笼罩,城市救火队的声音响彻夜空,从一个火场冲到另一个火场。然而,其他许多事情依然照旧,表面上似乎一切正常。他参加了一名纽约报纸记者的婚礼;哥伦比亚乡村俱乐部里的人们还在打桥牌;而上海总会则继续为其所剩无几的会员提供威士忌,供他们借酒消愁。克劳看到了日本和中国的军机在城市上空缠斗,以及日本轰炸机飞过上海上空时突然爆响的高射炮。观看这个是很危险的：弹片造成的死亡非常普遍，当康脑脱路落下弹片时，克劳和他的仆人们会穿着睡衣跑出来，提着一桶桶水浇在屋顶上降温。然而，在观看时，克劳会像其他许多人一样，一动不动地站着，带着一种自我承认的病态迷恋，遥望租界上空那持续到最后一刻的殊死搏斗。

克劳说："看到那些穷苦的中国难民带着可怜的行囊，不停地走着，艰难地应对层出不穷的危险和苦难——一场悲哀的、漫无目的的朝圣，（他）几欲心碎。"[12]怀揣着两张去马尼拉的船票，克劳是有目的地的，但他的旅程也同样充满危险。

从老中国通到难民

克劳一家成功预定了大来轮船公司"胡佛总统号"的船票。"胡佛总统号"从马尼拉运来增援部队后，在黄浦江上游停靠，现在成了一艘撤侨船。这艘船还算比较新，它于 1930 年下水，是一艘 635 英尺长的跨太平洋豪华客轮，从美国航行到菲律宾，沿着中国海岸一路抵达香港。虽然船上的乘客都是难民，但这并不能保证它的安全。就在这艘船起航前，黄浦江上发生了一系列离奇事件，引发人们的担忧。在克劳起航的十天前，一直停泊在黄浦江上的美国驱逐舰"奥尔登号"上的水手们注意到有一艘小船正从上游驶来。"奥尔登号"上的船员比尔·威尔斯（Bill Wells）注意到这艘船有些不同——"从船头到船尾，用一根吊杆搭着竹帘遮住船的两边。突然,竹帘掀起来,没有任何预警,机枪出现了,在船顺流冲下时朝两岸扫射。"[13]"奥尔登号"的船长召回了所有登岸休假的船员,几小时后,这艘船就已经起航,驶向南中国海和相对安全的菲律宾海域。

"胡佛总统号"自身也遭遇了一件可以说更奇怪的事情。8月20日,这艘船从马尼拉驶抵后停泊在黄浦江的吴淞口。一架中国飞机轰炸了该船,迫使船长发出求救信号,称中国飞机正在轰炸他。七名船员和两名乘客受伤,其中一名船员后来因伤势过重身亡。中国政府立即对这一不幸事件承担了全部责任,称这是一场意外,轰炸机误以为"胡佛总统号"是一艘向上海输送士兵的日本运输船。这一事件很自然地使那些即将登船的乘客担心,此外还有华盛顿的罗斯福总统,他否决了亚内尔海军上将(Admiral Harry E. Yarnell)让一支重型巡洋舰队进入上海帮助撤侨的计划。令罗斯福担心的还有另一些事实,当时还有一名中国飞行员在英国"坎伯兰号"巡洋舰接近吴淞时错误地实施了轰炸,很明显他把英国军舰误判为日本军舰;另一艘美国巡洋舰"奥古斯塔号"先是被一名没有经验的中国飞行员轰炸,然后又被中国防空设施意外击中,造成一名船员死亡。1937年12月,从南京撤侨的美国"帕奈号"在长江上被日本空军误认为是中国船只,遭日本军机击沉。此后,罗斯福在上海撤侨一事上态度更加强硬。8月20日正好是克劳预定的撤离日期。

亚内尔海军上将渴望进入上海,以帮助撤离盟国的难民。他了解这个港口,在菲美战争(1899—1902)和义和团运动期间,他一直都在美国海军的亚洲舰队服役。虽然他已经退休,但在第二次世界大战爆发前的紧急时期,他被召回现役,在海军部长办公室担任驻华军事代表团特别顾问。现在,在罗斯福的直接命令下,他不得不将他所有的船只转移到其他港口。这一切都意味着,克劳一家能登上"胡佛总统号"是极为幸运的,因为这将是好几年的时间里最后一艘离开上海的美国难民船。在上海,唯一更幸运的人可能是那个缺乏经验、袭击了"胡佛总统号"的飞行员。蒋介石有一个习惯,就是处决那些没有按计划行动的军官。他最初威胁要处决这名有罪的飞行员,但最终还是发了慈悲。

当克劳从外滩登上开往吴淞的接驳船时,他肯定在想着那枚差点击中了"胡佛总统号"的炸弹。大来公司安排的接驳船实际上是改装过的拖船,在紧张的中国领航员指挥下航行,十分拥挤,且暴露在风吹日晒中,相当容易受到攻击。与中国军队达成的一项协议承诺在难民顺流而下的途中不会有任何空袭,但航运发生了延误。晚上9点30分,克劳本应该在他的客舱里安顿下来了,但他仍然难受地坐在黄浦江上一艘暴露的接驳船里,看着一队中国轰炸机从头顶飞过,日军的高射炮在他周围爆发阵阵炮火。克劳假装这是一场欢送朋友"一路平安"的烟花秀。虽然有弹片落到船上的乘客中间,但没有人受伤。

一登上"胡佛总统号",克劳就看到同行的乘客里有各种各样的人,其中包括:一群因为战事而滞留上海的美国游客;"数量足够上演全套老式杂耍节目的踢踏舞者,情歌手和游方艺人"[14];两套完整的菲律宾管弦乐队班子;一群出生在上海的菲律宾人,包括富有的混血儿和年长的奶妈;百万富翁的女继承人和黑人爵士钢琴家；还有很多哭个不停的婴儿。那年8月在上海被困的人可谓形形色色，从在上海四处讨生活的所谓"海岸流浪者"的外国人，到小西奥多·罗斯福夫人和她的儿子昆汀（Quentin Roosevelt）[15]。克劳似乎认识船上的每一个人，包括罗斯福一家，因为昆汀是克劳的好友、作家厄尔·卢克尔（Earle Looker）的好朋友，卢克尔当时是富兰克林·罗斯福的演讲撰稿人。然而，他们共同的遭遇似乎创造了某种联系，正如克劳所描述的："我们拥有的是民主，是患难与共的兄弟情谊，沃尔特·惠特曼也会喜欢这其中的诗意。"[16]

克劳是在乐观对待整个过程：其实船上的条件远远不够完美，士气也相当低落。他指出，孩子是主要问题，更确切地说，是他们的母亲。对她们中的许多人来说，这是她们第一次直接照顾自己的后代，没有奶妈、保姆或女教师可依靠——"对她们来说甚至连如何换尿布都是一个谜题"[17]——而相对乘客数量而言船员的人手又太少，仅有的工作人员很少会注意服务品质，因为大多数难民身无分文，无法给出值得他们付出努力的小费。克劳可以拿整个惨淡的场景打趣，但对另一些人来说，这种苦头显然是吃不消的。克劳认识的一个富裕成功、有家室的男人，一天晚上直接跳海自杀了。

最终，"胡佛总统号"抵达了马尼拉，并将船上满载的疲惫不堪的难民放在了菲律宾。客轮接着航行，继续进行运兵撤侨的活动，但它的好运并没有维持太久。1937年12月，客轮在台湾附近触礁，最终被日本人打捞。克劳和海伦设法在马尼拉换乘了经神户开往西雅图的"麦金莱总统号"邮轮。海伦和另外八名女性共用一间特等舱，而克劳则不得不睡在吃水线以下的一个铺位。当人们得知"麦金莱总统号"上所有美国乘客都必须通过霍乱检查才能在日本停靠时,出现了一个大问题。测试需要每位乘客提供粪便样本。不幸的是,经历了战争的蹂躏、拥挤的环境和离开上海后的糟糕饮食,大多数乘客都患上了严重的便秘。"麦金莱总统号"似乎无法靠岸了。据《檀香先驱报》报道:

> 需求产生了,而卡尔有求必应。
>
> 日本当局不知道的是,他们对卡尔·克劳重复进行了一次又一次霍乱检测,而一众乘客对他们侠义的旅伴英勇慷慨的行为心生感激。
>
> 只有一个人除外,她无心接受一个陌生人的好意。她是个修女。这倒不是因为她觉得这样对日本不公平,而是她知道这将让她的良心永远感到不安,因为她没有办法向上帝忏悔这一欺骗行为。于是汽船等了三个小时,直到她成功解手。
>
> 在战争和冲突的年代,人们会发现自己面临许多不寻常的困难局面。时局造英雄。我们问卡尔他是如何做到这一点的,但他解释说他是一个广告人——而对广告人来说,这类事情很简单。
>
> 卡尔以神秘的方式上演了他的奇迹。[18]

重回熟悉的陌生环境

1937年9月中旬,克劳一家终于乘坐"麦金莱总统号"抵达西雅图，同船的还有其他来自不同战乱地区的难民。《西雅图每日时报》对下船后的克劳进行了采访。在当时拍摄的照片中，克劳看起来苍老而疲惫。他说："我不知道我的家、办公室和家具现在怎么样。我和妻子正在去纽约的路上。"[19] 他告诉报纸，中国已决意战斗多年，哪怕会遭受重大伤亡，最终也会击败日本。他首先想到的是中国人的艰难困苦：

> 对我来说，战争最糟糕的部分不是轰炸或打仗，而是眼睁睁看着成千上万没有食物和住所的苦力们，挣扎着想办法活下去。[20]

在上海的四分之一个世纪结束了，那些迫使克劳逃离的势力恰如他所预言，在不加以约束的情况下会给上海带来浩劫。当他在1940年出版的《洋鬼子在中国》一书中回顾这段时期时，他承认，事后想来，随着他坐船撤离上海，一个时代已经结束了——"日本用一种缜密周详的眼光检视西方，把那些她认为对自己有用的东西进行接纳和改造。中国的变革则是慢吞吞的，缺少通盘考虑。"[21] 在抵达并穿越美国回到东部海岸后不久，克劳在《自由》杂志出版商查尔斯·富尔顿-奥斯勒（Charles Fulton Oursler）位于巴泽兹湾的宅邸里再次接受了媒体采访。他感叹自己在撤离途中在日本得了感冒——"这让我很生气，因为我，一个讨厌他们（日本）产品的人，竟然患上了那个国家制造的感冒！"[22]

在上海的日子结束了，他再也不会回到那个城市。老中国通的时代已成过往。在1917年的美国之行中，克劳夸大自己的经历，假装自己是一个熟知中国的人;但到了1937年,毫无疑问,他已经完成了学徒期,成功通过了考试。1937年离开上海的中国通们是中国历史上一个特殊时期的产物,这个交织了治外法权、通商口岸和外国势力的时期现在已经结束了。克劳把1937年后的中国通们比作加州老去的淘金人,他们在身无分文后还在一座座鬼城里游荡。对于那些现在什么也不做,只是一味追忆往昔、哀叹未来的人,他觉得他们既悲哀,有时又很辛酸——"我知道他们的感受,因为我自己也是一个老中国通。"[23]

一旦战争在中国打响,克劳几年前在撰写《我为中国人发声》一书时设想的情境就变成了可怕的现实。克劳在离开中国后出版这本书,就是要给人们敲响警钟:"美国人不计任何代价地维持和平,其实是在自鸣得意地逃避当下,把问题留给后代去解决。"[24]他继续在美国媒体上发表文章,主张美国需要更多地警惕日本不断增长的威胁。典型的例子是他在《自由》杂志发表的文章《日本人愚弄自己了吗?》。[25]他确信日本人在中国最终会落得自食其果的下场。

经济状况的拮据意味着这是一个多产的时期,克劳似乎找到了精力,完成了在上海时制定的多个图书写作计划。《四万万顾客》的成功使他作为中国问题专家的知名度大幅提升,他随后向出版商交付了一系列书稿,包括《中国人就是那样》《他打开了日本的大门——汤森德·哈里斯和他建立美国与远东关系的神奇冒险》《孔子:孔夫子的故事》,还有《洋鬼子在中国》。这些书都是在1938年到1940年间出版的。实际情况是,除了一个随身携带的行李箱、穿在身上的西装和一件旧大衣,归国的克劳一无所有,他需要钱,因为要收回他被迫留在上海的资产几乎是无望的。无论如何,《四万万顾客》成了畅销书,而作者也需要在全国各地的活动上发表演讲,包括 1937 年在纽约举行的时代书展。

克劳向美国公众概述了日本长期以来想要控制中国乃至整个亚洲的野心,这种野心一度被列强在华利益和国民政府政策形成的合力抑制着。如今,欧洲列强忙于欧洲日益累积的冲突,而美国仍顽固地奉行孤立主义,日本看到了地缘政治机遇。克劳预测,一旦日本控制了中国,整个亚洲将在多米诺骨牌效应中迅速沦陷:

> 丢掉了新加坡、荷属东印度群岛和菲律宾,香港就不可能保住。因此,如果我们任由日本侵略扩张,我们就会发现自己将陷入一系列无法用逻辑推理的恶性后果之中。中国之后,下一个呢?[26]

克劳的预测惊人地正确。

回到美国后,克劳一家在纽约佩勒姆庄园沃尔夫巷 1 号的新家安顿下来。克劳非常喜欢这个小镇,不久后就在高地大道买了房子。在他后来的游记《遇见南美人》中,克劳说他喜欢美国这个地方的"简朴之美",喜欢许多房屋的建筑风格,以及众多城镇带有乡村绿地的英式布局。根据克劳的说法,佩勒姆庄园这个小镇"随处可见凯瑟琳·赫本*一般的女子"[27]。他对当地的历史产生了兴

---

* 凯瑟琳·赫本(Katharine Hepburn),美国女演员,四次奥斯卡最佳女主角,代表作有《冬狮》《非洲皇后号》《金色池塘》等。

趣，逢人便说这个小镇有多美。事实上，他甚至建议镇议会筹建一个"碍眼建筑"，让游客们有一个对比，从而进一步突出小镇的美。

在远东度过了最美好的四分之一个世纪之后，克劳回到美国，明显地注意到了一些变化，尤其是他自身的变化。他指出，自己对纽约乞丐的容忍度降低了，因为他在上海的时候对乞丐已经近乎无动于衷。他还发现自己已经多多少少习惯了身体上的痛苦，在中国生活多年，他已基本上把这种痛苦视为人间常态。他意识到，这在很大程度上是由于自己在中国待得太久，他周围的人已经习惯了身体的病变，对于现代美国家庭的蒸汽供暖等人工采暖手段更是闻所未闻。他有一本书基本上是在1937年初看似温暖惬意又繁荣的上海写成，在1943年给这本书的前言里，他写道："没有人可以做到在与中国人密切接触的同时，自己的行为和思维方式不会变得像他们一样，这种相似度并不仅仅是表面上的。这种倾向即使是英国和美国的传教士也无法逃脱。只要在这个国家生活久了，他们每一个人都会变得非常中国化。"[28]

克劳注意到了他对美国的全新印象，他写道："……一个美国人在东方待了一些年头之后回到家乡，总会感到周围环境很奇怪。"[29]他说自己还偶然在美国尝到了一些"异国风味"[30]，比如咖喱和酸辣酱，而这些东西他声称在美国任何地方都做不好——"真是一道大餐！而由美国厨子来做这道菜又是多么滑稽啊！"[31]实际上，他可能有点过于娇惯自己了，因为带他首次品尝咖喱的哈同在上海有专门从印度请来的咖喱厨师。在美国，克劳对除了烤就是煮的食材烹饪方式也感到有些沮丧。

他还说自己想念中国沿海的流言蜚语，想念中国通们谈论的政治闲话和花旗总会里聊的世界事务。在关于谁将成为州长或当地棒球比赛得分的讨论中，他找不到什么能让他兴奋的东西。安顿下来之后，他的第一要务就是订阅鲍威尔的《密勒氏评论报》。克劳注意到："……如果两个中国通碰巧在家里相遇，他们更有可能谈论中国高尔夫锦标赛或哥伦比亚乡村俱乐部的鸭柱保龄球锦标赛。"[32]克劳意识到，在他去国期间，亲友里有去世的，有结婚的，有搬家的，而他在整个美国的朋友还没有他在中国的多，这让他有些伤感。然而，他指出，这种认识也迫使他承认，一旦有了这种感觉，他本人就成了真正的"老中国通"。由于无法忘却中国，他和其他许多从中国沿海返回的侨民一样，加入了纽约的上海午餐俱乐部。据克劳说，俱乐部成员"……不定期聚会、演讲，但真正吸引他们的是能有机会聚在一起，谈论只有老中国通才懂的事情"[33]。俱乐部的主讲人一贯把战争期间的上海浪漫化，包括亨利·卢斯和陈香梅[34]等人，但也有一些更为激进的演讲者，比如美国共产党总书记厄尔·白劳德（Earl Browder）。

也许最让克劳这个"纯粹且骄傲"的美国人感到惊讶的是，他在上海期间吸收了许多英国的思想和礼仪，并与英国人保持了密切接触。他说他没有预想到或注意到自己身上这种变化，并且和中国沿海的其他许多美国侨民一样，"直到回国后才意识到这一点，经常发现自己被误当作英国人"[35]。尽管对英国人有感情，但克劳还是对此感到非常尴尬。

克劳一家在逃难时，被迫将大部分物品、房产和钱留在了上海。在美国，他们发现自己处于相对贫困的状态，尽管后来克劳估计自己在1938年至1942年间的年收入约为8 000美元。克劳花了很大精力催收利息和租金来维持生计。他的许多个人物品，包括私人图书馆里的藏品，直到1939年底才从上海运回来，当时克劳广告公司的财产拍卖仍在敲定当中。然而这些拍卖并没有起到多大作用，比如两张黑木长桌和四把配套的椅子仅拍得102.50美元。而直到1941年，克劳才为他在上海的公司找到了买家。克劳继续为包括《星期六晚邮报》在内的各种刊物撰稿[36]，为《四万万顾客》准备手稿，进行巡回宣传。他还在图书馆协会发表了演讲，并在1939年参加了波士顿书展，还因为他们拖欠自己的出席费用给组织方写过信。他还抽出时间参加了几期英国广播公司在伦敦播送的节目，谈论重庆的空袭。

尽管如此，克劳在中国的日子并没有完全结束。他要再次去往这个国家——这是一次惊险刺激的旅行，借道仰光，经由滇缅公路，抵达当时被围困的战时首都重庆。

十九　秘密潜入中国

"我接到过最有趣的任务"

在中国度过的四分之一个世纪里,克劳游遍全国各地,宣称自己对旅行有着"永不满足的好奇心"[1]。1939年夏天,他从后方秘密潜入,重返战时中国。这段旨在突出中国艰难困境的回访之旅最早是在1937年末,在《自由》杂志出版商兼编辑查尔斯·富尔顿-奥斯勒[2]的豪宅中被提出讨论的。这座宅子位于巴泽兹湾,俯瞰整个科德角,当时克劳在那里小住。克劳形容说这是"我接到过最有趣的任务"[3]。他的任务是沿着滇缅公路——当时中国最重要的补给线——从仰光前往战时的首都重庆。这将是一段艰难且危险四伏的旅程,克劳不仅有可能遭到日本轰炸机的袭击,还可能遭遇掸邦*的强盗和恶劣天气，更别说滇缅公路本身就充满危险。

奥斯勒对克劳这一趟旅程的供稿要求非常具体。在1939年3月的一份办公备忘录中，他列出了他的期望：（1）一篇报道说明克劳为什么要进行这次旅行；（2）一篇报道叙述从欧洲到缅甸的旅程；（3）一篇写仰光到重庆的公路之旅；（4）一篇关于重庆的描述性报道，包括对蒋介石的采访；（5）中国人大规模迁徙到重庆避难的故事；（6）关于"蓝衣社"的文章（他指的是国民党内具有法西斯色彩的组织）；（7）农村游击斗争的消息；（8）最后的总结，讨论的问题是，对于日本的进攻，中国还能抵抗多久。克劳抓住了重返中国的机会，世界大战迫在眉睫，在中国已经是众所关注的热点问题，他希望他的文章能有助于改变美国仍然固守的孤立主义立场。被蒋夫人迷住的奥斯勒还嘱咐克劳："别忘了转告宋美龄，我的心与她同在。"[4]

在战前游览重庆时，克劳曾认为这座城市"……总的来说是与世隔绝的偏远地带，几乎被繁华的沿海地区所遗忘。尽管那里是美国传教士和美国石油公司的驻地，但还是少有美国人涉足"[5]。像克劳以前一样，那些去过重庆的人都是沿着长江逆流而上，而非经由滇缅公路抵达。

克劳1935年在重庆看到了正在修建中的滇缅公路中国首段。从那时起，中国人就拼命地延伸这条路，使之穿过四川，直达掸邦和中缅边界，以此为重庆提供一条秘密通道，输送物资和补给，持

---

* 掸邦，位于缅甸东北部，北与中国云南西双版纳接壤。

卡尔·克劳，约摄于 1940 年。

续支持抗日斗争。随着日军迅速侵入中国，包括上海在内的中国东部港口被占领或封锁，缅甸成了一条主要且极为重要的补给线。中国人判断日本人不会进攻英国殖民地，因此途经缅甸的路线将保持畅通。他们错了，日本袭击了整个远东地区的英帝国占领地，香港、新加坡和马来亚迅速沦陷。然而，连接昆明和英控仰光港的滇缅公路作为中国人的重要通道，仍然维持了一段时间。

克劳和《自由》杂志都认为美国对这场战争的支持至关重要。他已开始与几名持孤立主义立场的国会议员通信，试图改变他们的观念，并认为他此行前去重庆——"长江与嘉陵江交汇处的直布罗陀巨岩"[6]——将有助于向世人传达这座城市坚持抗战的形象。

由于无法进入上海，克劳不得不取道欧洲。抵达伦敦后，他带着44磅的限重行李（单是他的便携打字机就有13磅）驱车前往英国南部海岸，在那里搭乘帝国航空公司的水上飞机，从南安普敦飞往缅甸——这段7 000英里的旅程花了6天时间。这样的行程安排并不便宜：乘客需要从伦敦南下到南安普敦的泊位登机。机上载有26名乘客，双层机舱内分布有一个客舱、一间休闲室和一个酒吧；随机运载的货物主要是寄往大英帝国边缘地区的邮件。水上飞机以120节的航速在离地3 000英尺的高空巡航，在普罗旺斯艾克斯区的公主酒店经停，然后沿途停靠罗马、亚历山大港、巴士拉、卡拉奇和加尔各答，分别在这些城市加油休整一晚，最后抵达仰光。之后的旅途将不再轻松。

"乌鸦满天飞，僧侣遍地走"[7]

克劳于1939年5月从仰光启程，开始了他的滇缅公路之旅。他在仰光待了一个星期，发现出租车又多又便宜，但车型对他日益增长的腰围来说都太小了。他认为，这座城市最好能引进一些能够容纳胖子的大型出租车。[8]英国一直从印度直接管理仰光，直到1937年4月这个国家实现一定程度的独立，但英国总督仍然有效控制着缅甸政府。然而，英国的高级指挥官们并没有忽视缅甸对地区防卫的战略意义。从 1937 年起就有主张说缅甸的军队应该由印度的总司令控制。克劳发现，跟他在上海认识的英国人比起来，仰光的英国人更古板。仰光的英国人群体是更为公开的殖民主义者，把印度视为帝国的中心。而克劳在上海认识的大多数英国人只是想赚钱发财。他还看到了日本人在仰光的宣传活动痕迹，其目的是煽动针对英国的反殖民主义情绪。克劳，像中国人和英国人一样，担忧缅甸会落入日本人手中——伦敦担心的是失去又一块领地（并再次削弱印度的地位），而重庆则担心失去其必需的补给生命线。

克劳于 5 月 5 日抵达仰光，雇了一位名叫多斯（Doss）的印度侍者打下手，每天付他 1 卢比 8 安那的薪水。[9] 由于缅甸效仿印度的做法，不为逗留数天以上的客人提供仆役，克劳按照规定需要雇一个当地人来帮助他处理大多数事务。他很快就喜欢上了矮小瘦弱、留着小胡子、鬓角突出的多斯，他穿得像个英国绅士——至少在克劳看来是这样的。

克劳打包行李的时候很匆忙，从英国出发的水上飞机行李限重又严格。这是两方面的问题：首先，仰光奉行的仍然是大英帝国那一套男装习俗和传统；其次，仰光是热带气候。掸邦的面积相当于英格兰和威尔士的总和，多山区，而且晚上很凉爽；而重庆则正处于春季，火炉般的夏季即将到来，天气正快速变得潮湿。多斯吃惊地发现克劳带了一些厚厚的毛料衬衫，这些衣服在仰光根本没法穿。他还有一些颜色各异的棉质薄衬衫，但是多斯曾服务过许多（装备更齐全的）殖民地英国人，他告诉克劳，穿彩色衬衫是不合适的。克劳只能穿他带的一件网球衫，但经过"伊斯兰洗衣工"的频繁搓洗，这件衣服很快就破损了。不知所措的多斯同样震惊地发现，克劳没有带晚礼服，但他确保了克劳那条半正式的白色裤子一直是一尘不染的。这一切导致了某种尴尬。多斯之前期待的是一位体面绅士；确实如此，克劳当时住在仰光的勃固俱乐部，这是一家高档酒店，即使是单独用餐也需要正式着装。由于克劳的任务特殊，又是战争时期，再加上客人短缺，俱乐部好心地在着装规定上对克劳有所通融，使他能够穿着便装在那里享用几顿搭配香肠和德式酸菜的晚餐。

多斯很快就成了不可或缺的帮手。他料理着克劳为数不多的衣物和床单，早上给他准备茶和烤面包片。他还在仰光的斯哥特市场帮克劳采购，以克劳自己无法获得的折扣买东西。对于扫地或打扫浴室等粗活，克劳不得不雇一个比多斯种姓更低的"扫地工"。克劳适应了这种新的种姓制度，但当警察称他为"老爷"时，他说自己还是很震惊。

当他被邀请到英国驻缅甸总督的官邸参加午宴时，合适服装的匮乏就更成难题。这一邀请是莫大的礼遇，对受邀者的社会地位毫无疑问是一种认可。克劳把总督府在仰光的重要性比作白金汉宫之于伦敦。最终，克劳穿着蓝色法兰绒外套、白裤子和格外闪亮的鞋子赴宴，这一切都多亏了多斯。作为当时仰光最壮观的建筑，总督府矗立在它精心打理的专属领地上，当访客进入时，警卫们会即刻立正并敬礼。

卡尔一向喜欢英国人的浮夸和帝国的风俗，当总督的副官在他耳边低声说"你将坐在总督阁下的右边"时，他非常高兴。高大的锡克教士兵手持阔剑，值守在会客厅里，侍者们端上了餐前的琴蕾鸡尾酒，接着上了几道菜，其间的闲聊在克劳看来异常乏味。然后是咖啡和雪茄。克劳有点喜欢这位总督——阿奇博尔德·科克伦爵士（Sir Archibald Douglas Cochrane），说他看上去像一个"苏格兰银行经理"，在人们普遍的印象中，科克伦爵士时刻都是一副生硬古板的样子。在仰光的英国人群体里，总督有个外号叫"大力水手"。他对亚洲事务没什么经验，曾是一名英国陆军军官，有过一段短暂且默默无闻的议会生涯，据说在离开仰光旅行时喜欢喝上一杯；到克劳赴宴的时候，科克伦爵士已经在缅甸做了三年总督。午宴后，克劳享受到了又一种英式排场——乘坐总督的专车返回酒店，这是缅甸唯一一辆没有牌照的汽车，只插着英国国旗。

在不用与总督共进晚餐或为自己的衣着发愁的时候，克劳花了一些时间来关注这座城市的建筑，包括拥有 2 500 年历史的大金塔。他发现，由于仰光的英国居民抵制，宝塔没什么人气。经营它的佛教僧侣们规定不能在里面穿鞋子，而英国人把这当成是对他们的侮辱。克劳并不觉得受到了侮辱，他脱下鞋子，走进去欣赏这座令人惊叹的建筑。他找到了一位出色的当地导游，这位导游竟然读过《四万万顾客》。导游讲解的内容十分丰富，所要求的回报只是让克劳给他的书签名。[10]

在克劳看来，这座城市节奏缓慢，让他联想起在一战前去过的马尼拉。和当时的大多数外国人一样，他认为缅甸人普遍缺乏勤勉精神，和中国人截然不同。然而，随着通往中国运送茶叶、丝绸和玉器的旧贸易路线重新焕发活力、成为极其重要的补给线，这种情况正在缓慢发生改变。

滇缅公路之行——"天呐，我愿用在缅甸喝掉的所有啤酒和威士忌来交换一杯好水"[11]

1939 年的滇缅公路危险重重。虽然这是一条古老的贸易路线，但它长久以来只是一条人行小道。在没有土方机械的条件下，10 万中国工人花了 1937 年和 1938 年整整两年时间，才修成了一条 681 英里长的简陋公路。即便如此，这条路也不过是一条崎岖不平的单行小路，迂回曲折穿过群山，两旁是近乎无底的深谷，经常有卡车翻覆，然后永远消失不见。在 1939 年，这是中国最重要的生命线。

从一个"神秘"的中国人迟先生那里获得必要的通行证和许可后，克劳离开了仰光。他乘火车前往腊戌——滇缅公路真正的起点。火车上挤满了人，但克劳有自己的软座。然而，他很难离开座位到处走动，因为车厢与车厢之间是隔开的，以防止不同种姓的缅甸人混在一起。克劳是火车上唯一的头等舱乘客，因此原本可容纳六人的包厢成了他的个人专属，这一点让他很受用。多斯作为他的私人"行李员和搬运工"同行，但坐在较低种姓的专用车厢。火车从仰光开往曼德勒，然后爬坡到达腊戌。曼德勒的温度是 110 ℉（约 43℃），但当他们到达掸邦的腊戌高地时，立刻袭来一股寒意。克劳带的各种衬衫终于派上了用场。

由于许可和通行证的问题，克劳在腊戌耽搁了几天。小镇很凉爽，环境优美，黎明时分的薄雾会在清晨的阳光中消散。5 月 9 日早上，克劳终于办好了所有手续，来到西南运输公司的车站，在那里，许多汽车和卡车整装待发前往昆明。现场很乱，司机们四处转来转去，要把入境中国所有必需的章都敲掉，手里还拿着新加坡的海外华人慈善机构赠送的保温瓶。

滇缅公路上有许多瓶颈路段，腊戍是第一个，这里挤满了国民政府从希腊和印度承包商那里雇来的卡车，车上装载着运往重庆的军火和物资。缅甸人坚持召集车队，然后一起出发。这就导致了对腊戍当地缅甸和马来机修工的需求激增，当有消息说另一个车队即将离开时，他们所有人都需要即刻动身。马来的机修工也将随着车队上路，他们受雇前往昆明的军事修理厂工作。

中午，一个由27辆车组成的车队出发了，在最后一辆前往昆明的车上，克劳和他的司机还有一名机修工坐在前座，另外六名机修工坐在后座。旅途中，这些机修工给克劳讲了一些有趣的故事。其中一位显然是电池专家，声称自己出生在廷巴克图*，后被海盗绑架，成为奴隶，并被卖给了荷兰东印度群岛的一对中国夫妇，而这一切都发生在他满10岁之前！

当克劳沿着号称"打破日本对中国封锁之路"前行时，这条路仍处于早期阶段——尤其是穿越掸邦的第一段正遭遇洪灾，那里实际上已经在雨季被冲毁了。更令人担忧的是，有大量消息说掸邦有许多日本特务，他们会对驶往中国的车辆肆意开枪，还炸毁了山区的大量桥梁。

在战争期间，1 000名美国陆军工程师和至少两万名中国工人，在频繁的极端天气和袭击威胁下，修建完成了中国和缅甸之间近

---

* 西非马里共和国的一个城市。

620英里的公路。监督这条公路最后完工的是美国陆军的刘易斯·皮克将军（General Lewis Pick），他最终于1945年1月宣布公路正式通车。他称这是美国陆军工程师在战争时期接手的最为艰巨的任务——尽管在此之前这条路早已被克劳和其他无数人走过。

1939年，离滇缅公路最终完工还有五年多的时间，克劳的汽车不得不沿着山边的小路行进，这对一个56岁的超重男人来说并不是一项容易的任务。路上几乎没有足够的空间错车，克劳害怕在盲角转弯时遇到迎面而来的卡车，也担心自己的车在错车时正好挤在外车道上，因为道路下方就是500英尺深的陡峭峡谷。克劳的车好几次差点掉到峡谷里，有一次还被一辆卡车撞出车道半截，后轮已经在悬空打转了，而克劳这位发福的美国作家正无比紧张地坐在后座上。克劳说滇缅公路是"一条万分惊险的道路"[12]。惊险之余，他还是按照发稿计划每天做好记录。

事故一旦发生，往往都是致命的。克劳在靠近腊戍的路上亲眼看到一辆卡车在前面消失了。车掉下去的地方又深又陡，连残骸都看不到，他记录说："当这种情况发生时，什么也别做，因为什么都做不了。只能继续驱车前行，并努力忘掉它。"[13]中国人把这些总是致命的事故称为"四轮升天"。还有一次，克劳的车在掸邦芒市外的高山上抛锚了。司机捣鼓了一阵，车子还是顽固地拒绝启动。当时克劳正在后座打盹，他突然被司机的喊叫声吵醒，并被迫跳出车外，这才意识到汽车着火了。附近没有灭火器和水，没有办法立即灭火。他想起所有的钱、护照和文件都在车内的公文包里，车上还有他的手提式打字机和备用色带，于是又冲回去，赶在车子被火苗吞噬之前取回了这些东西。中国司机想出了向火焰扔沙土的主意，总算在油箱爆炸前灭了火。接着发动机似乎也坏了，但他们开始清理泥沙，希望它还能工作，至少能支撑他们到达下一个村庄。司机最终设法把车发动了起来，使他们得以缓缓挪到下一个休息站。

克劳对他的司机很有信心。他出生在北京，曾亲眼看到父亲被日本人杀害，后来成为一名出租车司机，在首都狭窄的街道和胡同里讨生活，然后又被迫为日本人开军用卡车。日本人逐渐开始信任他，当看守他的士兵在乡下的一次例行运输途中买香烟时，他开着卡车逃走了，把车连同运载的弹药一起交给了中国游击队。克劳放心让这个人开车，而他尽量多睡觉，试图不去想路况的危险。当司机在危险路段集中了数小时精力后，开始模仿京剧明星梅兰芳自顾自地唱起歌来，他就知道他们已经驶上了一段较为安全的公路。当司机唱的歌从京剧切换到时兴的爱国歌曲——"筑起我们新的长城""起来，不愿做奴隶的人们"，他就知道脚下的路更安全了。

他们终于从腊戍行进到了灌溉掸邦的萨尔温江。那时，这个地区在大多数地图上还是一片空白，这是滇缅公路上的第二个瓶颈路段，公路也变成了单向交通。对面可见从中国返回的卡车，车上装满了运往美国的木材。在萨尔温等待是件喜忧参半的事。克劳可以补充一些食物，可以对着从青藏高原发源流入缅甸的萨尔温江陷入沉思。但是，当他看到他们即将要过的那座桥以后，顿时觉得没那么诗情画意了——"（这是）一个古老的悬吊结构，桥索固定在石柱上。"[14]这座桥是为驮骡队修建的，而非满载人员和弹药的卡车车队。每辆车都必须单独过桥，时速严格控制在2英里每小时，同时会有一名工作人员在前面带路，检查大桥结构是否有垮塌倾向。安全过桥以后，克劳的车就在平地上行驶了，虽然车轮有时会陷入泥沼，不得不靠人工挖出来，但相对来说也安全了一些。另一个问题是附近有许多缅甸的掸邦部落，比如穿着鲜艳的罗罗，他们配着刀、使用毒箭，会在晚上袭击车队。[15]克劳一行在这一地带行动时十分谨慎，因为罗罗的恶名远播上海，《大陆报》曾警告说："任何胆敢进入罗罗领地的人都要做好被撕成两半的准备。"[16]还有一个问题就是骡车占道，滇缅公路上几个世纪以来都是这种传统的运输方式，当时仍然很常见。卡车车队惊吓了骡子，迫使他们偏离公路，这让赶骡车的人很不高兴。

在他们到达的每一个缅甸城镇，食品供应乍一看都很充足，但前面往往会有数百人的等待长队。为了节省时间，克劳的车继续往前开，而他这位《自由》杂志的记者只好肚子饿得咕咕叫。在道路变得不那么危险以后，司机的歌声愈发响亮，这鼓舞了克劳，使他相信自己能够顺利走完这条路，但车队中还是有别的车辆夜间撞上游荡的水牛和其他野生动物，发生了灾难性的事故。睡眠也是个问题。当车队停下来的时候，克劳一般睡在车里，偶尔还得在猪圈里跟一群猪做伴。他承认："我让自己成了愚蠢旧俗的奴隶，它规定文明人必须睡在有遮蔽的地方。"他放弃了猪圈和拥挤的餐馆地板，选择了相对舒适的汽车，尽量克服转向柱带来的不便。

再回中国，重逢故友

　　冲了个澡、与机修工共用了一点古龙水之后，克劳和他的同伴们终于到了中国境内。入境后的第一个中国小镇就让克劳心情愉悦，特别是前来迎接车队的一位官员原来是他在上海时的老相识，待遇就更不一般了。这次幸运的会面带来了一顿有茶、热巧克力和蛋糕的餐食。然而，克劳仍然身处中缅边境盗匪出没的无人区，离昆明还有600多英里。他觉得自己还是不太安全，直到他们到达中国控制的另一个小镇遮放[17]，当晚克劳借宿在镇上的一个中国古庙里，庙里放满了准备转运昆明的弹药。

　　严格意义上遮放处于跨越边境的掸邦境内。时值土司外出，克劳作为车队里唯一的外国人，被安排在土司的卧室过夜。土司的房间靠墙摆满了古老的掸族刀剑和老式手枪，还有一挺看起来很新的机枪。风尘仆仆地奔波了数日，克劳终于在遮放得到休整，作为一种调剂，他还去泡了温泉。食物也开始改善，人们还从寺庙的某个地方挖出来一箱被遗忘许久的德国啤酒。

　　他的车现在已经破旧不堪：挡泥板没了；一扇车门用毛巾拴着；减震弹簧早就掉了，使得汽车一路颠簸，令人不适。在旅途中他还设法认识了仰光那位神秘的迟先生，他和另外两名前往芒市的中国医生都是克劳的旅伴。经历了腊戍出发的拥挤旅程后，这对克劳来说也没什么问题，直到又有三名护士加入了他们，现在他的队伍有八个人。

　　他们在5月12日抵达芒市，又有两名中国官员加入了他们的车队,因此这辆老式雪佛兰车里现在塞了十个人。这辆车的车身经过改造,在底盘上增加了一辆小巴的车身,以提高载客人数,并在后面加装了一个行李架。舒适的座位被移除,取而代之的是木头长凳,以增加可以挤进去的乘客数量。最后,克劳成了这辆"小巴车"十四名乘客中的一员,其中还有一个中途上车的小男孩。忍受不了木凳折磨的克劳用自己的充气枕头当靠垫,以减轻后背的压力,但在去下一站保山[18]的路上有个特别深的车辙,枕头被压爆了。在他试着修补好自己的枕头时,他的小巴车被一辆开往腊戍的汽车拦了下来。从车里走出来的是另一位老相识——国民政府交通部部长张嘉璈阁下,他当时正前往仰光处理政府事务,已经听说克劳也在滇缅公路上。

虽然见到老朋友很高兴,但这位中国部长坚持让克劳回到芒市,说那里有个云南公路局的王先生可以帮他找到一辆更好的车。与此同时,中国部长的司机修补好了克劳的充气枕头。结果,他又回到芒市土司[19]的床上过了一夜。克劳吃着土司花园里的木瓜和花生,喝着特供的茶叶,在他(荒无人烟的)后宫里闲逛,参观他收集的收音机和进口汽车——没有一件能正常运转。克劳还使用了土司的豪华浴缸,虽然它没有管道,只能使用附近的井水。由于土司所有的仆人都被派去修滇缅公路,他很遗憾无法享受一次皇家沐浴服务。然而,他还是对这个浴缸惊叹不已——"这是此地绝无仅有的。"

由于芒市的街道没有铺设路面,而且整天都有猪牛穿行,克劳决定不去这个以疟疾肆虐和恶臭闻名的城镇散步。身患疟疾的乞丐在街道上随处可见,尽管他对这些乞丐就跟对中国的病患一样铁石心肠,但还是震惊于他们的状态。他评论道:"我非常害怕被蚊子咬,就算自己的车有翻下悬崖的风险,也还是希望能再次上路。"更糟糕的是,克劳需要自己洗衣服。他把衣服挂在外面晾干,第二天早上才发现,他的衣服晾在一大群乌鸦的夜间栖息地下方,沾满了排泄物,最后他只好把衣服再洗一遍。直到参观了当地一座寺庙,获赠一幅描绘佛祖生活场景的油画之后,克劳的烦闷才终于得到宽慰。

最终,云南公路局的王先生和永远神秘的迟先生一起出现了。他们所有人,加上司机和王先生的助手,开着一辆较新的福特汽车,穿过芒市周围的稻田再次上路,另外还有一辆卡车跟着,用来装额外的汽油和行李。尽管如此,这辆8人座的车还是挤了11个人。离开之前,克劳偶然遇到了另一个老熟人,现在在芒市做电台接线员。他之前在上海的静安寺路开过一家收音机店,曾替克劳修过收音机,两人因此认识。像其他许多上海人一样,他现在是一个难民。

由于在芒市的频繁停留和延误,克劳在7天内只前进了500英里。在从芒市到昆明多山而荒僻的道路上,克劳看到成千上万的中国工人,他们中有许多人是从日本人占领的农业地区逃过来的,为确保物资安全输送到重庆,夜以继日地修着公路。他们长时间不停地劳作,用从稻田里带来的锄头在岩石上开凿新路,依靠背篓装运碎石和泥土,用来把新修的路面填平,最后再赤脚踩实路面。这群人似乎在永无休止地劳作,克劳说他们有着蚂蚁般的精神,一种持之以恒的"耐心勤奋"。参与这个项目的许多工程师都是在美国受过教育的中国人,而对许多劳动者来说,这是他们第一次被统称为"工人",而非简简单单的"苦力"。工人们自己则把这条滇缅公路称为"胜利之路"。

克劳终于到了昆明,那里的食宿条件大为改善。他住进了由法国人阿瑟内(Arsene)先生经营的湖畔旅馆,这家旅馆雇的是希腊的行李员和东京*的服务生。克劳很开心终于有了一张像样的床,还有独立卫浴。昆明到处是从上海来的难民,从沿海到四川这条路,他们至少都徒步走过一段。他还见到了之前在上海认识的五六个美国人,他们都在帮国民政府建设各种与抗战有关的工程,包括装配无线电发射机和修建一个战斗机工厂。昆明已经成了一个主要军火库,既有从仰光沿滇缅公路输送过来的军火,也有从法属印度支那的海防和河内运来的更多物资。这座城市处于全面战备状态,夜间有探照灯不停地在天空中搜寻日本轰炸机。

克劳与美国机组人员一起,乘坐运送物资的飞机完成了他从昆明到重庆的最后一段旅途。对克劳来说这是一趟艰苦卓绝的旅程——尽管他到过很多地方,但他还是不习惯在路边的小溪洗澡,旁边还有一条五英尺长的巨蜥相伴;他也不习惯喝泥水泡的茶、跟马来的机修工合食米饭,或者在路边铺一块垫子就睡觉。天气几乎每小时都在炽热的阳光和刺骨的寒冷之间变换。尽管当时重庆并不

---

* 当时的西方人称今越南北部地区为东京。

安全，克劳还是很高兴终于抵达了这个旅途目的地。

克劳的旅行日记把 1939 年的滇缅公路描绘成中国的生命线。在某种程度上确实如此，但在当时，它更重要的是象征着重庆政府孤立和绝望的处境。克劳试图呼吁美国公众对中国的困境给予更多支持。可以说，滇缅公路根本无法满足重庆的实际需求——一个月内，通过滇缅公路运送的军需物资最多只能达到 18 000 吨，实际往往达不到这一运力；而不太知名的印支铁路每月运送的货物吨位几乎与之相同，甚至更多。滇缅公路的作用还因为中国缺乏石油加工能力而大打折扣，这意味着进入中国的一半吨位用在了携载回程所需的燃料上。尽管存在这些不足，滇缅公路仍是中国顽强抵抗日本统治的生命线和象征，这一重要性是不容低估的。

重庆——中国的战时首都

> 我在浪漫的重庆迎接春天，
> 走在她美丽的树荫里。
> 在月光下，在正午的阳光中，
> 品味花的芳香。
>
> （别提那些残雪、污秽和泥泞，
> 它们遍布大街小巷。
> 或是从山上直冲而下的、泔水的恶臭，

又或是山谷里猪的气味。)

——盟军中国战区参谋长约瑟夫·史迪威将军,1943年于重庆[20]

克劳发现,与他在1935年访问的建设中的重庆相比,这座城市已经发生了很大变化。尽管地理位置偏远,日本军机还是能够飞过来轰炸,并在这个城市投下燃烧弹。冬季的重庆掩盖在浓雾之中,使得空袭几乎不可能,但克劳是在暮春时抵达,整个城市暴露在阳光下,作为"长江火炉"之一,重庆的气温逐渐变得闷热,成为日本空袭相对容易的目标。1939年是重庆有记录以来最热的夏天之一。从五月初空袭江北开始,猛烈的轰炸持续了几个月,而天空则一直是晴朗少雨。

日军轰炸破坏最严重的地区是破旧的贫民区。这座城市有60万劳力和难民,大多数人都拥挤地居住在此,这里的火势蔓延最快,木质建筑也更容易倒塌。轰炸后的清理工作一直在进行,从炸毁的建筑物清出的砖块被整齐地堆放在街角,等待回收再利用。城市的道路上到处是巨大的弹坑。然而,尽管日本在1939年平均每晚发动8—9次空袭,大规模轰炸还是难以实施,而且重庆的偏远位置也使城市的大部分地区得以保全,基本的电力和卫生设施仍可照常工作。尽管有人死于日本人的空袭,但这座城市仍在运转。克劳记录道:"很明显,日本消耗了大量的燃油和军火,但对打赢这场战争却没起多大作用。"[21]

当然,克劳在上海经历过空袭,像往常一样,他试图论证自己幸存下来的概率。他认为，如果在空袭期间采取合理的预防措施，他应该会没事。他也确实害怕日本战斗机的低空扫射，但又想到，鉴于重庆还有许多外国外交官，日本人不太可能这么做。基于一如既往的逻辑风格，克劳宣布："因此，通过对形势的统计分析，我相信，我在重庆死于空袭的概率就跟我在纽约死于出租车车祸的概率一样小。"[22]

重庆的作用不仅仅是在日本的进攻中幸存下来；它实际上成了当时中国的制造业和军需品之都，推动中国的抗日反击。这里的地理环境便于深挖大型防空洞，也增加了日本军机轰炸的难度。克劳到达时，重庆已经建了数百个防空洞，还有另外数千个正在修建之中，此外还配有先进的空袭预警系统，能够提前一小时针对轰炸机来袭发出警报。

包括远在长江下游的上海在内，日占区的工业企业被原地拆解，沿江内迁后又迅速重组起来。到 1938 年底，已有 2 000 家工厂迁往重庆。机器和原材料，以及操作机器的工人，都是用中式帆船沿长江成批量地运到重庆，然后重新组建工厂。克劳参观了一家有 1 000 名上海工人的钢厂，他知道他们都来自上海的杨浦区。他还看到一家棉纺厂是整个从上海虹口区搬迁到重庆，所有员工和 1 万根纺锤一个不落，落地组装后又运转起来；此外，工厂经理还准备加装 4 万多个纺锤，为即将到来的冬天提高军服和毛毯的产量。除了已经搬到重庆的现成工厂，他还参观了一些有创意的新工厂，包括一家从桐油中提炼汽油的工厂。他发现，在重庆工作的中国人对他们所取得的成就是如此自豪，他们甚至更愿意谈论这个城市的工业奇迹，而不是抗战的进展。

工人们从中国各地搬到重庆时，也带来了他们的整个家庭。克劳参观了来自上海、天津、广州和南京的难民学校。学校的课本、整个科学实验室，以及教师，都随着工厂沿长江或从陆路步行、逆流而上几百英里，来到重庆重新打造他们的社区。他对这种面对逆境的独创精神惊叹不已，作为对比，他指出："这就像把新英格兰所有的学院和大学都搬到阿尔伯克基或丹佛去。"[23]

克劳在重庆还有正事要做，那就是报道国民政府的抗日斗争，以及国共两党之间不稳定的同盟关系，并在孤立主义的美国为蒋的事业争取更多支持。要做到这一点，他需要直接接触高层，直接从当事人，即蒋介石的口中，得到消息。

二十　蒋夫人的茶，周恩来的威士忌

等待神秘人

克劳发现他想住的大都会酒店已经住满了，只好入住外出坡宾馆（音）。大多数来访的外交官都住在这里，克劳到达时，刚好有一位英国高级官员退房，于是他抢到了大使套间。他很快就见到了密苏里新闻帮的老朋友董显光，董带他参观了空袭对城市造成的破坏。董现在是宣传部副部长，是公认的实干派（尽管在许多人看来，他对蒋家有点过于恭敬）。他是一名虔诚的卫理公会教徒，也是亚洲基督教高等教育联合董事会的成员，《时代》周刊创始人亨利·卢斯也在这个董事会里。[1]梅菲小姐被安排过来协助克劳，作为秘书兼打字员，克劳采访时她也陪着，采访地点通常是在重庆的国民政府军事委员会总部，克劳在那里采访了几位蒋介石的高级将领。

蒋本人也在城里，但要直接接触他很难，而且国民党已经授予他独裁式的"紧急处置权"以巩固他的统治。整个政府机构都已经运转如常了，包括戴笠的秘密警察和蒋的两个连襟。宋子文掌管外交部，孔祥熙则负责政府的财政，并在行政院担任蒋的代理。曾经的老帮会要全部搬过来，自然少不了杜月笙，他也在重庆。克劳还见到了他的老朋友端纳，他还在做蒋的顾问，穿着他那标志性的黑色夹克和浅色法兰绒裤子，大步走在蒋身边。克劳还给端纳带来了一份出书邀约，来自他在纽约的好友、哈珀出版社的高级编辑尤金·萨克斯顿[2]，还有一份邀约是带给蒋夫人的。端纳受到许多出版商的追捧，因为有传言说他正在写回忆录。[3]克劳告诉端纳，他想为《自由》杂志写一篇蒋介石的人物特写，因为蒋在美国人看来仍然很神秘。端纳说："他对我来说也依旧成谜，而我已经认识他25年了。"[4]在克里斯托弗·伊舍伍德的描述中，端纳是"一个脸颊通红、严肃的人……有一个醒目的大鼻子"[5]。尽管他不会说中文，而且自称不喜欢中国食物，但他已经为蒋工作了好几年。

在等候蒋介石接见的同时，克劳继续采访别人，包括他以前在上海的同事、前《大陆报》记者蒂尔曼·德丁（F. Tillman Durdin）。蒂尔曼当时是《纽约时报》驻重庆的记者，还有他讨人喜欢的妻子佩吉，她在中国出生，是传教士的女儿。克劳交往的还有以前在上海的花花公子宋德和，以及当时在重庆的各色人物，包括法国空军武官，前军阀、现国民政府军事委员会副委员长冯玉祥[6]，一位代表洛克菲勒基金会的格林博士，以及当时美国驻重庆大使馆的负责人派克[7]。克劳和董显光还与自称为马彬和的爱尔兰人建立了不同寻常的友谊。克劳认为马彬和的原名应该叫麦肯兹（MacKenzie）。他拒绝用中文以外的语言阅读或讲话，声称曾在牛津大学学习，获得了中国国籍，把所有的钱都给了乞丐，现在为董显光工作。[8]夜晚的重庆相对安静，不过克劳偶尔会参加外国记者的茶舞会。和他搭伴跳茶舞的有33岁的德国记者朱利叶斯·艾格纳，还有美联社记者卡尔·埃斯克伦德（Karl Eskelund）[9]。克劳认为艾格纳大体上是亲纳粹的，但反对希特勒对犹太人的迫害；艾格纳当时想在南洋这类偏远地方找一份平静的工作（克劳觉得他是间谍）。人们彼此分享故事，在仓促成立的重庆俱乐部喝酒，参加中国童子军组织的音乐会，他们唱的是混搭的流行歌曲，有《游击队之歌》和《防空歌》(The Air Raid That Failed)。

1939年，克劳在重庆度过了两个月的炎夏，这段时间里，这座城市不断遭受着空袭，还有频繁的停电。他好几次被迫逃到防空洞里去，在等待中收听劳威尔·托马斯（Lowell Thomas）的无线电台节目。托马斯是美国广播电台的先驱记者，他后来在整个二战期间一直追随着美国军队。躲在防空洞时克劳偶尔也会与当时访问重庆的国联代表法国人勒内·卡森（René Cassin）[10]一起消磨时间。克劳不会说法语，卡森只会说一点点英语；于是他们只好用两个人都懂的中国沿海洋泾浜英语聊天，等待日本轰炸机返航，解除警报的信号响起。有一次，一枚炸弹直接落在克劳酒店旁边的房子上，造成八人死亡。在给《自由》杂志的撰稿中，他对日本人想把这个城市炸到投降为止的企图基本上是一笑置之，尽管空袭导致的死亡人数很高（仅在1939年5月就有6 000到8 000人丧生，四分之一的城市被烧毁），烧焦的尸体堆放在街道上无法得到及时清理和埋葬，同时整个城市又缺乏有效的空防军备。那年夏天，重庆是全球遭受空袭最为严重的城市。

除了走访重庆以了解它的战时状况，克劳还参与了政治讨论。克劳认为，最棘手的话题是共产主义。他想谈论国共两党的关系，但是在重庆没人愿意谈这个。然而，克劳还是找到了三个能够而且愿意跟他谈论政治、共产主义以及抗战的人——蒋介石、蒋夫人，还有周恩来。

蒋夫人的茶——"凯瑟琳大帝和维多利亚女王一般的人物"

在重庆逗留了几个星期之后，克劳终于在6月13日见到了蒋介石和蒋夫人。董显光安排了一场茶会，并暗示克劳，这是跟蒋夫人的会面，但蒋也有可能会出于礼节露个面。[11] 在克劳逗留期间，另一个提供了大量帮助的联系人是他的好友沈剑虹[12]，他是密苏里新闻帮的成员，做过《大陆报》记者，为了给老导师董显光工作而离开上海，现在则是重庆的外国记者联络处主任。

董在重庆很活跃，接待外国访客，做各种各样的工作，其中还包括为蒋夫人安排法语课。多年前他曾是蒋介石的老师，从那以后，他对蒋多少有些奉承，后来还为蒋写过一部相当虔敬的传记。他对蒋家是出了名的忠心耿耿；项美丽曾形容，当时的蒋夫人是

"中国最忙的女人",而董则是她"忠心耿耿的仆人"。[13]然而,他的主要工作是担任国际宣传处的负责人。国宣处从事各种宣传活动,并和军事委员会一道,面向记者、访客和大使馆官员,每周举行新闻发布会。除了沈剑虹,董的团队里还有摄影科科长李钦瑞,他曾在仰光一所中文学校当老师;还有总务科科长陈耀柱。国宣处负责发布一系列公报、特别传单、政府文件和蒋介石的讲话,还出版英文月刊《战时中国》(China at War)[14]。

和蒋夫人的茶会安排在下午 6 点,只有克劳和董显光出席。蒋氏夫妇在重庆有两处住宅,一处是位于城市高处的低矮别墅,作为蒋介石的作战指挥部,另一处是较为偏远的私人住宅,在长江对岸。克劳去的就是这第二处宅邸。5 点 45 分,有消息传来说,一个日本轰炸机中队正从汉口飞向重庆,克劳想象着,他可能会跟中国最有权势的两个人物在同一个防空洞里过夜。蒋介石的安保很严密,尽管那些戴着钢盔的哨兵只是守在住所外面。克劳很幸运,进门时,蒋夫人和蒋介石都跟他和董打了招呼。按照这对夫妇的习惯,蒋夫人先出现,几分钟之后蒋也加入进来。[15]

克劳的见闻使他相信,从他 12 年前见到蒋夫人到现在,她已变成凯瑟琳大帝和维多利亚女王一般的人物,但他还是在日记中记录道,他只觉得她优雅迷人,温柔可亲。[16]当然,自 1937 年 8 月以来,她已经成为国民党在全球最成功的代言人。和以前一样,克劳注意到了她的美丽和穿衣品位,她身着一件简洁的蓝色旗袍,而蒋介石则一如既往地穿着朴素军装。即使在战争的考验和磨难中,蒋夫人仍然保持着作家埃德加·莫瑞尔(Edgar Mowrer)描写她时坦率指出的"性感"。此外,克劳对蒋极感兴趣——他在努力领导战时中国,在经历了日本的一系列暴行之后,他越来越清楚这场战争关系着中华民族的生死存亡。

不可避免地,蒋夫人在重庆的角色不仅仅是蒋介石的妻子。除了学习法语、继续致力于新生活运动和解决难民问题之外,她还承担了管理航空委员会的任务,负责重组中国空军——端纳称她是"一个能量充沛的精灵"。当时中国空军缺乏飞机,训练有素的飞行员也很少。在1930年代,那些能操纵飞机上天的飞行员主要是由意大利顾问训练的,国民政府急需一批新飞行员。1937年,蒋介石发现空军部队的500架飞机里只有五分之一是完全可用的。在意识到中国没有任何接受过轰炸训练的人员之后,蒋夫人聘请了前美国战斗机飞行员、得克萨斯人陈纳德(Claire Lee Chennault)来管理空军。陈纳德形容在重庆的蒋夫人"……看上去比我预想的要年轻20岁,说英语时带着浓重的南方拖腔"[17]。与聘请了大量外国顾问的蒋介石一样,蒋夫人也明白,如果中国军队想与日本匹敌,就需要外国的建议和支持。因此,她确保蒋介石在重庆尽可能多地接见有影响力的外国人士,同时她也在准备着她著名的赴美筹款之旅,她的哥哥宋子文也将成为蒋介石在华盛顿的特使。[18]

蒋介石看起来很想跟克劳交谈,要么是真的记得在战前见过他,要么就是从董显光那里知道克劳是带着约稿来的。自从1935年奥斯勒在南京采访了这对夫妇后,《自由》杂志就成了蒋氏在美国发声的渠道之一。奥斯勒对新生活运动印象深刻,战争的开始让他对蒋氏夫妇的喜爱更为加深。蒋对克劳说,他很感激克劳对中国的友好态度。

克劳向蒋提出了一系列问题,他认为这些问题是他在美国的读者们所关心的。克劳问,战后国民党执政的中国会欢迎外国人回来吗?蒋的回答是赞成外资,反对技术援助。蒋还说,中国的工业发展需要一个世纪。克劳问,战后上海会成为自由港吗?蒋正要作答,但夫人插嘴问,中国究竟有什么理由这样做,把中国最大商业城市的控制权拱手交给外国人?蒋于是回避了克劳的问题,说他会考虑的。然后蒋就找借口离开了——克劳与蒋足足谈了十五分钟,比其他大多数人的时间要长,而且大家都相信蒋是真的还有别的事情要处理——董私下告诉克劳,不幸的蒋自年轻时起就饱受便秘的折磨。

克劳从美国带来了埃莉诺·罗斯福(Eleanor Roosevelt)、奥斯勒和其他一些老相识给蒋夫人的私人信件,包括出书的合同和一些在《哈泼斯》杂志上的宣传材料。美龄给克劳上了茶,还有橘子酱,据说是她亲手用自家花园里的水果做的。她还无视新生活运动的禁令,抽起了烟。克劳就她承担的孤儿、救济相关工作和新生活运动等问题采访了她。他还花大力气将她的爱国热情比作圣女贞德——"我觉得,如果她认为有用的话,会抓起大刀,甚至更可能是一把机枪,单枪匹马冲上前线打击日本侵略者。当和平来临的时候,我会对第一批见她的日本外交官表示同情!"[19]在克劳看来,蒋夫人和蒋介石是一对完美组合——他是一个传统的中国思想家,但爱好福尔摩斯小说、早上打太极;而她的思维方式又太美国化了——"失去了对方,谁都不会完整,"他在会面后的日记里评论道。

周恩来的威士忌——"重庆最有趣的人"[20]

周恩来当时在重庆承担国共两党之间的联络工作。当然,周实际上是共产党高层人物,是少数几个出过国的共产党领导人之一,作为天津旧吏后裔,是公认的儒雅之士。他的办公室和住所在嘉陵江边的红岩村,那里摆满了旧家具,当时是共产党在重庆的驻地。

周在黄埔(他第一次见到蒋介石的地方)时已经是共产党的政治代表,在上海时也是共产党的主要组织者。1936年的西安事变,周鼓励少帅采取行动争取两党合作,并未预料到事情会发展到绑架蒋介石的地步。然而,鉴于双方的过往,克劳也不知道蒋和周之间的关系到底能好到哪儿去。

在克劳看来,周是共产党驻重庆的官方使节。这一看法大致上是对的,因为在二战期间的大部分时间里,周都在重庆,作为共产党的代表和发言人,努力化解两党之间无休止的摩擦和冲突。周花时间尽可能多地会见外国记者,宣传共产党主张,会面时总是喝苏格兰或波旁威士忌,而不是茶。周恩来见多识广的传奇特质以及他与外国人面谈时的随和风度,征服了许多拜访者,包括海明威和时任《时代》周刊驻华记者的美国小说家白修德(T. H. White)。

克劳同样也觉得周很有魅力,他在日记中这样描述他:"……他是我见过的重庆最有趣的人,甚至是在不排除蒋介石的前提下。"[21]周在这座饱受战争破坏的城市里的一条偏僻小巷里过着俭朴生活,没有私人警卫,没有旗帜,也没有要求查验文件的随从。

克劳对此并没有太过意外，因为他已经习惯了中国领导人们那种不事张扬的气质。克劳几天前参加过蒋氏夫妇的茶会，当时也只有几个卫兵和一个仆人，记下他的名字之后就把他领进了客厅。克劳注意到蒋宅已经算不上奢华，而相比之下，周的住处简直可以称得上是简陋了。

克劳赶到时，发现这位共产党领导人看起来有点紧张，因为日本人的空袭刚刚在房子的一角造成了一些破坏。周对克劳的担心泰然处之："……日本飞行员还在忙着向妇女和儿童投掷炸弹，没工夫去战场厮杀。"[22]这位共产党人瘦削而憔悴，穿着没有军衔标志的简单制服。克劳询问周的安危，但这位共产党领导人再次笑着告诉他，说自己从未去过防空洞。这是克劳第一次采访一位著名的共产主义者，他已打算将这次会面当作正式访谈来对待。他对共产党人有戒心，他知道自己去采访周，多少是为了证实自己对马克思主义的不喜。他列出了所有的问题，拼命想要主导整个访谈，并且如果可能的话，将周困在共产主义理论的矛盾当中："我非常重视对周将军（克劳对周的称呼）的采访，认真地做好准备，跟一个即将参加期末考试的大学生似的。"[23]访谈一开始，周就在土地分配问题上打乱了克劳的阵脚。克劳很快意识到，他不应把列宁和斯大林在俄罗斯搞的共产主义跟中国的共产主义一概而论，中国共产党大部分是由农民组成，而不是产业工人。

克劳对周采访的全文从未公开，但他准备出版的一个版本——《中国共产主义之谜》——仍然保存在他的档案里。[24]克劳和周用英语交谈了两个小时——克劳指出，周不需要翻译，尽管许多说英语的中国官员为了避免错误引用,更喜欢通过翻译来回答问题。当时,周是中国共产党较为年轻的领导人之一,已经被当作(至少被克劳当作)"……有可能取代蒋介石的少数几个人之一——如果日本人抓捕并斩首蒋的威胁成为现实的话"[25]。

周对苏联影响共产党事务和政策的有力反驳也令克劳信服。就克劳所知,所有对共产党和国民党的援助都是通过滇缅公路进入中国的,没有任何物资通过中亚的古丝绸之路从苏联进来,而这一地区更接近共产党控制区。克劳认为,20世纪二十年代和三十年代初苏联通过鲍罗廷和罗易[26]等人深度插手中国事务的时代已经一去不复返了。采访结束后,他对周的敬佩程度比预想的要深得多,他没想到自己会被一位共产党领导人如此打动,尽管他一直在"打断周说话,粗暴地诘问他,就像检察官急于要给被告人定罪一样"[27]。

克劳的话题从对土地问题的深入讨论转向了共产主义中国将如何对待外国资本。不出所料,周主张耕者有其田;他还认为外资的持续作用将至关重要,就像苏联早期那样。两人还讨论了共产主义中国实现民主的可能性,周认为这种可能性很大。接近访谈尾声时,克劳提出了他心目中美国读者最为关心的问题:

> 按照中国的礼节和交际习惯,我的问题是如此唐突和尖锐,甚至近乎无礼。我知道这一点,但我还是忍不住问了,就像我一旦有了要打喷嚏的感觉,那我一定要把这个喷嚏打出来……在我问完了我能想到的所有问题,而他也都做出了认真

坦率的回答之后，我不客气地脱口而出："现在您可以告诉我为什么您认为自己是一个共产党人了吗？"[28]

克劳对周的回答做出了自己的解读，他认为中国共产党人采用"共产党"这个词，是由于这个词似乎最符合实际需要，而不是对苏俄的直接效仿。

他认为，共产党和国民党之间不稳定的抗日同盟已经维持了几年，到他和周坐下来喝威士忌时，这种同盟关系已经趋于紧张，彼此的不信任已成为主流。随着一系列指责和反驳指责的声音不断增多，国民党将领和共产党指挥官之间的争端不断加剧。国民党方面声称共产党正在大力招募国军士兵；而共产党方面则称，国民党正在遣散共产党部队，不给他们提供物资，以达到最终削弱共产党的目的。克劳觉得这种争端是令人惋惜的，因为它损害了整个抗日统一战线。

确实，克劳相信国共联合抗日是必要的，他也乐见其成，这种立场可能影响了他对周恩来的评价。当时，随着美国越来越多地卷入亚洲和欧洲的冲突，许多在华美国记者为了统一战线考虑，都选择压低对共产党和国民党的批评。典型的例子就是美国媒体给予蒋的高调宣传，这当然要部分归功于蒋夫人的努力和外貌，同时也与亨利·卢斯及《时代》周刊的追捧密不可分：蒋氏夫妇的特写反复登上杂志封面，1937年两人还被选为"年度夫妻"。《纽约时报》老记者哈里森·索尔兹伯里（Harrison Salisbury）总结了二战时期美国记者的对华态度："就像埃德加·斯诺的《红星照耀中国》里共产党人的清教徒式形象影响了很多人一样，卢斯和他的《时代》周刊、《生活》杂志呈现的国民党人形象也影响了很多美国人。"[29]

在与周恩来的会谈记录中克劳承认，周在中国的抗日战争中发挥了极为重要的作用——"……同样可以肯定的是，日后要建设一个从战争废墟中崛起的新中国，他（周）也将发挥重要作用。"[30] 克劳不会知道他的这一预测是多么正确。

与此同时，他迫切希望提醒美国公众警惕日本军国主义的威胁，因为在他看来，日本军国主义的威胁比共产主义更真实、更直接。从这个意义上说，克劳并不是典型的"冷战战士"。尽管他不断地、毫不留情地批评日本觊觎亚洲其他国家的政策和意图，但他也并不像当时许多日本的批评者那样是一个种族主义者。事实上，在他那本基本上写于1937年的《中国人就是那样》中，克劳批评了当时美国对日本移民的敌意和不友善行为，后来也抨击了把日裔美国人关押在拘留营的做法。

事后看来，克劳误读了中国共产党的抱负和能力。他希望在美国唤起对中国抗日的支持，倾向于掩盖国共两党的紧张关系。他对共产党的马列主义色彩轻描淡写，在与周会面之后，克劳宣布：

中国的共产主义没有什么好怕的。去年，我就自己应该加入哪个政党这一问题，向大约200位美国知名人士征求建议，并在《自由》杂志的一篇文章中公布了我收到的答复。这些建议并不是很有说服力，也就是说，调查了跟没调查一样，我对应该支持美国哪个政党仍然感到犹疑。但是如果周将军在美国组织一个政党的话,我想我应该会加入它。[31]

显然,写下这段话的克劳是一个为中国寻求美国支持的宣传员。然而,他历来亲蒋,在与周会面后又赞同周的观点,这是一对看似矛盾的立场,令人费解。他很可能自然地变成了后来的"中国游说团"的一分子,这些人视蒋介石为对抗共产主义的可行力量,尽管越来越意识到蒋的缺点,但还是对他报以支持态度。克劳在战争期间的确很少提到这些——但他一定也注意到了,尽管大敌当前,国民党高层的腐败现象仍然很普遍。他的朋友端纳最终因为蒋宋两家的腐败问题而与蒋氏集团分道扬镳。

任务完成以后,克劳准备启程回国。他的老朋友 J. B. 鲍威尔和他取得了联系,邀请他去上海为美国信息委员会调研那里的情况,但克劳不得不回国为《自由》杂志完成他的约稿。他还同蒋夫人最后见了一次,当时蒋夫人陪同他参观了自己的一个得意项目——一所培训女子从事战时工作的学校。去学校时,她一身农民装扮,戴着类似四川女农工的阔边草帽。尽管她一改以往的优雅着装,但她那出了名的暴躁脾气和对细节的关注依然丝毫未变;离开学校时,她责备校长说:"今天的苍蝇比昨天多。"[32]

克劳于 6 月 17 日星期六离开重庆。他飞回昆明,住的还是湖畔旅馆,然后前往河内,从那里出发经伦敦返回美国。他轻装出行,因为按照惯例,他要把尽可能多的衣物和其他个人物品留在重庆,以便分发给留在这座被围困的城市里的、相对孤立无援的外国人群体。在昆明他设法订到了一张坐票，乘坐米其林动车前往河内。[33]米其林其实是一辆在铁路轨道上运行的大巴车，"……大约跟国内的灰狗巴士差不多大小，但没那么舒服"。当克劳越过边境进入法属印度支那时，他被转移到一个卧铺包厢内，包厢里还有个中国商人。他很喜欢去河内的那段路，沿途欣赏着盛开的荷花，还有采摘荷花的平底小船，也对这一拥有172条隧道的壮观铁路工程赞不绝口。

在河内，克劳入住的大都会酒店号称河内酒店中的"贵妇"，在那里他体验到了法国殖民时期的奢华；他终于理了发，在和平咖啡馆喝了咖啡，抽到了美国烟，还在法国俱乐部喝了鸡尾酒。[34]他认为河内很繁华。百货商店里摆满了柬埔寨的银器，他买了一些带给妻子。他还觉得印度支那的法国女人比印度那些"……皮肤粗糙、眼睛缺少光泽"的英国女人漂亮多了。在发现克劳是当时河内大受欢迎的《我的中国朋友》[35]的作者后，大都会酒店的工作人员都很喜欢他，他们把书送到房间，让他为当地名流签名。

离开河内的飞机本来都已订满，但法航售票处的法国订票员显然是克劳的忠实读者，他认出了克劳，帮他订上了飞往伦敦的航班，再从那里去纽约。克劳就这样错过了再次乘船穿越红海的机会，但他需要赶回美国。与来时的航班一样，回程航班也经停了许多地点：从河内到西贡，西贡到曼谷，曼谷到仰光，然后在市内唯一的豪华酒店——位于仰光河畔的斯特兰德酒店（the Strand）休整；从仰光再到阿拉哈巴德；然后是加尔各答、焦特布尔、卡拉奇、巴格达（在底格里斯河边享用晚餐）、亚历山大港、班加西、突尼斯、马赛、里昂、巴黎和伦敦；最后乘船去纽约。当他抵达美国时，世界大战的乌云正在迅速积聚，美国和克劳被卷入全球冲突似乎已在所难免。

二十一　战时工作和预言成真

换个环境

1940年，刚从中国回来没多久的克劳开始计划穿越拉丁美洲的长途旅行。1939年下半年，他主要是在美国国内写作、完成新书，以及参加支援中国的巡回筹款活动，其中包括公共讲座、在伍斯特俱乐部*参加"一碗米"**之类的活动——通过给俱乐部的会员们讲述中国的艰难处境，募集资金购买医疗用品寄往重庆。[1]与他长期合作的讲座经纪人哈里斯·默顿·莱昂斯（Harris Merton Lyons）与《读者文摘》一起安排了这次拉美之行，同时美国国务院还为他提供了一

---

*　伍斯特俱乐部（Worcester Club）于1888年在美国马萨诸塞州伍斯特市成立，是商业和社会领袖聚会之所。

**　"一碗米"（Bowl of Rice）是1938—1941年期间在美国各地举行的筹款活动，旨在帮助受战争影响的中国平民。

系列引荐。1940年秋天,他花了几个月的时间在拉美地区做巡回讲座,这次旅行跟往常一样,使他得以写成另一本书《遇见南美人》,并发表了一系列旅行随笔,结集为《卡尔·成长》(Carl Growings)。

克劳乘坐穆尔-麦科马克航运公司的"阿根廷号"客轮向南航行。他从纽约登船,先后经停里约热内卢、桑托斯、蒙得维的亚和布宜诺斯艾利斯。在穿过太平洋上的180度子午线时,他还按照传统,在船上参加了进入"海神领域"的仪式。在航行过程中,克劳琢磨了时区的变换:"在旅行过程中,我的日期有时提前有时延后,经过仔细计算,我发现我实际上损失了足足三天的光阴。这三天永远也找不回来了,除非我能从东往西绕地球三圈。"[2] "阿根廷号"的船长西蒙斯给他颁发证书作为纪念,9月26日还在客舱里办了一场鸡尾酒会,为克劳庆祝58岁生日。在参加酒会的乘客中,克劳认识了一位特别迷人的黑发女子。他之前以为她不过是一个典型的拉丁女郎,结果却发现她是百分之百的美国人,是《四万万顾客》的忠实读者,而且就住在佩勒姆庄园克劳的临时住所附近。

在这次航行中,他与西蒙斯船长成了朋友。西蒙斯船长是荷兰后裔,出生于西印度群岛的萨巴岛,长期在穆尔-麦科马克航运公司担任船长。除了克劳,还有很多名流坐过西蒙斯的船:温莎公爵、克拉克·盖博,还有宾·克罗斯比[*]都曾经是西蒙斯和穆尔-麦科马克公司的乘客。

表面上看,克劳的南美之行很大程度上是因为《四万万顾客》

---

[*] 克拉克·盖博(Clark Gable)和宾·克罗斯比(Bing Crosby)均为美国影星。

的推动，这本书的成功给他带来了相当大的名气，尽管读者评价褒贬不一。然而，克劳访问拉美的一个主要动机是要调研纳粹在那里的宣传情况；这也是为什么美国国务院会介入其中。尽管做了详尽调查，但克劳基本上没有发现证据表明轴心国正在拉美地区搞大规模宣传。人们普遍认为纳粹正在赢得拉美的宣传战，他首先必须确定这一看法是否准确。他得到的消息是，当时德国宣传行动的中心设在巴西。在助理的帮助下，他在里约热内卢买来了所有他能找到的报纸，然后用蓝色铅笔标出美国通讯社提供的每一条新闻，英国通讯社的用红色笔标注，属于德国海通社的用绿色笔，日本或意大利通讯社的则用黄色笔。随后，克劳将所有报纸的发行量计算在内，并将上述各国通讯社各自的专栏量和读者数相乘。研究得出，纳粹的宣传效果跟他之前得到的消息稍有不同。根据克劳的数据，巴西82%的新闻报道来自美国，11%来自英国，只有7%来自德国、意大利或日本。克劳因此认为，就整体而言，德国媒体对巴西舆论的影响"……可能比《工人日报》对美国舆论的影响还要小"[3]。不过他确实注意到，德国人在巴西得到的少量亲纳粹报道却在欧洲被纳粹宣传者大肆鼓吹，这其中就包括哈哈勋爵[4]。

克劳对巴西媒体做了另一项比较研究，这次他计算了媒体上采用的各国通讯社的照片数量，发现从公众兴趣度排名来看，排在前面的是洛丽泰·扬、瑙玛·希拉、贝蒂·戴维斯、克拉克·盖博和秀兰·邓波儿*，希特勒、东条英机和墨索里尼只能屈居其下。他

---

* 均为美国电影明星。

还高兴地发现,"在拉丁美洲,报纸和图画周刊刊登的《四万万顾客》的作者照片跟希特勒和墨索里尼的照片一样多,而且是在没有通讯社帮忙的前提下"[5]。他的结论是,在拉美对抗轴心国宣传的最好方法,就是让《乱世佳人》这样的片子在电影院自由上映,以此来"……呈现一幅扣人心弦且令人难以割舍的北美文化图景……"[6]

《遇见南美人》带有克劳一贯的诙谐风格,讲述了一系列趣闻轶事,并记录了他对里约热内卢、布宜诺斯艾利斯、蒙得维的亚、圣地亚哥和利马等地的细致观感。他还考察了美国在该地区出口和投资的前景,以及美国零售商的成功案例。这本书他也请了插画家合作,这次是著名的奥斯卡·奥格(Oscar Ogg)给书创作了素描插画。

然而,1941年对克劳来说是不幸的一年,他的妻子海伦当年11月在佩勒姆庄园的家中突然去世。虽然克劳工作如常,继续宣传和出书,但也无法摆脱身体不适和丧妻之痛的影响。他卖掉了佩勒姆庄园的住宅,搬到了位于曼哈顿华盛顿广场的一套小公寓里,身边的朋友们形容他因为海伦的离世"心碎不已"。

他的名气越来越大,再加上他关于美国是否应该、在什么时候以及应在多大程度上卷入二战的探讨,争议也随之而来。孤立主义者哈罗德·贝克乔丹(Harold Beckjordan)在《纽约时报》的一篇社论中歪曲了他的观点,使他很生气,他甚至写信给编辑要求其道歉。[7]他还与电台播音员劳威尔·托马斯[8]以及卡尔·范多伦进行了激烈通信。范多伦曾火力十足地抨击《四万万顾客》,说它的内容未经核实,(据克劳所说)还对"中国佬

（Chinaman）"这个词使用不当。这场争论始于1938年三人在波士顿高档酒店帕克豪斯参加的一个午餐会，之后通过书信往来一直持续到1941年。克劳还为了这个词致信给《牛津英语词典》的编纂者，伦敦的编辑们接受了他的观点，即"Chinaman"已经是一个过时的词，现在带有贬义，对它所指称的对象是一种冒犯。《牛津英语词典》回信说，他们会考虑修改这一词条——克劳因此颇受鼓舞，他又接二连三地给其他英语词典的编纂者写信，鼓励他们也修改词条。[9]

随着名气越来越大，他收到了越来越多的粉丝来信。他还被推举加入纽约鲁特斯俱乐部，这是一个为全国知名人物而设的文学俱乐部，在纽约颇有声望，但是他拒绝入会，认为这种俱乐部很蠢。他在老朋友、"思想家和酒鬼"霍默·克罗伊的推荐下加入了纽约的演员俱乐部（可能只是为了能够跟克罗伊一起共进午餐），还加入了广告俱乐部，后者常在公园大道的斯坦福·怀特大厦举办集会。他与纳尔逊·洛克菲勒（Nelson Rockefeller）通过信，谈了他的拉丁美洲之行，自己的名字还上了《名人录》，而更令人意外的是，连健身大师伯纳尔·麦克法登（Bernarr Macfadden）也邀请克劳到他的一个水疗度假村做客小住。[10]

麦克法登和克劳并无明显的共同之处。麦克法登被他的追随者视为健身文化的开创者（他称之为"运动疗法"），被《时代》周刊戏称为"身体之爱先生"。他个性张扬，是出版业巨富，终生崇尚健身、天然饮食、户外运动以及养生疗法。由于预见并顺应了美国传媒界追求轰动效应的小报化趋势，他的报刊出版生意非常成功，甚至后来还试图建立自己的宗教——宇宙教[11]，并争取成为美国的首任卫生部长，但都没有如愿。当时许多媒体称他为江湖骗子；他曾因猥亵指控被捕，并经常受到美国医疗机构的谴责。与克劳唯一可能的联系是，麦克法登的家乡在密苏里州的密尔斯普林，尽管他比克劳年长15岁。此外，麦克法登厌恶烟草和酒精，而这两样却是克劳的心头好。麦克法登对饮食有严格规定，而克劳则倾向于大吃大喝。坦率地说，麦克法登确实有点古怪：他给自己立雕像，还经常光着脚从自己在新泽西的健身学院步行25英里去曼哈顿。麦克法登也许是想聘请克劳为他的民粹主义媒体帝国出一份力。多年来，麦克法登一直在追捧诸如沃尔特·温切尔（Walter Winchell）和埃德·沙利文（Ed Sullivan）这样的名记者，但大多数人都觉得他太怪异了，根本不愿与他合作。

尽管经历了丧偶之痛，名气也越来越大，但克劳仍然同中国和其他地方的老朋友们保持着往来。他在鲍威尔去世前一直与他保持联系。他在维也纳的出版商兼经纪人维克多·波尔泽也曾请求克劳帮助他和他的妻子获得美国签证。[12]他的一位前员工还找他借过钱，因为当时日本占领下的上海形势已糟糕不堪。此外，他的母亲埃尔韦拉在1940年初患上了重感冒以及老年病症；她现在已经70多岁了，需要克劳花更多时间照顾。克劳还联系过联邦调查局的约翰·埃德加·胡佛（J. Edgar Hoover）本人，就他认为应该登记为敌方特工的某个人提供了信息。[13]

担任战时文职工作

1941年12月圣诞节前三天，克劳成为鳏夫后不久，就收到了陆军部的征兵文件。当月初发生珍珠港事件之后，他就一直在期待这份文书的到来。日本对美国海军基地的恶意袭击显然沉重打击了美军士气，但它也证实了克劳长期以来的看法：无论华盛顿的一些人怎么盘算，美国都不可能在战争中独善其身，最终都将不得不面对日本军国主义。美国对日本宣战了。

1942年1月，克劳被任命为外国情报出版部的顾问，每天工资15美元（实际工作时）。这一部门后来隶属美国战时情报局（OWI）。联邦调查局的约翰·埃德加·胡佛下令对克劳进行例行背景审查，并判定他适合服役。[14] 在正式申请书中，克劳描述自己"……20多年来，一直是自己创业，或者以写作和讲座为生"。他的推荐人包括史带、富尔顿-奥斯勒、萨克雷（《纽约邮报》的执行主编）和斯克里普斯-霍华德出版公司的罗伊·霍华德（Roy Howard，他还是合众社的前负责人），所有人都佐证了他的爱国心、忠诚、勤奋和显著才干。《沃斯堡星报》的编辑部主任雷克德（J. R. Record）回忆说，克劳在得克萨斯州的那段时间是"城里的杰出青年之一"。

克劳对中国，尤其是对上海的了解，现在为战时情报局所看重。1941年12月8日，日军终于占领了上海的公共租界。《大陆报》《密勒氏评论报》和《字林西报》都被关停，而《大美晚报》则被迫转变为一份亲日刊物。占领者接管了所有的大饭店、豪华住宅以及花旗总会，用来充当营房和办公室。J. B. 鲍威尔和其他许多外国要人都被关进了监狱，而鲍威尔秘密的"地下"广播、自1937年以来一直向中国以外的地方广播消息的无线通讯电台，也同样被关闭了。克劳在中国的一位老朋友，一般被大家称作"麦克"的弗朗西斯·麦克格莱肯-费希尔（Francis MacGracken Fisher），曾长期担任合众社驻华记者，当时在陷入困境的陪都重庆负责战时情报局驻当地办事处的工作。另一个朋友马克斯·查伊切克（Max Chaicheck），曾为《大陆报》工作，后来在日本人的追捕下逃离上海，回到了美国，并改名为米尔顿·蔡斯（Milton Chase），现在旧金山的战时情报局中国分部工作。中国大部分主要城市现都处于日本的控制之下，从大连到香港的整个海岸线都在敌人手中。所有在上海的英美外交人员都被驱逐或拘留，而法租界则由一个亲维希的政权监管。

战时情报局是在1942年6月根据行政命令成立的，克劳是它的雇员之一。在某种程度上，它就是一个宣扬美国价值观和战争动员的机器，传播的是一个理想的美国形象，但它在战争期间通过大批摄影师的工作，最终为这个国家的战时社会变革留下了一份独特记录。它的任务是双重的：在国内开展支持战时政策的宣传，在海外发动心理战。即使在国内，战时情报局也有一些棘手的问题要处理，包括军队里对黑人的歧视、日裔美国人参军，以及如何处理社会冲突，如洛杉矶的组特服骚乱*和公众对物资定量配给的厌恶。

---

* 组特服骚乱（Zoot Suit Riots）：美国参与二战的压力激化了国内种族紧张局势，导致1943年夏在洛杉矶暴发了一系列美国军人和墨西哥裔美国青年之间的冲突，因后者穿着宽松的"组特服"西装，事件因此而命名。

二十一 战时工作和预言成真

在海外，战时情报局着力于协调欧洲、亚洲和非洲的政策和宣传。为了打击敌人士气，培养战后亲美舆论氛围，情报局发布了无数的宣传指令。世界各地的战时情报局办事处每个星期都会接到总部发来的指示，其中包含了该局希望在电台广播、传单、报纸文章和社论中促成的通用宣传主题。也有主要针对敌人和针对目标国家量身定制的区域指令，以及为响应需要立即关注的事件而发布的特别指令。此外还有第四种长期指令，它为战后美国在中国、菲律宾和印度等关键国家建立成套的宣传机制奠定了基础。

克劳的上级是德高望重的中国通欧文·拉铁摩尔（Owen Lattimore），当时在旧金山担任太平洋行动处副主任。克劳与拉铁摩尔之前就有过接触。1939年，时任《太平洋事务》杂志编辑的拉铁摩尔和美国太平洋国际学会秘书弗雷德里克·菲尔德[15]联系了克劳。菲尔德问克劳从重庆回来后是否愿意考虑来学会报到，而拉铁摩尔则想让克劳给他的期刊供稿，写一写在中国西部和西南部的见闻。

拉铁摩尔在当时是一个有趣而有影响力的人物，克劳注定要在不久之后与他交锋，尽管时间短暂。从一开始，战时情报局的亚洲分部就充斥着内斗和办公室政治。在拉铁摩尔的支持者和反对者之间，以及拉铁摩尔支持和反对的人之间，一系列有争议的问题导致了他们的分裂。情报局的一位知情人士在1943年7月写信给克劳，告诉他拉铁摩尔已经赶走了所有对中国有所了解的人——包括克劳在内。这一点他早就知道了。1942年春天，他被调任为外国情报远东规划委员会主任的特别助理，驻地纽约，年薪6 500美元。实际上,他需要往返于纽约和旧金山两地,因为他已经从情报局的太平洋行动处被调到了东南亚分部。

尽管克劳显然是一个中国通,但关于他的这项调动还是有一定道理的,因为对东南亚这一块主要由英国、法国或荷兰控制的地区,美国缺少具备丰富本土经验的人才。克劳对缅甸和印度支那有一定了解,但由于这两个地区都是通往中国的重要补给线,它们基本上归拉铁摩尔的中国分部管。克劳对泰国、荷属东印度群岛、新加坡和马来亚的了解则要少得多,自从他写的那本关于菲律宾的书在 1914 年出版以来,他只偶尔对该国发表过评论。但东南亚仍然一度成了他的地盘。在战时情报局工作的那段时间里,有两个人对他的影响最大,而这两个都是充满争议的人物:前面提到的拉铁摩尔和神秘的林白乐(Paul Linebarger)。

两人中,拉铁摩尔的个性更为复杂,一直备受争议。他 1900年出生于华盛顿特区,大部分青少年时代都是跟随自己的传教士家庭在中国度过的,其间留学于瑞士和英国的寄宿学校,1919 年才回到美国。后来,他成了《太平洋事务》的编辑,这本杂志由总部设在纽约的智库太平洋国际学会主办。他在 1941 年成为蒋介石的政治顾问。喜欢抽烟、戴着眼镜、留铅笔胡子的拉铁摩尔对战时情报局的理念,乃至美国政府对中国和亚洲的理念,有着显著的影响。他在 1943 年出版了《美国与亚洲:今日战争与明日和平之问题》,预测了该地区战后会出现的许多问题。[16]

拉铁摩尔的妻子埃莉诺·霍尔盖特·拉铁摩尔(Eleanor Holgate Lattimore)也是一位著名的东亚专家,曾任北平艺术史协会秘书。1925年蜜月期间，两人游历了蒙古和中国新疆。拉铁摩尔投身汉学之路和他的成长经历一样，都是非常规的。1928年，他回到美国，向社会科学研究理事会申请资助，尽管他之前从未从事过任何正式的学术工作。当时的美国地理学会主席、后来的约翰·霍普金斯大学校长艾赛亚·鲍曼（Isiah Bowman），对拉铁摩尔及其对亚洲内陆的了解印象深刻，他说服哈佛大学人类学系给了他一年的经费在中国做研究。1935年，拉铁摩尔应邀加入约翰·霍普金斯大学，在国际关系学院做讲师。一年后，他被任命为学院院长，是一位公认有魅力的领导。1939年，基于他的学术成就，拉铁摩尔被授予终身教职，虽然他连博士学位都没有。尽管获得了这种快速而非常规的晋升，但学术界并不适合拉铁摩尔。1941年，拉铁摩尔休假，出任蒋的顾问。蒋是在罗斯福总统的建议下才把这个职位给他的。

战后，拉铁摩尔成为共和党参议员约瑟夫·麦卡锡（Joseph McCarthy）反共政治迫害的关键人物。他被指责为莫斯科收买的"共产主义分子"，要为"丢掉中国"负责，而且还被指控从事间谍活动。拉铁摩尔反驳了这些指控，并被认为是首创了"麦卡锡主义"一词的人。尽管对拉铁摩尔的所有指控最终都撤销了，而且无所不能的联邦调查局局长约翰·埃德加·胡佛还亲自为他平反，但麦卡锡的指控带来的污名一直伴随着这位中国通，直到他在1989年去世。[17]

克劳和拉铁摩尔有许多共同点，本来可以相处得很好——克劳确实很熟悉拉铁摩尔关于中国的著作，还在1942年出版的关于田中奏折*的书中引用过他。[18]两人脾气都不好，爱吹毛求疵；都相信资本主义要胜过共产主义；都对中国和日本有着独到见解；而且两人都知道，成为中国通就像是参加体育赛事，充满了竞争。两人在中国乃至亚洲都是无畏的旅行者——克劳做过报人和广告商，拉铁摩尔最初在广州的一家欧洲进出口公司安利洋行短暂工作过。两人都对亚洲很感兴趣，也很了解，尽管他们都没有接受过传统而系统的高等教育。约翰·霍普金斯大学教授大卫·哈维（David Harvey）说："如果说拉铁摩尔有什么罪过的话，我怀疑他只是对中国的现实太了解了。"[19]克劳出于亲中和长期反对日本扩张主义的立场而跟美国驻华外交人员有过多次争执，有鉴于此，拉铁摩尔遭遇的指控也有可能被安在他头上。两人都是根据自己掌握的一手信息发表对华观点，并积极支持国民党和蒋介石，但也都对蒋的能力和行为持保留态度。

尽管有这么多相似之处，当时的分歧还是把两人分开了。甚至在抗战结束以及国共两党重回冲突之前，美国的中国通们就已开始分裂，一派支持蒋介石（通常还是持保留态度），另一派则公开质疑蒋的领导能力。随着蒋得到美国右翼人士的大力支持，两个派别开始出现。这些右翼阵营中有跟宋家和孔祥熙合作的金融家亨利·摩根索（Henry Morgenthau），还有亨利·卢斯的杂志帝国——统称为"中国游说团"。尽管关于"谁该为丢掉中国负责？"的激辩和恶毒的反共清洗是后来才有的事情，但早在1942年，中国通们内

---

* 1927年，时任日本首相田中义一在东京召开东方会议后向天皇提交的奏折，提出侵略中国、征服世界的计划，关于此份文件的真伪问题，一直存在争议。

部的分裂就已经开始了，不过这种分裂看起来更多是意识形态上的，也更隐蔽。这种分裂在 1943 年 11 月至 12 月罗斯福、丘吉尔和斯大林参加德黑兰会议后变得更为明显，会议就华盛顿能否在与蒋介石结盟的同时处理好和毛的关系这一问题展开了激烈讨论。随着德国战败的临近，华盛顿的战略是优先考虑欧洲战场，同时推进太平洋战区的日本占领行动。由于"醋乔"史迪威在与蒋介石发生多次矛盾后被召回国，美国对中国的政策变得摇摆不定，导致美国国内的中国通们开始了新一轮的争论。

拉铁摩尔虽然给蒋介石做过顾问，但他还是对蒋持批评态度；克劳同样如此，尽管他大体上还是在为蒋争取支持以打败日本人。甚至在中国共产党取胜之前，就已经有人质疑拉铁摩尔的政治倾向问题了。在《太平洋事务》杂志上，拉铁摩尔发表了一些亲苏联的马克思主义作家的文章，称这么做是为了平衡杂志内容。他还谈到有限度的社会主义可能给蒙古这样的欠发达国家带来的好处。事后看来，这些言论似乎相对来说是无害的，但在后来麦卡锡的众议院非美活动调查委员会营造的舆论氛围中，这些言论被用来对付拉铁摩尔，那时在许多人看来，他似乎是有罪的。

拉铁摩尔、克劳和情报局中国分部的其他人因为个人分歧而导致的争论，并不像拉铁摩尔后来与麦卡锡之间的斗争。尽管这些争论激烈、耗费心力又充满激情，不以思想定罪，但这种内部矛盾是发生在了解中国的人们之间的——属于老练的中国通内部的激辩。在两次世界大战之间的岁月里，美国的"中国通"在意识形态上是一群形形色色的人，当然要比他们的法国或英国同行更多样化，因为后者需要维护帝国利益。克劳、拉铁摩尔、《纽约时报》的亚朋德,以及外交官芮恩施、雅各布·舒尔曼和纳尔逊·杜斯勒-詹森,还有孙明甫、J. B. 鲍威尔以及埃德加·斯诺——再加上赛珍珠和史沫特莱等女性——这些人的观点远非一致。他们的政治光谱从极左到极右,在美国和其他列强在中国扮演的角色、国民政府的成败、日本的最终目标、中国的未来以及几乎其他所有问题上都存在分歧。然而,在中国沿海外国侨民的幽闭世界里,他们不得不彼此接触、争执,有时又彼此合作,而所有人都通过长期而细致的研究坚持自己的观点。

东西方联合会成立于第二次世界大战期间,目的是协助盟军在亚洲的战时行动,并帮助美国儿童了解中国和印度人民的文化和关切,使他们更好地掌握有关亚洲大陆的知识。像这类组织的宗旨,克劳或拉铁摩尔这样的中国通不可能不支持。然而,这一组织由左翼作家、政治活动家赛珍珠领导,她的著作《大地》克劳也非常喜欢。在后来麦卡锡主义盛行的时间里,政治分歧让位于政治报复,只要认识像赛珍珠、史沫特莱、斯诺或拉铁摩尔这样的人,就足以被非美活动调查委员会当作"通共"的证据。克劳的境遇可能也会像拉铁摩尔所遭遇的那样急转直下。联邦调查局华盛顿分局 1942 年通过搜索戴斯委员会*的名录发现,克劳曾是抵制日本侵略委员会成员,赞助过美国不参与日本侵略委员会,还在 1938 年签名支持过美国共产党《工人日报》组织的反对日本侵华的请愿活动。[20]

---

* 即非美活动调查委员会的别称,得名于委员会创始人、来自得克萨斯州的国会议员小马丁·戴斯(Martin Dies, Jr.)。

或许还有一个例子可以更清楚地表明不同背景、不同政治立场的美国人以及其他人是如何发生联系的，那就是工合运动。1942年，一批与中国有关的美国知名人士敦促政府通过《租借法案》投入50万美元资金，帮助推进中国工业合作社（工合）的工作，克劳也参与其中。许多人都曾参与发起工合计划：如英国驻重庆大使（阿奇博尔德·克拉克-卡尔男爵）的秘书约翰·亚历山大（John Alexander）；埃德加·斯诺和他的妻子海伦；还有新西兰左翼分子路易·艾黎（Rewi Alley）[21]。其基本理念是建立一个可持续运作的工业体系，而不是简单地向中国境内流离失所的难民提供食品援助。其目的是动员难民们加入分散在中国内地的数千个半流动的合作社，并把现有资源、抢救出的工具和机器利用起来。《租借法案》和重庆政府将为这些合作社提供资金。这就是后来被称为工合计划的实质内容。该计划本有可能夭折，但它在重庆得到了克拉克-卡尔[22]的支持，他把这个想法告诉了蒋介石、蒋夫人和孔祥熙。他们同意试一试。

孔祥熙承诺提供500万法币的政府资金，并担任工合会的理事长，蒋夫人担任顾问，宋子文还有在香港的宋庆龄也加入了委员会。通过艾黎和蒲爱德[23]领导的筹款活动，工合会向世界各地的支持者筹募资金，同时，来自埃莉诺·罗斯福和亨利·卢斯等著名人物的支持也为工合会在美国成立促进委员会铺平了道路。到1941年中，美国最强大的筹款组织之一美国援华联合会也开始支持工合运动，工合会筹集的资金数量因此出现巨大提升。然而，后来人们开始质疑这场运动牵涉了太多人物，因为它把卢斯、罗斯福还有克劳这样的人聚集到了一起,还有一些知名的亲共人士,比如艾黎和蒲爱德。

克劳在战时情报局的另一个主要联系人是林白乐,他是克劳的知己,尽管两人相距很远。克劳为情报局制作东南亚相关的广播和报道,林白乐会把反馈报送给克劳,同时也向克劳提供从爪哇的钢铁需求到日占雅加达和吉隆坡发来消息的可信度等一切情报。很快,克劳就将林白乐当作他的编辑和事实核查人,给他发送一些情报局宣传指示副本,请他评论,林白乐则回以详细点评。[24]

林白乐1913年出生于威斯康星州的密尔沃基。他对东南亚和中国非常了解——他的父亲曾在美占菲律宾做过律师和法官,后来还担任过孙中山的顾问,以及民国政府的法律顾问。林白乐的履历从小就被迷雾所包围。有人夸大了他在日本和中国的生活,还说孙中山是他的教父,几乎是看着他长大的。而实际上,他父亲只跟了孙中山几个星期。不过他确实对亚洲各地都很熟悉,而且很早就做了美国情报部门的特工。他在霍普金斯大学获得了亚洲研究博士学位,专攻宣传技术和心理战。毫不意外,战时情报局很快把他挖走,招进了行动计划和情报委员会的亚洲分部。他还帮助组建了美国陆军的第一个心理战部门。在向克劳和其他人提供亚洲各地信息之后,他被派往中国,负责心理战。到了1945年,他已晋升为少校。战争结束后,由于他与情报部门的密切联系,林白乐逃过了拉铁摩尔所遭受的一切麦卡锡主义指控,并成为霍普金斯大学的亚洲政治教授。[25]

1943年1月,克劳向战时情报局申请休假,以便专心写作《伟大的美国客户》。他给拉铁摩尔寄去一份大纲，后者同意给克劳四个月假期，并祝他出书顺利。这实际上是克劳在战时情报局工作的终结。他再也没有回到那里全职工作，而是专心写书，同时继续评论亚洲事务。事实上，他有想过在完成《伟大的美国客户》相关工作后于当年6月返回情报局的岗位。然而，他在情报局的一个资深涉华职位竞争上输给了拉铁摩尔，决定留在组织之外，但仍然继续在媒体投稿，在他的书中保持斗志。最终，这或许就是他最能发挥作用的地方。1943年7月，他为《国家》杂志写了一篇长文，回应东京官方电台的广播，后者描述了菲律宾人如何拒绝握手之类的美式习俗，而现在则更喜欢用日式的鞠躬。日本电台认为这是菲律宾"日本化"成功的确凿证据。克劳在他的文章里驳斥了这个报道，认为所有鞠躬都是在昔日参与了南京大屠杀的日本军人的刺刀威逼之下发生的。[26]

无论好坏，克劳最终并没有进一步卷入支持工合的争论或战时情报局的内部分裂。他的健康每况愈下，这使得他积极参与中国抗战和美国战争动员事业的能力变得很有限，但他并没有因此而放弃尝试。

二十二　最后多产的几年

口水战

在克劳的记者和写作生涯里,一个不变的主题就是美国工业化的实现、社会财富的积累和民主制度的兴旺发达。尽管他一生中有相当一部分时间在国外生活,但他始终是一个爱国又赤忱满怀的美国人。在第一次世界大战之前,他就已经在美国腹地报道国内的工农业社会发展,迈出了事业的第一步;在中国期间,他总是一有机会就宣传美国及其价值理念,这一做法贯穿了他的职业生涯:为公共信息委员会工作,为国务院起草涉华报告,长期担任上海花旗总会会长,后来又于1939年在滇缅公路涉险,1940年南下拉美调研,美国对日宣战后又为战时情报局效力。

1943年末,他在《伟大的美国客户》[1]一书里发表了许多对美国制度的起源和独特性的个人见解。书的副标题为"发明、大规模生产与我们的繁荣的故事",从独立运动到乔治·伊士曼(George Eastman)开始生产销售柯达相机,追溯了美国制造业和市场发展的历程。这本书的第一版是在战时发行,为了遵守政府节约纸张的法规,用的是糙面纸印刷。克劳认为,这本书有助于提醒厌战的美国人,美国的商业发展为他们提供了人类历史上前所未有的自由、优渥和舒适,是值得人们为之战斗的。他长期以来一直认为,美国的许多成就——从不断增长的工业基础到田径赛场上的成功,都要归功于这个国家科学的管理制度。在《伟大的美国客户》一书中,他详细论证了这一观点。[2]

克劳如今住在曼哈顿华盛顿广场一幢公寓的五楼,他仍然在呼吁美国加大对中国抗日战争的支持。1942年,克劳还在战时情报局时,就出版了《日本的世界帝国之梦——田中奏折》。这本小书的主要内容是日本首相田中义一于1927年7月提交给天皇的一份奏折文本。田中奏折列出了日本在满洲的目标,并试图为日本的扩张和最终吞并整个中国给出合理化解释。克劳还在书的前言中阐述了田中奏折的事件背景,以及田中作为日本"军事侵略党"[3]或派系头目所起的作用。据传,田中是在沈阳的一次会议之后准备了这份文件,与会者包括日本在满洲和蒙古的所有军官。奏折内容当时已被公之于众,但是日本政府并不承认这份奏折的真实性。克劳在1942年将其再版,希望借此表明日本对中国的意图至少在15年前就已经很明晰了。这本书在美国广受好评,克劳也小有所成。左翼记者马克斯韦尔·斯图尔特在《国家》杂志上撰文说这份奏折堪称"日本版《我的奋斗》"。[4]

克劳还计划写一些关于美国历史的书,包括威廉·惠尔赖特(William Wheelwright)的传记和讲美国杂志史的书。威廉·惠尔赖特是林肯郡一名船长的儿子,他出生在马萨诸塞州,最后创建了太平洋轮船航运公司。克劳也有更多公开的文宣工作在酝酿当中,如讲述普通中国人如何抵抗日本侵略的历史,包括一本题为《汉家子弟》的书,还有另一本题目暂定为《四千年后的中国》或者《中国——四千年不老》。他还计划通过一系列文章继续唤起美国人对中国困境的认识,这些文章在他离世时都尚未完成,其中包括《数百万无家可归的中国人找到了家》和《中国能抗争一百年吗?》。此外,他打算继续分析研究日本,草拟了几本书的章节,也都没能出版。其中包括写给美国读者的日本史,他完成了两个章节——"日本的建国"和"四十七人",还有一本计划出版的名为《不能与日本交朋友》的书。最后,克劳一直在记录和收集中国日占区的鸦片交易信息,他在1930年代中期出差经过天津时亲眼见到了这一情况,从那时起就一直在收集数据。[5]

1944年,他还是顺利出版了《中国就位》一书,有所保留地向美国人民解释中国国民政府取得的巨大进步。这本书从很多方面来说都属于文宣作品。虽然很多人会同意1930年代《泰晤士报》记者彼得·弗莱明的观点,即"文宣作家有既定的思想倾向,读他们的作品就像跟素食主义者吃饭一样无聊"[6],但克劳大致上还是让书的内容具有相当的可读性。这本书体现了战时情报局声援中华民国抗日、促使美国公众支持这场斗争的努力。在这本书中，克劳对包括孙和蒋在内的国民党人大加赞扬。他也支持国民党和共产党为击败首要敌人日本而建立的不稳定联盟。然而，随着二战在欧洲接近尾声，美国政府开始准备与苏联的冷战，克劳意识到中国又将成为关键战场之一。蒋介石、蒋夫人、周恩来还有其他人在访谈中都提到过这一点。

尽管克劳在公开场合努力宣传国共合作，但他个人对此似乎抱有更多疑虑。他曾与中国的领导人及其最激烈的反对者讨论过共产主义在中国的问题。他目睹了1920年代以及北伐期间上海和其他城市对共产主义运动的残酷镇压，也接触过江西苏维埃政权发行的带有镰刀和斧头图案的硬币，这一短暂的政权是由当时从中国其他地区流亡过来的共产主义小组建立的。他对这一历史现象很感兴趣，但也能足够现实地理解并做出判断：在当时的反共浪潮及反共利益的驱动之下，在华英文媒体对江西苏维埃进行了夸张报道，这其实只是一个临时政府。至少在克劳看来，两次世界大战期间，在大多数住在上海的外国人眼中，共产党人都"跟白俄一样，专门刺杀戴大礼帽的人"。江西苏维埃似乎不同于中国其他任何政府，据报道，它没收地主土地，重新分配给佃农。后来在二战期间，许多美国官员觉得他们可以跟毛和红军经营好关系，因为据他们远距离观察，共产党的土地分配政策比起重庆政权的持续腐败似乎要进步和合理得多。

国共两党之间的关系显然并没有改善。在1944年的写作中，克劳警告说："如果两党因为地位问题而打起仗来，那这场战争将跟过去发生的任何一次内战都大不一样。"[7]尽管如此,他仍然认为两股势力之间发生某种最终的对决是有可能的。他说对了:虽然克劳没能活着看到最终的结果,但他确实做出了一些预测。他觉得中国在抗战中的行动和决心为它在东亚赢得了"精神领袖"的地位,并宣称唯一可能的结果是"中国无论在政治制度还是在工业化组织上都将不同于其他任何国家,中国将是独一无二且独立自主的"[8]。

克劳还相信,中国最终将成为民主国家;事实上,他认为除了政府形式,中国几个世纪以来在很多地方都是民主的,而且中国所有伟大的思想家——主要是孔子和孟子——都支持普通人拥有推翻不公正统治者和收回天命的权利。他还看到了各种民主萌芽的象征:自汉代以来就有的开放的官僚考选制度(尽管在清朝末期被废除);(克劳认为的)中国在公元前2世纪就已有效废除了封建制度;长久以来的地方半自治或乡村治理传统;还有中国的茶馆,类似于市政厅的会议场所,人们可以在那里谈论任何事情。克劳在完成最后一本关于中国的书《中国就位》时,留下了乐观的一笔:

> 中国对自己的未来充满信心,大多数外国人也有这种信心,他们像我一样,亲眼见证了中国过去30年的进步。未来可能还会有动荡,但没有什么可以否认中国地域辽阔、是一个文明国度的事实,自尊而勤劳的中国人民正在迈步向前。[9]

失败的最后一役

到1945年初,克劳的工作效率显然已深受健康问题的影响。纽约的战略情报局(OSS)[10]想要见他,看看他的照片收藏中与"我们在中国战区的行动"有关的部分,但他从未给予答复。[11]他之前已把自己的照片存档分享给了陆军和海军,以期对他们有所帮助。1945年4月,他写信给他在哈珀出版社的编辑弗兰克·麦格雷戈(Frank MacGregor),建议出版社继续修改他在1945年初完成的最后一本书《弗林特*的成长》。这本书的撰写是受曾经的广告客户别克汽车公司的委托,讲述了这家汽车制造商如何从民用生产转向军用生产以支持国家战争的历程。书的副标题为"一个美国社区的成功故事",克劳把这本书献给"弗林特的男男女女,他们为海外作战的人们提供了战斗装备"。[12]别克公司付给他一万美元的丰厚稿酬(每星期两百美元的分期付款)。

克劳现在知道他的食道上半部长了个东西,很可能是癌;这使他长期遭受胃痛的折磨。在完成了关于弗林特的书以后,他休息了一段时间,在纽约哈里森完成了对《四万万顾客》的修订。在返回曼哈顿做活组织检查的路上,克劳已做好打算,不管结果如何都要"停止工作一段时间"。在给弗兰克·麦格雷戈的信中,他以一如既往的平静语调提及了手术和病情的严重性。[13]克劳的最后几年是孤独的——他一直没有从海伦的去世中完全恢复过来,独自一人住在

---

* 弗林特,美国中部城市,曾是美国最重要的汽车制造中心之一。

华盛顿广场，努力工作，只有一个黑人男仆照顾他，给他做饭。

情况确实很严重。1945年6月8日，卡尔·克劳因癌症在他位于华盛顿的公寓去世。当时他已是名作家，讣闻刊登在《纽约时报》的显著位置上。他的两个妹妹还在世——住在华盛顿特区的罗玛·克劳-沃尔特斯和住在密苏里州韦伯斯特格罗夫斯的萝拉·克劳-贝克。姐妹俩之前也几度搬迁，克劳曾几次提到过她俩住在匹兹堡和圣路易斯，他们一直都通过邮件保持着密切联系。他也一直跟他年迈的母亲很亲近，在中国的那些年里，他一直与她保持书信往来，还经常给她往密苏里寄礼物。他的母亲在久病之后也于同一年去世，享年81岁。

克劳的遗体先是存放在曼哈顿西72街的沃尔特·库克殡仪馆，最后被安葬在密苏里州弗雷德里克镇主街的共济会公墓，在他的父母旁边。他最后的要求是，不要送花，所有帛金都寄给美国癌症防治协会。在遗嘱细则里，他以他一贯的细致风格分配了他的财产。他的大部分资金、房产和版权都留给了两个妹妹。他的侄女们每人得到了一块东方地毯，侄子们分到的东西则各式各样，其中包括他父亲的办公桌（不知他怎么一直保留着）、一个地球仪、一个装在旧式纸胶盒子里的利奇菲尔德钟和一块霍华德怀表。他的藏书分给了他的两个妹妹、侄子托马斯·沃尔特斯，还有一部分捐给了弗雷德里克镇公共图书馆。他的文稿连同他出版的作品一起被送到了密苏里大学。他的园艺工具和酒窖都留给了两个朋友。最后，他给演员俱乐部的约翰·德鲁基金会捐了100美元、给埃德·麦克纳马拉基金会捐了50美元。遗嘱里没有提及他的第一任妻子米尔德丽德和女儿贝蒂。

克劳去世的那一天，他曾预见并奋笔书写过的抗日战争仍在继续。《纽约时报》在6月10日星期天发布了他的讣告，同一天刊载的新闻还包括：150到200架B-29美国超级堡垒轰炸机轰炸了神户、横滨和东京，击中了日本飞机公司在横滨附近的富冈工厂和东京附近的一个军用仓库。美军在冲绳缓慢推进，遭遇了日军的顽强抵抗，而同时美澳军队则成功登陆了文莱附近的纳闽岛。与此同时，中国军队在张发奎将军的带领下夺回边境城镇，迫使日军后撤回印度支那，与约20万日本士兵一起困在东南亚，后被击溃。尽管俄国元帅朱可夫还没有找到希特勒的尸体，拒绝正式宣布他已死亡，但欧洲的战事实际上已经结束。温斯顿·丘吉尔和克莱门特·艾德礼正在英国各地进行竞选演说，角逐1945年的历史性大选，而在旧金山，有关组建联合国的讨论则在缓慢进行。在美国国内，6.5万人在第71届肯塔基赛马会上投注776 408美元，见证了雄驹小弗洛甫在路易斯维尔赢得比赛冠军。在上海，距美国轰炸机首次出现在城市上空已经过去一年，到1945年6月，日军已开始撤退。

克劳曾经写道，他的理想安葬地是"在苏州的山里，靠近九孔桥的地方"。他还进一步做了说明："我希望我的中国朋友们，会在扫墓时节来我的坟头烧些纸钱和纸扎。如果我的外国朋友们愿意，我也欢迎他们用我的墓碑来开啤酒。在徒步翻过七子山后能有啤酒喝，总是一件快活的事。"[14]克劳去世之时，苏州还在日本人手中，一场解放国家和上海的战争正在进行。他没能回到解放后的上海，也没能重返自由而统一的中国，但他将永远与那个城市和那个国家紧紧联系在一起。如同一段再合适不过的墓志铭，克劳去世之后不久，当美国士兵在1945年晚些时候登陆上海时，美军为海外士兵提供军供版图书的分部印制了《四万万顾客》的口袋书，分发给特种兵们作为城市手册。有这样一份驻地指南在手，夫复何求？

尾声　斯人已逝但未被遗忘

1949年新中国成立后，克劳在中国已被遗忘……几乎是这样。

1974年，卡尔的弟弟莱斯利·雷的孙子丹尼斯·乔治·克劳和卡尔最喜欢的侄子乔治的儿子和他母亲奥尔加一起访问了北京。乔治曾多年负责大来轮船公司在上海和香港的客运业务。在"文化大革命"最后动荡的几年，赴华签证很难拿到，对丹尼斯和奥尔加这样的美国公民来说更是如此。而美国人到了中国以后，他们的行程会被精心安排和设计，行动并不自由。

克劳家族一行住在著名的北京饭店，并游览了首都。有一天，有人告诉他们说可以去参观著名的海滨胜地北戴河。这种待遇在当时实属罕见，他们因此而成为1949年以来第一批参观北戴河的外国人。第二天早上，一辆豪华轿车来接他们去北戴河，随行的还有一群高端访客，总共九人。他们不禁揣测，为什么自己会受到如此奢侈的接待，除了对中国的好奇和跟这个国家业已推翻的过去有一丝联系之外，他们没什么特别之处。

在北戴河，这群好奇的外国人被带着四处参观，然后接受了中国宣传杂志《中国建设》一位老记者的采访。记者用流利的英语问奥尔加喜不喜欢北戴河，对中国有什么看法。当然，只有正面赞扬才有机会被刊登出来。记者记下了她的名字。采访结束后，老人徘徊了一会儿，最后又问奥尔加，她是不是跟曾经住在上海的卡尔·克劳有亲戚关系？她说是的。老人变得非常激动。太巧了！他惊叹道，自己年轻时在上海的第一份工作是给卡尔·克劳当送稿员，对卡尔的印象很深。以前的老板怎么样了？

卡尔不会知道，他在江湖上的朋友、熟人、同事和合作伙伴连接起来的人际网络会延伸得那么远，持续的时间会那么长。

注 释

引言 在中国的四分之一世纪

﹝1﹞ *All About Shanghai and Environs: A Standard Guidebook, 1934 – 1935* (1935), Shanghai: University Press.
﹝2﹞ Carl Crow (1940) *Foreign Devils in the Flowery Kingdom*, New York: Harper & Brothers, p. 223.
﹝3﹞ Crow, *Foreign Devils in the Flowery Kingdom*, pp. 234 – 235.
﹝4﹞ Carl Crow (1937) *Four Hundred Million Customers*, New York: Harper & Brothers, p. 12.
﹝5﹞ Crow, *Four Hundred Million Customers*, p. 304.

一 从美国中西部到中国沿海

﹝1﹞ Carl Crow (1939) *He Opened the Door of Japan*, New York: Harper & Brothers, p. 3.
﹝2﹞ Carl Crow (1943) *The Chinese Are Like That*, Cleveland: World Publishing Company, p. 132.
﹝3﹞ Carl Crow (1943) *The Great American Customer*, New York: Harper & Brothers, p. 97.
﹝4﹞ Crow, *The Chinese Are Like That*, p. 86.
﹝5﹞ Crow, *The Chinese Are Like That*, pp. 186 – 187.
﹝6﹞ *Lead Belt News*, "Carl Crow writes editor of LB news," undated copy in the Crow Archive.
﹝7﹞ Walter Williams (1914) *The World's Journalism* and W. Williams and F. L. Martin,

The Practise of Journalism (1917), both published by E. W. Stephens, Columbia, Missouri.

〔8〕 See S. L. Williams (1929) *Twenty Years of Education for Journalism: A History of the School of Journalism of the University of Missouri*, Columbia, Missouri: E. W. Stephens, p. 31.

〔9〕 参见 1942 年 3 月 19 日联邦调查局（FBI）堪萨斯城办公室向纽约办公室提交的关于克劳教育背景的报告。

〔10〕 Carl Crow (1916) *Japan and America*, New York: Robert M. McBride & Co., p. 5.

〔11〕 克劳为《星期六晚邮报》撰写的文章包括"The business of town building"（April 30, 1910）; "Towns built to order"（July 2, 1910）; "Cutting up the big ranches"（August 6, 1910）; "Team work in town building"（3 September, 1910）; "Old farms for new"（October 8, 1910）; "The fee system"（dealing with rising court costs, November 19, 1910）; "Building a railroad"（December 10, 1910）; and "Selling to cities"（March 4, 1911）。克劳还给《皮尔逊杂志》供过稿，"What the tenant farmer is doing to the South"（June 19, 1911）。

〔12〕 Carl Crow (1940) *Foreign Devils in the Flowery Kingdom*, New York: Harper & Brothers, p. 224.

〔13〕 "Fort Worth editor to join staff of new Chinese daily," *Fort Worth Star-Telegram*, June 8, 1911.

〔14〕 "Man in the street," *Houston Chronicle*, undated, 1911.

二 《大陆报》人

〔1〕 Carl Crow (1944) *China Takes Her Place*, New York: Harper & Brothers, p. 4.

〔2〕 Crow, *China Takes Her Place*, p. 4.

〔3〕 Crow, *China Takes Her Place*, p. 4.

〔4〕 Carl Crow (1940) *Foreign Devils in the Flowery Kingdom*, New York: Harper & Brothers, p. 224.

〔5〕 Stella Dong (2001) *Shanghai: The Rise and Fall of a Decadent City*, New York: Perennial, p. 176.

〔6〕 Peter Rand (1995) *China Hands: The Adventures and Ordeals of the American Journalists Who Joined Forces with the Great Chinese Revolution*, New York:

Simon and Schuster, p. 24, quoted in Jonathan Mirsky (2002) "Getting the story in China: American reporters since 1972," *Harvard Asia Quarterly*, vol. VI, no. 1, winter.

三 通讯线路的中国一端

〔1〕 Carl Crow (1944) *China Takes Her Place*, New York: Harper & Brothers, p. 7.

〔2〕 P. Thompson and R. Macklin (2004) *The Man Who Died Twice: The Life and Adventures of Morrison of Peking*, Sydney: Allen & Unwin, pp. 248–249.

〔3〕 更详细的概述，见 B. Goodman (2004) "Semi-colonialism, transnational networks and news flows in early republican Shanghai," *The China Review*, vol. 4, no. 1, spring。

〔4〕 John Keay (1997) *Last Post: The End of Empire in the Far East*, London: John Murray, p. 141.

〔5〕 Malcolm Rosholt (1994) *The Press Corps of Old Shanghai*, Rosholt, Wisconsin: Rosholt House, p. 9.

〔6〕 该建筑现在是美国友邦保险公司的办公大楼，从美亚保险公司继承而来，他们最初与《字林西报》和其他租户合用该建筑。

〔7〕 Ralph Shaw (1973) *Sin City*, London: Everest Books, pp. 50–51.

〔8〕 即现在位于瑞金二路118号的瑞金宾馆。

〔9〕 即后来位于陕西南路的精文花鸟市场，2005年被拆除重新开发。

〔10〕 甚至连为诺丁汉姆工作的人们都觉得该报太过亲日了，其中包括1940年代初在该报工作的日裔美国人比尔·细川，参见 B. Hosokawa and T. Noel (1988) *Out of the Flying Pan: Reflections of a Japanese American*, Boulder: University of Colorado Press。1941年，该报正式成为日本人在上海的英文喉舌刊物，很多人传言它背后有横滨正金银行注资。

〔11〕 Shaw, *Sin City*, p. 50.

〔12〕 严格说来，《大陆报》最初是由美国和德国的金融家以发行债券的形式提供资金支持，还计划发行中文版——至少《沃斯堡星报》1911年6月8日那篇报道《沃斯堡编辑加入中国新发行的日报》("Fort Worth editor to join staff at new Chinese daily")是这样说的。然而，即便有德国人投资，他们似乎也从未对这份报纸产生过多大兴趣，而计划的中文版也从未出过。

[13] 在 1912 年卖力帮助威尔逊赢得总统竞选之后，柯兰（1858—1939）作为鲁特委员会（Root Commission）的成员前往苏联，1918 年陪同威尔逊出席了凡尔赛会议，1919 年组织了金-柯兰委员会（King-Crane Commission）前往中东。柯兰后来还参与资助了在沙特阿拉伯和也门的第一次石油勘探，并于 1920 年至 1921 年担任美国驻华大使。

[14] 克劳在 1911 年秋开始从中国给合众社供稿。合众社 1907 年才由斯克里普斯(E. W. Scripps）建立。这份工作可能不太费力，因为当时电讯业务刚开始在中国起步，每日新闻通常只需传送几个字或几句话。报社编辑根据收到的通讯稿来发挥扩充。坏处就是稿费非常低——1920 年代中期每篇稿件的报酬在 5 美元到 20 美元之间，而且传过去的稿子并不一定会被采用。克劳被合众社视为"线人"。

[15] John Benjamin Powell（1945）*My Twenty-Five Years in China*, New York: Macmillan, p. 7.

[16] Powell, *My Twenty-Five Years in China*, p. 11.

[17] Sara Lockwood Williams（1929）*Twenty Years of Education for Journalism: A History of the School of Journalism of The University of Missouri Columbia*, Columbia, Missouri: E. W. Stephens, p. 146. 威廉姆斯（1864—1935）于 1908 年创建新闻学院，并一直担任院长直到 1930 年。1930 年，他被任命为大学校长，直到 1934 年退休。他在密苏里州的布恩维尔出生长大，梦想成为一名印刷工。还是小孩的时候，他就拒绝手写任何家庭作业，宁愿打印一切。

[18] Williams, *Twenty Years of Education for Journalism*, p. 146.

[19] Francis H. Misselwitz（1941）*The Dragon Stirs: An Intimate Sketch-book of China's Kuomintang Revolution, 1927–1929*, New York: Harbinger House.

[20] Hugo de Burgh（2003）"The journalist in China: looking to the past for inspiration," *Media History*, vol. 9, no. 3, December, pp. 195–207.

[21] De Burgh, "The journalist in China," pp. 195–207.

[22] 1948 年，卢被授予密苏里新闻协会荣誉勋章。1986 年，他还出版了 *A Historical Analysis of Selected Speeches of Generalissimo Chiang Kai-shek During the War of Resistance Against Japanese Aggression*, Oxford, Ohio: Ohio University Press。

[23] 英美烟草公司是上海最大的单一广告商，成立了自己的现代电影工作室，制作幻灯片和广告影片，供电影院免费放映。它被认为是当时美国以外最先进和

技术装备最好的电影制片厂之一。
〔24〕 Williams, *Twenty Years of Education for Journalism*, p. 146.
〔25〕 *China Weekly Review*, special edition, October 10, 1928.
〔26〕 Hallett Abend (1943) *My Life in China 1926 – 1941*, New York: Harcourt, Brace & Co., p. 200.

四 清王朝的崩溃和无处不在的机遇

〔1〕 Carl Crow (1984) *Handbook for China*, Oxford: Oxford University Press, p. 222.
〔2〕 这个日子在民国日历上被称为"双十节"。
〔3〕 Carl Crow (1944) *China Takes Her Place*, New York: Harper & Brothers, p. 13.
〔4〕 Crow, *China Takes Her Place*, p. 14.
〔5〕 Wu Ting-fang (1914) *America Through the Spectacles of an Oriental Diplomat*, New York: Stokes; M. M. Dawson (1915) *The Ethics of Confucius*, introduction by Wu Ting-fang, New York: G. P. Putnam & Sons.
〔6〕 Hume quoted in J. Spence (1980) *To Change China: Western Advisers in China*, New York: Penguin, p. 168.
〔7〕 Crow, *China Takes Her Place*, p. 26.
〔8〕 Crow, *China Takes Her Place*, p. 31.
〔9〕 Quotation reprinted in *The China Weekly Review*, special new China edition, October 10, 1928.
〔10〕 克劳和陈的关系很短暂,由于日渐腐败和征收重税,陈的支持率下降,很快就被迫离开上海的职位。他曾发动过几次起义,包括1912年与蒋介石一起发动的讨袁二次革命,但都以失败告终。1916年,在袁世凯死前一个月,他在袁世凯的授意下被暗杀。
〔11〕 克劳指出韦伯因这项起草工作"得到了丰厚的报酬":*China Takes Her Place*, p. 35。
〔12〕 Crow, *China Takes Her Place*, p. 36.
〔13〕 Crow, *China Takes Her Place*, p. 37.
〔14〕 Crow, *China Takes Her Place*, p. 37.
〔15〕 Crow, *China Takes Her Place*, p. 40.
〔16〕 这支新军是在1895年中日甲午战争惨败后建立的。

[17] 袁死后,段参与了一场敷衍的权力斗争,最终在1926年隐退,从此专注于他的佛教研究和麻将技艺。

[18] David Bonavia (1995) *China's Warlords*, Oxford: Oxford University Press, p. 2.

[19] Crow, *China Takes Her Place*, p. 47.

[20] Crow, *China Takes Her Place*, p. 50.

[21] Crow, *China Takes Her Place*, p. 48.

[22] Carl Crow (1940) *Foreign Devils in the Flowery Kingdom*, New York: Harper & Brothers, p. 133.

[23] Crow, *China Takes Her Place*, p. 96.

[24] Foreign Office, FO228 3214, *Shanghai Intelligence 1918 – 1920*, Meeting of December 12, 1918. 随着与日本的关系开始恶化,这种注册背景后来引起了许多报纸的极度尴尬。

[25] Bronson Rea, G. (1935) *The Case for Manchoukuo*, New York: Appleton-Century.

五 东京的密谋和世界大战

[1] Quote from H. J. Lethbridge, Introduction, Carl Crow (1984) *Handbook for China*, Oxford: Oxford University Press. 作者曾是香港大学的社会学教授。

[2] 苏柯仁曾参加美国百万富翁罗伯特·斯特林-克拉克（Robert Sterling Clark）的华北科考队（1908—1909）,并因此而闻名。在克拉克的领导下,一支由36人组成的科考队进行了动物学和人类文化学研究。然而,在队伍里的印度研究员兼翻译哈兹拉尔·阿里（Hazral Ali）被当地土匪杀死后,探险中断了。克拉克是胜家缝纫机产业的继承人,因此得以资助几次大型的国际科考活动。

[3] Carl Crow (1914) *America and the Philippines*, Garden City, New York: Doubleday, Page & Co.

[4] "Writer plans to stay in city: Carl Crow visits Manila en route to New York," *Manila Times*, January 10, 1913.

[5] 在那个时候,环球航行实际上比从一个地方直达另一个地方的航行要便宜。

[6] 雷从此杳无音信,再也没人知道他的下落。他的妻子梅布尔最终再婚。1930年代,梅布尔和雷的儿子乔治住在上海,负责运营大来轮船公司的客运部。很自然,他们与卡尔关系密切,卡尔也很宠爱乔治这个侄子。

[7] "Philippines no burden says editor Carl Crow," *St. Louis Times*, November 3, 1913.

[8] 住在皇宫和神社附近，克劳对传统的日本一定有相当直观的感受。靖国神社（建于1644—1648年）坐落在赤坂边缘的一座小山上，沿着橘红色鸟居通道下的一段陡峭台阶可以到达。靖国神社被认为是东京市中心的一处静地。

[9] Carl Crow (1916) *Japan and America*, New York: Robert M. McBride & Co, p. 46.

[10] 有时也叫《日本广知与跨太平洋报》(*Japan Advertiser and Trans-Pacific*)。

[11] Carl Crow (1944) *China Takes Her Place*, New York: Harper & Brothers, p. 151. 这项研究最终出版为 Carl Crow (1942) *Japan's Dream of World Empire – The Tanaka Memorial*, New York: Harper & Brothers。

[12] Crow, *China Takes Her Place*, p, 153.

[13] Crow, *Japan and America*, p. 4.

[14] Carl Crow (1937) *I Speak for the Chinese*, New York: Harper & Brothers, pp. 2 – 3.

[15] 日本曾在1900年与英国和其他国家一起镇压义和团，这也蒙蔽了许多英国外交官和中国通的认识。

[16] Crow, *Japan and America*, p. 299.

[17] 中央银行即日本银行，横滨正金银行后改名为东京银行。

[18] Crow, *I Speak for the Chinese*, p. 7.

[19] Crow, *I Speak for the Chinese*, p. 11.

[20] Crow, *Japan's Dream of World Empire*.

[21] Crow, *Japan and America*, p. 142.

[22] Carl Crow (1943) *The Chinese Are Like That*, Cleveland: World Publishing Company, p. 36.

[23] Carl Crow (1939) *He Opened the Door of Japan*, New York: Harper & Brothers, p. 123.

[24] 塞缪尔·乔治·布莱斯（Samuel George Blythe）是《星期六晚邮报》的资深记者，他和克劳穿越西伯利亚后留在了伦敦报道战争。他后来在1917年回到中国，采访了几位著名的军阀。

[25] Crow, *The Chinese Are Like That*, p. 216.

[26] *Japan Advertiser*, July 19, 1945.

[27] 他当然会不承认：Hallett Abend (1943) *My Life in China 1926 – 1941*, New York:

Harcourt, Brace & Co., p. 60。

〔28〕Earl A. Selle (1948) *Donald of China*, New York: Harper & Brothers, pp. 153 - 169. 端纳对他在中国的经历是出了名的守口如瓶。在那本明显亲端纳的传记中，记者塞莱声称这些细节都是1946年端纳本人在临终前跟他讲述的。

六 从果园农场主到间谍

〔1〕关于他在加州当果农的经历或根由，克劳着墨不多。即便是为了女儿出生期间的短暂定居，选择去加州种水果的决定也颇让人费解，也没人知道他有多少种植技术。他的著作、个人论文、日记或后来的文章中，几乎都没有提到过这一时期的经历。他在圣克拉拉的大部分生活记录都来源于他写的一篇未发表文章——《剪影：中国前线的伟大战争》("Silhouette: The Great War on the China Front," Crow Archive, folder 48A)。

〔2〕*Japan Advertiser*, July 19, 1915.

〔3〕*Japan Advertiser*, July 19, 1915.

〔4〕实际位于华盛顿广场53号，毗邻贾德森纪念教堂 (Judson Memorial Church)。酒店的建立是为了给教堂提供收入。

〔5〕"Dining where the adventurers eat in a South Washington Square hotel," *New York World*, September 21, 1915.

〔6〕斯特凡森还因主要以未经加工的食物（包括生肉、动物器官和肥肉）为食而出名。他的三本书《癌症：文明的疾病?》(*Cancer: Disease of Civilization?*)、《不能单靠面包》(*Not by Bread Alone*) 和《土地的脂肪》(*The Fat of the Land*) 提倡了这种饮食方式。斯特凡森在成年后的大部分时间里都坚持这种饮食，直到结婚后才转变为吃更精致、加工过的食物。他还以他那句挖苦人的话而闻名："假谦虚总比根本不谦虚强。"后来麦卡锡指控他和欧文·拉铁摩尔 (Owen Lattimore) 为共产主义分子，是红色中国的间谍。

〔7〕梅森曾多次带领探险队前往南美洲科考，包括1926年在墨西哥寻找玛雅遗迹的梅森-斯宾登探险队 (Mason-Spinden Expedition)。他还在1956年出版过一部短暂流行的乌托邦小说《金弓箭手：1975年的讽刺小说》(*The Golden Archer: A Satirical Novel of 1975*)，书中想象了第三次世界大战陷入僵局后宗教战争的威胁。

〔8〕克罗伊被视为密苏里大学新闻学院第一届毕业班的一员（尽管他从未真正毕

业，在课程结束前就退学了）。他后来成了有名的作家，写有《杰西·詹姆斯曾是我的邻居》(*Jesse James was My Neighbor*)、《他把他们高高挂起：一个处死了 88 人的狂热法官的故事》(*He Hanged Them High: An Account of the Fanatical Judge Who Hanged Eighty Eight Men*)。他还写了几本有关好莱坞电影产业的书，包括格里菲斯 (D. W. Griffith) 的传记。

〔9〕 Carl Crow (1914) *America and the Philippines,* Garden City, New York: Doubleday, Page & Co.

〔10〕 Crow, *America and the Philippines*.

〔11〕 克劳从未透露过这个人的名字，但此人很可能是哈利·斯特普托 (Harry Steptoe)。多年来，斯特普托是英国秘密情报部门在上海的负责人，依附于英国领事馆，也负责领事馆本身进行的一些秘密行动。他还负责分析上海的政治部报告，以及英国驻新加坡和香港的殖民警局报告。

〔12〕 现在的延安路。

〔13〕 Crow, "Silhouette – The Great War on the China Front," Crow Archive, folder F48.

〔14〕 Crow, "Silhouette – The Great War on the China Front."

〔15〕 Carl Crow (1937) *I Speak for the Chinese*, New York: Harper & Brothers, p. 19.

〔16〕 后来做了美国驻华大使。

〔17〕 Crow, "Silhouette – The Great War on the China Front."

〔18〕 Carl Crow (1940) *Foreign Devils in the Flowery Kingdom*, New York: Harper & Brothers, p. 219.

〔19〕 Crow, *Foreign Devils in the Flowery Kingdom*, p. 220.

〔20〕 这些在日本、英国、法国、比利时、俄罗斯和意大利之间签署的秘密协议，直到 1917 年俄国革命后，才被布尔什维克公之于众。

〔21〕 参见第 20 章尾注 6。

〔22〕 Carl Crow (1944) *China Takes Her Place*, New York: Harper & Brothers, p. 117.

〔23〕 在此感谢密歇根大学的艾伦·约翰斯顿·莱恩 (Ellen Johnston Laing) 提供有关米尔德丽德·克劳及其企业的信息。

七 孙中山和夭折的传记

〔1〕 以 17 世纪法国大文豪莫里哀命名，现在的香山路 7 号。

〔2〕 公道来讲，在孙与宋庆龄结婚后，这种情况似乎没有再发生。

〔3〕即现在的复兴公园,始建于 1909 年。
〔4〕科恩后来还做了国民党的将军,同时也是一名地产大亨和军火商。1937 年,他搬到香港,靠孙夫人为他安排的养老金生活,后来被日本人拘押在那里。1945 年,他短暂地回到加拿大,最终定居在伦敦东区。
〔5〕Carl Crow (1944) *China Takes Her Place*, New York: Harper & Brothers, p. 63.
〔6〕克劳后来在 1938 年写的一篇描述与周恩来会面的未发表文章中回忆了与孙的英文访谈。"The puzzle of Communism," Crow Archive, folder 36A.
〔7〕克劳也承认,最初他也曾关注意大利的局势发展和墨索里尼的崛起,并持开放的态度,但后来则公开表示反法西斯。
〔8〕Carl Crow (1940) *Foreign Devils in the Flowery Kingdom*, New York: Harper & Brothers, p. 123.
〔9〕Crow, *China Takes Her Place*, p. 75. 这种友情似乎更多是基于克劳对威廉作品的阅读,而不是真的认识他。
〔10〕美国医药援华会在当时是一个尊贵的机构,蒋介石夫人是它的名誉主席,重要支持者包括赛珍珠、温德尔·威尔基(Wendell Willkie)、菲奥雷洛·拉瓜迪亚(Fiorello LaGuardia)和一些电影明星。在 1937 年至 1945 年期间,医药援华会向中国提供了 1 000 多万美元的援助。援华民间救济联合会是当时同类型组织中规模最大、最重要的一个,委员会成员的名册也同样尊贵。

八 四万万中国顾客,将广告牌引进中国

〔1〕Jonathan Fenby (2003) *Generalissimo Chiang Kai-shek and the China He Lost*, London: Free Press, p. 31.
〔2〕Gunther (1939) *Inside Asia*, London: Hamilton. See also Vincent Sheean (1934) *Personal History*, Garden City, New York: Doubleday, Doran and Co., Inc.
〔3〕分别开业于 1918 年、1917 年和 1926 年。
〔4〕仁记洋行是上海和香港的综合贸易商,后来并入了英之杰集团。仁记路即现在的滇池路。
〔5〕Carl Crow (1926) "Advertising and merchandising," in J. Arnold *China: A Commercial and Industrial Handbook*, US Department of Commerce, Washington DC: Government Printing Office, p. 199.
〔6〕Crow, "Advertising and merchandising," p. 200.

〔7〕Crow, "Advertising and merchandising," p. 200.

〔8〕战争期间，谢之光留在上海，1949年后又重新出现，创作支持毛及其政策的艺术作品。1954年，谢和他的侄子谢慕莲都被分配到国营的上海画片出版社工作。谢后来被调到上海画院。他被迫在政治上小心谨慎，曾受到公众批评。他确实创作了许多社会主义写实作品，包括《热爱毛主席》以及被塑造的革命英雄和普通人雷锋的画像。即便如此，他在"文革"期间还是遭到了江青的人身攻击。1976年逝世于上海。

〔9〕Pearl S. Buck (1944) *The Dragon Fish*, New York: The John Day Company.

〔10〕Ralph Shaw (1973) *Sin City*, London: Everest Books, p. 52.

〔11〕D. de Martel, and L. De Hoyer (1926) *Silhouettes of Peking*, Peking: China Booksellers Ltd.

〔12〕Quoted in John Keay (1997) *Last Post: The End of Empire in the Far East*, London: John Murray, p. 61.

〔13〕Carl Crow (1943) *The Chinese Are Like That*, Cleveland: World Publishing Company, p. 52.

〔14〕Crow, *The Chinese Are Like That*, p, 52.

〔15〕Crow, *The Chinese Are Like That*, p, 56.

〔16〕两次世界大战之间，纪念碑是外滩最壮观的建筑之一。

〔17〕史带的评论见"Letter from New York Office of the FBI to the Coordinator of Information, FBI," April 19, 1942。

〔18〕卡尔·范多伦（Carl Van Doren, 1885–1950），美国作家、教师，作品涵盖文学研究、小说、传记以及评论文章。

〔19〕Carl Crow (1937) *Four Hundred Million Customers*, New York: Harper & Brothers, p. 304.

〔20〕Alice Tisdale Hobart (1933) *Oil for the Lamps of China*, New York: Grosset & Dunlap.

九　与军阀交好

〔1〕奉天即今辽宁省。

〔2〕Carl Crow (1944) *China Takes Her Place*, New York: Harper & Brothers, p. 46.

〔3〕虽然中国官方历史在很大程度上对军阀着墨不多，但冯似乎在1990年代初经

历了部分平反,当时官方的《人民日报》称他为"爱国将军"。见《人民日报》1993 年 2 月 21 日,第 5 版。
〔4〕 后来被打为托派,遭到斯大林清洗。
〔5〕 汉语里也称"督军"。
〔6〕 Peter Fleming (2004) *One's Company — A Journey to China in 1933*, London: Pimlico, p. 131.
〔7〕 David Bonavia (1995) *China's Warlords*, Oxford: Oxford University Press, p. 6.
〔8〕 在谈到这一时期时,克劳总是把这位土匪头子称为"Swen Miao",尽管他更为人熟知的名字拼写是"Sun Mei-yao""Suen Mei-yao",甚至"Mao-yao"。
〔9〕 Carl Crow (1943) *The Chinese Are Like That*, Cleveland: World Publishing Company, p. 313.
〔10〕 John Benjamin Powell, "The bandits' 'golden eggs' depart," *Asia*, December 1923.
〔11〕 Crow, *The Chinese Are Like That*, p. 314.
〔12〕 Crow, *The Chinese Are Like That*, p. 315.
〔13〕 克劳称孙的组织为"山东人民解放协会",而鲍威尔称其为"人民自救军";孙在危机期间写的信中使用了"建国自治军"一词。还有一个版本的名称是"国家重建自治军"。
〔14〕 莱尔巴什和鲍威尔一起坐火车去看黄河上的筑坝工程。他是爱达荷州人,在第一次世界大战中当过军校学员,后来为美联社工作,报道德国对波兰的入侵,在整个第二次世界大战期间,他是麦克阿瑟的副官。
〔15〕 J. Gunther (1939) *Inside Asia*, London: Hamilton, p. 146.
〔16〕 Carl Crow (1943) *The Chinese Are Like That*, p. 117.
〔17〕 整个故事详见 R. Bickers (2003) *Empire Made Me: An Englishman Adrift in Shanghai*, London: Penguin, pp. 189 – 191。
〔18〕 抱犊崮拼作 Paotzuku 或 Pao Tse Ku,即现在的抱犊崮国家森林公园,是山东省的一座山。
〔19〕 John Benjamin Powell, *North China Herald*, May 19, 1923.
〔20〕 红十字会经常让知名人士承担类似的任务,尽管它在中国也有全职工作人员。1923 年红十字会的全职工作人员里就有一战退伍老兵、美国陆军语言专业学生约瑟夫·史迪威,他与克劳同年出生,就是后来赫赫有名、绰号"醋乔"的史迪威将军。他曾在北京担任武官,但极参与了山西和山东的修路工程和赈济饥荒工作,还向美国公使馆报告过鸦片在山西的消费情况。

〔21〕Crow, *The Chinese Are Like That*, p. 319.
〔22〕John Benjamin Powell (1945) *My Twenty-Five Years in China*, New York: Macmillan, p. 108.
〔23〕一位集邮爱好者最近售出了一枚贴在小信封上的克劳的土匪邮票，售价超过5 000美元。这种邮票现已极为罕见，颇受追捧。
〔24〕阿乐满 (Norwood F. Allman, 1893 - 1987) 以他的领事工作记录为傲，他曾供职于美国驻北京、满洲安东、天津、济南、青岛、重庆、上海等地的领事馆。在后来的命运转折中，阿乐满辞去了领事服务工作，在中国当了一段时间成功的律师后，他进入了报纸行业。战争期间在香港被拘留过，在战争后期成为美国秘密情报部门远东部门的负责人，然后在1948年回到上海成为《大陆报》的编辑和社长。他还因其著作《上海律师》[*Shanghai Lawyer*(1943) New York: McGraw-Hill] 而闻名。
〔25〕Carl Crow, "The most interesting character I ever knew," Crow Archive, folder 107A.
〔26〕Crow, "The most interesting character I ever knew."
〔27〕Carl Crow (1940) *Foreign Devils in the Flowery Kingdom*, New York: Harper & Brothers, pp. 318 - 319.
〔28〕遗憾的是，1925年，孙明甫因肺炎过早去世，据说当时柯立芝总统正在考虑任命他为驻北京公使。
〔29〕*North China Herald*, June 16, 1923.
〔30〕Crow, *Foreign Devils in the Flowery Kingdom*, pp. 324 - 325.
〔31〕J. O. P. Bland (1921) *China, Japan and Korea*, London: Heinemann, p. 93.
〔32〕Crow, *Foreign Devils in the Flowery Kingdom*, p. 246.
〔33〕毕可思的著作《帝国造就了我》的主人公莫里斯·廷克勒 (Maurice Tinkler) 在浏河战场遇到过克劳，后来他认为克劳对事件的描述不准确。R. Bickers, *Empire Made Me*, London: Allen Lane, p. 225.
〔34〕David Bonavia (1995) *China's Warlords*, Oxford: Oxford University Press, p, 33.
〔35〕Crow, *Foreign Devils in the Flowery Kingdom*, pp. 225 - 226.

十　上海的风声

〔1〕Carl Crow (1940) *Foreign Devils in the Flowery Kingdom*, New York: Harper &

Brothers, p. 286.

［2］ Carl Crow (1939) *He Opened the Door of Japan*, New York: Harper & Brothers, p. 124. 在做出这一评论时，克劳似乎忽略了一个事实，那就是他已经结婚十多年了。与米尔德丽德离婚这一话题，是克劳不愿提及的。

［3］ Crow, *Foreign Devils in the Flowery Kingdom*, p. 275.

［4］ Crow, *Foreign Devils in the Flowery Kingdom*, p. 275.

［5］ Hallett Abend (1943) *My Life in China 1926 - 1941*, New York: Harcourt, Brace & Co., pp. 64 - 65.

［6］ Stella Dong (2001) *Shanghai: The Rise and Fall of a Decadent City*, New York: Perennial, p. 124. 在张死后，他的"妃子"们洗劫了他的保险箱然后逃走。

［7］ 因为他脊椎异常，又被法租界警察称为"卡西莫多"。

［8］ Crow, *Foreign Devils in the Flowery Kingdom*, p. 246.

［9］ 蒋的老对头陈炯明再也无法对他造成威胁，他流亡到了香港，并在1933年死于伤寒。

十一 一位中国沿海居民的生活

［1］ 康脑脱路即现在的康定路。

［2］ John Benjamin Powell (1945) *My Twenty-Five Years in China*, New York: Macmillan.

［3］ 1941年，日本人拆毁了巴夏礼的雕像作为废料回收。现在，解放后的上海首任市长陈毅的雕像矗立在原来的基座上。

［4］ Carl Crow (1941) *Meet The South Americans*, New York: Harper & Brothers, p. 11.

［5］ Crow, *Meet The South Americans*, pp. 11 - 12.

［6］ Carl Crow (1943) *The Chinese Are Like That*, Cleveland: World Publishing Company, p. 99.

［7］ Crow, *The Chinese Are Like That*, p. 100.

［8］ Crow, *The Chinese Are Like That*, pp. 260 - 261.

［9］ Crow, *The Chinese Are Like That*, p. 283.

［10］ Crow, *Meet The South Americans*, p. 15.

［11］ *The China Journal*, vol XXIV, no. 5, May 1936.

〔12〕本故事见刊于 *Meet The South Americans*, pp. 129 – 130。
〔13〕Crow, *The Chinese Are Like That*, p. 39.
〔14〕Crow, *The Chinese Are Like That*, p. 47
〔15〕虹桥路上的英国高尔夫球场原址现为上海动物园，近哈密路。引自 *Fortune magazine*, January 1935。
〔16〕Crow, *The Chinese Are Like That*, p. 208.
〔17〕Crow, *The Chinese Are Like That*, p. 25.
〔18〕Crow, *The Chinese Are Like That*, p. 217.
〔19〕Crow, *The Chinese Are Like That*, p. 270.
〔20〕Crow, *The Chinese Are Like That*, p. 271.
〔21〕Stella Dong (2001) *Shanghai: The Rise and Fall of a Decadent City*, New York: Perennial, pp. 202 – 203. 据董记载，"脑袋开光"说的是一个有名的乞丐会在他剃光头发的头顶钉进一枚钉子，然后在上面点根蜡烛，而"哭泣的女人"则号啕不绝，身边总会围着一大群看热闹的人。
〔22〕Crow, *The Chinese Are Like That*, p. 275.
〔23〕有意思的是，除了克劳那些富有的美国朋友认为黄包车是一种剥削以外，还有另一群外国人也不喜欢使用他们的服务，他们是苏联驻上海的顾问小组。
〔24〕Emily Halm (2000) *No Hurry to Get Home*, Emeryville, California: Seal Press, p. 221.
〔25〕"血巷"位于现在的金陵路附近，而"恶土"则毗邻杰西菲尔德公园和老圣约翰大学，即现在的中山公园地区。"血巷"的正式名称是朱葆三路，在爱多亚路旁边，讽刺的是，它是以一位著名的地方议员和慈善家的名字命名的，而且离不信奉英国国教的英国圣若瑟堂很近。
〔26〕Carl Crow (1939) *He Opened the Door of Japan*, New York: Harper & Brothers, p. 20.
〔27〕Enid Saunders Candlin (1987) *The Breach in the Wall: A Memoir of Old China*, New York: Paragon House, p. 39.
〔28〕Carl Crow (1940) *Foreign Devils in the Flowery Kingdom*, New York: Harper & Brothers, p. 186.
〔29〕现为福州路与河南中路交会处，2005 年底前为上海市高级人民法院所在地。
〔30〕上海国际饭店仍然在南京西路；慕尔堂现在是一个新教教堂，改名为沐恩堂，位于西藏中路 316 号；"绿房子"现已对外开放，位于铜仁路 333 号和北京路

交叉口。

〔31〕 *Fortune* magazine, January 1935.

〔32〕 Ralph Shaw (1973) *Sin City*, London: Everest Books, p. 141.

〔33〕 静安寺路英文名为 Bubbling Well Road（涌泉路），命名自该条道路上静安寺内的涌泉井。静安寺路即现在的南京西路。

〔34〕 Crow, *Meet the South Americans*, p. 57.

〔35〕 Crow, *The Chinese Are Like That*, p. 34.

〔36〕 Crow, *Foreign Devils in the Flowery Kingdom*, p. 261.

〔37〕 Hahn, *No Hurry to Get Home*, p. 255.

〔38〕 *Fortune* magazine, January 1935.

〔39〕 Crow, *The Chinese Are Like That*, p. 89.

〔40〕 哈同（1851—1931）出生于巴格达的一个犹太家庭。他曾为另一个巴格达犹太家庭——沙逊家族工作。他与中国女子罗迦陵"丽萨"（1864—1941）结婚。南京路上的房地产投机生意让他发了财；1901 年，他创建了哈同洋行，到 1916 年，他已是南京路首屈一指的地产大亨。

〔41〕 Chota peg 是中国沿海地区对任何一种小饮料的俚语，源自印度斯坦语。

〔42〕 这一匿名评论来自 1942 年介绍克劳为美国政府工作的推荐信。介绍者的姓名已从记录中删除。Letter from New York Office of the FBI to the Coordinator of Information, FBI, April 19, 1942.

〔43〕 Crow, *The Chinese Are Like That*, p. 127.

〔44〕 兰心大戏院仍然在茂名路和长乐路的交界处，现在又成了一个剧院。在兰心学习业余戏剧表演的毕业生中，最有名的或许要数"佩吉"玛格丽特·胡克汉姆（Margaret Hookham）了，她是上海英美烟草公司一位高管的女儿。最终，她去了伦敦学习芭蕾舞，并以"玛戈特·芳婷夫人"（Dame Margot Fonteyn）的名字闻名于世。

〔45〕 Crow, *The Chinese Are Like That*, p. 146.

〔46〕 *Shanghai Municipal Gazette*, February 2, 1935.

〔47〕 Crow, *The Chinese Are Like That*, p. 91.

十二　上海的恐慌、蒋介石和臂章上的三道杠

〔1〕 Carl Crow (1944) *China Takes Her Place*, New York: Harper & Brothers, p. 80. 蒋

其实出生在上海以南 100 英里的浙江省。

〔2〕 Crow, *China Takes Her Place*, p. 83.

〔3〕 Crow, *China Takes Her Place*, p. 83.

〔4〕 他的正式名是米哈伊尔·马尔科维奇·格鲁申贝格（Mikhail Markovich Grunzeberg）。他用一个俄国作曲家的名字作化名，以迷惑警察。

〔5〕 高尔德对鲍罗廷的评价原载 1927 年的报纸《跨太平洋》（*Trans-Pacific*）的一篇文章中，并被下列著作引用：J. Spence (1980) *To Change China: Western Advisers in China*, New York: Penguin, p. 188。

〔6〕 Crow, *China Takes Her Place*, p. 85.

〔7〕 工部局大楼位于江西路和福州路的交叉口，它也是政治部和英国在上海秘密情报机构的所在地。

〔8〕 有关费信惇和杜的关系与 1927 年协议的更多细节，见 John Benjamin Powell (1945) *My Twenty-Five Years in China*, New York: Macmillan, p. 158。

〔9〕 John Keay (1997) *Last Post: The End of Empire in the Far East*, London: John Murray, p. 149.

十三　重返报业

〔1〕 其前身还包括《文汇报》（*Shanghai Mercury*），一份更早的报纸，在被《大美晚报》收购之前曾一度被日本人控制。

〔2〕 美亚保险后来发展为美亚财产保险（American International Underwriters, AIU），然后是美国国际集团（American International Group, AIG），它是 1990 年代首家迁回至外滩前总部的外国公司。

〔3〕 *Fortune* magazine, January 1935.

〔4〕 埃兹拉极为富有，在他的豪宅里过着相当奢华的生活，里面到处都是路易十五时期的家具，还有一间能容纳 150 人的舞厅、一间能坐 80 人的音乐室，以及 25 英亩的花园。1926 年，埃兹拉写了《中国的犹太人》（*Chinese Jews*）一书。

〔5〕《以色列信使报》在 1904—1941 年发行，最初是双周刊，后来是月刊。它带有强烈的犹太复国主义色彩，但也报道上海乃至中国其他地区的犹太人群体和国际时事。

〔6〕 Ralph Shaw (1973) *Sin City*, London: Everest Books, p. 53.

〔7〕 US Department of State, Document 893.91, June 5, 1919.

〔8〕Carl Crow, "Advertising and merchandising," in J. Arnold *China: A Commercial and Industrial Handbook*, US Department of Commerce, Washington DC: Government Printing Office, p. 196.

〔9〕陈友仁是一个坚定的左派，最终与国民党决裂，反对蒋介石。

〔10〕Hallett Abend (1943) *My Life in China 1926-1941*, New York: Harcourt, Brace & Co., p. 19.

〔11〕史带后来在1942年接受了联邦调查局的询问，作为克劳为政府工作资格审查的一部分。史带称赞克劳是一个"聪明能干的人"，但也说他在管理《大美晚报》期间"被证明是一个相当糟糕的生意人"。Letter from New York Office of the FBI to the Coordinator of Information, FBI, April 19, 1942.

〔12〕济南有大量日本人，东京对蒋介石占领该市反应激烈。

〔13〕"北京"意为"北方的都城"，"北平"则意为"北方的和平"。

十四 新共和国与宋氏王朝

〔1〕Carl Crow (1944) *China Takes Her Place*, New York, Harper & Brothers, p. 118.

〔2〕Crow, *China Takes Her Place*, p.118.

〔3〕Crow, *China Takes Her Place*, p.149.

〔4〕Crow, *China Takes Her Place*, p.137.

〔5〕Crow, *China Takes Her Place*, p.139.

〔6〕Crow, *China Takes Her Place*, p.149.

〔7〕Hallett Abend (1943) *My Life in China 1926-1941*, New York: Harcourt, Brace & Co., p. 117.

〔8〕Jonathan Fenby (2003) "The extraordinary secret of Madame Chiang Kai-shek," *Guardian Newspapers*, April 11.

〔9〕美龄辅修哲学，1917年毕业时被授予杜兰特学者称号，这是韦尔斯利的最高学术荣誉。

〔10〕美国人露西·伦道夫·梅森（Lucy Randolph Mason, 1882-1959）人称"露西小姐"，她是一位圣公会牧师的女儿，出身于一个显赫的南方家庭。她支持基督教女青年会和妇女选举权、工会联盟和弗吉尼亚平等选举联盟的事业。后来，她又为产业工会联合会工作。

〔11〕Crow, *China Takes Her Place*, p. 143.

〔12〕S. Seagrave (1996) *The Soong Dynasty*, London: Corgi, pp. 136 – 137.

〔13〕Crow, *China Takes Her Place*, p. 140.

〔14〕毛福梅是蒋经国的母亲，蒋经国在 1978 年接替蒋介石成为台湾"总统"。蒋介石和她离婚后，毛先后住在广州和上海。1939 年，她在浙江蒋的家乡死于日本空袭。

〔15〕Seagrave, *The Soong Dynasty*, p.165.

〔16〕Crow, *China Takes Her Place*, p. 136.

〔17〕Crow, *China Takes Her Place*, p. 149.

〔18〕Crow, *China Takes Her Place*, p. 150.

十五　冲突频仍和动荡的城市

〔1〕吴曾任广州市公安局长。1937 年之后，他逃到了香港，在那里，他与"双枪"莫里斯·科恩发明了著名的长扑克游戏 (long poker games)，香港失守后，他搬到了重庆。

〔2〕Carl Crow (1937) *I Speak for the Chinese*, New York: Harper & Brothers, p. 55.

〔3〕可以说，日本的策略甚至更为明目张胆。端纳记得，他在晚上 11 点 05 分从自己在礼查饭店的房间打电话给市长，报告了枪击事件。

〔4〕Crow, *I Speak for the Chinese*, p. 56.

〔5〕又称为第一次上海事变——第二次是在 1937 年。

〔6〕伤亡数据来自 D. A. Jordan (2001) *China's Trial by Fire: The Shanghai War of 1932*, Ann Arbor: University of Michigan Press。克劳的估计见 *I Speak for the Chinese*。

〔7〕一个月内，宋子文又重新上台，他把辞职作为一种策略，让蒋介石理解他的开支计划。1932 年的淞沪战争对日本经济也没有什么好处，因为股票价格和日元也随之下跌了。

〔8〕尽管杜月笙确实组织了一些狙击小队，袭击日军占领的地区，但这一行动很快就被另一个事实消解了，即青帮开始与日本人合作，在日本人控制的上海继续经营他们的非法生意。

〔9〕Crow, *I Speak for the Chinese*, p. 58.

〔10〕Crow, *I Speak for the Chinese*, pp. 61 – 62.

〔11〕Crow, *I Speak for the Chinese*, p. 62.

〔12〕 L. Lee Ou-fan (1999) *Shanghai Modern: The Flowering of New Urban Culture in China, 1930–1945*, Cambridge, Massachusetts: Harvard University Press.

十六　鲸吞与蚕食

〔1〕 Carl Crow (1944) *China Takes Her Place*, New York: Harper & Brothers, p. 163.
〔2〕 现属三峡大坝工程所在地的周围部分地区。
〔3〕 芜湖现属安徽省。
〔4〕 白色江豚现在几乎灭绝了，而扬子鳄也被认为由于污染和人类捕杀（为获取鳄鱼皮）而绝迹了。
〔5〕 Meyrick Hewlett (1943) *Forty Years in China*, London: Macmillan.
〔6〕 P. Thompson and R. Macklin (2004) *The Man Who Died Twice: The Life and Adventures of Morrison of Peking*, Sydney: Allen & Unwin, pp. 88–89.
〔7〕 Crow, *China Takes Her Place*, p. 170.
〔8〕 热河现已不再是一个独立省份。1955年，热河划入内蒙古、河北和辽宁三省。
〔9〕 Crow, *China Takes Her Place*, pp. 183–184.
〔10〕 朝鲜当时为日本殖民地。
〔11〕 Crow Archive, folder 67.
〔12〕 得名自日本无主武士。
〔13〕 Crow, *China Takes Her Place*, p. 54.
〔14〕 克劳关于日本赞助鸦片贸易的笔记和草稿章节见密苏里大学的克劳档案。
〔15〕 Carl Crow (1943) *The Chinese Are Like That*, Cleveland, World Publishing Company, p. 246.
〔16〕 Crow, *The Chinese Are Like That*, pp. 246–247.
〔17〕 Crow, *The Chinese Are Like That*, p. 249.
〔18〕 E. Hahn (1944) *China To Me*, New York: Doubleday, Doran & Co., p. 44.
〔19〕 Hahn, *China To Me*, p. 44.
〔20〕 在端纳担任顾问期间，少帅和妻子的毒瘾戒断和医院治疗都是端纳安排的。
〔21〕 Carl Crow (1937) *Four Hundred Million Customers*, New York: Harper & Brothers, p. 155.
〔22〕 Crow, *Four Hundred Million Customers*, p. 156.

十七　在死亡之城的最后几天

[1] See the letter of January 15, 1937, to Crow in Crow Archive, folder 133. 另一位记者，《纽约时报》的亚朋德，报道了日本在朝鲜和满洲大规模集结军队的消息，也被美国驻华大使斥责为危言耸听。

[2] Carl Crow (1940) *Foreign Devils in the Flowery Kingdom*, New York: Harper & Brothers, p. 251.

[3] Carl Crow (1943) *The Chinese Are Like That*, Cleveland: World Publishing Company, p. vii.

[4] Christopher Isherwood and Wystan Hugh Auden (1938) *Journey to a War*, London: Faber & Faber.

[5] Carl Crow (1944) *China Takes Her Place*, New York: Harper & Brothers, p. 192.

[6] Crow, *China Takes Her Place*, p. 192.

[7] "Chinese will wear down foe, believes Shanghai man, here," *Seattle Daily Times*, September 16, 1937.

[8] Crow, *China Takes Her Place*, p. 193.

[9] "Chinese will wear down foe," *Seattle Daily Times*.

[10] Crow, *Foreign Devils in the Flowery Kingdom*, pp. 161－162.

[11] Crow, *China Takes Her Place*, p. 198.

[12] 关于南京事件最好和最全面的记录，参见 Iris Chang (1997) *The Rape of Nanking*, London: Penguin。

[13] James Graham Ballard (1984) *Empire of the Sun*, London: Simon & Schuster.

[14] Stella Dong (2001) *Shanghai: The Rise and Fall of a Decadent City*, New York: Perennial, p. 255.

[15] Crow, *China Takes Her Place*, p. 193.

[16] Crow, *Foreign Devils in the Flowery Kingdom*, p. 330.

[17] "Chinese will wear down foe," *Seattle Daily Times*.

十八　生意终结：逃离上海

[1] 手雷当时被裹在报纸里，击中了鲍威尔的肩膀。他捡起来才发现自己拿着一枚

手雷，引爆针半露在外面，而他的保镖在周围寻找袭击者。鲍威尔把手雷放在地上，直到一名警察走过来，捡起手雷把它带到最近的警局。John Benjamin Powell (1945) *My Twenty-Five Years in China*, New York: Macmillan.

〔2〕 Ralph Shaw (1973) *Sin City*, London: Everest Books, p. 127.

〔3〕 比尔·细川指出，日本人尤其"反感"《大美晚报》：Bill Hosokawa and Tom Noel (1988) *Out of the Frying Pan: Reflections of a Japanese American*, Boulder: University of Colorado Press。

〔4〕 Carl Crow (1984) *Handbook for China*, Oxford: Oxford University Press, p. vii.

〔5〕 评论见史带关于克劳的推荐：Letter from New York Office of the FBI to the Coordinator of Information, FBI, April 19, 1942。

〔6〕 高尔德在 1941 年安全离开，后来回到中国，继续办《大美晚报》。然而，共产党和高尔德之间的矛盾无法解决，他再次离开上海，在美国的《丹佛邮报》短暂工作后离世。

〔7〕 奥尔科特在 1941 年与高尔德一同安全离开上海，在辛辛那提的电台工作了一段时间，后来搬到了洛杉矶，他的电台节目《今日洛杉矶》(Today in Los Angeles) 在那里大受欢迎。他于 1965 年在帕萨迪纳市去世。

〔8〕 这段对阿乐满的描述见 R. Elegant, *Shanghai: Crucible of Modern China*, unpublished manuscript。

〔9〕 Carl Crow (1940) *Foreign Devils in the Flowery Kingdom*, New York: Harper & Brothers, p. 9.

〔10〕 Crow, *Foreign Devils in the Flowery Kingdom*, p. 332.

〔11〕 Crow, *Foreign Devils in the Flowery Kingdom*, p. 332.

〔12〕 Crow, *Foreign Devils in the Flowery Kingdom*, p. 335.

〔13〕 Bill Wells, Shanghai 1937, web posting: http://www.lakeontariosailing.com/Shanghai.htm

〔14〕 Crow, *Foreign Devils in the Flowery Kingdom*, p. 337.

〔15〕 昆汀是西奥多·罗斯福总统的孙子。他的父亲，也叫西奥多，是第一个在芝加哥自然博物馆赞助的探险活动中猎杀熊猫的西方人。这头熊猫随后被制成标本并在芝加哥展出。昆汀在此次撤侨之后又回到上海。1948 年，他在飞往香港的途中遭遇大雾，死于飞机失事。厄尔·卢克尔 (Earle Looker) 在 1929 年出版的《白宫帮会》(*The Whitehouse Gang*) 一书中记录了他们儿时的冒险经历。

﹝16﹞ Crow, *Foreign Devils in the Flowery Kingdom*, p. 337.
﹝17﹞ Crow, *Foreign Devils in the Flowery Kingdom*, p. 337.
﹝18﹞ "A moving incident in Japan's uncivilised conduct," *Sandalwood Herald* (undated copy in Crow Archive).
﹝19﹞ "Chinese will wear down foe, believes Shanghai man, here," *Seattle Daily Times*, September 16, 1937.
﹝20﹞ "Chinese will wear down foe," *Seattle Daily Times*.
﹝21﹞ Crow, *Foreign Devils in the Flowery Kingdom*, p. vii.
﹝22﹞ "Carl Crow, visiting Cape Cod, does first life on Confucius," *Cape Cod Colonial*, undated, 1937.
﹝23﹞ Crow, *Foreign Devils in the Flowery Kingdom*, p. viii.
﹝24﹞ Carl Crow (1937) *I speak for the Chinese*, New York: Harper & Brothers, p. 78.
﹝25﹞ "Have the Japanese fooled themselves?" *Liberty*, August 10, 1938.
﹝26﹞ Crow, *I Speak for the Chinese*, p. 82.
﹝27﹞ 克劳评论说："我得说，在新英格兰生活了几年之后，我环游南美洲而没有看到一个试图打扮得像凯瑟琳·赫本的单身女孩，这真是一种解脱。" Carl Crow (1941) *Meet the South Americans*, New York: Harper & Brothers, p. 31.
﹝28﹞ Carl Crow (1943) *The Chinese Are Like that*, Cleveland: World Publishing Company, p. viii.
﹝29﹞ Carl Crow (1939) *He Opened the Door of Japan*, New York: Harper & Brothers, p. 33.
﹝30﹞ Crow, *He Opened the Door of Japan*, p. 44.
﹝31﹞ Crow, *Foreign Devils in the Flowery Kingdom*, p. 255.
﹝32﹞ Crow, *Foreign Devils in the Flowery Kingdom*, p. 235.
﹝33﹞ Crow, *Foreign Devils in the Flowery Kingdom*, p. 237.
﹝34﹞ 陈香梅是美国志愿援华航空队"飞虎队"指挥官克莱尔·李·陈纳德将军（1893—1958）的华裔妻子。
﹝35﹞ Crow, *Foreign Devils in the Flowery Kingdom*, p. 9.
﹝36﹞ 包括《日本怎样关上大门》("How Japan slams the door," *Saturday Evening Post*, May 7, 1938)。

十九　秘密潜入中国

﹝1﹞ Carl Crow (1940) *Foreign Devils in the Flowery Kingdom*, New York: Harper &

Brothers, p. 245.

〔2〕老查尔斯·富尔顿-奥斯勒（1893—1953）曾化名安东尼·艾博特（Anthony Abbot）写过一些谋杀悬疑小说，还有一部关于耶稣基督的故事——《史上最伟大的故事》(*The Greatest Story Ever Told*)。在离开《自由》杂志的编辑工作后，他还做过《读者文摘》(*Reader's Digest*) 的高级编辑。

〔3〕Quote from Crow, *On The Long Road Back to China*, Crow Archive, folder 39A.

〔4〕奥斯勒对克劳的详细指示见他写给克劳的办公备忘录："Article He is to do on his trip to China," March 5, 1939, Crow Archive.

〔5〕Carl Crow, *On the Long Road Back to China*.

〔6〕Crow, *On the Long Road Back to China*.

〔7〕这是克劳记录的中国人对仰光的描述，见 *Burma Road Diaries*, Crow Archive, folder 70A。

〔8〕Carl Crow (1941) *Meet The South Americans*, New York: Harper & Brothers, p. 10.

〔9〕当时相当于 50 美分。

〔10〕克劳对仰光的见闻和印象记录见 *On the Road to Mandalay*, Crow Archive, folder 55A。

〔11〕Carl Craw, *Burma Road Diaries*, Crow Archive, folder 70A.

〔12〕Carl Crow (1944) *China Takes Her Place*, New York: Harper & Brothers, p. 225.

〔13〕Crow, *China Takes Her Place*, p, 226.

〔14〕Crow, *Burma Road Diaries*, Crow Archive, folder 56A.

〔15〕罗罗一般被认为是当今中国的彝族，以高鼻梁和藏缅语闻名。"罗罗"现在被认为是一个带有贬义的词。

〔16〕"Lolo chiefs interested in General Chiang," *China Press*, August 18, 1936.

〔17〕现位于中国云南省。

〔18〕现位于云南省。

〔19〕掸语里称土司为"苏巴"（Sawbwa）。

〔20〕J. Stilwell (2003) *The Stilwell Papers*, Beijing: Foreign Languages Press, p. 199.

〔21〕Crow, *China Takes Her Place*, p. 237.

〔22〕Crow, *On the Long Road Back to China*.

〔23〕Crow, *China Takes Her Place*, p. 238.

二十　蒋夫人的茶，周恩来的威士忌

〔1〕卢斯是一个传教士的儿子，出生在中国的通商口岸登州（今蓬莱）。

〔2〕 尤金·萨克斯顿（Eugene F. Saxton）曾长期在哈珀出版社担任编辑，并在 20 世纪三四十年代因出版过一系列畅销书而出名，其中包括克劳的《四万万顾客》和贝蒂·史密斯（Betty Smith）的《布鲁克林有棵树》（*A Tree grows in Brooklyn*）。他善于讨价还价是出了名的。

〔3〕 即便真就如此（其实他直到去世也没有动笔），他也从来没有出版或者向任何人公开过。

〔4〕 Carl Crow, *Burma Road Diaries*, Crow Archive, folder 60A.

〔5〕 Christopher Isherwood and Wystan Hugh Auden (1938) *Journey to a War*, London: Faber & Faber.

〔6〕 冯玉祥（1882—1948）曾在清朝担任多个军事职务。1914 年，他皈依了卫理公会，因此获得了"基督将军"的绰号。他在 1920 年至 1926 年间与各大军阀争夺满洲控制权，后转而支持国民党。1928 年，他在南京担任军政部部长和行政院副主席。1930 年，他与蒋介石决裂，发动了一场反蒋军事行动，但没有成功。从 1931 年起，他在国民党政府中担任多个职位，但再也没有掌握过重权。1947 年，在美国执行公务时，他谴责了蒋介石政府。冯在前往敖德萨的俄罗斯轮船上死于火灾。更多信息，请参见 James E. Sheridan (1996) *Chinese Warlord: The career of Feng Yu-hsiang*, Stanford University, California: Stanford University Press。

〔7〕 全名威利斯·拉格尔斯·派克（Willys Ruggles Peck, 1882 – 1952），他曾在 1906—1926 年和 1931—1940 年担任美国驻中国的外交和领事官员。后在 1941—1942 年任美国驻泰国公使。

〔8〕 克劳遇到的神秘爱尔兰人很可能是约翰·麦考斯兰（John Macausland），他毕业于牛津大学，老家在爱尔兰科克。身高六英尺的麦考斯兰用英语在国民电台广播，他确实穿中式衣服，并声称自己认识 15 000 个汉字，也确实在 1941 年加入了中国国籍。虽然他毫无疑问是个人物，但这个人也许并不像克劳印象中那样神秘。项美丽在她的回忆录《中国与我》中写道，马疯狂地爱上了她，但他性格古怪，脏兮兮的，还有一口烂牙。

〔9〕 埃斯克伦德（Karl Eskelund）出了很多书，其中有几本是关于他后来在非洲的旅行。他还出版有 *The Red Mandarins: Travels in Red China* (1959), London: Alvin Redman。

〔10〕 卡森（1887—1976）是一战老兵，后来成为法国几所著名大学的法学教授。二战期间，他站在法国抵抗运动一边。1945 年法国解放后任国家行政学院理事

会主席。他后来还出任海牙仲裁法院法官（1950—1959），以及斯特拉斯堡欧洲人权法院法官（1959—1965）和院长（1965—1968）。1968 年，他获得诺贝尔和平奖。

〔11〕1950 年代，董在华盛顿从事外交工作，然后追随蒋介石定居台湾。1938 年，他以明显一边倒的、充满溢美之词的行文，出版了蒋的传记：*Chiang Kai-shek* (1938), London: Hurst and Blackett。

〔12〕他的正式名字叫 James L. Shen，是燕京大学的毕业生。他在重庆经历了三个夏天的日本空袭后幸存了下来，并追随蒋介石前往台湾，后来出任过驻华盛顿代表。

〔13〕Emily Hahn（1944）*China To Me: A Partial Autobiography*, Philadelphia: Blakiston, pp. 84 and 91.

〔14〕克劳至少给《战时中国》写过一次稿，题为《日本对暴行的欲望》（*Japanese lust for atrocities*），发表于 1937 年 12 月。

〔15〕会见记者时，这对夫妇的惯例是夫人先入场，然后蒋"顺便过来聊聊"，同时夫人做翻译。同样的情形也发生在亚朋德和项美丽等许多记者身上，接到的安排是由蒋夫人接见，但蒋可能会抽出时间加入，结果蒋总会"碰巧"加入他们。

〔16〕See Carl Crow, *Burma Road diaries*, Crow Archive, folder 64A.

〔17〕陈纳德的话引自 Spence, J. (1980) *To Change China: Western Advisers in China*, New York: Penguin, p. 229。战后，国民政府再次启用陈纳德，让他帮助建立中国民航。

〔18〕1944 年，宋子文回到中国，代理行政院院长。然而，他最终跟蒋介石闹翻了，专职经商，一度被报道为世界上最富有的人。

〔19〕Crow, *Burma Road Diaries*, Crow Archive, folder 64A.

〔20〕Crow, *Burma Road Diaries*, Crow Archive, folder 70R.

〔21〕Crow, *Burma Road Diaries*, Crow Archive, folder 70A.

〔22〕Carl Crow, *The Puzzle of Chinese Communism*, Crow Archive, Folder 36A.

〔23〕Crow, *The Puzzle of Chinese Communism*.

〔24〕Crow, *The Puzzle of Chinese Communism*.

〔25〕Crow, *The Puzzle of Chinese Communism*.

〔26〕罗易（Mahendranath Roy）是一名印度婆罗门和共产国际特工，在鲍罗廷的影响力逐渐减弱的时期被派往中国。他认为农村革命是前进的方向，反对鲍罗

廷强调的工业无产阶级革命。罗易主张农民应该武装起来，中国革命应该从下层开始，在农村建立苏维埃。

〔27〕Crow, *The Puzzle of Chinese Communism.*
〔28〕Crow, *The Puzzle of Chinese Communism.*
〔29〕Jonathan Mirsky (2002) "Getting the story in China: American reporters since 1972," *Harvard Asia Quarterly*, vol. VI, no. 1, winter.
〔30〕Crow, *The Puzzle of Chinese Communism.*
〔31〕Crow, *The Puzzle of Chinese Communism.*
〔32〕Crow, *Burma Road Diaries*, Crow Archive, folder 64A.
〔33〕这是通往重庆的第二条"生命线"，在法国沦陷及日本占领印度支那后被切断。
〔34〕河内的大都会酒店仍然存在，现在已被一家法国连锁酒店翻修，而法国俱乐部大楼现在是河内少先队宫的一部分。
〔35〕即《中国人就是那样》的法文本，法文书名直译过来是"我的中国朋友"(*Les Amis Les Chinois*)，为原书在英国出版时的书名。

二十一 战时工作和预言成真

〔1〕"At bowl of rice party," *Worcester Daily Telegram*, October 26, 1939.
〔2〕Carl Crow (1941) *Meet The South Americans*, New York: Harper & Brothers, p. 1.
〔3〕Crow, *Meet The South Americans*, p. 269.《工人日报》当时是美国共产党的报纸。
〔4〕哈哈勋爵 (Lord Haw Haw) 是威廉·乔伊斯(William Joyce) 的笔名，乔伊斯战前曾是一名法西斯分子，与英国法西斯联盟黑衫党头目奥斯瓦尔德·莫斯利 (Oswald Mosley) 关系密切，后因为遭到拘捕，逃亡柏林。在整个二战期间，他的广播节目在全英国得到广泛收听，不过大部分听众都对其嗤之以鼻，他也成了许多音乐厅喜剧演员的嘲讽对象。战后，英国人以叛国罪对其处以绞刑。
〔5〕Crow, *Meet The South Americans*, p. 271.
〔6〕Crow, *Meet The South Americans*, p. 284.
〔7〕Carl Crow, letter to the Editor of the *New York Times*, September 1, 1941, Crow Archive, folder 187A.

〔8〕 劳威尔·托马斯（Lowell Thomas, 1882 - 1981）于 1930 年开始在美国全国广播公司（NBC）播报每日新闻。他是一战后第一位进入德国的记者，报道了大量实地见闻。二战期间，托马斯经常在战场一线后方的移动卡车上播报战事进展详情。他著名的口头禅是"期待明天再见"（So long until tomorrow）。

〔9〕 See Letter from Lowell Thomas to Carl Crow, September 10, 1941, Crow Archive, folder 187C. Also Letter from Carl Crow to Carl Van Doren, April 4, 1938 and Copy of Letter from Carl Crow to H. W. Fowler, Oxford University Press, March 10, 1938 – both contained in the Carl Van Doren Archive at Princeton University Library's Department of Rare Books and Special Collections.

〔10〕 当时，麦克法登名下有三个度假胜地——第一个是位于纽约丹斯维尔的前杰克逊疗养院，麦克法登进行了翻新并重新命名为体育文化酒店；第二个是洛杉矶附近的箭头温泉水疗酒店；还有迈阿密海滩的多维尔酒店。

〔11〕 宇宙教（Cosmotarianism）认为，人们进入天堂的途径是好好照顾自己的身体健康。这是一个短命的失败理论。

〔12〕 克劳确实为波尔泽和他的妻子安妮向美国驻维也纳领事馆提供了担保。See letter from Viktor Polzer to Crow, August 1, 1941, Crow Archive, folder 149A.

〔13〕 虽然克劳的档案中可查到当时胡佛感谢克劳提供情报的回信，但克劳披露谁是敌方特工的去信却无法找到。

〔14〕 Letter from J. Edgar Hoover, Director FBI, to Special Agent in Charge, New York FBI, March 19, 1942.

〔15〕 弗雷德里克·范德比尔德·菲尔德（Frederick V. Field, 1905 - 2000）是美国共产主义运动人士。他在麦卡锡政治迫害期间因拒绝出卖同志而被捕。他是美国早期大亨康奈利·范德比尔德（Cornelius Vanderbilt）的直系后裔，他的母亲是富有的女继承人莱拉·范德比尔德·斯隆·菲尔德（Lila Vanderbilt Sloane Field）。

〔16〕 Owen Lattimore (1943) *America and Asia: Problems of Today's War and the Peace of Tomorrow*, California: Claremount Colleges.

〔17〕 拉铁摩尔和他的妻子最终离开美国，搬到了英国，他在利兹大学帮助建立了东亚研究系。

〔18〕 See Carl Crow (1942) *Japan's Dream of World Empire — The Tanaka Memorial*, New York: Harper & Brothers.

〔19〕 Quoted in J. Simpson, "Seeing Red," *Antipode — Johns Hopkins Magazine*,

〔20〕 Letter from Washington DC Office of the FBI to the Office for Emergency Management, May 14, 1942.《工人日报》的请愿出版于 1938 年 2 月 25 日。

〔21〕 艾黎（1897—1987），新西兰作家、社会工作者。1927 年旅居中国，经历了长征、国民革命、农业改革和文化大革命。从 1927 年到 1987 年，他在中国生活了 60 年。

〔22〕 全名是埃克湖的英威尔夏别（Inverchapel of Loch Eck）第一男爵阿奇博尔德·克拉克-卡尔（Archibald Clark Kerr, 1882‑1951），1906 年开始外交工作，1938 年成为驻华大使。1942—1946 年任驻苏联大使，之后又担任英国驻印度尼西亚特使，致力于结束荷兰-印度尼西亚的冲突。1946 年，他被授予男爵爵位，并在 1946—1948 年间担任驻美国大使。

〔23〕 蒲爱德（Ida Pruitt, 1888‑1985）出生于一个美国传教士家庭，在中国的一个小村庄长大。她在中国生活了 50 年，是推动美国在外交上承认中华人民共和国的早期倡导者。著有 A Daughter of Han: The Autobiography of a Chinese Working Woman (1945) New Haven: Yale University Press。

〔24〕 林白乐的档案现保存在东京一桥大学图书馆。

〔25〕 尽管在大学任教，林白乐仍然对心理战感兴趣，并在"马来亚紧急状态"期间担任马来亚英军顾问，在朝鲜战争期间还做过美国第八集团军的顾问。然而，在越南战争期间，他拒绝为美国军队担当顾问，因为他认为美国不应该军事介入印度支那。对很多人来说，林白乐另一个更有名的身份是大众科幻作家考德怀纳·史密斯（Cordwainer Smith）。他于 1966 年去世。

〔26〕 Carl Crow (1943) "Japanning the Philippines," *The Nation*, vol. 157, issue 5, July 31, 1943.

二十二　最后多产的几年

〔1〕 Carl Crow (1943) *The Great American Customer*, New York: Harper & Brothers.

〔2〕 Carl Crow, "America's first in athletics," *World's Work*, December 27, 1913.

〔3〕 Carl Crow (1942) *Japan's Dream of World Empire — The Tanaka Memorial*, New York: Harper & Brothers.

〔4〕 Maxwell Stewart, "Japan's Mein Kampf," *The Nation*, vol. 154, issue 0010, March 7, 1942. 田中义一（1863—1929）在 1918—1921 年和 1923—1924 年担

任过战争大臣。他奉行侵略性的外交政策，曾短暂干预蒋介石统一中国的努力。他没能改善日本的银行业危机，而且在他试图惩罚1928年刺杀满洲军阀张作霖的军官时失去了军队支持。许多日本学者认为，田中奏折是伪造的。

〔5〕这些著作的细节、笔记和草稿章节均收录在密苏里大学克劳档案。

〔6〕Peter Fleming (1936) *News From Tartary: A Journey from Peking to Kashmir*, London: Jonathan Cape.

〔7〕Carl Crow (1944) *China Takes Her Place*, New York: Harper & Brothers, p. 258.

〔8〕Crow, *China Takes Her Place*, p. 262.

〔9〕Crow, *China Takes Her Place*, p. 276.

〔10〕即中情局的前身，于1942年根据罗斯福总统令成立。

〔11〕See letters from Winifred Halstead, Central Information Division, Pictorial Records Section, Office of Strategic Services to Crow, January 30, 1945; letter from Halstead to Crow, February 26, 1945 and letter from Major Duncan Lee, Office of Strategic Services, March 26, 1945. 所有这些信件都存在克劳档案里。

〔12〕Carl Crow (1945) *The City of Flint Grows Up*, New York: Harper & Brothers.

〔13〕Carl Crow, letter to editor regarding his illness, Crow Archive, folder 210A.

〔14〕Carl Crow (1943) *The Chinese Are Like That*, Cleveland: World Publishing Company, p. 241.

主要参考书目和延伸阅读

卡尔·克劳著作

1913 – *The Travelers' Handbook for China*, Shanghai: Hwa-Mei Book Concern.
1914 – *America and the Philippines*, Garden City, New York: Doubleday, Page & Company.
1916 – *Japan and America: A Contrast*, New York: Robert M. McBride & Company.
1937 – *I Speak for the Chinese*, New York: Harper & Brothers.
1937 – *Four Hundred Million Customers*, New York: Harper & Brothers.
1938 – *The Chinese Are Like That*, New York: Harper & Brothers. (Also published as *My Friends the Chinese*, London: Hamish Hamilton, 1938)
1939 – *He Opened the Door of Japan*, New York: Harper & Brothers.
1940 – *Foreign Devils in the Flowery Kingdom*, New York: Harper & Brothers.
1940 – *Meet the South Americans*, New York: Harper & Brothers.
1940 – *Master Kung: The Story of Confucius*, New York: Harper & Brothers.
1940 – *America in Stamps*, New York: Harper & Brothers.
1942 – *Japan's Dream of World Empire: The Tanaka Memorial*, New York: Harper & Brothers.
1943 – *The Great American Customer*, New York: Harper & Brothers.
1944 – *China Takes Her Place*, New York: Harper & Brothers.
1945 – *The City of Flint Grows Up*, New York: Harper & Brothers.

延伸阅读

上海史的研究多种多样。关于这座城市的历史,近来出版的优秀作品包括哈里特·

萨金特的《上海史》（Harriet Sergeant, *Shanghai*, London: John Murray, 1998），以及董碧方的《上海：魔都的兴衰，1842—1949》（Stella Dong, *Shanghai: The Rise and Fall of a Decadent City 1842 - 1949*, New York: Perennial, 2001）。此外，本书中提到的许多建筑和地点都可以在江似虹和尔东强的《最后一瞥——上海西洋建筑》（Tess Johnston and Deke Erh, *A Last Look - Revisited western Architecture in Old Shanghai*, Hong Kong: Old China Hand Press, 2004）中找到对应图片。还有一些研究更为深入地探讨了上海在两次世界大战期间的社会和文化变迁，包括李欧梵的《上海摩登：一种新都市文化在中国，1930—1945》（Leo Ou-Fan Lee, *Shanghai Modern: The Flowering of a New Urban Culture in China, 1930 - 1945*, Massachusetts: Harvard University Press, 1999），以及卢汉超的《霓虹灯外：20世纪初日常生活中的上海》（Hanchao Lu, *Beyond the Neon Lights: Everyday Shanghai in the Early Twentieth Century*, Los Angeles: University of California Press, 1999）。梁庄爱伦的《售卖幸福：20世纪初上海的月份牌和视觉文化》（Ellen Johnston Laing, *Selling Happiness: Calendar Posters and Visual Culture in Early Twentieth Shanghai*, Honolulu: University of Hawaii Press, 2004）针对上海独特的广告文化中的潮流和实践进行了有益的研究。

同时代人相关著作

Abend, H. E. (1930) *Tortured China*, New York: Ives Washburn.

Abend, H. E. (1943) *Life in China, 1926 - 1941*, New York: Harcourt, Brace & Co.

Arnold, J. (ed.) (1926) *China: A Commercial and Industrial Handbook*, US Department of Commerce, Washington DC: Government Printing Office.

Auden, W. H. and Isherwood, C. (1938) *Journey to a War*, London: Faber & Faber.

Barber, N. (1979) *The Fall of Shanghai*, New York: Coward McCann.

Bashford, J. W. (1916) *China: An Interpretation*, New York: Abingdon Press.

Bland, J. O. P. (1921) *China, Japan and Korea*, London: Heinemann.

Bland, J. O. P. and Backhouse, E. (1910) *China Under the Empress Dowager*, London: Heineman.

Chennault, C. L. (1949) *Way of a Fighter: The Memoirs of Claire Lee Chennault*, New York: G. P. Putman & Sons.

Couling, S. (1917) *Encyclopedia Sinica*, Shanghai: Kelly & Walsh.

Fleming, P. (1936) *News From Tartary: A Journey from Peking to Kashmir*, London:

Jonathan Cape.

Fleming, P. (1933) *One's Company: A Journey China in* 1933, London: Penguin.

Foster, J. (1930) *Chinese Realities*, London: Edinburgh House Press.

Geil, W. E. (1904) *A Yankee on the Yangtze*, New York: A. C. Armstrong & Son.

Gunther, J. (1939) *Inside Asia*, New York: Harper & Brothers.

Hahn, E. (1941) *The Soong Sisters*, New York: Garden City Publishing.

Hahn, E. (1944) *China to Me*, New York: Doubleday, Doran & Co.

Hahn, E. (2000) *No Hurry to Get Home*, Emeryville, California: Seal Press.

Hahn, E. (1963) *China Only Yesterday, 1850 - 1950: A Century of Change*, London: Weidenfeld & Nicolson.

Hawks Pott, F. L. (1913) *The Emergency in China*, New York: Missionary Education Movement of the United States and Canada.

Hedge, F. H. (1946) *In Far Japan: Glimpses and Sketches*, Tokyo: Hokuseido Press.

Hornbeck, S. K. (1916) *Contemporary Politics in the Far East*, New York: D. Appleton.

Hsia, Ching-Lin (1929) *The Status of Shanghai - A Historical Review of the International Settlement*, Shanghai: Kelly & Walsh.

Lattimore, O. (1943) *America and Asia: Problems of Today's War and the Peace of Tomorrow*, California: Claremount Colleges.

Lattimore, O. (1990) *China Memoirs: Chiang Kai-Shek and the War Against Japan*, Tokyo:

University of Tokyo Press.

Latourette, K. S. (1917) *The Development of China*, New York: Houghton Mifflin.

Millard, T. F. (1919) *Democracy and the Eastern Question*, New York: The Century Company.

Millard, T. F. (1931) *The End of Exterritoriality in China*, Shanghai: The ABC Press.

Misselwitz, H. F. (1941) *The Dragon Stirs: An Intimate Sketch-book of China's Kuomingtang Revolution, 1927 - 1929*, New York: Harbinger House.

Morse, H. B. (1908) *The Trade and Administration of the Chinese Empire*, New York: Longmans, Green & Co.

Morse, H. B. (1909) *The Guilds of China*, London: Longmans, Green & Co.

North-China Daily News & Herald (1917) *The New Atlas and Commercial Gazeteer of China* , Shanghai.

Peyton-Griffin, R. T. and Sapajou (1938) "Shanghai's Schemozzle," *North-China Daily News*.

Powell, J. B. (1945) *My Twenty Five Years in China*, New York: Macmillan.

Putnam-Weale, B. L. (1917) *The Flight of the Republic in China*, New York: Dodd, Mead & Co.

Reinsch, P. S. (1911) *Intellectual and Political Currents in the Far East*, Boston: Houghton Mifflin.

Reinsch, P. S. (1922) *An American Diplomat in China*, New York: Doubleday, Page & Co.

Ross, E. A. (1922) *The Changing Chinese: The Conflict of Oriental and Western Cultures in China*, New York: Century.

Selle, E. A. (1948) *Donald of China*, New York: Harper & Brothers.

Shaw, R. (1973) *Sin City*, London: Everest Books.

Sheridan, J. (1920) *Sun Yat Sen and the Awakening of China*, London: Jarrold & Sons.

Sheean, V. (1934) *Personal History*, New York: Houghton Mifflin.

Tietjens, E. (1917) *Profiles from China*, Chicago: Ralph Fletcher Seymour.

Tisdale, H. A. (1933) *Oil for the Lamps of China*, New York: Grosset & Dunlap.

Tong, H. (1933) *Problems and Personalities in the Far East*, Shanghai: The China Press.

Tong, H. (1938) *Chiang Kai-shek*, London: Hurst and Blackett.

Tong, H. (ed.-in-chief) (1947) *China Handbook 1937 to 1945: A Comprehensive Survey of Major Developments in China in Eight Years of War*, Chinese Ministry of Information.

Tong, H. (1950) *Dateline: China, the Beginning of China's Press Relations with the World*, New York: Rockport Press.

Viles, J. (1939) *The University of Missouri: A Centennial History*, Columbia: University of Missouri Press.

Wu Ting-fang (1914) *America Through the Spectacles of an Oriental Diplomat*, New York: Frederick A. Stokes Company.

索引·名词对照表
（依据本书边码）

A

"阿根廷号" SS Argentina, 249
阿奎纳多，埃米利奥 Aguinaldo, Emilio, 73
阿乐满 Allman, Norwood 124, 213, 281, 289
阿里，哈兹拉尔 Ali, Hazrat 275
埃斯克伦德，卡尔 Eskelund, Karl, 238, 291
埃兹拉，爱德华 Ezra, Edward, 172, 284
艾德礼，克莱门特 Atlee, Clement, 266
艾格纳，朱利叶斯 Eigner, Julius, 159, 238
艾黎，路易 Alley, Rewi 258, 259, 294
艾伦，罗伯特 Allen, Major Robert 120
爱因斯坦，阿尔伯特 Einstein, Albert, 88
安利洋行 Arnhold and Company, 256
奥比 Obie, Y, 57, 93, 95
奥登 Auden, WH, 191, 204
奥尔德里奇，露西 Aldrich, Lucy 120, 130
奥尔德里奇，纳尔逊 Aldrich, Nelson 120
奥尔登号 USS Alden 216
奥尔科特，卡罗尔 Alcott, Carroll, 213, 289
奥格，奥斯卡 Ogg, Oscar, 251
"奥古斯塔号" USS Augusta, 216

B

巴布，格伦 Babb, Glen, 32, 68
巴富尔，乔治 Balfour, George, 4
巴克斯特，布鲁斯 Baxter, Bruce, 126
巴拉德 Ballard, JG, 210
巴夏礼爵士 Parkes, Sir Harry, 141, 282
白崇禧 Bai, Chongxi, 167
白劳德，厄尔 Browder, Earl, 222
白修德 White, TH, 243
宝山 Baoshan, 232
保定陆军军官学校 National Military Academy, 162
鲍罗廷，范妮 Borodin, Fanny, 164

鲍罗廷，米哈伊尔 Borodin, Michael, 136-137, 164-166, 244

鲍曼，艾赛亚 Bowman, Isiah, 255

鲍威尔，玛格丽特 Powell, Margaret, 33

鲍威尔，约翰·本杰明 Powell, John Benjamin (JB)：《密勒氏评论报》编辑, 21, 30, 33, 76, 79, 107, 119, 136；报道记者的工作, 31-32；成为人质, 120-126, 280；被捕受刑, 21, 212, 288；政治参与, 22, 140；地下电台, 253

北戴河 Beidaihe, 269

《北华捷报》North-China Herald, 27, 129

北京饭店 Peking Hotel, 269

《北京日报》Peking Daily News, 32, 79, 172

北平艺术史协会 Peking Institute of Art History, 255

贝克乔丹，哈罗德 Beckjordan, Harold, 251

贝鲁比，马塞尔 Berube, Marcel, 120

贝内特，罗伊 Bennett, Roy, 125

彼得格勒 Petrograd, 68, 75

标准石油 Standard Oil, 92, 111, 126-127, 130, 134

别发书局 Kelly & Walsh, 57, 99

别克 Buick, 103, 265

《宾夕法尼亚公报》Pennsylvania Gazette, 15

波尔泽，维克多 Polzer, Viktor, 252, 294

《波士顿先驱报》Boston Herald, 110

勃固俱乐部（仰光）Pegu Club (Rangoon), 226

博纳维亚，大卫 Bonavia, David, 49, 115, 130

布莱恩特，威廉·卡伦 Bryant, William Cullen, 11

布莱恩特，沃恩 Bryant, Vaughn, 60

布莱克本 Blackburn, 9

布莱肯尼-威尔逊，路易斯 Blakeney Wilson, Louise, 33

布莱斯，山姆 Blythe, Sam 68, 276

布朗森-雷亚，乔治 Bronson-Rea, George, 54

布洛克-伯德，埃斯特 Brock-Bird, Esther, 98

C

《财富》杂志 Fortune, 146, 152, 156, 171

蔡锷将军 Cai (General), 49

查伊切克，马克斯 Chaicheck, Max, 253

产业工会联合会 Congress of Industiral Organizations (CIO), 285

陈渐鸿（音）Chen, Jianhong, 96

陈洁如（珍妮）Chen, Jieru (Jennie), 181-182

陈炯明（客家将军）Chen, Chiung-ming (Hakka General), 86, 138, 282

陈纳德将军 Chennault, General Claire Lee, 241, 290, 292

陈其美 Chen, Qimei, 45, 168
陈香梅 Chennault, Anna, 222, 290
陈耀柱 Chen, Frederick, 240
陈友仁 Chen, Eugene, 173
陈云裳 Chen, Yunshang, 98
程，查尔斯 Cheng, Charles, 121
程驰（音）Cheng, Chi, 121
慈禧太后 Ci Xi, Empress Dowager, 5, 24, 47

D

达勒姆轻步兵 Durham Light Infantry, 166
大都会酒店（河内）Hotel Metropole (Hanoi), 247
《大公报》 Ta Kung Pao, 31
大金塔 Shwedagon Pagoda, 227
大来，罗伯特 Dollar, Robert, 103
大来轮船公司 Dollar Steamship Company, 103, 213-217, 275
《大陆报》 China Press：所有权及成立，17-22；印刷，22-23；雇员，30, 43；报道1911年，35-39；报道孙中山，41, 51；来自军阀的压力，54；报纸出售，76, 172；印刷厂遇袭，212；被迫关闭，253；资金来源，273
《大美晚报》 Shanghai Evening Post, 107, 119, 171-178, 212, 253
大美晚报公司 Post-Mercury Company, 172
大世界游乐城 New World Amusement Center, 208

《大晚报》 Shanghai Evening News, 171
《大西洋月刊》 Atlantic Monthly, 130
戴斯委员会 Dies Committee, 258
戴维斯，贝蒂 Davis, Bette, 251
戴维斯，约翰 Davis, John, 126
戴雨果 De Burgh, Hugo, 32
黛德丽，玛琳 Dietrich, Marlene, 130
《丹佛邮报》 Denver Post, 172, 289
道森 Dawson, MM, 40
德丁，蒂尔曼 Durdin, Tillman, 238
德丁，佩吉 Durdin, Peggy, 238
德和洋行 Lester, Johnson and Morris, 27
德黑兰会议 Teheran Conference, 256
邓波儿，秀兰 Temple, Shirley, 251
迪克斯，多萝西 Dix, Dorothy, 172
抵制日本侵略委员会 Committee for a Boycott Against Japanese Aggression, 258
帝国航空公司 Imperial Airways, 225
第一次国共大会 First Republican Convention, 46
第一次鸦片战争 First Opium War, 4
东京振武学堂 Tokyo Military Staff College, 162
东西方联合会 East and West Association, 257
董碧方 Dong, Stella, 135, 149
董显光 Tong, Hollington, 32, 79, 237-241
《读者文摘》 Reader's Digest, 249
杜 Doo, D, 96

杜贝里尔，希莱尔 du Berrier, Hilaire, 100

杜斯勒勒-詹森，纳尔逊 Trusler-Johnson, Nelson, 68, 78, 257

杜月笙 Du, Yuesheng, 135–136, 168, 182–185, 190, 199, 238, 286

端纳 Donald, William Henry (Bill)：背景和经历, 38；报道, 69；西安事件, 201；与蒋介石在重庆, 238

段祺瑞 Duan, Qirui, 48, 275

E

儿童劳工委员会（上海） Child Labour Commission (Shanghai), 180

"二十一条" Twenty-One Demands, 48, 61–69, 76, 79, 166

F

法国俱乐部（河内） French Club (Hanoi), 247, 293

法国总会（法商球场总会） Cercle Sportif Français, 99, 153

范多伦，卡尔 Van Doren, Carl, 110, 251, 279

《范诺登》 *Van Norden*, 14

芳婷，玛戈特 Fonteyn, Dame Margot, 284

菲尔德，弗雷德里克 Field, Frederick, 254

《费城纪事报》 *Philadelphia Ledger*, 174

费莱煦 Fleischer, Benjamin, 29–30, 33, 60

费效礼上尉 Fiori, Captain, 168

费信惇 Fessenden, Sterling, 168, 185, 189, 284

芬比，乔纳森 Fenby, Jonathan, 89, 179

丰臣秀吉 Hideyoshi, Toyotomi, 61

冯-斯登堡，约瑟夫 Von Sternberg, Josef, 130

冯翊祥（音） Feng, Yixiang, 119

冯翊祥（音） Yixiang, Feng, *also* Vong YC

冯玉祥（基督将军） Feng, Yu-hsiang (Christian General), 80, 114, 175, 238, 291

奉军 Fengtian Clique Army, 113–134

弗吉尼亚平等选举联盟 Virginia Equal Suffrage League, 285

弗莱明，彼得 Fleming, Peter, 115, 263

弗雷德里克镇公共图书馆 Fredericktown Public Library, 266

弗里德曼，里昂 Friedman, Leon, 121

《弗林特的成长》 *The City of Flint Grows Up*, 265

福建 Fujian, 66, 164

福开森博士 Ferguson, Dr John C, 53–54

福莱特河，密苏里 Flat River, Missouri, 11

复旦大学 Fudan University, 188

富尔顿-奥斯勒，查尔斯 Fulton-Oursler, Charles, 219, 223–224, 241, 253, 290

G

盖博，克拉克 Gable, Clark, 250–251

"敢死队" Dare to Die Brigade, 45

高尔德 Gould, Randall, 165, 172, 212–213, 289

高露洁牙膏 Colgate toothpaste, 203

哥伦比亚大学 Columbia University, 32, 174

《哥伦比亚-密苏里先驱报》 Columbia-Missouri Herald, 12–13

格拉马达，见"索克思" Gramada, G, see Sokolsky, G

"格里普舒尔姆号" USS Gripsholm, 31

根斯伯格，埃米尔 Gensburger, Emile, 120

《工部局市政公报》 Shanghai Municipal Gazette, 159

工会联盟 Union Labor League, 285

《工人日报》 Daily Worker, 250, 258, 293–294

公共信息委员会 Committee on Public Information（Compub）：提供工作, 75；目的, 76；克劳在其中的角色, 79–80

辜 Koo, KP, 121

光绪皇帝 Kuang Hsu, Emperor, 47–48

广东 Guangdong, 49, 153, 184, 278

广东第十九路军 Cantonese Nineteenth Route Army, 187

广告俱乐部（纽约） Advertising Club (New York), 252

广告俱乐部（上海） Advertising Club (Shanghai), 97

贵州 Guizhou, 119

国际媒体大会 International Press Congress, 13

国际银行公司 International Banking Corporation, 165

《国家》杂志 The Nation, 259, 262

国民党（KMT）：组建, 47；被解散, 48；权力斗争, 136–138；与苏联的关系, 164；北伐, 165–166；战时联共, 236–238；国共关系, 264

国民革命军 National Revolutionary Army (NRA), 138, 167, 175

H

哈尔滨 Harbin, 68, 99–100, 198

哈佛大学 Harvard University: 165；人类学系, 255

哈哈勋爵 Lord Haw Haw, 250, 293

哈里斯，弗兰克 Harris, Frank, 15

哈里斯，莫里斯 Harris, Morris J., 31

哈里斯，汤森德 Harris, Townsend, 68, 220

《哈泼斯》杂志 Harper's, 110, 242

哈珀兄弟出版社 Harper & Brothers, 110, 238, 265

哈同 Hardoon, Silas, 119, 157, 221, 283

哈同洋行 Hardoon Trading Company, 283

《哈瓦那邮报》 Havana Post, 72

海兰德，密苏里 Highland, Missouri, 7, 11

海明威 Hemingway, Ernest, 179, 243
汉尼格，海伦·玛丽，见"克劳，海伦" Hanniger, Hellen Marie, see Crow, Helen
《汉普顿斯》 Hamptons, 14
汉阳 Hanyang, 37
汉冶萍公司 Han-Yeh Ping Company, 65–66, 166
杭州西湖 Hangzhou Lake, 147
合众社 United Press (UP), 30, 54, 60, 63–64, 69, 157, 172, 253, 273
河北 Hebei, 47, 117, 198
河南 Henan, 47, 165, 175, 202
河内 Hanoi, 247–248
赫本，凯瑟琳 Hepburn, Katherine, 221, 289
赫定，斯文 Hedin, Sven, 179
赫奇斯，弗兰克 Hedges, Frank, 60
恒业地产 Metropolitan Land Company, 92, 103, 171
横滨正金银行 Yokohama Specie Bank, 65, 273
虹口 Hongkou, 100, 189, 191, 206, 236
洪思济（音） Hung, Dr Siji, 121
洪秀全 Hong Xiuquan, 5
胡佛，赫伯特 Hoover, Herbert, 88
胡佛，约翰·埃德加 Hoover, J Edgar, 252–253, 256
胡汉民 Hu, Han-min, 136–138
胡美，爱德华 Hume, Edward, 42
胡忠彪 Hu, Zhonggbiao, 96
湖北 Hubei, 37, 48, 94, 164, 214

湖畔旅馆（昆明） Hotel du Lac (Kunming), 233, 247
护国运动 National Protection Movement, 49
护宪联盟 Constitutional Defence League (CDL), 86
《沪报》 Shanghai Gazette, 173–174
华懋饭店 Cathay Hotel, 90, 156, 205–206, 208
华美书局 Hwa-Mei Book Concern, 57
华商广告公司 Chinese Commercial Advertising Company, 107
《华盛顿邮报》 Washington Post, 60
黄金荣 Huang, Jinrong, 84, 128, 167, 182
黄柳霜 Wong, Anna-May, 130
黄埔军校 Whampoa Academy, 136
黄新 Wong, Hin, 32–33, 58
汇丰银行 Hong Kong and Shanghai Bank, 90, 151
汇中饭店（上海） Palace Hotel (Shanghai), 208
会审公廨 Mixed Court, 20
惠尔赖特，威廉 Wheelwright, William, 262
惠罗百货公司 Whiteaway, Laidlaw and Co., 90
惠特森，威廉 Whitson, William, 130
霍华德，罗伊 Howard, Roy, 253
霍瓦特将军，德米特里·列奥尼多维奇 Horvat, General Dmitrii Leonidovich, 98

J

饥荒与水灾救济运动 Famine and Flood Relief Movement, 53
《基督教科学箴言报》 Christian Science Monitor, 60, 172
济南 Jinan, 53, 77, 175, 285
甲午中日战争 Sino-Japanese War (1894–1895), 59, 65–66
贾尔斯，威廉 Giles, William, 69
江湾高尔夫球场 Kiangwan Golf Course, 187
江西 Jiangxi, 49, 164, 184, 263
江西苏维埃 Jiangxi Soviet, 263
蒋介石 Chiang, Kai-shek：在1911年，45, 52；在俄国, 88；国民党领导斗争, 136–138；在南京和克劳见面, 177–180；在四川, 195；西安事变, 200–201；在重庆接受克劳采访, 238–245
蒋经国 Chiang, Ching kuo, 285
《今日重庆》 Chungking Today, 172
禁酒令 Volstead Act, 127
《京报》 Peking Gazette, 174
旧金山媒体俱乐部 San Francisco Press Club, 73, 75

K

卡尔顿学院 Carleton College, 12
卡森，勒内 Cassin, René, 239, 292
卡斯，刘易斯 Cass, Lewis, 68
凯伊，约翰 Keay, John, 27, 168
《堪萨斯城星报》 The Kansas City Star, 12
"坎伯兰号" HMS Cumberland, 216
坎菲尔德，多萝西 Canfield, Dorothy, 110
康奈尔大学 Cornell University, 126
康同一（音） Kang, Tung-yi, 121
考夫曼，弗莱迪 Kaufmann, Freddy, 205
考克斯，詹姆斯 Cox, James, 213
柯蒂斯，塞勒斯 Curtis, Cyrus H, 15
柯蒂斯，威廉 Curtis, William E, 68
柯兰，查尔斯 Crane, Charles, 29, 273
科克伦，阿奇博尔德 Cochrane, Sir Archibald, 227
科瓦尔斯基 Kovalsky, VV, 191
克拉克-卡尔，阿奇博尔德 Clark Kerr, Sir Archibald, 258, 294
克劳，埃尔韦拉·简 Crow, Elvira Jane, 7–8, 58, 252
克劳，奥尔加 Crow, Olga, 269
克劳，丹尼斯·乔治 Crow, Dennis George, 269
克劳，海伦 Crow, Helen, 134–135, 142, 151, 157, 175, 201, 211–214, 251
克劳，卡尔 Crow, Carl：出生，早期生活和教育，7–13；在《沃斯堡星报》工作，13, 16；在墨西哥，13–14；在《大陆报》工作，17, 19–21, 35；在南京，41, 46, 50–52, 200；关于军阀，49–50, 113–115, 130–131, 137；第一次婚姻，54–55；在菲律宾，

58；在日本，59-64，67-68；关于"二十一条"，64-67；在加利福尼亚，73-75；为公共信息委员会工作，75-81；关于孙中山，50-51，83，85-88；关于克劳广告公司，91-95，101-105；在中国做广告，94-98，105-107，111；1923年为美国救援队工作，119-126，129；关于蒋介石，163，165-166，177-178，241-242；关于蒋夫人，179，183-184，240，247；第二次婚姻，134-135；在特别警察部队，166-167；筹办《大美晚报》，171-172，174；发行《中国公路》，175-176；关于新生活运动，182-184；关于第一次淞沪战争，186-188；在四川，193，195-196；在重庆，196-197，201-202，234-239；关于西安事变，200-201；关于鸦片，195，198-199；第二次淞沪战争，203，206-208；决定离开上海，208-210；从上海撤离，211，214-218；在滇缅公路上，223-224，228-234；在仰光，225-228；关于周恩来，242-247；在河内，247-248；在南美，249-251；为战时情报局工作，253-255；去世，264-266

克劳，莱斯利·雷 Crow, Leslie Ray, 7-8，58，269

克劳，罗玛 Crow, Roma, 7, 265

克劳，萝拉 Crow, Lora, 7, 265

克劳，梅布尔 Crow, Mabel, 58, 275

克劳，米尔德丽德 Crow, Mildred S,

54-55，58-59，81，134，266

克劳，米尔德丽德·伊丽莎白（贝蒂）Crow, Mildred Elizabeth, 71-73, 134, 147, 266

克劳，乔治 Crow, George, 58, 103, 269, 275

克劳，乔治·华盛顿 Crow, George Washington, 7-8

克劳广告公司 Carl Crow Inc, 89-90, 105-111, 139, 154, 171, 199, 222

克劳斯贝，宾 Crosby, Bing, 250

克劳伊，威廉 Crowe, William, 9

克里斯蒂亚娜（瑞典）Christiana (Sweden), 69

克利 Curry, RA, 152

克罗伊，霍默 Croy, Homer, 72, 252, 277

孔祥熙 Kung, HH, 84, 181-182, 238, 256-258

《孔子：孔夫子的故事》 Master Kung: The Story of Confucius, 220

堀口，凯伦 Horiguchi, Karen, 33

堀口吉典 Horiguchi, Yoshinori, 33

库克，托马斯 Cook, Thomas, 93, 151

《昆西自由报》 Qunicy Whig, 21

L

拉狄克，卡尔 Radek, Karl, 114

拉瓜迪亚，菲奥雷洛 LaGuardia, Fiorello, 278

拉萨尔函授大学 LeSalle Extension University, 152

拉铁摩尔，埃莉诺 Lattimore, Eleanor, 255

拉铁摩尔，欧文 Lattimore, Owen, 254-259, 277, 294

拉瓦尔，查理 Laval, Charlie, 54

腊戍 Lashio, 228-232

莱昂斯，哈里斯 Lyons, Harris, 249

莱尔巴什，劳尔德 Lehrbas, Lloyd, 117, 280

莱斯布里奇 Lethbridge, HJ, 212

赖发洛 Lyall, LA, 27

兰德，彼得 Rand, Peter, 22

兰辛，罗伯特 Lansing, Robert, 80

《兰辛-石井协定》Lansing-Ishii Pact, 80

"蓝钢皮" Blue Express, 117, 127

老合兴 Lao, Hai-shing, 159

雷克德 Record, JR, 253

雷文，弗兰克 Raven, Frank, 171

黎刹，何塞 Rizal, José 73

黎元洪 Li, Yuan-hong, 39

礼查饭店 Astor House Hotel, 30, 153, 286

李，科林斯·亨利 Lee, Corinth Henry, 173-174

李干 Lee, Kan, 32

李鸿章 Li, Hung-chang, 65

李欧梵 Lee, Leo Ou-fan, 191

李钦瑞 Lee, Warren, 240

《历史的社会学解读》 The Social Interpretation of History, 87

连卡佛百货公司 Lane Crawford Department Store, 151

联合广告公司 United Advertising Company, 107

联合国救济和工程处 United Nations Relief and Works Agency (UNWRA), 100

廖仲恺 Liao, Chung-kai, 136-137, 173

林白乐 Linebarger, Paul, 255, 259, 295

林桂生 Ma, Cassia, 190

刘易斯，比尔 Lewis, Bill, 12

龙华塔 Lunghwa Pagoda, 147

卢克尔，厄尔 Looker, Earle, 217

卢祺新 Lu, David, 32

卢斯，亨利 Luce, Henry, 88, 222, 237, 245, 258, 291

"卢西塔尼亚号" RMS Lusitania, 64

卢永祥 Lu, Yung-hsiang, 114

鲁特斯俱乐部（纽约） Lotos Club (New York), 252

陆征祥 Lou, Dr Tseng-hsiang, 79

路透社 Reuters, 19, 213

绿房子 Green House, 152

《乱世佳人》 Gone With the Wind, 251

伦德斯特拉姆，奥列格 Lundstrem, Oleg, 100

伦敦，杰克 London, Jack, 15

《伦敦新闻画报》 Illustrated London News, 129

罗拉特，瑞金纳尔 Rowlatt, Reginal, 120-121

罗斯福，埃莉诺 Roosevelt, Eleanor, 241, 258

罗斯福，富兰克林总统 Roosevelt,

President FD, 179-180, 216-217, 257

罗斯福，昆汀 Roosevelt, Quentin, 217, 289

罗斯福，西奥多总统 Roosevelt, President Theodore, 162, 289

罗斯曼，约瑟夫 Rothman, Joseph, 120

罗斯塔通讯社 Rosta News Agency, 164

罗易 Roy, Mahendranath, 244, 292

洛克菲勒，纳尔逊 Rockefeller, Nelson, 252

洛克菲勒，小约翰 Rockefeller, John D Jr, 120

洛克威尔，诺曼 Rockwell, Norman, 15

M

麻克类爵士 Macleay, Sir Ronald, 129

马彬和 Ma, Ping-ho, 238, 291

马丁，弗兰克 Martin, Frank L, 60

马尔卡希，帕特 Mulcahy, Pat, 144-145

马立斯，高登 Morriss, Gordon, 27

马立斯，哈利 Morriss, Harry, 27

马立斯，海利 Morriss, Hailey, 27

马立斯，亨利 Morriss, HE, 27

《马尼拉公报》 Manila Bulletin, 33, 125

马苏纳 Marsoner, TH, 72

马素 Ma, Soo, 51, 85

麦埃尔拉维，罗伯特 McElravey, Robert, 72

麦格雷戈，弗兰克 MacGregor, Frank, 265

麦卡锡，约瑟夫（参议员）McCarthy, Senator Joseph, 256-259, 277, 294

麦卡锡主义 McCarthyism, 256, 258

麦考斯兰，约翰，见"马彬和" Macausland, John, see Ma, Ping-ho

麦克法登，伯纳尔 Macfadden, Bernarr, 252, 294

麦克格莱肯-费希尔，弗朗西斯 MacGracken-Fisher, Francis, 253

麦克卢尔 McClure, SS, 85

《麦克卢尔杂志》 McClure's Magazine, 85

《曼彻斯特卫报》 Manchester Guardian, 31

芒市 Manshih, 229, 232-233

芒市土司 Manshih, King of, 232

毛福梅 Mao Fu-mei, 181, 285-286

毛泽东 Mao, Zedong, 165, 192, 200, 242, 279

梅菲 May, Fay, 237

梅兰芳 Mei, Lang-fang, 230

梅森，格雷戈里 Mason, Gregory, 72

梅森，露西 Mason, Lucy, 180, 285

《每日电讯报》（伦敦）Daily Telegraph (London), 213

《每日电讯报》（悉尼）Daily Telegraph (Sydney), 38

《每月之书俱乐部新闻》 Book of the Month Club News, 110

美国癌症防治协会 American Society for the Control of Cancer, 265

美国不参与日本侵略委员会 American Committee for Non-Participation in Japanese Aggression, 258

美国大学俱乐部 American University Club, 153

美国地理学会 American Geographical Society, 255

美国共产党 American Communist Party, 222, 258, 293

美国红十字会 American Red Cross, 119, 121

美国教师海外旅行卡恩基金会 Kahn Foundation for Foreign Travel of American Teachers, 13

美国社会党 American Socialist Party, 87

美国太平洋国际学会 American Council Institute of Pacific Relations, 254

美国新闻院系协会 American Association of Schools and Departments of Journalism, 13

美国信息委员会 American Information Committee, 247

美国医药援华会 American Bureau of Medical Aid to China, 88

《美国与菲律宾》 America and the Philippines 58, 72

美国援华联合会 United China Relief, 258

美联社 Associated Press, 31, 32, 68-69, 238, 280

美灵登 Millington, FC, 107

美商华美广播电台 XMHA Radio, 213

美亚保险公司 American Asiatic Underwriters Federal, 171

美子皇太后 Haruko, Empress Dowager, 59

美最时洋行 Mechers and Company, 159

米尔德丽德·克劳公司 Mildred Crow Inc, 81

米尔斯基，乔纳森 Mirsky, Jonathan, 22, 244

米赛尔维茨，亨利·弗朗西斯 Misselwitz, Henry Francis, 31, 33

密勒，汤姆斯 Millard, Thomas, 15-17, 21-22, 24, 30-35, 42, 52, 75-76, 83, 91, 171-172

密勒出版公司 Millard Publishing Company, 21

《密勒氏评论报》（《中国每周评论》）China Weekly Review：成立，21；撰稿人，32-33；1929年人质事件，119；读者，120, 213；遭到镇压，212, 253

《密勒氏远东评论》 Millard's Review of the Far East, 21, 76, 83

密苏里大学 University of Missouri, 12-13, 30, 72, 266；新闻学院，30, 125

《密苏里人》 Missourian, 12

密苏里新闻协会 Missouri Press Association, 12

密苏里州参议院 Missouri State Senate, 12

《密苏里州地名索引和商业名录》 Missouri State Gazetteer and Business Directory, 7

摩尔，弗雷德里克 Moore, Frederick, 69

摩根索，亨利 Morgenthau, Henry, 256

莫顿斯，保罗 Mertons, Dr Paul, 125

莫里斯，罗兰 Morris, Roland S., 68

莫理循 Morrison, GE, 26, 196

莫瑞尔，埃德加 Mowrer, Edgar, 240

莫斯科艺术学院 Moscow Academy of Arts, 99

墨索里尼 Mussolini, Benito, 86, 125, 251, 278

慕尔堂 Moore Memorial Church, 152, 283

穆尔-麦科马克航运公司 Moore-McCormack Line, 249, 250

穆索，朱塞佩 Musso, Guiseppe, 120, 125, 128–129

N

南京大学 Nanjing University, 53

南京师范学院 Nanjing Teacher Training College, 121

南阳兄弟烟草公司 Nanyang Brothers Tobacco Company, 98

南洋公学 Nan Yung College, 53

内蒙古 Inner Mongolia, 64–65, 197, 287

倪桂珍 Ni, Kwei-tseng, 182

宁波 Ningbo, 43, 105, 142

宁波漆毒 Ningbo Varnish Poisoning, 39, 154, 285

《纽约客》 The New Yorker, 15, 151

《纽约时报》 New York Times, 31, 33, 58, 69, 135, 213, 238, 245, 251, 257, 265–266, 288

《纽约时报杂志》 New York Times Magazine, 174

《纽约世界报》 New York World, 71

《纽约先驱报》 New York Herald, 30, 38, 201

《纽约先驱论坛报》 New York Herald-Tribune, 28, 30–31

《纽约邮报》 New York Post, 58, 111, 174, 253

诺丁汉姆 Nottingham, ES, 28, 273

诺斯菲尔德，明尼苏达 Northfield, Minnesota, 12

P

帕克，南希 Parker, Nancy, 111

帕克豪斯酒店（波士顿） Parker House Hotel (Boston), 251

帕里，杜克 Parry, Duke, 60

"帕奈号" USS Panay, 216

派克 Peck, WR, 238, 291

旁氏雪花膏 Pond's Vanishing Cream, 96

佩里县（密苏里） Perry Country (Missouri), 7

《皮尔逊杂志》 Pearson's Magazine, 14–15

皮克，刘易斯 Pick, General Lewis, 229

平格，罗兰德 Pinger, Major Roland, 120–121

萍乡煤矿 Ping Shang Coalmines, 65

索引·名词对照表

蒲爱德 Pruitt, Ida, 258–259, 295
濮兰德 Bland, JOP, 129
普益地产公司 Asia Realty Company, 171–172
溥仪皇帝 Pu Yi, Emperor, 36, 43, 48–49
齐燮元 Chi, Shi-yuan, 135
《铅带新闻》Lead Belt News, 11
乔治六世 George VI, King, 204
乔治五世 George V, King, 26
青岛 Qingdao, 10, 60, 64, 77–78, 155, 175, 204
清廷商务大臣 Chinese Minister of Commerce, 53
丘吉尔 Churchill, Sir Winston, 179–180, 256, 266
全国建设委员会 National Reconstruction Commission, 175
全国经济委员会 National Economic Council, 175

R

仁记洋行 Gibb, Livingston & Company, 92
《日本的世界帝国之梦——田中奏折》Japan's Dream of World Empire – The Tanaka Memorial, 262
《日本广知报》Japan Advertiser, 30, 60, 67, 174
《日本和美国》Japan and America, 62, 73
《日本时报》Japan Times, 172

日俄战争 Russo-Japanese War, 31, 65, 161–162
"荣耀与死亡之子" Death and Glory Boys, 45
芮恩施 Reinsch, Paul, 69, 79–81, 127, 257
瑞典 Sweden, 68–69

S

萨巴乔，见"萨波日尼科夫，乔治·阿夫克森耶维奇" Sapajou, see Sapojnikoff, Georgii Avksentievich, 93, 98–100, 110, 153
萨波日尼科夫，乔治·阿夫克森耶维奇，见"萨巴乔" Sapojnikoff, Georgii Avksentievich – see Sapajou
萨顿，弗兰克 Sutton, Frank, 113–134
萨菲尔，西奥 Saphiere, Theo, 120
萨克雷 Thackery, TO, 58, 111, 253
萨克斯顿，尤金 Saxton, Eugene, 238, 291
赛莱，厄尔 Selle, Earl, 69, 276
赛珍珠 Buck, Pearl S, 98, 257, 278
沙克尔顿，欧内斯特 Shackleton, Ernest Sir, 72
沙利文，埃德 Sullivan, Ed, 252
沙罗克，蒂莫西 Sharrock, Timothy, 9
沙罗克，詹姆斯 Sharrock, James, 9
沙逊，维克多 Sassoon, Victor, 90, 283
山东人民解放协会 Shantung People's Liberation Society, 116, 280
商务印书馆（上海）Commercial Press

(Shanghai)，23，80，95，188

上村（海军上将） Kamimura, Admiral, 206

上海棒球会 Shanghai Baseball Club, 147

上海俄罗斯主教团 Russian Episcopate in Shanghai, 100

上海防止虐待动物协会 Shanghai Society for the Prevention of Cruelty to Animals, 144

上海哥伦比亚乡村俱乐部 Columbia Country Club (Shanghai), 153, 156, 215, 221

上海工部局 Shanghai Municipal Council (SMC), 2, 26, 91, 137, 151-152, 167-168, 180, 185-191, 205, 284

上海国际饭店 Park Hotel (Shanghai), 152, 283

上海花旗总会 Shanghai American Club, 41, 119, 150-154, 195, 211-212, 215, 221, 253, 261

上海划船总会 Shanghai Rowing Club, 104

上海画片出版社 Shanghai Picture Press, 279

上海画院 Shanghai Painting Academy, 279

《上海快车》 *Shanghai Express*, 130

上海兰心大戏院 Lyceum Theatre (Shanghai), 158

上海美术专科学校 Shanghai Fine Arts College, 97

上海跑马总会 Shanghai Race Club, 93, 144, 147

上海商会 Shanghai Chamber of Commerce, 121

上海市民中心 Shanghai Civic Center, 183

《上海泰晤士报》 *Shanghai Times*, 26, 28, 173, 212

上海万国商团（义勇队） Shanghai Volunteer Corps (SVC), 134, 137, 152

上海午餐俱乐部 Shanghai Tiffin Club, 222

上海鸦片委员会 Shanghai Opium Commission, 125

《上海一元行名录》 *Shanghai Dollar Directory*, 93

上海总会（英国总会） Shanghai Club, 75, 99, 151-153, 157, 183, 214-215

社会科学研究理事会 Social Science Research Council, 255

《申报》 *Shun Pao*, 121, 212-213

沈剑虹 Shen, Jimmy, 239-240

《生活》杂志 *Life*, 245

《圣路易斯邮报》 *The St Louis Post-Dispatch*, 12, 32

圣三一堂（上海） Holy Trinity Cathedral (Shanghai), 167

圣依望主教 Maximovitch, Archbishop John, 100

圣约翰大学 St John's University, 283

圣约瑟夫教堂 St Joseph's Church, 283

石井菊次郎 Ishii, Baron, 80

《时代》周刊 Time, 88, 237, 243, 252

史带 Starr, Cornelius Vander, 105, 171–172, 174, 177, 212–213, 253, 285

史迪威将军 Stilwell, General Joseph, 234, 257, 280

史密斯，考德怀纳，见"林白乐" Smith, Cordwainer, see Linebarger, P

史密斯，威廉 Smith, William, 121

史沫莱特，艾格尼斯 Smedley, Agnes, 30, 257–258

世界媒体大会 Press Congress of the World, 13

《世界新闻报》 News of the World, 27

"誓死队" Determined to Die Brigade, 45

舒尔曼，雅各布 Schurman, Jacob, 120, 126, 257

"双枪"科恩 Cohen, Morris "Two Guns", 85, 278, 286

《水浒传》 Outlaws of the Marsh, 120

斯大林，约瑟夫 Stalin, Josef, 63, 136, 200, 205, 242–243, 256

斯蒂芬斯，林肯 Steffens, Lincoln, 85

斯蒂芬斯，彭布罗克 Stephens, Pembroke, 213

斯克里普斯-霍华德出版公司 Scripps-Howard Publishing Company, 253

《斯罗沃报》 Slovo, 99

斯诺，埃德加 Snow, Edgar, 31, 168, 245, 257–258, 264

斯诺，海伦·福斯特 Snow, Helen Foster, 258

斯特凡森，维尔哈穆尔 Steffanson, Vilhjalmur, 72, 277

斯特林-克拉克，罗伯特 Sterling-Clark, Robert, 275

斯特普托，哈里 Steptoe, Harry, 277

斯图尔特，马克斯韦尔 Stewart, Maxwell, 262

斯维特兰，雷金纳德 Sweetland, Reginald, 58

《死亡随想》 Thanatopsis, 11

《四万万顾客》 Four Hundred Million Customers, 58, 98, 110–111, 134, 220, 222, 227, 250–251, 265, 267

宋霭龄 Soong, Ai-ling, 84, 165, 181

宋德和 Soong, Norman, 238

宋美龄（蒋夫人） Soong, Mei-ling (Madame Chiang)：和蒋介石结婚, 168；初见克劳, 178–181；新生活运动, 183, 247；"西安事变"期间的活动, 201；在重庆与克劳见面, 239–242；工合, 258

宋庆龄（孙夫人） Soong, Ching-ling (Madame Sun), 84–85, 137, 166, 180–181, 258, 278

宋耀如 Soong, Charlie, 38, 41, 47, 84–85

宋子文 Soong, Tzu-Wen (TV), 85, 103, 164–168, 175, 181–182, 188, 197, 201, 238, 241, 258, 292

苏东坡 Su, Tung-po, 148

苏柯仁 de Carle-Sowerby, Arthur, 58, 107, 275
苏州大学 Suzhou University, 126
孙传芳 Sun, Chuang-fang, 114, 135
孙美瑶 Swen, Miao, 115, 129–131, 280
孙明甫 Anderson, Roy, 69, 125–128, 257, 281
孙中山 Sun, Yat-sen: 1911年民国政府, 5, 28, 31, 36, 38, 46; 初见克劳, 50; 接受克劳采访, 83–85; 去世, 135–136
所罗门, 李 Solomon, Lee, 120
索尔兹伯里, 哈里森 Salisbury, Harrison, 245
索克思 Sokolsky, George, 127, 173–174

T

《他打开了日本的大门》 He Opened the Door of Japan, 68, 220
塔贝尔, 艾达 Tarbell, Ida, 85
太平天国起义 Taiping Rebellion 5, 36, 43
太平洋轮船航运公司 Pacific Steam Navigation Company, 262
《太平洋事务》 Pacific Affairs, 254–255, 257
太平洋邮轮公司 Pacific Mail Steam Ship Company, 171
《泰晤士报》 The Times (London), 69, 110, 263

《檀香先驱报》 Sandalwood Herald, 218
唐 Tong, FC, 31
唐绍仪 Tang, Shao-yi, 41, 153
唐元湛 Tong, YC, 28
特万特佩克（墨西哥） Tehuantepec (Mexico), 14
特伟 Tewei, 96
提斯代尔-霍巴特, 艾丽斯 Tisdale-Hobart, Alice, 111, 279
天津 Tianjin, 32, 53, 94, 117, 129–130, 172, 197–199, 205, 236, 242, 263, 281
天祥洋行 Dodwell and Company, 55
田中隆吉少佐 Tanaka, Major Ryukichi, 186, 262, 295
田中奏折 Tanaka Memorial, 256, 262, 295
廷克勒, 莫里斯 Tinkler, Maurice, 281
同盟会 Unity League, 47
同盟通信社 Domei News Agency, 33
图巴包（菲律宾） Tubabao (Philippines), 100
土匪邮票 Bandit Mail Stamps, 123, 281
托马斯, 劳威尔 Thomas, Lowell, 239, 251

W

外出坡宾馆（音）（重庆） Waichupo Hostel (Chongqing), 237
外国情报出版部 Foreign Information Service Publications Department, 253

外国情报远东规划委员会 Foreign Information Service Planning Board for the Far East, 253-254

万国体育会 International Recreation Club, 187

汪精卫 Wang, Ching-wei, 136, 138, 167

王 Wang, BL, 93

威尔基，温德尔 Willkie, Wendell, 278

威尔斯，比尔 Wells, Bill, 216

威尔斯，卡维斯 Wells, Carveth, 293

威尔逊，塔格 Wilson, Tug, 212

威廉，莫里斯 William, Maurice, 87-88

威廉姆斯，沃尔特 Williams, Walter, 12-15, 31, 273

韦伯，查尔斯·赫伯特 Webb, Charles Herbert, 19, 21, 45, 274

韦尔斯利学院 Wellesley College, 180

韦尔廷斯基，亚历山大 Vertinsky, Alexander, 100

维瑞阿，曼努埃尔 Verea, Manuel, 121, 123

卫斯理安女子学院 Wesleyan College for Women, 180

《伟大的美国客户》 The Great American Customer, 10, 259, 261-262

温切尔，沃尔特 Winchell, Walter, 252

温莎公爵 Windsor, Duke of, 250

温世珍 Wen, ST, 126

《文汇报》 Shanghai Mercury, 173, 284

《我为中国人发声》 I Speak for the Chinese, 61-62, 64, 189, 219

沃恩，迈尔斯 Vaughn, Miles 68

沃尔顿，艾萨克 Walton, Isaak, 147

《沃斯堡星报》 Fort Worth Star-Telegram, 13, 159, 253

乌尔夫 Wolfe, CC, 93

邬达克 Hudec, Ladislaus, 152

无线通讯电台 Press Wireless, 253

吴嘉棠 Woo, Kya-tang, 32, 213

吴佩孚（哲人将军） Wu, Pei-fu (Philosopher general), 114

吴铁城 Wu, The-chen, 186

五卅事件 May Thirtieth Incident, 137, 163

五四运动 May Fourth Movement, 138

伍德，理查德 Wood, Richard, 20, 28

伍德，诺里斯 Wood, Norris, 134

伍廷芳 Wu, Ting-fang, 28, 31, 51, 183

武昌 Wuchang, 19, 36-39, 48

武昌新军 Wuchang Garrison, 36, 38

X

西伯利亚铁路 Trans-Siberian Express, 59, 65, 68, 98

西藏 Tibet, 4, 153, 194, 230

西蒙斯船长 Simmons, Captin, 250

西南运输公司 Southwestern Transportation Company, 228

《西雅图每日时报》 Seattle Daily Times, 218

希安，文森特 Sheean, Vincent, 90

希拉，瑙玛 Shearer, Norma, 251
溪口（浙江）Xikou (Zhejiang), 181
《系统和技术世界》Systems and Technical World, 14
细川，比尔 Hosokawa, Bill, 273, 288
先施百货公司 Sincere Department Store, 90, 209
香港脚 Hong Kong Foot, 154
项美丽 Hahn, Emily, 93, 151, 156, 200, 210, 240
肖，拉尔夫 Shaw, Ralph, 27–28, 44, 69, 99, 153, 172, 212
肖罗克斯格林 Shorrock's Green, 9
斜桥总会 Shanghai Country Club, 153
谢慕莲 Xie, Mulian, 96, 98, 279
谢之光 Zia, TK, 96–98, 279
辛普森，沃利斯（温莎公爵夫人）Simpson, Wallis (Duchess of Winsor), 93
新模范军 New Model Army, 9
新生活运动 New Life Movement, 183–184, 241–242
《新闻报》Sin Wan Pao (Xinwenbao), 53
《新闻周刊》Newsweek, 110
新新百货公司 Sun Sun Department Store, 90, 279
《信使邮报》Courier Post, 21
《星期六晚邮报》Saturday Evening Post, 14, 68, 222
休利特，梅里克 Hewlett, Sir Meyrick, 119, 195

《休斯敦纪事报》Houston Chronicle, 16
徐咏青 Hsu, YC, 96
血巷 Blood Alley, 151, 283

Y

雅克布森 Jacobsen, MC, 120
亚历山大，约翰 Alexander, John 258
亚历山德罗夫斯科耶军事学校 Aleksandrovskoe Military School 98
亚内尔，哈里（海军上将）Yarnell, Admiral Harry, 216
亚朋德 Abend, Hallett, 33, 58, 69, 135, 213, 257, 292
亚洲基督教高等教育联合董事会 United Board for Christian Higher Education in Asia, 237
盐泽幸一（舰队司令）Shiozawa, Admiral, 186–187
演员俱乐部 Players' Club (New York), 252
扬，洛丽泰 Young, Loretta, 251
《阳光下的中国》China in the Sun, 172
杨 Yang, KT, 96
杨树浦 Yangshupu, 236
《洋鬼子在中国》Foreign Devils In the Flowery Kingdom, 98, 219–220
耶鲁中国项目 Yale-in-China, 42
叶浅予 Ye, Qianyu, 96
一条忠香 Tadaka, Lord 59
伊利亚斯，埃迪 Elias, Eddie, 120
伊利亚斯，弗雷德 Elias, Fred, 120

伊罗生 Issacs, Harold, 30, 31
伊舍伍德，克里斯托弗 Isherwood, Christopher, 204, 238
伊士曼，乔治 Eastman, George, 261
怡和洋行 Jardine Matheson, 92
《以色列信使报》 Israel's Messenger, 172, 284
义和团运动 Boxer Rebellion, 3, 5, 31, 36, 37, 65, 129, 163, 197–198, 216
《艺术、科学全学科通用指南和宾夕法尼亚公报》 The Universal Instructor in All Arts and Sciences and Pennsylvania Gazette, 15
殷汝耕 Yin, Ju-kong, 198
《印度时报》 The Times of India, 32
英国广播公司 British Broadcasting Company (BBC), 222
英国情报部门 British Secret Intelligence Service, 53, 74–75, 277
英美烟草公司 British-American Tobacco (BAT), 92, 95, 274, 284
英美烟草公司影片部 BAT Motion Picture Studio, 33
永安百货公司 Wing On Department Store, 90, 209, 279
尤厄尔，特拉弗斯 Ewell, Travers, 72
友邦人寿 Asia Life, 172
宇宙教 Cosmotarianism, 252, 294
《遇见南美人》 Meet the South Americans, 220, 249, 251
袁世凯 Yuan, Shih-kai, 47–50, 83, 113–134, 274–275

援华民间救济联合会 United Council for Civilian Relief in China, 88
《远东评论》 Far Eastern Review, 54
约翰·霍普金斯大学 Johns Hopkins University, 255, 259; 国际关系学院, 255
云南 Yunnan, 119, 127, 195, 208
云南公路局 Yunnan Highways Bureau, 232–233

Z

渣打银行 Chartered Bank, 90
战略情报局 Office of Strategic Services (OSS), 265
战时情报局 Office of War Information (OWI), 253–255, 257–261
战时情报局东南亚分部 Office of War Information South East Asia Section, 255
战时情报局太平洋行动处 Office of War Information Pacific Operations Section, 255
《战时中国》 China at War, 240, 292
张，伊娃 Chang, Eva, 33
张发奎将军 Chang, General Fah-kwei, 266
张嘉璈 Chang, Chia-ngau, 232
张敬尧 Chang, Ching-yao, 115
张静江（古玩张） Chang Ching-chang (Curio Chang), 136, 138
张似旭 Chang, Samuel H, 212
张学良（少帅） Chang Hsueh-liang

（Young Marshall），200－201，242，287

张勋将军 Chang, Hsun (General)，45－46

张宗昌（狗肉将军）Chang Tsung-chang (Dogmeat General)，130－131，135

张作霖（大帅）Chang, Tso-lin (Old Marshall)，114，116，175，200，295

遮放 Zhefang，231

《哲学评论》 Philosophical Review，126

正广和洋行 Caldbeck, McGregor and Company，157

政治部（上海）Special Branch Shanghai，277，284

《芝加哥论坛报》 The Chicago Tribune，12，31

直系军阀 Zhili Clique，201

中俄东省铁路 Russian-Chinese Eastern Railroad，100

《中法新汇报》 L'Echo de Chine，26

中国电报局 Chinese Telegraph Administration，28

中国工业合作社（工合）Chinese Industrial Co-operatives (INDUSCO)，258，260

《中国公路》 China Highways，175－176

中国共产党 Communist Party of China (CPC)：第一次代表大会，90；组织罢工，137，167；在重庆，243－244

中国海关税务司 Chinese Maritime Customs Service，27

中国航空委员会 China Aeronautical Commission，241

《中国建设》 China Reconstructs，269

《中国就位》 China Takes Her Place，50，62，203，263－264

《中国科学美术杂志》 China Journal of Science and Arts，58，107

中国空军 China Air Defence Force，184

中国劳工队 Chinese Labour Corps，118

《中国旅行指南》 The Travelers Handbook for China，32，37，57，72，93，212

《中国论坛》 China Forum，30

中国汽车俱乐部 Automobile Club of China，175

《中国人就是那样》The Chinese Are Like That，98，104，204，200，220，246

中国铁路总公司 Chinese Imperial Railway Administration，53

中国银行 Bank of China，103

中国育犬会 China Kennel Club，144

《中国杂志》 The China Journal，144

中华共进会 China Mutual Progress Association，168

中华民国交通部 Chinese Ministry of Communications，32

中美新闻社 Chun Mei News Agency，78，91，107

中山陵 Sun Yat-sen Mausoleum，33

中兴煤矿 Chung Hsing Colliery，122

中央禁烟委员会 Central Opium Suppression Commission，199

中央通讯社 Central News Agency of China, 32

众议院非美活动调查委员会 House Un-American Activities Committe (HUAC), 257-258

重庆俱乐部 Chungking Club, 239

周 Chow, KC, 57, 93

周恩来 Zhou, En-lai: 担任鲍罗廷秘书, 164; 在上海, 167; 西安事件, 200-201; 接受克劳采访, 242-247

驻华美国法庭 United States Court for China, 20

《自由》杂志 *Liberty*: 克劳用洋泾浜英语撰写故事, 144; 撰稿, 220; 派往重庆, 225, 241, 246-247

《字林西报》 *North-China Daily News*, 23, 26-27, 33, 63, 99-100, 126-127, 172-174, 253, 272

总工会 General Federation of Labour, 138

图片来源

第2页、第12页和第101页的照片以及第230页的插图由丹尼斯·乔治·克劳提供。第40页的照片经密苏里州哥伦比亚的密苏里州历史学会许可使用。第154、161页的照片来自约翰·本杰明·鲍威尔（John Benjamin Powell）档案（1910—1952），由密苏里州哥伦比亚西部历史手稿收藏馆提供。第294页的照片来自卡尔·克劳档案（1913—1945），由密苏里州哥伦比亚西部历史手稿收藏馆提供。第127页的广告图样由塔尼·E. 巴洛（Tani E. Barlow）教授提供的图样复制，他对20世纪二三十年代上海广告市场出现的"性感摩登女郎现象"的研究即将出版。第24页和第140页的插图以及明信片上的地图都来自作者的收藏。

本书的漫画插图由旅居上海的白俄漫画家萨巴乔-乔治·阿夫克森耶维奇·萨波日尼科夫（Sapajou-Georgii Avksentievich Sapojnikoff）创作。使用的插图来自：Carl Crow, *Four Hundred Million Custmers*（Harper & Brothers, New York, 1937）; D. De Martel & L. De Hoyer, *Silhouettes of Peking*（China Booksellers Ltd, Peking, 1926）; Shamus A'Rabbitt's *Ballads of the East*（A. R. Hager, Shanghai, 1937）。

图书在版编目(CIP)数据

卡尔·克劳传：一个老中国通的上海往事 /（英）保罗·法兰奇(Paul French)著；聂祖国译.—上海：上海社会科学院出版社，2023
书名原文：Carl Crow - A Tough Old China Hand
ISBN 978-7-5520-3961-0

I.①卡… II.①保… ②聂… III.①克劳(Crow, Carl 1883-1945)—传记 IV.①K837.125.42

中国版本图书馆 CIP 数据核字(2022)第 169123 号

上海市版权局著作权合同登记号　图字：09-2019-942

卡尔·克劳传：一个老中国通的上海往事

著　　者：[英]保罗·法兰奇(Paul French)
译　　者：聂祖国
责任编辑：杨　潇
封面设计：周清华
出版发行：上海社会科学院出版社
　　　　　上海顺昌路 622 号　邮编 200025
　　　　　电话总机 021-63315947　销售热线 021-53063735
　　　　　http://www.sassp.cn　E-mail: sassp@sassp.cn
排　　版：南京展望文化发展有限公司
印　　刷：上海万卷印刷股份有限公司
开　　本：890 毫米×1240 毫米　1/32
印　　张：13.625
插　　页：2
字　　数：300 千
版　　次：2023 年 4 月第 1 版　2023 年 4 月第 1 次印刷

ISBN 978-7-5520-3961-0/K·662　　定价：78.00 元

版权所有　翻印必究